权威・前沿・原创

皮书系列为
"十二五""十三五"国家重点图书出版规划项目

中国社会科学院创新工程学术出版项目

广东省高校人文社科重点基地广州大学广州发展研究院、广东省教育厅广州学协同创新发展中心、广东省高校城市综合发展决策咨询研究创新团队、广州市首批新型智库建设试点单位研究成果

丛书主持/涂成林

中国广州文化发展报告（2018）

ANNUAL REPORT ON CULTURE DEVELOPMENT OF GUANGZHOU IN CHINA (2018)

主　编／屈哨兵　陆志强
副主编／涂成林　贺　忠

社会科学文献出版社
SOCIAL SCIENCES ACADEMIC PRESS (CHINA)

图书在版编目(CIP)数据

中国广州文化发展报告.2018/屈哨兵,陆志强主编.--北京:社会科学文献出版社,2018.7
(广州蓝皮书)
ISBN 978-7-5201-2921-3

Ⅰ.①中… Ⅱ.①屈… ②陆… Ⅲ.①文化事业-发展-研究报告-广州-2018 Ⅳ.①G127.651

中国版本图书馆CIP数据核字(2018)第134105号

广州蓝皮书
中国广州文化发展报告(2018)

主　　编／屈哨兵　陆志强
副 主 编／涂成林　贺　忠

出 版 人／谢寿光
项目统筹／任文武
责任编辑／杨　雪

出　　版／社会科学文献出版社·区域发展出版中心（010）59367143
　　　　　地址：北京市北三环中路甲29号院华龙大厦　邮编：100029
　　　　　网址：www.ssap.com.cn
发　　行／市场营销中心（010）59367081　59367018
印　　装／三河市龙林印务有限公司

规　　格／开本：787mm×1092mm　1/16
　　　　　印　张：20.25　字　数：305千字
版　　次／2018年7月第1版　2018年7月第1次印刷
书　　号／ISBN 978-7-5201-2921-3
定　　价／98.00元

皮书序列号／PSN B-2009-134-7/15

本书如有印装质量问题，请与读者服务中心（010-59367028）联系

△ 版权所有 翻印必究

广州蓝皮书系列编辑委员会

丛书执行编委 （以姓氏笔画为序）

丁旭光　于欣伟　王宏伟　王桂林　王福军
邓成明　邓佑满　邓建富　刘保春　刘　梅
孙延明　孙　玥　李文新　李　华　肖振宇
何镜清　汪茂铸　沈　奎　张其学　张跃国
张　强　陆志强　陈小钢　陈浩钿　陈　爽
陈雄桥　范小红　欧阳知　周　云　周建军
屈哨兵　贺　忠　顾涧清　徐　柳　涂成林
陶镇广　桑晓龙　黄平湘　庾建设　彭诗升
彭高峰　傅继阳　谢博能　蓝小环　赖天生
樊　群　魏明海

《中国广州文化发展报告（2018）》编辑部

主　　编　屈哨兵　陆志强

副 主 编　涂成林　贺　忠

本书编委（以姓氏笔画为序）

丁艳华　王卫国　王　朋　文远竹　邓尧伟
卢庆明　刘晓明　刘　峰　纪德君　杨先艺
杨　静　李三虎　李仁武　李江涛　李颂东
严　明　肖坤学　吴开俊　何晓晴　邹崎发
汪文姣　汪晓曙　张　颖　陈其和　林清才
罗　洪　周林生　周凌霄　郑小炉　胡　潇
姚华松　聂衍刚　徐海星　黄　旭　梅声洪
蒋年云　蒋晓萍　韩玲玲　蔡兴勇　谭苑芳

本书编辑部成员

梁华秀　戴荔珠　吕慧敏　周　雨　李　文
曾恒皋　粟华英　苏维勇　倪天龙　关树峰
徐阳生　魏高强

主要编撰者简介

屈哨兵 文学博士,教授,硕士生导师。现任广州大学党委书记。1981年毕业于湖北民族学院中文系,1992年获华中师范大学文学硕士学位,2004年获华中师范大学文学博士学位。先后在基础教育学校、师范类院校及综合性大学等多个教育领域任教任职,2007年任广州大学副校长,2011年10月起任广州市教育局局长,2016年10月起任现职。出版学术专著5部,主编、参编及参著教材、词典多部,在《中国语文》《方言》《语言研究》《语言文字应用》和《中国教育学刊》等期刊上发表论文60余篇。主要研究领域为现代汉语语法及应用语言学。主持国家哲学社会科学规划项目、国家语言文字应用"十五"规划项目及广东省哲学社会科学"十五"规划项目及其他厅局级项目多项。主要兼职有:世界汉语教学学会理事、中国语言学会理事、广东省社会科学界联合会兼职副主席、广东省中国语言学会副会长、广州市语言文学学会会长等。近年来工作重心逐渐从教育教学及学术研究领域转移到教育行政管理工作,被评为羊城教坛新秀、广州市教育系统优秀党务工作者、广州市民族团结先进个人、国家语言文字工作先进个人。

陆志强 现任广州市文化广电新闻出版局(版权局)局长。大学学历。1983年8月参加工作,1991年7月,任共青团广州市东山区委副书记;1993年2月任共青团广州市东山区委副书记、华南实业总公司副总经理、云南省瑞丽市星火总公司副总经理兼星火木地板厂厂长;1995年7月,在广州市东山区芳草工商联合公司任经理;1997年6月任广州市东山区芳草街党委副书记、办事处主任;1998年6月任广州市东山区大塘街党委书记

(1997年9月~2000年7月在中共广东省委党校函授学院97级经济管理专业学习);2000年11月,任广州市东山区大塘街党工委书记(2000年9月~2002年12月在中共广东省委党校函授学院2000级政法专业学习);2003年2月任广州市天河区委常委、宣传部部长;2008年12月任中共广州市委宣传部副部长;2009年10月起任现职。

涂成林 二级研究员、博士生导师,现任广州大学广州发展研究院院长。获国务院特殊津贴专家、国家"万人计划"哲学社会科学领军人才、中宣部"文化名家暨四个一批"领军人才、广东省"特支计划"哲学社会科学领军人才、广州市杰出专家等称号。先后在四川大学、中山大学、中国人民大学学习,获得学士、硕士、博士学位。1985年起,先后在湖南省委理论研究室、广州市社会科学院、广州大学工作。兼任广东省区域发展蓝皮书研究会会长、广州市蓝皮书研究会会长、广东省体制改革研究会副会长、广州市哲学学会副会长等社会职务。曾赴澳大利亚、新西兰、加拿大等国做访问学者。目前主要从事城市综合发展、文化科技政策及西方哲学、唯物史观等方面研究。在《中国社会科学》《哲学研究》《中国社会科学内部文稿》《中国科技论坛》等刊物发表论文100余篇;专著有《现象学的使命》《国家软实力和文化安全研究》《自主创新的制度安排》等10余部;主持和承担国家社科基金重大项目、一般项目、省市社科规划项目、省市政府委托项目60余项。获得国家教育部及省、市哲学社会科学奖项和人才奖项20余项,获得多项"皮书奖"和"皮书报告奖",2017年获"皮书专业化20年致敬人物"。

贺 忠 现任中共广州市委宣传部副巡视员。1984年9月至1991年7月,在中山大学历史系学习获历史学硕士学位;1991年7月起在广州市社会科学院、广州市广播电视局、广州市新闻出版和广播电视局、广州市委宣传部工作,历任主任科员、办公室副主任、市委宣传部理论处副处长、广州市委讲师团团长、市委宣传部理论处处长。长期负责理论学习、理论宣传和理论研究工作。

摘　要

《中国广州文化发展报告（2018）》由广州大学、广州市蓝皮书研究会与广州市委宣传部、广州市文化广电新闻出版局联合主编，作为广州蓝皮书系列之一列入社会科学文献出版社的"皮书系列"并面向全国公开发行。本报告由总报告、文化产业篇、文化旅游篇、文化遗产篇、文化传承篇、专题研究篇等六大部分组成，汇集了广州科研团体、高等院校和政府部门诸多文化问题研究专家、学者和实际部门工作者的最新研究成果，是关于广州文化运行情况和相关专题分析与预测的重要参考资料。

本书指出：2017年广州市在完善公共文化服务体系，打造文化产业新格局，将文化治理能力和水平、文化保护和传承、文化与旅游科技等相结合以及提升青少年文化素质等方面取得了较大成绩。

展望2018年，广州市将贯彻"以人民为中心"的宗旨，建构更平等和完善的公共文化服务体系。为应对国家机构改革的任务部署，广州文化管理体制改革将拉开序幕。为了加快社会主义文艺事业的发展，广州将在文化内容生产等方面加大扶持力度。

2018年广州市应促进文化旅游事业和产业发展，注重红色旅游产品的开发，对市民进行革命传统教育；提高公共文化服务的效能，精准公共文化产品投入，缩小城乡差异；加快文化立法工作，为文化发展提供更完善的法律保障；加大对文化精品出品的投入，打造广州的文化亮点。

关键词： 广州　文化产业　文化旅游　文化传承

目 录

Ⅰ 总报告

B.1 2017年广州文化发展现状分析与2018年展望
　　　　……………………………… 广州大学广州发展研究院课题组 / 001
　　一　2017年广州文化发展总体情况 …………………………… / 002
　　二　广州文化发展面临的主要问题与挑战 …………………… / 014
　　三　2018年广州文化发展态势与对策建议 …………………… / 018

Ⅱ 文化产业篇

B.2 2017年广州市文化消费现状分析及发展对策
　　　　…………… 广州大学广州发展研究院课题组　执笔：李佳希 / 024
B.3 广州电子竞技产业发展现状、问题及对策建议
　　　　……………………………………………… 韩玲玲　陶海兵 / 037
B.4 推动广州市演艺装备产业转型升级的对策建议
　　　　…………………………………………………… 杨　静　陶海兵 / 045
B.5 广州艺术品市场的现状与管理对策研究报告
　　　　………………………… 广州市文化广电新闻出版局课题组 / 052

B.6 关于广州市打造文化创意产业高地的对策建议
　　……………………………………………………… 李　俊　付　伟 / 076

Ⅲ　文化旅游篇

B.7 广州历史建筑旅游调研报告…………………………… 袁　忠 / 090
B.8 镇江西津渡历史文化街区保护与建设经验及对广州的启示
　　………………………………………………………………… 虞　水 / 113
B.9 借鉴武当山景区做法推进广州花都商旅文融合发展的调研报告
　　………………………………… 中共广州市花都区委宣传部课题组 / 121
B.10 改革开放以来广州老城区历史文化资源保护利用调研报告
　　……………………………………………… 程存洁　傅京芳 / 140

Ⅳ　文化遗产篇

B.11 2017年广州非物质文化遗产保护现状及对策建议
　　…………… 广州大学广州发展研究院课题组　执笔：吕慧敏 / 151
B.12 大小马站书院群保育与活化利用研究
　　………………………………………………… 谢涤湘　谭俊杰 / 169
B.13 广州市武术非遗项目的保护现状、问题及建议
　　………………………………………… 关文明　朱家勇　骆　璨 / 194
B.14 关于广州申报"世界记忆工程"的几点建议
　　……… 广州大学广州发展研究院课题组　执笔：饶原生　黄　旭 / 203

Ⅴ　文化传承篇

B.15 广州水上居民文化保护与传承的调研报告
　　…………………………………………………… 谢棣英　郑少霞 / 210

B.16 关于新政策背景下广州牙雕保护的调研报告 ………… 阮成玉 / 223
B.17 广州推进岭南文化现代传承的思路与对策研究
　　　………………………………… 联合专题调研课题组 / 232
B.18 关于广州白云山文化生态保护与开发的调查研究 …… 曾应枫 / 244

Ⅵ 专题研究篇

B.19 关于广州申报世界"美食之都"的几点建议
　　　…… 广州大学广州发展研究院课题组　执笔：谭苑芳　钟洁玲 / 255
B.20 关于推动广州"三雕一彩一绣""走出去"的思考
　　　…… 广州大学广州发展研究院课题组　执笔：谭苑芳　林　娟 / 267
B.21 广州促进科技与文化融合创新发展研究
　　　……………………………… 中共广州市委党校课题组 / 280

Abstract ……………………………………………………… / 292
Contents ……………………………………………………… / 294

皮书数据库阅读**使用指南**

总报告

General Report

B.1 2017年广州文化发展现状分析与2018年展望*

广州大学广州发展研究院课题组**

摘　要： 2017年广州市在完善公共文化服务体系、打造文化产业新格局、网络文化建设、文化交流与宣传、传统文化建设以及青少年文化素质提升等方面取得了较大成绩。2018年应通过加强思想政治教育、加快文化立法工作、加强和提高公共文化服务的效能等确保广州文化正能量的弘扬，保障广州文化发

---

* 本研究报告系广东省高校人文社科重点研究基地广州大学广州发展研究院、广东省教育厅广州学协同创新发展中心、广东普通高校创新团队项目广州城市综合发展决策咨询团队、广州市首批新型智库建设试点单位研究成果。

** 课题组组长：涂成林，广州大学广州发展研究院院长，二级研究员、博士生导师。课题组成员：黄旭，广州大学广州发展研究院所长、副教授、博士；谭苑芳，广州大学广州发展研究院副院长、教授、博士；吕慧敏，广州大学广州发展研究院副研究员、博士；彭晓刚，广州大学广东发展研究院特聘研究员；魏高强，广州城市学研究会副秘书长；曾永辉，广州大学博士研究生；李佳希，广州大学广州发展研究院科研助理。执笔：黄旭。

展有法可依，实现以人民为中心的公共文化服务的快速发展。

关键词： 广州　博物馆之城　公共文化服务　文化产业

一　2017年广州文化发展总体情况

2017年广州文化发展获得了较大的进步，在公共文化服务体系的完善、博物馆之城建设、文化产业发展、文化治理能力、城市文化影响力以及革命文化和传统文化的宣扬和传承上取得了较好的发展。

（一）完善公共文化服务体系建设，博物馆之城建设步伐加快

近几年来，从中央到地方高度重视完善公共文化服务体系建设，广州也不例外，在公共服务体系的软硬件建设中走在全国前列。硬件建设方面，广州美术馆、广州文化馆、广州博物馆等场馆建设已列入2017年市重点建设项目，加之广州市已有的省市级文化场馆，如广东省博物馆、广东省美术馆、广州市图书馆等，硬件建设已初具规模，设施齐全。

近几年广州开始将公共文化服务体系建设转向软件的优化和创新上。

首先，加强对公共文化服务领域的立法。2017年9月广州市人大常委会颁布《广州市博物馆规定》（简称《规定》），2017年12月1日起正式实施。此法规是自国务院2015年3月颁布《博物馆条例》后我国的第一部地方性博物馆法规，法规针对不同类型的博物馆在差异化的管理方法、保障措施和责任权利的规定上做了地方性的积极尝试和探索，为规范和发展广州市博物馆事业，提高公共文化服务水平提供了法律法规保障。该法规的亮点表现在如下几点。一是体现公平原则。落实国务院《博物馆条例》规定和精神，对国有博物馆和非国有博物馆进行公平管理和扶持。《规定》要求政府安排资金用于扶持非国有博物馆和除利用或者主要利用本级财政性资金设立的博物馆以外的其他国有博物馆。同时，明确规定市、区政府可以采取场租

优惠、购买服务、财政扶持、税收优惠等方式,支持非国有博物馆的发展(第九条)。其他为博物馆提供帮助和服务的规定,如提供馆舍和建馆用地支持、教育培训等,同样适用于非国有博物馆。二是体现地方文化特色。法规第五条规定广州市博物馆应"充分展示岭南文化中心地、海上丝绸之路发祥地、近现代中国民主革命策源地、改革开放前沿地等独特的自然和历史文化资源,建立具有本市特色的博物馆体系"。三是鼓励创新。法规与《博物馆条例》和国务院发布的系列重要文件精神衔接,鼓励博物馆文化创意产品开发,要求利用或者主要利用本级财政性资金设立的博物馆的文化创意产品开发等所需经费列入本级财政预算。对在文化创意产品开发设计、经营管理等方面做出突出贡献的人员可以予以绩效奖励;鼓励设立博物馆发展社会基金。四是理顺关系,规范管理。《规定》对博物馆选址、建设、登记和备案、藏品征集和管理、陈列展览、社会教育、科学研究、数字化建设等进行了明确规范,并规定定期对博物馆进行评估。对各政府部门的职责也进行了说明,如要求地名、交通等有关部门将博物馆纳入城市标识系统,要求旅游部门指导旅行社和博物馆开展合作,鼓励学校利用博物馆资源开展教学活动等,要求政府部门应互相配合,支持博物馆的发展等。

自《广州市图书馆条例》《广州市文物保护条例》《广州市博物馆规定》颁布以来,广州市公共文化服务的立法体系大大完善,为广州市公共文化服务提供了法律保障。

其次,公共文化服务水平提高,建设步伐加快。广州地区已拥有博物馆、纪念馆61家,其中国有博物馆50家、非国有博物馆11家,同时,拥有西汉南越王博物馆、广州博物馆、广东民间工艺博物馆等3家国家一级博物馆,数量位居全国前列。① 博物馆主题涵盖艺术、历史、体育、医学、生物、金融等十几个领域,博物馆的服务也呈现多样化的趋势。如广州地铁博物馆于2016年12月开馆,开馆3个多月即迎客近25万人次。该馆首创数

---

① 搜狐网:《〈广州市博物馆规定〉预计年内出台》,http://www.sohu.com/a/140458834_237443,2018年3月15日访问。

字化地铁体验空间,将展览、教育、互动、游乐集于一体,提供了多元化的公共文化服务体验。广州市目前拥有14所图书馆,共有藏书2737万册,近年来藏书数量基本呈上升趋势。① 另外,广州市文化馆及全市11个区文化馆被国家命名为"一级文化馆",获颁"一级文化馆"标牌。广州市为丰富群众文艺的创作和发展,2017年分别评选出天河文化馆等6个广州市群众文艺创作排演基地和广州大剧院艺术培训中心等6个广州市市民文化素养培育基地,为群众文艺节目提供舞台。公共文化服务的品质和水平都得到了较大的提升。

最后,遵循"以人民为中心"宗旨,打造长时效和广泛参与的市民公共文化活动。党的十九大报告指出,要完善公共文化服务体系,深入实施文化惠民工程,丰富群众性文化活动。2017年以来,广州市遵循"以人民为中心"的文化建设理念,将公共文化服务活动深入市民生活,吸引更多的市民参与,全年文化活动层出不穷,精彩纷呈。2017年广州将一些节庆活动打造成市民文化活动,鼓动更多的市民参与文化生活,收到了良好的效果。如2017年广州市将"羊城之夏"广州市民文化活动更名为广州市民文化节,该节以"同欢共享"为理念,活动持续时间从2017年5月到11月近半年。市民文化节通过整合文化资源、创新服务手段,凸显岭南特色,为市民提供了包括百姓舞台、精彩大赛、岭南文化、时尚经典、书画展览等五大板块1000多个大小活动。据不完全统计,通过各种形式参与活动的市民约200万人次,在社会上产生了较好影响,获得过国家文化部文化创新工程项目的荣誉,该文化节已成为广州城市群众文化活动的一张亮丽名片。另外,利用博物馆日、世界文化和自然遗产日等,开展多样的博物馆和文化遗产知识普及和教育活动,提高博物馆和文化遗产的影响力和市民文化素养。从5月13日纪念国际博物馆日开始,到6月10日中国文化和自然遗产日期间,广州各文博单位围绕国际博物馆日及遗产日主题,组织各类专题展览,举办多场讲座、流动展及丰富多彩的教育活动,为公众带来一场博物馆的文化盛宴。

---

① 参见广州市统计信息网。

（二）文化产业发展支持力度加大，文化经济获得强大动力

广州文化产业发展迅速，据中国传媒大学文化发展研究院发布的《中国城市文化竞争力研究报告（2016）》，广州城市文化竞争力综合指数得分稳居全国第三位，形成北上广三足鼎立之势。此外，广州文化产业增加值年均增长率达12.2%，2016年实现增加值1050亿元，占全市GDP的比重超过5%，[1] 成为广州又一个超千亿元产业和全市国民经济的重要支柱性产业，对经济增长的贡献度进一步提升。

2017年广州市多拳助力加快广州文化产业的发展，其力度为近几年最大。

一是出台或准备出台多项政策措施助推广州文化产业发展。如广州市印发《广州市人民政府办公厅关于促进广州文化与科技融合的实施意见》（简称《意见》），是继文化与金融融合后的又一文化跨界融合的重要文件。《意见》指出力争到2020年，实现广州市文化与科技深度融合、创新发展能力大幅提升的目标。通过设置一批文化与科技融合重点项目，支持一批科技成果向文化企业转移，提升一批文化科技企业研发能力和技术应用水平，创建一批文化科技公共服务平台等多个措施，以市场为导向，以内容为核心，以科技为手段，提升广州市文化产业核心竞争力，推动文化产业结构优化升级，形成文化产业与科技积极互动、深度融合发展的良好态势。另外，2017年3月《中华人民共和国电影产业促进法》正式实施，我国将电影产业正式纳入国民经济和社会发展规划。广州市有着较庞大的电影影迷群。广州市是全国最大的电影票仓之一。据统计，2016年广州市的电影票房收入达到19亿元，电影产业综合发展指数排名第一。另外，国家新闻出版广电总局发展研究中心公布的中国动漫十大中国品牌榜单中，广州有喜羊羊与灰太狼、猪猪侠、巴啦啦小魔仙、快乐酷宝四大品牌入选，是全国入选该榜单品

---

[1] 凤凰网：《中国城市文化竞争力排名：你的城市有文化吗？》，http://wemedia.ifeng.com/31874520/wemedia.shtml，2018年3月15日访问。

牌最多的城市；在2015年腾讯首届中国动画品牌十强调查中，全国动画企业前25强中广州位居全国之首，共有8家企业入选。其他城市如北京只有5家，深圳为4家，上海有3家。为加快推进电影产业发展、促进产业融合、提升城市影响力，广州市2017年8月已公布《广州市扶持电影产业发展暂行规定（征求意见稿）》，意见稿提出广州将每年扶持打造1~3部具有国内影响力、市场竞争力的精品电影，还将促进地方艺术学校间相互合作建设地方特色的"电影学院"，把电影产业人才纳入高层次人才相关政策文件支持范围。

二是整合和打造产业发展平台，助力文化产业发展。华语电影传媒盛典从2017年起落户1978文化创意园，将其打造成为中国首个电影传媒小镇。华语电影传媒大奖创办于2000年，该奖联合中国多家有影响力的媒体，是国内唯一将内地（大陆）、香港、澳门、台湾四地公映的华语片进行共同评选的电影奖。另外，2017年5月广州文化上市公司产业联盟成立。到目前为止，联盟成员企业估值达2700亿元。产业联盟着力于打造文化产业的广州队，建设文化枢纽城市，为广州文化产业发展提供强有力的支撑，能够产生积极效应，进一步推动广州市文化产业的发展，因此，联盟的成立对于文化产业资源整合信息互通具有重大意义。

三是整合资源，打造广州文化产业交易季。长年以来广州市会在不同时间段举办多个大型文化节庆会展活动。知名的有中国（广州）国际演艺交易会、羊城国际粤剧节、中国国际漫画节、中国（广州）国际纪录片节、广州艺术节（戏剧节）、中国国际儿童电影节、中国音乐金钟奖、广州大学生电影节、广州国际艺术博览会共9项国际性、全国性的大型文化活动平台，这些平台都在各自的行业内具有较大的影响力，并且实现了较大的产业交易和合作，2016年实际成交额合计约20亿元。2017年广州市全面将九大交易会整合为"广州文化交易会"这一统一品牌。"广州文交会"汇聚演艺、广播电视、电影、出版、版权、动漫游戏、音乐、艺术品等多门类的综合性会展联合体。每年从7月开始，分时段、分专题组织交易展区，形成持续5个月之久的文化产业交易季。这一举措既保持现有会展的独立性，又统筹安排、综合开发，实现了资源的有效融合和科学利用。广州文交会的目标是成为文化资源配置的重要平台和广州文化交流与交易的重要品牌。

（三）净化文化环境，文化治理能力不断提高

一是尝试构建文化综合治理体系，提高文化治理现代化水平。广州市建构起政府各相关部门、行业组织、企业和用户共同参与的文化综合治理体系。如在广州市"扫黄打非"行动中，广州市网信办、文化执法部门、公安部门、部分网络企业对于治理网络文化达成共识，坚持专项治理与综合治理相结合，坚持网下清查与网上净化相结合，建立净化网络空间联防联治工作机制，重棒打击淫秽色情文化垃圾。在打击网络侵权盗版"剑网2016"的专项行动中，则尝试构建政府、行业组织、企业和用户之间的共同治理机制。

二是鼓励企业自律，承担社会责任。2016年11月广州市60家网络企业共同签署《广州市网络版权自律公约》，自律公约的发布，有利于网络版权信息发布和交流平台的建设，有助于企业与政府配合遏制网络侵权行为。60家网络企业共同承诺：坚持网络正确导向，坚持社会主义核心价值观，大力弘扬主旋律，传播正能量；增强版权保护意识，坚持"先授权、后使用"的版权保护原则，切实尊重著作权人的合法权利；自觉抵制侵权盗版行为，坚决不用侵权盗版网络作品，不为任何侵权盗版行为提供接入、存储、搜索、链接等网络技术服务；积极配合政府部门开展网络反盗维权活动，努力营造良好的网络文化发展氛围。

三是开展专项整治，净化网络文化。利用"剑网"专项行动打击网络文学侵权盗版、App侵权盗版、规范网络广告联盟，重点查处通过智能移动终端第三方应用程序（App）、电子商务平台、网络广告联盟、私人影院（小影吧）四个平台进行的侵权盗版行为。广州市配合国家已连续12年开展了"剑网"专项行动，取得了较好的效果。借助全国、全省"扫黄打非"办公室的统一部署，2017年加大了对网上清理整治专项行动力度，严厉打击违法违规网络直播平台，传播淫秽色情信息的非法弹窗，传播网络淫秽色情的文学作品，利用微领域传播淫秽色情信息和新闻客户端传播低俗、庸

俗、媚俗内容的行为。另外，广州市相关部门开展互联网上网服务营业场所专项整治，对网吧等人员密集的文化经营场所开展针对性强的巡查检查，实地联合检查应急处置程序，联合查处网吧违规接纳未成年人、未按规定建立安全巡视制度、未按规定核对登记上网消费者有效身份证件等违规问题。依法加强网络空间治理，加强网络内容建设，做强网上正面宣传，培育积极健康、向上向善的网络文化，用社会主义核心价值观和人类优秀文明成果滋养人心、滋养社会，做到正能量充沛、主旋律高昂，为广大网民特别是青少年营造一个风清气正的网络空间。

（四）注重城市文化传播，广州文化影响力进一步扩大

城市文化形象不但是对城市文化物质、精神层面的浓缩，同时，也是对城市文化中的传统文化和现代文明的浓缩。近几年来，广州注重对城市文化形象的传播，通过多渠道多视角宣传广州城市文化形象。

一是设立专项活动，传播城市文化。"广州文化周"是广州市重点打造的对外文化交流品牌，依托这一品牌已成功举办"2017广州文化周——欢乐春节英国行""2017广州文化周——南国红豆耀云城""2017广州文化周——许鸿飞雕塑世界巡展""2017广州文化周·海丝映粤文物精品展"等系列活动，广州的文化团体奔赴英国、马来西亚、新加坡、德国、瑞典、芬兰、立陶宛、哥伦比亚等国家开展雕塑艺术展、杂技艺术表演、广东音乐表演以及综合艺术表演，通过把传统元素与时尚元素、广府特色与世界潮流结合起来，聚焦世界目光，推介广州城市品牌形象，向世界展示历史文化名城广州之美，推动广府文化与世界文化相互交融，为培育广州成为世界文化名城增光添彩。

二是利用节庆活动传播广州城市文化。借助广州成为海上丝绸之路申遗牵头单位和2017年12月广州市举办《财富》全球论坛等大型活动的契机，广州从多个渠道宣传广州城市文化。如在《财富》全球论坛举办前后，广州形成了全面宣传广州文化的局面。首先是全球宣传推介会。广州文化院团赴美国、英国、德国、西班牙、荷兰、日本、韩国等多个国家和地区共12

个国际城市开展2017广州《财富》全球论坛宣传推介系列文艺演出活动。每场推介会既是《财富》论坛的宣传会，同时也是广州文化的推介会。如在法国巴黎首场宣传推介会上，广东音乐曲艺团精心策划演出精品曲目，通过本土广东音乐曲艺演奏家的唯美乐声，向世界500强企业代表传递广州声音，展示广州文化的独特魅力。其次是会议举办前，密集的宣传活动传播了广州文化形象。广州通过两微一端等新媒体平台、传统媒体、中外媒体等集中宣传自身。最后，在《财富》全球论坛举办中，两场晚会集中体现了广州城市文化特色和文化形象，发挥了宣传广州的较大作用，产生了较大影响。举办"一带一路"沿线国家主流网络媒体及中央重点新闻网站广州采访活动以及"丝路花语"等活动也提升了广州的文化影响力。

三是通过加强与周边省份的联合，推进广州文化的影响力。如与上海、重庆、陕西三省举办的"粤沪渝陕四省群星奖作品惠民交流巡演广东行启动仪式暨广州站巡演活动"。该活动广东挑选了最能代表广州特色的、具有较高艺术水准的曲艺、合唱、街舞等作品。另外，广州与苏州、扬州、梧州等多地展开了文化交流活动，如与梧州共同签署了《广州—梧州文化合作框架协议》。

四是制作介绍广州文化的影视作品宣传广州文化。自2015年开始，广州市着力打造"广府春秋"纪录片系列。第一季《山海之间》以山与海作为基本空间线索，以影响广府文化变化的地理空间及历史人物为逻辑，探寻广府文化的渊源肇始。《山海之间》2016年12月在中央电视台科教频道《探索·发现》栏目首播，反响和口碑俱佳。该纪录片2016年获得欧洲"中国银幕"电影节特别奖以及第十一届"中国纪录片国际选片会"人文类一等奖。第二季《璀璨明珠》2017年12月在中央电视台首播，以香港不同时期的政治、经济、文化领域有代表性的人物和故事为线索，从"省港互济，血脉同存"的角度展现香港在保存、传承、发扬广府文化方面所做出的贡献。第三季《一路花香》将溯源"花城花市"的历史，呈现花城广州散发出来的风物之美和人文之美，以及"花开四季，幸福广州"的城市风貌，计划于2018年底在中央电视台首播。"广府春秋"系列将通过讲述精彩的广府故事，让国内外观众加深对广府文化的认识和体验。通过纪录片传播广州城市文化形象，对构建和传播地方传统文化以及城市当代文化有着重要意义。

（五）传统文化受重视，文化传承项目层出不穷

党的十九大报告指出，"要深入挖掘中华优秀传统文化蕴含的思想观念、人文精神、道德规范，结合时代要求继承创新，让中华文化展现出永久魅力和时代风采"。有学者将广州文化概括为"四地文化"：岭南文化中心地、古代海上丝绸之路发祥地、中国近现代革命策源地、改革开放前沿地。①

一是岭南文化。广州是国家公布的第一批历史文化名城，是一个有深厚历史文化积淀的城市。目前广州市拥有市级以上非遗名录项目107项，其中省级名录68项，国家级名录17项，人类非遗代表作名录2项（粤剧和岭南古琴艺术）。在此次可移动文物普查工作中，广州参加一普工作的区有12个，普查认定符合条件的国有文物收藏单位共有60个（其中市属收藏单位30个），市级普查办及12个区县级普查办均已提前完成登录审核上报工作程序，共登录上报各类可移动文物（含自然类化石标本文物）177430件/套，实际数量333491件，其中一级文物633件/套。这些文化资源是广州岭南文化的重要组成部分，将这些资源进行深度挖掘，并加以活化利用，是广州市传统文化传承的重要任务。

对岭南文化的传承重点在于对粤剧的传承和利用上。粤剧是岭南文化的重要组成部分，对共聚广府人情感共鸣、身份认同和文化认同发挥着重要作用。传承与创新，是粤剧生生不息的力量，也是一代粤剧创作者都需面对的命题。自2003年开始，粤港澳三地共同筹划粤剧的"申遗"工作；2006年，粤剧被列入中国第一批国家级非物质文化遗产名录；2009年，粤剧被联合国教科文组织列入"人类非物质文化遗产代表作名录"。2017年除常规

---

① 冼庆彬、李明华、甄炳昌、崔瑞驹等主编"广州四地论丛"，中国评论学出版社，2007。

的粤剧传承和支持项目外，广州市制作了《粤韵芬芳》纪录片，宣传粤剧。《粤韵芬芳》是自2015年开始倾力打造的"广州文化艺术影像志"系列纪录片的第三部，将于2018年下半年在中央电视台首播。纪录片通过国内外的摄制和播出，致力于传承和发展优秀传统文化，扩大岭南文化在全国乃至国际上的影响力。

另外，广州利用春节迎春花市等节庆活动，传承岭南文化。如为了扩大非遗项目的影响力，让市民感受传统文化的魅力，广州2017年的各大迎春花市都组织有非遗项目的现场展示。除了传统作品外，结合传统文化和现代时尚元素的创意产品也亮相花市，比如有戏服造型的钥匙扣、榄雕手串、醒狮造型的电动玩具等。这些产品因外观新颖和价格实惠而得到年轻人的追捧，成为花市的热销货。利用《财富》论坛召开时期，广州市特设媒体采访非遗文化线，据统计，非遗文化采访线共接待中外记者近40人、媒体15家，国内外重要媒体都对广州市非遗文化进行了采访和报道。

二是海上丝绸之路文化。广州海上丝绸之路史迹是广州的宝贵遗产，也是广州建设"21世纪海上丝绸之路"的重要历史支撑和助力。自海上丝绸之路开启申遗工作以来，广州进行了大量的对海上丝绸之路文化的挖掘、传播和保护工作。如2016年7月，南越国宫署遗址、南越文王墓、光孝寺、怀圣寺光塔、清真先贤古墓、南海神庙及码头遗址等6处史迹点被列入"海上丝绸之路·中国史迹"首批申遗遗产点名单；利用大学资源，开展广州海上丝绸之路史迹遗产价值专题研究和研讨，丰富广州海上丝绸之路史迹的文化内涵和遗产价值；组织大型"丝路花语"国内外宣传活动，扩大海上丝绸之路文化的影响力等。

三是中国近现代革命文化。2017年广州市不忘初心，牢记使命，全面贯彻落实党的十九大精神，积极抓好红色史迹提升工作，着力谋划红色革命遗址精品的打造。广州市拥有一批红色革命文化遗址，如中共三大会址、农讲所旧址、中华全国总工会旧址纪念馆等都是享誉国内外的经典红色遗址。2017年广州加大力度挖掘保护红色革命遗址，对革命遗址依法依规划定保护范围,昭示后人,发挥资政育人作用。

开展挖掘保护红色革命遗址工作。挖掘和保护了日本在粤实施细菌战以及粤港难民死难等历史遗址,对还原日军侵华历史真相以及在香港进行爱国主义教育具有重要意义。另外,"南石头惨案保护"项目也得到了立项和展开。

加大对红色革命文化的宣传和教育力度。广州将党史和党性教育从小抓起,且教育内容丰富,形式活泼多样,成效显著。如广州市于2017年6月28日至7月30日举办的《红旗飘飘——中国共产党党旗诞生历程珍贵档案展》,首次在展览中增加了地方特色革命元素,全景展示党旗诞生历程,制作《党旗的故事》电视纪录片、广播剧,以历史图片、档案资料和插画形式展示党旗历史,内容生动,形式多样,吸引了许多人的参观。

红色革命遗址的保护和传承取得了一定的成效。如《红旗飘飘——中国共产党党旗诞生历程珍贵档案展》在1个多月的展览时间里,共有约2800批、13万人参观,其中党支部2000余个、团支部190余个、党员7.6万余名、团员1万余名、青少年儿童1.5万余人(占总数12%)。自2017年11月以来,前往中共三大会址纪念馆参观学习的党员群众络绎不绝,截至10日总人流量已达万余人次。

(六)注重青少年文化素质培养,素质教育从小抓起

青少年是文化的重要传承者和创新者,也是文化素质提升的难点。青少年因为处于学习期、思想可塑期,因此是文化传承和素质提升的重要对象,但青少年又同时处于叛逆期,因此文化素质提升既要润物细无声,又要注重灌输和教育。采取形式多样、活泼生动地活动对青少年进行文化素质培育,非常重要。广州市在青少年文化素质的提升和培养上有一些新的做法,产生了良好的效果。

一是注重阅读能力的提升。近几年来,为贯彻落实党的十八大提出的关于"开展全民阅读活动"要求,响应省市关于加强阅读的号召,广州开展多项活动旨在提升青少年的阅读能力。如2017年3月的"致敬经典:名家

朗诵分享会"系列活动,每月一期,每期根据不同主题,邀请朗诵协会的名家们朗诵文学经典,让青少年感受文学力量,唤起青少年对传统文学的热爱,提升阅读能力和文学素养。请朗诵界的名家朗诵经典,带领青少年读书。2017年在"羊城之夏"活动中,举办了"畅想美丽广州·讲述广州故事"大赛、全国少年儿童"图画书故事衣"创作大赛(广州赛区)、第六届"聚焦岭南记录羊城——童心爱广州"照片征集活动以及系列名家讲座、4·23中学生辩论赛、2017少儿报刊阅读季等活动,这些活动拓宽了青少年的阅读面和知识结构,充分发挥了阅读作为开展素质教育和营造教育生态重要载体的积极作用,进一步推进了书香校园建设,营造了良好的全民阅读氛围。

二是通过文化交流提升青少年文化素养。加强青少年国内外文化交流以提升广州市青少年文化素质。2017年6月举办了"2017穗港澳青少年文化交流季·广府文化之夜"活动。该活动通过重走广府文化路、现场交流、文艺表演、文化分享等丰富的形式,旨在为穗港澳三地青少年搭建起展示风采和文化交流的平台,加强了他们的文化认同感,以及传承中国优秀传统文化的使命感。《为儿童绘画——意大利优秀插画展》展出了全球最美的插画——博洛尼亚插画奖获奖作品,为青少年了解儿童绘画提供了学习和交流的窗口。

三是中国国际儿童电影节长期落户广州,为青少年电影的发展搭建平台。2017年广州市成为中国国际儿童电影节的永久举办地。中国国际儿童电影节是经国务院批准设立、联合国教科文组织备案的中国重要国际电影节之一,创办于1989年,至今已举办了12届,从2017年第13届起这一国际性盛会在广州长期举办。每年举办一届,围绕"中国少年儿童电影梦"主题,为国内外少年儿童带来一场欢乐的儿童电影盛宴。中国国际儿童电影节定位为广大中小学生的节日,"以儿童为主角",通过儿童电影进校园以及选培小评委、小主持、小配音员等活动,让每个中小学生获得参与感和获得感,为有"电影梦"的孩子提供学习和展示的平台。

据《2017年广州市未成年人阅读年度报告》统计报告显示，广州市未成年人阅读状况整体处于全国领先水平。广州市未成年人人均图书阅读量15.3册，2016年有超过八成的未成年人去过公共图书馆，[①] 成效显著。

二 广州文化发展面临的主要问题与挑战

（一）广州文化发展面临的主要问题

1. 广州文化发展的优势特色发挥不够，没有形成文化发展亮点

近几年来，广州提出了许多文化发展的目标，如培育世界文化名城、图书馆之城、博物馆之城等，这些目标有的只提了两三年，而有的目标并无自身亮点，如图书馆之城、博物馆之城，许多城市都在提，广州如何形成自己的特色和亮点，并没有突破性的进展。归根结底在于，广州文化发展没有根据自身特色制定文化发展路径和目标。以"电影之都"项目来说，如果仅仅是因为国家出台了《中华人民共和国电影产业促进法》，广东开始大力支持电影发展，出台了《广东省电影发展规划（2015—2020年）》、《关于支持广东省电影发展若干经济政策的通知》和《国家电影事业发展专项资金省级分成部分征收使用实施办法》等文件，广州市就追赶创办电影之都，理由不充分。实际上这一计划的可行性和必要性是存疑的。首先，广州的电影资源的丰富性能否支撑办起电影之都，能否有足够的人力、财力和物力来发展电影产业，如何形成发展优势？应该具体论证和调研。其次，从全国来看，北京、长三角、西安等是电影重镇，已形成了完整的电影产业链，形成了规模效应，广东佛山的电影城也初具规模，广州现在提出发展电影产业，能否超越已有的电影基地，形成集聚效应，是非常引起怀疑的。电影之城跟风式上马，而没有考虑可行性和持续性，其建设的成效将打折扣。相比电影

---

① 金羊网：《广州未成年人去年人均图书阅读量为15.3册》，http：//news.ycwb.com/2017-05/31/content_24967772.htm，2018年3月15日访问。

之城,广州的纪录片之城无疑更占优势,广州有举办 14 年国际纪录片节的经验。该纪录片节因其专业性、国际化,已获得国内外纪录片人的认可,其影响力已显现。对标戛纳、柏林、威尼斯等电影节主办城市,虽然距离纪录片之城的城市形象建设,仍有很长的路要走,但广州在纪录片之城的建设上无疑比电影之城的建设更占优势,更有基础,何不专注于纪录片之城的建设呢?

近几年来,广州市除按部就班地完成国家规定任务,还应结合自身特色和条件,创新符合广州地方性文化的发展之路,才能使广州文化更有吸引力和影响力。

2. 公共文化服务的软件环境开发不够

近年来,广州公共文化服务体系得到了较快提升。如在硬件方面,广州美术馆、广州文化馆、广州博物馆、广州科学馆等都已基本建成或正在建设中。加之作为省会城市,省级文化场馆的加持,城市的文化场馆数量较为壮观。但公共文化物品既包括硬件设施,如楼堂馆所,也包括软件设施,如服务内容、服务态度、服务方式等。从软件设施方面权衡,广州市在提供公共文化物品上,离公共文化服务体系的全面提升,离满足人民对美好生活的期望仍有一定差距。主要表现如下。

一是贴近社区生活的公共文化物品的供给欠缺。基层的公共文化服务设施不足,且维护不力。以文化站(室)为例,虽然做到了一村一站,但是软件设施的提供不尽如人意,不能真正满足群众文化生活的真实需要。如文化站(室)提供的书籍内容陈旧,设施维护不力,离真正成为一个区域市民的文化家园尚有较大差距。

二是公共文化设施的服务教育功能发挥不力。公共文化设施要发挥最大的效应,应该最大化地满足人们的文化需要和提升人们的文化素质。因此,公共文化设施的服务教育功能发挥具有很重要作用。以博物馆为例,美国学者詹金斯在《博物馆之功能》一书中就指出"博物馆应成为普通人的教育场所"。"中国博物馆之父"张謇在 1905 年创办南通博物苑时,认为博物馆应成为"社会教育机构,政治、学术参考的重要部门,学术教育的有力助手"。而我国人们很多时候都将博物馆看成"保存文物的地方"。广州市博物馆的服务形式较为单一，主要是展览、提供解说而已。但真正的博物馆应该提供形式多样的、全方位的教育服务。西方博物馆在软件建设上已探索出一条较完善的路，广州市的博物馆应借鉴西方博物馆的经验。以法国罗浮宫博物馆为例，罗浮宫博物馆的教育中心专门为不同的市民开发了六条专题参观路线，提供不同的主题和参观方式，从而达到不同的学习效果。另外，博物馆专门安排专家为学生做讲座，讲授罗浮宫的收藏品；官网中提供在线虚拟参观、展览视频、专题路线等多种资源供游客提前选择和了解等。在旧金山科技博物馆里，空间被分割为不同的教育展示和讲解区域。博物馆专门安排老师一天多场循环讲解、实物展示和现场触摸科技产品，让观众特别是青少年获得更直观和真切的观感和知识。博物馆不仅仅起到展示的作用，更重要的是通过形式多样的活动将展品活化，发挥其教育功能。因此，博物馆发达的国家的博物馆里经常可以看到导师们聚集参观者展示物品、模拟场景、临摹艺术等，他们散落在博物馆大厅的角落，深度参与和学习，充分地利用了文化基础设施，提升了民众的文化素质。目前广州的公共文化设施还只能发挥浅层的服务功能，在教育功能的发挥上仍有较大的空间。

3. 进一步加强文化立法工作

近几年来，广州加快了文化立法的步伐，出台了多项文化法律，使公共文化服务有法可依，如《广州市文物保护规定》《广州市公共图书馆条例》《广州市博物馆规定》等。但法律的制定离文化发展的需要在数量和质量上仍有较大差距。如在关于鼓励社会力量参与公共文化物品供给的法律制定上，目前广州市仅在法律上笼统规定之，没有细化，因此可操作性仍然较差。而国外在此方面都有专门法予以明示。美国以资金匹配的方式对公共文化服务机构实施财政拨款，其中美国的《国家艺术与人文基金会法》明确规定，政府对公共文化服务机构的财政拨款额度不会超过其所需经费预算的50%，其余不足部分由公共文化服务机构自行向社会力量筹集，这不仅可防止公共文化服务机构过度依赖政府拨款，同时可以吸引社会力量的参与。英国的《剧院法案》《图书馆法案（北爱尔兰）》等强调了社会力量在英国公共文化服务供给中的地位。法国政府非常重视社会力量在公共文化服务供给中的作用，《企业参与文化赞助税收法》、《文化赞助税制》以及《共同赞助法》等明晰了社会力量参与法国公共文化服务的途径以及相应的税收优惠政策。德国的《基金会税收法案》、《艺术家社会保险法案》以及《非营利活动与捐赠法》等规定对参与公益性文化活动的非营利组织、个人免征增值税。瑞士在《文化促进联邦法》中明确规定了政府鼓励社会力量参与保障博物馆的经费支持。

对于公共文化服务的保障，许多国家也制定了多部法律。如加拿大的《加拿大图书馆与档案馆法案》、《博物馆法》以及《国家艺术中心法案》等法案，保证了公民文化权利的实现。为了协调城市与乡村文化差异，英国通过《城市与乡村规划法》（1947）对城乡公共文化的统筹提出了促进措施，通过《公共借阅权法》（1979）强调每个公民都具有走进图书馆，享受借阅的权利，以培养公民的阅读习惯。①

虽然以上多为国家层面的立法工作，作为具有立法权的广州市也可以借鉴以上相关立法内容，提升文化立法的数量和质量，提高其可操作性。

4. 广州文化精品缺失，文化内容生产能力不足

广州的文化精品出口与广州的文化设施不成比例。广州拥有高大上的文化设施硬件，如歌剧院、博物馆等，但这些场馆只是光彩夺目的"出租屋"而已，广州歌剧院常年上演的剧目基本是外地甚至是外国的文艺作品，本土作品占比很少。国际上著名的歌剧院基本会有自己的剧团，歌剧院等只是剧团的驻场演出场所而已。对比之下，广州的文化场馆设施没有起到引领广州文化内容生产的作用。

广州的文化精品出品量与广州城市发展水平不匹配。广州城市发展水平

---

① 参见廖青虎、孙钰《国外公共文化服务保障的立法经验与启示》，《经济社会体制比较》2017年第4期。

较高,是国家的中心城市和世界较著名城市,但广州的文化精品出口量太少。文化精品主要集中于粤剧和动漫作品,因粤剧的地域性限制,影响力有限,而动漫作品也受我国整体水平不高的影响,在国际上的影响力较小。在2017年我国第十四届精神文明建设"五个一工程"评选结果中,广东有四部作品获得优秀作品奖,分别是舞剧《沙湾往事》、歌曲《向往》《爱国之恋》、广播剧《罗湖桥》。广州无一作品入选,深圳四中占二。深圳这一成果的取得与其长期的投入有关。深圳从2006年起较早启动"文学创作工程"项目,实行重点题材创作签约制度。2009年深圳又设立了"音乐工程"和"影视工程"两大文化龙头项目,而2011年的《深圳文化创意产业振兴发展规划(2011—2015年)》及其配套政策使深圳文化创意产业的机制更加完善。广州在文化创意产业投入和人才引进上力度都不如深圳,因此文化发展成果也不尽如人意。内容生产能力的不足是广州文化发展的最大短板,直接影响到广州城市文化形象。

三 2018年广州文化发展态势与对策建议

(一)发展态势

1. 以人民为中心建构公共文化服务体系

公共文化服务体系一直是我国文化发展的重要内容。中国特色社会主义进入新时代,社会主要矛盾已经转化为人民日益增长的美好生活需要和不平衡不充分的发展之间的矛盾。新时代人民生活水平显著提高,对美好生活的向往更加强烈。目前我国总体小康已经实现,人均国内生产总值从1978年的156美元增长到2016年的8000美元以上,随着人们物质生活的极大改善,文化生活需求的范围将进一步扩大,质量进一步提高,满足人们日益增长的文化生活需要成为美好生活不可或缺的重要组成部分。而广州人均国内生产总值高于国家平均水平,广州人对美好生活的向往更为强烈,对文化生活的需求更为旺盛。

从表1可看出，广州近几年居民家庭人均教育文化娱乐支出呈每年递增的状态。据统计，2017年，广东电影观影人次为2.21亿次，按照2014年底统计的广东常住人口1.07亿人计算，人均观影次数为2.07次，远高于全国1.17次的平均水平，而广州、深圳两市人均观影次数分别为5.22次、4.14次，已经达到发达国家水平。[①] 由此可见，急速膨胀的文化需要是当前广州最重要的文化发展动力。

表1　广州市近几年来居民家庭人均教育文化娱乐支出

单位：元

类别	2013年	2014年	2015年	2016年
城市居民家庭人均教育文化娱乐支出	6137	4272	4640	5044
农村居民家庭人均教育文化娱乐支出		1397	1482	1667

注：2013年没有对城市居民和农村居民分别统计其消费支出。
数据来源：《广州市统计年鉴》。

十九大报告指出了"以人民为中心"的发展思想，满足人们文化需要也要以人民为中心，提供公共文化服务和繁荣的文化市场。以人民为中心应该做到：一是以人民的需求为出发点，二是以落实到人民中为要求，三是以最终提高人民素质为目标。

公共文化服务产品和市场文化产品的提供应以人民真正的需求为依归，做到精准投放，精准提供，真正满足人民的实际需要。

2. 文化管理体制改革将拉开序幕

2018年两会会议出台了《国务院机构改革方案》，方案中将目前的文化部和国家旅游局的职责整合，组建新的文化和旅游部，这是机构改革的一大举措。方案出台后，2018年势必对机构进行调整，为组建文化和旅游部做准备，各地也将相应地进行机构改革，将文化部门和旅游部门进行职能、人员和财务的合并。

---

① 南方网：《去年广东电影票房近80亿元持续16年居全国榜首》，http://news.southcn.com/gd/content/2018-01/06/content_180164557.htm，2018年3月15日访问。

文化和旅游部门的合并,是当前文化旅游产业高速发展的必然趋势和结果。据《中国文化旅游发展报告 2017》称:文旅产业在资本、内容和科技方面均有较大突破。到 2016 年 12 月 31 日,全国各类文旅基金数量达到 100 余家,规模上百亿的已经超过 10 家;国内主题公园等成为热点,如上海迪士尼乐园、方特的"熊出没"、宋城的"千古情"以及华夏文旅的传奇系列演艺等都已获得市场的高度认可。此外,2016 年成为 VR 大爆发的一年,华强方特、宋城演艺、华侨城等大型文旅集团纷纷布局 VR 等高科技体验项目。①

广州一直是体制改革的先锋,自改革开放以来,在经济、政治和文化领域都开风气之先。历次的文化机构的改革也不例外。2008 年的文化企业和文化院团的改革、2009 年的大部制改革广州都走在全国的前列。2018 年广州应加快文化和旅游部门的合并,整合广州的文化旅游资源,推动创新文化旅游产品发展,特别是红色旅游的保护和开发,加强革命传统教育,积极培育和践行社会主义核心价值观,做大做强广州的文化旅游事业和产业。

3. 加快社会主义文艺事业的发展,为弘扬正能量提供内容支持

党的十九大报告将高度的文化自信和文化的繁荣兴盛上升到了关系中华民族伟大复兴的历史高度,"文化建设是灵魂",已然成为社会主义事业总体布局的重要组成部分。报告中第七部分"坚定文化自信,推动社会主义文化繁荣兴盛"提到"文化是一个国家、一个民族的灵魂,文化兴国运兴,文化强民族强"。其中"繁荣发展社会主义文艺"成为重要的任务。

广州市为此已出台《关于繁荣发展社会主义文艺的实施意见》的文件,该文件提出要培养出更多能讲善讲中国故事的文艺人才,组织力量创作生产一批具有时代特征、岭南特色、广州特点的文艺精品,充分展现广州文艺的"广府味"和"时代感",彰显岭南文化中心地的独特人文风情。以人民创作为导向,大力实施文化精品战略,重点抓好"文艺精品工程",着力创作

---

① 搜狐网:《从文旅 1.0 到文旅 2.0,国内首份〈中国文化旅游发展报告 2017〉正式发布》,http://www.sohu.com/a/199500289_741000,2018 年 3 月 15 日访问。

出具有国际、国内影响力的文艺精品。

2017年广州市出台了众多文化产业发展文件，2018年广州市将迎来广州文化产业的大繁荣局面，社会主义文艺将得到较大发展。

（二）对策建议

1. 促进文化旅游事业和产业发展，进行革命传统教育

（1）推动动漫与旅游产业的深度结合。2018年3月22日国家正式颁布了《关于促进全域旅游发展的指导意见》，文件中提到要"推动剧场、演艺、游乐、动漫等产业与旅游业融合开展文化体验旅游"，这是首个明确提出将动漫产业和旅游业融合的国家文件。广州动漫产业较为发达，可以充分调动市场的积极性，给予政策支持，创造和壮大动漫品牌。

（2）推动旅游与广府文化特色的融合，盘活老城区广府特色街区的价值。广州老城区有一些具有特色的城区，广州应一盘棋考虑，将北京路、荔枝涌、陈家祠、十三行、沙面等景观在交通、城市规划等方面连起来、串起来，形成广州旅游的新亮点。

（3）挖掘红色文化内涵，加强革命文化教育。广州市应牢牢把握正确导向，突出革命红色文化的价值，梳理和整理广州红色革命文化，打造经典红色景点和主题展区，大力发展红色旅游。要用活革命遗址，在党员干部和青少年学生中广泛开展主题教育活动，传承革命精神。可通过"七一""十一""入党宣誓"等活动深入开展革命文化教育。要求学校结合政治教育开展革命遗址参观、维护等活动，提高青少年的思想水平。

2. 提高公共文化服务的效能，精准公共文化产品投入，缩小城乡差异

如前所述，广州市在公共文化物品的提供中，软件水平仍有待提高。广州市应在以下方面保障和提高现有公共文化机构的服务水平。

（1）改革考核标准，应增强以人民满意度为考核标准的第三方考核机制。每年的财政支持，以满意度为标准进行核定和考评。场馆的服务效能成为人员定级、升职的考量因素。

（2）规定场馆服务学生团体的数量和质量，包括提供服务的场次、接

待单位数量、接待内容。与教育部门配合，规定中小学学校每年集体组织参观文化场馆的次数和内容，并将其作为考核学校教育和博物馆工作的标准。目前《广州市博物馆规定》对此的要求太过笼统，对学校和教育机构没有约束作用，也没有起到实质的鼓励作用。应该将学生的博物馆教育规定到教学内容中，真正做到将课堂搬到博物馆，才能有明显效果。

（3）开展精准文化服务扶贫，真正实现文化服务的均等化。首先，将基层文化建设的权力下沉。如对文化站（室）的内容建设，应以基层行政机关为主，不搞一刀切。上级机关提供财政支撑和项目监督。文化站（室）的设施配备、资料购买由基层行政机关负责。其次，对广州市文化站（室）的服务内容进行调研，特别是要了解城郊文化站（室）的服务情况，调研居民的文化需要，对文化站（室）的功能、职责进行调整，改变城乡一体，一刀切的做法，真正为居民提供切合需求的文化服务。

（4）财政向城郊地方倾斜，提高城郊公共文化服务硬软件设施的水平。广州市中心城区高大上的文化场馆较为集中，而某些区特别是农村地区的文化场馆极为欠缺，广州市应向城郊地区提供财政支持，加大对城郊文化服务的投入。

3. 加快文化立法工作，保障文化发展

（1）加强已有立法的配套和落实工作。公共文化服务体系建设，不仅仅是文化部门的事情，牵涉多个部门的配合和合作。如历史文物保护涉及土地管理、城市规划与安全保卫等，公共文化机构的服务涉及人员经费保障、著作权保护以及网络管理等，公共文化场馆的服务效能实现牵涉学校、财政等。因此，公共文化服务政策法规体系的建设，绝非设立法律，以一句笼统的"鼓励""支持"就可以达致目标，还应配上财政预算、土地管理、城市规划、人事编制等方面的具体规定。因此，广州应加强对新出台的多部法律的配套规定，加强多部门的协调，以便于做到有法可依，违法必究。

（2）借鉴国外经验，加强法规条文的具体化，体现可操作性。例如，美国的《联邦国内税收法》501（C）（3）条款对社会资本投入公共文化的减税额、免税政策有较具体规定，广州市在《博物馆规定》中也应明确规定鼓励民间博物馆发展的具体政策,鼓励教育部门与博物馆合作的明确要求,不同于国家的法律法规,市级的法规应具体化和具有可操作性,才能体现法规的价值。

(3)继续完善文化立法工作,使法律体系更完善。文化立法虽然取得了一定的成绩,但法律体系的不健全仍较为突出,广州市应继续完善文化立法,敢创全国先例,制定更多具有保障性、可操作性的法律法规,完善公共文化服务的法律体系。

4.加大对文化精品出品的投入,打造广州的文化亮点

(1)鼓励文化社团创造反映正能量的文艺作品。广州市设置专项支持项目,提供财政和税收的优惠政策,促进文化社团推出真正能反映正能量的文艺作品。

(2)打造文化精品,培养和引进人才是关键。在人才培养和引进上,广州应积极引进有影响力的文化领军人才,打破常规,给予优惠政策。另外培养人才也很关键。首先,打破束缚,给予人才宽松的自由发展空间,

(3)加快纪录片之城建设,扶持本土纪录片人的创作。目前广州纪录片之城建设已初具影响力,广州应集中人力、财力和物力重点打造纪录片之城建设。

(审稿:涂成林 贺忠 韩玲玲)

文化产业篇

Culture Industry

B.2 2017年广州市文化消费现状分析及发展对策[*]

广州大学广州发展研究院课题组　执笔：李佳希[**]

摘　要： 本报告基于2017年广州市文化消费在人均消费提升、城乡贫富结构差异改善、供给侧结构性改革提质、文化新融合等方面的现状分析，以及存在诸如文化消费占比偏低、供需失衡、地区差异、老龄化导致的文化消费意愿偏低等问题，建议未来广州市应推动供给侧结构性改革，对落后地区进行帮扶，

---

[*] 本课题系广东省高校人文社科重点研究基地广州大学广州发展研究院、广东省教育厅"广州学"协同创新发展中心、广东省高校"城市综合发展决策咨询研究创新团队"研究成果。

[**] 课题组组长：涂成林，广州大学广州发展研究院院长，二级研究员、博士生导师。课题组成员：李佳希，广州大学广州发展研究院科研助理；谭苑芳，广州大学广州发展研究院副院长，教授、博士；黄旭，广州大学广州发展研究院所长，副教授、博士；彭晓刚，广州大学广东发展研究院特聘研究员；魏高强，广州城市学研究会副秘书长；曾永辉，广州大学博士研究生，华南农业大学讲师。执笔：李佳希。

同时完善社会保障体系及相关政策法规，以供给侧结构性改革推动文化消费的进一步提升。

关键词： 文化消费　文化产品服务　广州

2016年6月，国家文化部公布了包括广州在内的23个第一批国家文化消费试点城市名单，并于2017年将试点范围扩大至45个城市，这是国家为满足人民群众日益增长、升级和个性化的精神需求，扩大、引导文化消费的一项重要举措。广州作为一座文化历史底蕴浓厚、文化产业基础扎实的特大城市，虽在文化消费方面也居全国前列，但也存在一些阻碍其继续发展的问题。本文拟分析2017年度广州市文化消费的现状，剖析其存在的问题与原因，并在此基础上提出若干进一步刺激广州市文化消费的建议。

一　2017年广州市文化消费的现状

（一）文化消费呈逐年扩大趋势，人均消费处于全国前列

广州市文化消费整体规模及人均文化消费均处于稳步提升的状态。一是广州市文化消费的整体规模不断扩大。2017年，广州市按常住人口计算的教育及文化娱乐服务消费（下文统称文化消费）总体规模约为711亿元，较上年同期约增长10.7个百分点，文化消费规模持续扩大。二是广州市人均文化消费水平也在不断提升，2017年，广州市城镇、农村居民的人均文化消费同比分别增长7.2%和9.0%，虽然涨幅较上年相比有所下降，但整体而言还是保持了较为稳定的增长态势（见表1）。

表 1　广州市农村、城镇居民人均文化消费与占比水平

数据 \ 年份	2012	2013	2014	2015	2016	2017
农村人均文化消费（元）	1133	1230	1396	1481	1667	1817
农村文化消费在消费性支出占比（%）	10.3	10.5	9.6	9.6	9.4	9.6
城镇人均文化消费（元）	—	—	4272	4640	5044	5405
城镇文化消费在消费性支出占比（%）	—	—	12.7	12.9	13.1	13.3

注：城镇人均文化消费于2014年发生计算口径变化，在此仅采用新口径计算。
数据来源：广州市统计局。

初步分析发现，广州市的人均文化消费水平亦在全国处于前列。2016年，北京、上海、深圳的城镇居民人均文化消费分别为4055元、4534元与3092元，分别占人均消费性支出的10.5%、11.3%和8.4%。广州的同期数据分别为5044元与13.1%，在文化消费金额与占总消费性支出的比例上都超过了北上深三地的数据，在全国一线城市中位列第一（见表2）。

表 2　2017年北上广深城镇居民文化消费支出对比情况

数据 \ 城市	北京	上海	广州	深圳
城镇居民人均文化消费支出（元）	4055	4534	5044	3092
文化消费占总消费性支出比例（%）	10.5	11.3	13.1	8.4

数据来源：北京、上海、广州、深圳四地统计局。

（二）文化消费结构呈调整趋势，城乡、贫富消费差距缩小

近年来，广州市文化消费的城乡差距在一定程度上有所改善。农村居民的文化消费增长虽有一定程度的波动，但总体而言农村居民文化消费的发展快于城镇居民文化消费。《2017年广州市国民经济和社会发展统计公报》数据显示，城镇居民人均文化消费较上年度增长7.2%，农村居民人均文化消费较上年增长9.0%，农村居民文化消费增速较城镇居民文化消费增速高出

约2个百分点（见表3）。由于农村居民人均文化消费较城镇而言发展较快，城乡文化消费的结构也有了一定程度的好转。2014~2017年，广州市农村对城镇的人均文化消费比值由32.6%上涨至33.6%，呈缓慢增长之势。可以预测，如果农村居民人均文化消费能继续保持超过城市的高速增长，广州市城乡文化消费的差距将逐渐得到改善。

表3　2014~2017年广州市城镇、农村居民人均文化消费较上年增长幅度

单位：%

年份　地区	2014	2015	2016	2017
城镇	—	8.6	8.7	7.2
农村	13.5	6.1	12.6	9.0

数据来源：广州市统计局。

统计显示，贫富差距导致的文化消费差距仍然存在，但从整体上看，广州市的这个差距正在逐渐缩小。以城镇居民为例，2016年，广州市城镇居民低收入户与高收入户的人均文化消费的差值由2015年的5783元下降至2016年的4241元。此外，低收入户文化消费增长速度在所有类型的收入户中表现最优。2016年，广州城镇居民低收入户、中等偏下收入户、中等收入户、中等偏上收入户、高收入户的人均文化消费增长率分别为19.5%、3.9%、7.6%、8.7%、-13%，低收入户的文化消费较其他收入户而言呈高速增长状态，这有利于改善不同收入户之间的文化消费差异（见表4）。

表4　广州城镇居民不同收入水平人均文化消费

单位：元

年份　收入	低收入户	中等偏下收入户	中等收入户	中等偏上收入户	高收入户
2014	2066	3206	3871	5400	7979
2015	2427	3392	4444	5827	8210
2016	2901	3524	4780	6336	7142

数据来源：广州市统计局。

（三）公共文化供给不断改善，文化消费氛围良好

广州市在公共文化供给方面下了很大功夫，意在以多层次、多种类的公共文化供给实现良好的文化消费环境的营造，刺激居民的文化消费并培育其消费习惯。2016年，广州市文化广电新闻出版局推出《广州市加快构建现代公共文化服务体系实施意见（2016—2020）》，提出建设具有广州特色、岭南风格，并在全国范围内领先的现代公共文化服务体系，提出建成荔枝湾、北京路等八个城市核心文化圈的建设目标。此外，广州市针对图书馆、博物馆、体育设施等公共文化基础建设方面，也出台了相应的工作方案，旨在推动公共服务体系的完善升级，以公共文化服务供给改革牵头，拉动文化生产与文化消费，为居民的文化消费提供更优质的选择。2016年，广州市、区级图书馆接待人员总量达1600万余人次，馆藏图书总量近1900万册，基本实现了阅读四级网络的建设；粤剧艺术博物馆、广州艺术博物院等标志性大型文化设施也相继建成并向社会公众开放，公共文化服务体系得到了进一步的完善。

除公共文化基础设施的建设之外，在文化活动、文化惠民等方面，广州市也予以高度重视。广州市每年都开展如"南国书香节暨羊城书展""广州读书月"等阅读活动，同时积极建设阅读网络等平台，为实现广州的全民阅读、提升市民文化素质提供了良好的物质基础；广州市、区两级政府还投入2650万元，用于整合文化产业交易季、羊城国际粤剧节等活动，并持续加大惠民力度，吸引了60余万人参加上述活动；广州市属的演出企业响应政府文化惠民的号召，设置票价补贴、剧场运营补贴等优惠方式向公众提供优惠或免费的文化服务，如广州友谊剧院的"好戏100元大惠演"、中山纪念堂设置低价惠民票与公益票等，对市民的文化消费行为进行优惠或补贴。

（四）扶持各类文创企业，以创意产业带动文化消费

文化创意产业具有极强的辐射带动力，能够对文化消费起到积极引导的作用，因此，广州市在积极推行公共文化服务体系建设的同时，对文化创意

产业的发展也极为关注。广州市政府针对电影产业、时尚创意（含动漫）产业等文创类产业，出台了系列文件对其进行规定、扶持，如广州市为加快本市电影产业发展、促进产业融合、提升影响力，于2017年制定《广州市扶持电影产业发展暂行规定》，采取了对电影精品进行拍摄资助、对佳片进行补助、对广州市取景行为进行鼓励等举措。此外，广州市的文化产业重点项目，如分众传媒、中国动漫集团华南基地、奥飞动漫谷等也已经具有相当的实力与规模，在拉动文化消费方面的表现也十分亮眼。

（五）"文化+"助力文化消费新发展

广州市积极推进各类"文化+"战略，为市民的文化消费提供了许多新的渠道。如广州市积极实施"文化+互联网"战略，积极推行图书馆数字化，加强对酷狗音乐、YY等本土互联网企业的扶持，通过设置广州文化产业网站等方式拓宽市民了解当地文化产业发展动态的途径，使得本地网络文化供给的规模不断提升、内容不断更新，相应地导致居民网络文化消费的意愿逐渐增强，广州市网络文化消费规模不断扩大。此外，广州市积极推进"文化+科技"，于2017年颁布《广州市人民政府办公厅关于促进我市文化与科技融合的实施意见》，提出要实现文化与科技的深度融合、创新能力大幅提升的"文化+科技"模式，并提出创建1个国家级文化产业示范园区、培育扶持100家文化与科技融合发展示范企业、优化提升8个国家级文化产业示范基地、10个省级文化产业园区等目标。今后，文化与科技的深度融合必定会给文化消费带来新的机遇。

二 当前广州市文化消费存在的主要问题

（一）文化消费占比仍然不足，文化消费尤其是文娱消费增长呈现渐缓的趋势

从2017年数据来看，广州市人均收入增长虽然维持了较高的发展速度，

但文化消费在消费性支出中的比例明显不足,文化消费的增幅较之前也呈下降的趋势。相关数据显示,发达国家的大城市文化消费占消费性支出的比重一般在30%左右,而2017年广州城镇居民文化消费占比仅为13.3%,远远落后于发达国家大城市的占比水平。广州市虽在我国的一线城市中位列第一,在全国范围内却难以守住首席的位置。自2016年国家实施文化消费试点以来,全国大部分城市的文化消费增长呈或增速或维稳之势,特别是长沙市等城市表现突出。2017年,长沙市人均文化消费高达6378元,同比增长11.1%,在消费性支出中占比达18.4%,在数值、增幅与所占比例上均高于同期广州市文化消费的水平。而广州在获批全国文化消费试点城市的情况下,反而出现了文化消费涨幅的下降,这说明广州作为文化消费试点的成效还有待进一步考证。

此外,广州市文化消费的增长结构较为畸形,从消费结构而言,文化娱乐性消费表现出压倒性的优势,占据整体文化消费的2/3;但从文化消费的增长而言,整体文化消费的主要拉动力反而是占比较少的教育性消费。2016年广州市城镇居民人均文化消费增长约8.7%,但其中,人均教育性消费同比增长高达26.4%,人均文化娱乐性消费较上年仅增长1.4%,增长趋于停滞。可见。广州市文化消费的增长主要依靠教育性支出的迅速提升,而文化娱乐消费则显得后劲不足,成长乏力。

(二)本地文化产品服务供需矛盾尖锐,缺乏针对性

就广州市本地文化产品服务而言,文化娱乐性产品明显供不应求,但教育性文化产品远远供大于求。2016年,广州市文化产业实现增加值1064.2亿元,其中文化、体育和娱乐业实现增加值307.3亿元,占据该年度文化产业生产总值的28.9%。然而,据同期的文化消费数据显示,城镇居民的文化娱乐性消费达402亿元,占据了广州市全年整体文化消费的62.6%,文化产品的产销存在很大程度的落差和缺位。据初步统计,2016年广州人均观影次数达3.64次,已达到发达国家的水平,然而2016年广州全年摄制完成影片仅4部,本地的电影生产与观影市场的需求相差甚远,表明广州市本地文化娱乐性产品难以满足本地的文化消费需求,更多地需要依靠外来的文化娱乐性产品服务的供给。与之相对应,2016年,广州市城镇居民的教育性消费规模为207亿元,而教育性文化产业实现的增加值高达756.9亿元,这无疑说明广州本地教育性文化产品有2/3并没有针对本地的文化消费需求来展开。

此外,广州市文化产品服务供给的量与北京上海等一线城市相比也有较大差距。如2017年,北京、上海分别完成摄制影片350部、82部,广州虽暂未公布2017年信息,但据2016年数据看来,全年仅拍摄4部影片,与北上地区的供给差距极大。总体而言,广州市文化生产与文化需求、文化消费明显脱节,将在一定程度上导致文化消费市场的制约,成为文化消费的一块短板。

除了供给量的问题之外,广州市在提升文化产品供给的针对性方面也有待提升。长沙、深圳等成效较好的文化消费试点城市在试点过程中都较为注重针对性的问题。如深圳市确立"需求引领,创新驱动"等总体思路,在事前通过线上调查的方式对当地人群的消费需求进行调查,据此所提供的文化供给也确实得到了市民的喜爱,进而刺激了文化消费。广州市没有相关文件作为顶层设计,因此很难形成和产出针对市民需求来进行文化供给的活动。

(三)城乡、区域的文化消费差异仍未得到有效解决

2017年,广州市虽在文化消费的城乡差距的部分方面有所改善,但总体情况仍不乐观,还存在如下问题:其一,农村居民文化消费占比不足。2017年,文化消费在农村居民消费性支出中占比仅为9.6%,与城镇居民的文化消费相差近4个百分点。其二,农村居民人均文化消费仅为城镇居民的1/3,消费量的差距在不断变大。从2014年至2017年,广州市城乡文化消费实际金额差距由2876元增加为3587元,金额差距逐年扩大。其三,农村人均文化消费在消费性支出中占比逐年下降,从2013年至2017年,其比例约下降了1个百分点。这就说明,广州市城乡文化和差距仍然存在并将长期存在，需要引起有关方面的重视。

此外，据广州市文化产业网公布的数据显示，广州市重点文化企业、重点园区及社会组织的分布并不均匀，无法有效满足各区的文化需求。重点文化企业、重点园区及社会组织主要分布在越秀、荔湾、海珠、天河、黄埔和番禺区，在增城、从化、南沙、花都、白云区等较为外围的区域分布较少。据2017年广州统计年鉴数据显示，上述五区年末常住人口数达582.06万人，占全市常住人口的43.1%；而上述五区中的重点文化企业之和甚至不足天河区一区的数量，这些区域的文化企业明显偏少，表明相应的文化供给也明显不足。

（四）高收入人群的文化消费逐渐下滑

前面提到，广州市居民收入导致的文化消费差异在逐渐减小，表明文化消费的公平和普适在进一步提升。之所以出现这种情况，一方面是得益于低收入人口文化消费的快速增长，另一方面也是因为高收入人口的文化消费出现了负增长的局面。据2016年数据统计，广州市城镇居民高收入人口的人均文化消费增长率首次出现了负增长，且负增长率高达13%。其中，高收入人口的人均教育性消费从1707.3元下降至1594.8元，同比下降6.6%；人均文化娱乐性消费从6503.6元下降至5546.8元，同比下降14.7%。这说明，高收入人口对文化消费的热情在逐渐减退，作为刚需的教育性消费减少比例较少，而很大程度上受供给质、量影响的文化娱乐性消费的减少幅度更大，这也说明广州市文化产品服务供给质低下、量不足是导致高收入群体文化消费下降的重要原因。

（五）人口老龄化与扶持政策的缺位导致文化消费意愿降低

据国家统计局关于左右消费的因素的课题报告结果显示，随着人口结构的逐渐老龄化，我国城乡居民消费倾向于降低[①]。人口结构老龄化意味着年

---

① http://scyxs.mofcom.gov.cn/aarticle/c/200410/20041000292159.html.

轻人口的负担加重，如果没有较为完善的社保体系作为支撑的话，将导致居民的储蓄意愿高涨，而消费意愿降低的局面。当前，广州市人口老龄化较快，形势不容乐观。2016 年，广州市户籍人口中 60 岁以上人口占比高达 17.76%，已处于严重老龄化阶段，年轻人口的抚养负担极重。相比衣食住行等基础性消费，文化消费并非刚需，因此广州市严峻的人口老龄化将直接导致全体文化消费意愿的降低。相比城镇地区，农村地区在养老保险等方面处于更为弱势的地位，农村居民的文化消费的水平较城镇居民处于更低水平。

此外，文化消费扶持政策的缺失对文化消费也有一定程度的影响，会抑制整个文化消费的发展。作为第一批首次文化消费试点的城市之一，广州市仅在《广州市文化广电新闻出版事业发展第十三个五年规划》中提及文化消费补贴、文化消费信贷等内容，并没有针对文化消费出台相关的政策性文件，更没有针对各细分领域的文化消费的专门性文件出台或者相关法律法规的支持。而其他被选为试点城市的地区在此方面下了更大的功夫。如北京市在 2015 年被选为首次参与试点的三个城市之一，在扩大试点时再次入选，积累了丰富的试点经验，并出台了《北京市人民政府关于促进文化消费的意见》等配套文件，并着力打造文化消费 O2O 平台等。

三 进一步扩大广州市文化消费的若干建议

（一）完善顶层设计，优化文化消费政策环境

相比我国其他文化消费试点城市而言，广州市最明显的差距是没有或者说没有公开文化消费试点的具体试点方案。对具体落实的各部门而言，将导致其难以认清自身职责，没有大方向的指导及具体规划方案；对文化企业而言，文化消费相关政策法规的缺失将导致企业对政策把握不透，发展束手束脚；对消费者而言，也无法清晰地感受到政府在其中的位置与作用。所以，广州市应出台对于文化消费促进的实施意见，研究制定各类文化消费相关的

地方性法规、政策措施等。建议尽快出台《关于促进广州市文化消费的实施意见》等相关配套文件，并针对各个方面制定细则，界定准入红线，为文化产业的发展及文化消费的促进提供政策法规支撑；尽快完善并正式出台文化惠民、文化补贴的文化消费相关扶持制度，并通过大众传媒等方式广而告之，提高群众对于政府办实事、办好事，切实地为提高文化消费做贡献的认知度，刺激文化消费；明确各部门职责，将推动文化消费的各项工作落实到具体部门之上，并定期总结、汇报，以对下一步具体工作的开展进行完善或规划。

（二）推动文化供给侧结构性改革，着力文娱性文化产业发展

广州市文化产业中文化娱乐性产业发展规模、增长速度都有所不足，而文化娱乐性消费在广州市民文化消费中占据的比例却十分巨大，这种错位在相当程度上会抑制文化消费的增长，说明文化供给侧结构性改革已刻不容缓。其一，建议对本地文化娱乐性产业发展予以更大的支持力度。对文化娱乐性产业的发展予以政策或财政方面的扶持，为其发展打造良好的环境。通过引导企业跨界合作、行业转型升级等方式，加强文化娱乐性企业创新能力及文化消费带动能力，为市民提供更多样、更高质的文化娱乐性消费。其二，在重视市场对资源配置的决定性作用的同时科学规划文化资源分配，减少文化资源的浪费及侵占。重视市场的作用，简政放权，利用市场导向来整合文化资源，激发文化娱乐性产业市场的活力；同时必须重视对文化娱乐性产业市场的监控，合理引导文化资源的流动，对文化产业的浪费侵占、无序发展等状况进行适当管控，塑造良好的文化消费环境。其三，要减少文化产品服务的无效供给，着眼重点行业与文化精品。鼓励文化企业在对消费者进行准确定位的基础上利用自身的知识产权，加强创新能力，打造文化精品。对广州的动漫等优势文娱性产业进行重点关注，发挥产业优势与集聚效应，打造明星产业与明星品牌。重点打造现有文化优秀品牌的同时也要重视对新的增长点的挖掘，让优秀文化产品服务获得持久性的增长，避免因市场扩大而出现"劣币驱逐良币"现象。

(三)有针对性地提升文化产品服务供给的规模

随着经济的发展,人民的文化消费已经从"饥不择食"型转变为"挑剔"型,文化消费呈现个性化、多样化的特点,所需求的文化产品服务的数量也在日渐提升。广州市应加大文化产品服务的供给量与供给层次,以应对人民文化消费需求的新特点。其一,尽快对居民的文化消费需求进行了解。通过线上问卷、实地访问、数据统计分析等方式,对居民对于文化品目、文化内容的切实需求进行深入了解,确保继续供给的文化产品服务是人民喜闻乐见的。其二,针对了解到的居民需求,进一步扩大文化产品服务的供给规模。加快公共文化服务体系的建设,在公共服务体系基础设施建设、公共文化资源整合、基础性文化供给网络搭建等方面加大工作力度,确保基础性文化产品服务的供给,并探索如社会资本参与的新型公共文化服务供给模式;利用本地文化创意产业的辐射带动作用提升文化创意产业及相关产业的产品服务供给量。注重对知识产权的保护力度,加大对产业融合的支持力度,继续推行"文化+"战略,加强对文化创意产业的多层次复合型人才的培养,并注重构架政府相关部门、文化创意产业创作者等主体之间沟通交流的桥梁。

(四)完善城镇文化产品服务的供给网络,对偏远、落后地区进行帮扶

广州市各区及城乡之间文化配套设施的不均等,导致了部分地区及农村地区居民即使有意愿进行文化消费,但文化产品服务供应无法跟上,进而抑制了文化消费的扩大。对此,建议广州市政府采取以下措施。其一,协调各地区、城乡之间的文化供给网络。对各地区的文化产品服务供给、公共文化服务体系建设进行适当的调度,保证各地文化产品服务的平衡供给、有效供给、合理供给。搭建相应的供给、协调网络,确保文化产品服务的调度路径的畅通。其二,对各地区的文化特色、文化需求进行深入挖掘,因地制宜,加强各地区文化产业集聚效应。对现有文化产业集聚进行规划整合,对不适

合当地发展，或是无法发挥集聚效果的产业集聚区进行建议、指示，鼓励其对现有产业集聚进行适当调整、转移。鼓励社会资本向广州市区文化集聚空白地区进军，并对其进行适当的财政补贴支持。其三，帮扶落后地区发展。以先进地区带动后进地区，以城带乡，在先进后进地区、城乡之间建立对点帮扶，整合协调运用资源来帮扶落后地区的文化基础设施建设及文化产品服务供给，对甲地供不应求、乙地无人问津的扎堆行为进行有效控制，激活未开发市场，带动开发不充分市场的文化消费需求增长。

（五）完善社保体系和老人文化产品供给，解除老龄化带来的文化消费后顾之忧

因社会抚养成本的上升以及社会保障制度的不够完善等原因，老龄化社会将可能极大地抑制文化消费意愿。据广州统计局数据显示，2017年全市参加基本养老保险的人数较上年下降26.2%，在广州市严峻的老龄化情况下，参保人数的不升反降会对消费造成极大的影响。农村地区文化消费意愿的逐渐降低与社会保障的不健全之间也有一定的联系，也是农村居民不愿意进行文化消费，而把钱用于储蓄或者基础性消费之上的重要原因之一。建议广州市针对这一情况，对社会保障体系进行相应的完善。其一，平衡基本保障与补充保障之间的关系，鼓励市场机制、社会机制等参与到社会保障的具体建设工作之中，在可控情况下让政府更多地关注整体规划构建及补充保障构建，除了直接发放社会保障补助等直接资金援助行为之外，也要注重补充保障在刺激消费中的作用。其二，建立较为公平合理的城乡一体化养老保险机制。对各类参与养老保险人员的养老金进行适当调整，并对个别特殊人群进行额外的补助，为弱势群体及有赡养义务的人群进行文化消费提供后盾保障。

（审稿：谭苑芳）

B.3
广州电子竞技产业发展现状、问题及对策建议

韩玲玲 陶海兵*

摘　要： 广州电子竞技产业具有较好的基础和优势条件，但其发展水平与城市地位尚不匹配，主要是缺乏相关政策指引、社会认可度不够、发展水平不高等。在深入调研和学习借鉴国内外先进经验的基础上，文章提出广州应从完善政策指引，做强做优电竞产业载体，加强综合配套服务，在规范发展、健康发展等方面加强对电子竞技产业发展的引导。

关键词： 电子竞技　电子竞技产业　广州

电子竞技是当今世界一大"热词"，是指利用高科技软硬件设备为器材进行的人与人之间的智力对抗运动。随着电子竞技运动逐渐普及，电子竞技产业得到了快速发展，带来了巨大的经济效应和社会效应，也在一定程度上彰显出一座城市的时尚和活力。广州电子竞技产业具有较好的基础，但其发展水平与城市地位尚不匹配。近期，广州市对电子竞技产业进行专题调研，全面了解掌握广州电子竞技产业发展的现状和问题，就推动和规范电子竞技产业发展提出政策建议。

---

* 韩玲玲，广州市委政策研究室文化研究处处长；陶海兵，广州市委政策研究室文化研究处副调研员。

一 电子竞技及电子竞技产业发展的基本情况

20世纪90年代初,电子竞技就成为欧美和韩国等发达国家和地区一项正式体育竞技项目。目前,韩国、德国、法国等国家电子竞技产业已形成相当规模,尤其是韩国电子竞技产业发展迅速,带动了网络设备、IT设备等多个领域发展,已成为国家支柱性产业。

我国电子竞技产业发展一波三折。2003年,国家体育总局将电子竞技确立为第99个正式体育项目,国家新闻出版广电总局批准开办GTV游戏竞技频道,多家知名电子竞技俱乐部成立,电子竞技运动蓬勃发展,产业链也初见端倪。2004年,国家新闻出版广电总局发布网游类电视节目禁令,中央电视台《电子竞技世界》栏目停播,电子竞技产业发展随之跌入低谷。2008年,国家体育总局把电子竞技重新设为第78项体育运动项目,国家相继出台一系列扶持发展的政策措施,电子竞技再次蓬勃发展。从运动发展角度看,2008年,成都市第十一届运动会引入电子竞技作为正式比赛项目;2012年,电子竞技被提名为2020年奥运会比赛项目;2018雅加达亚运会和2022杭州亚运会将电子竞技列为正式比赛项目。从产业发展角度看,据《2016中国游戏产业报告》显示,2016年我国电子竞技游戏市场规模高达504.6亿元,同比增长34.7%;2017年上半年电子竞技市场实际销售收入达到359.9亿元,同比增长43.2%。

广东电子竞技产业发展基础好、势头足。目前,广东电竞用户数量占全国的13%,全国排名第一。2016年,全国游戏收入达1832.7亿元(含游戏游艺设备),其中广东收入达到1345.2亿元(含游戏游艺设备),占全国的73.4%,占亚太地区的37.5%,是全球总产值的17.5%;游艺游戏设备生产和演艺设备制造产值占全国的4/5;对外文化产品贸易进出口437.9亿美元,其中出口418.1亿美元,仅游戏业出口营收就达176亿元。

广州电子竞技产业蓄势待发,涌现了电子竞技游戏厂商或代理商(网易游戏、多益网络等)、直播企业(欢聚时代YY直播、虎牙直播等)、职业电竞俱乐部（富力、赛飞雷等）、赛事执行商（弘毅文化等）等一批与电子竞技产业相关的企业。

二 广州电子竞技产业发展SWOT分析

（一）机遇和优势

电子竞技产业是近年来最受关注、发展最快的产业之一。荷兰Newzoo咨询公司调查显示，在电脑或智能手机上玩游戏的中国人有5.6亿，其中电子竞技用户达到2.2亿，全球排名第一；去年全球电脑游戏行业总收入达1000亿美元，其中1/4来自中国。以腾讯出品的手游《王者荣耀》为例，日活跃用户超过5000万，每月平均新增500万日活跃用户；2016年KPL王者荣耀职业联赛累计观赛人数超过3.5亿，日观赛用户超过800万。这些数据表明，电子竞技产业发展市场巨大。

电子竞技产业链较长，涉及硬件制造、电子竞技产品供应、电子竞技平台运营、电子竞技赛事组织、广告及周边产品开发等多个领域。推动电子竞技产业发展上水平，具有国际影响力，需要具备一定的条件，包括城市地位、科技程度、人文基础、市场环境等。广州在这些方面具有较好的基础和优势，具备发展电子竞技产业的有利条件。

从城市地位上看，广州是广东省省会、国家历史文化名城、我国重要的中心城市、国际商贸中心和综合交通枢纽。党的十九大报告指出，以粤港澳大湾区建设、粤港澳合作、泛珠三角区域合作为重点，全面推进内地同香港、澳门互利合作，这一新的利好政策将有力促进广州城市地位和影响力进一步提升。2016年，广州GDP达到1.96万亿元，增长8.2%，经济总量连续28年在内地城市中排名第三位；在全球化与世界城市组织发布2016年世界级城市名册中，广州入围世界一线城市。这些都为发展电子竞技产业提供了雄厚的经济基础和强大的城市影响力。

从产业基础上看，电子竞技产业发展核心在于硬件制造、产品开发、平

台运营、赛事组织和媒体宣传等环节。从广州实际来看，已经具备较好的发展基础。一是硬件制造方面，以番禺区为例，游戏游艺设备行业是特色产业之一。2016年全区游戏游艺设备生产型企业约300家，相关企业约250家，有自主研发能力的企业286家，有新技术研发能力的企业25家，自主研发产品种类占总产品数的60%。2016年，番禺区游戏游艺设备生产量约42万台，行业年产值约82亿元，出口实际销售收入约10亿元，同比增长25%；游戏游艺设备产品占国内市场70%以上的份额，占国际市场约30%的份额。二是产品供应商方面，目前国内核心产品供应商主要有盛大、巨人、网易、腾讯等，其中网易开发的《大话西游》《梦幻西游》《炉石传说》，与暴雪合作引入的《星际争霸Ⅱ》《魔兽世界》，是电竞行业领头羊产品。网易游戏2016年全年总收入高达279.8亿元，全球排名第八，全国排名第二。广州多益网络公司、华立科技有限公司等在游戏开发和供应方面，也具有较强的影响力。三是平台建设方面，广州是全国互联网三大国际枢纽（北京、上海、广州）之一，全国互联网企业百强中广州占8席，有网易、腾讯微信广州总部、酷狗音乐、UC手机浏览器等一批有实力的互联网企业，为电子竞技产业发展提供了较好的信息网络平台。另外，虎牙直播是全国领先的互动直播平台，截至2016年已拥有2.1亿注册用户，其中月活用户9600万，每月营收超过1.5亿元，名列2016年纯游戏直播类App第一。

从发展潜力上看，电子竞技产业发展与创新创造能力及市场潜力紧密相关。创新能力方面，广州市高度重视创新驱动发展，全市科技创新企业已超过15万家，其中很多企业与软件开发、游戏开发等行业相关。专业人才及战队方面，广州地区高校云集，拥有中山大学、华南理工大学、广州大学等82所高校，在校大学生总数约106万人。据调查，电子竞技的选手和战队组成人员集中在18~26岁，大学生是电子竞技专业人才的主要来源。区位优势方面，广州地理位置优越，便于吸引来自深圳、珠海、香港、澳门等城市的电竞爱好者前来消费。

从市场发展上看，广州城乡居民人均可支配收入2016年分别达50700元和21250元，其中家庭人均文化娱乐消费支出2016年达到4991元，居全国城市首位。市民群众文化消费理念较为先进，对电子竞技兴趣高，接纳和运用能力强，市场氛围浓厚。以2017年10月在广州举行的有"电竞世界杯"之称的《英雄联盟》全球总决赛八强赛为例，门票销售异常火爆，甚至出现一票难求、票价翻了十几倍的现象；梅赛德斯-奔驰成为全球总决赛中国区首席合作伙伴，伊利谷粒多、欧莱雅男士为全球总决赛中国区特约合作伙伴，罗技与英特尔为全球总决赛中国区官方合作伙伴；10月20日晚，猎德大桥标志性的贝壳造型独塔上打出"全球总决赛中国队RNG加油""全球总决赛中国队WE加油"的宣传语，为《英雄联盟》全球总决赛宣传，为中国战队加油，这些从不同侧面说明了电子竞技赛事的影响力和吸引力。

（二）问题和挑战

一是缺乏相关政策指引。电子竞技产业是跨界的产业，行业管理涉及多个部门。目前，广州没有明晰电子竞技产业的归口管理部门，未出台引导和规范电子竞技产业发展的相关政策措施，也未成立相应的行业协会进行自治，造成行业发展竞争乱象、产品鱼龙混杂等问题。

二是社会认可度不够。从电子竞技职业运动员发展轨迹来看，一般群众特别是家长普遍认为从业余选手成长为职业运动员进而成为具有影响力的战队选手的概率很低；即使成为电子竞技职业运动员，也是"吃青春饭"，不利于长远发展，普遍反对孩子参加电子竞技，这使得一些有潜力的年轻人在接触电子竞技运动初期就受到了阻碍。

三是发展水平相对不高。广州目前缺乏有影响力的电子竞技比赛、俱乐部和战队；自主研发的电子竞技产品不足，产品开发缺乏地域和文化特色；缺乏电子竞技产业发展下游所涉及的赛事运营、赛事执行等环节，缺乏具有核心凝聚力和产业带动作用的龙头企业，产业发展集聚效益较低；电子竞技产业发展相关人才不足。

三 国际国内先进经验和做法

近年来，韩国及中国北京、上海、深圳、武汉等城市电子竞技产业发展

迅速、成效明显，其经验做法、发展模式值得我们学习借鉴。

韩国电子竞技产业迅猛发展得益于三个方面：一是政府支持，建立直接监管电子竞技产业发展的韩国游戏产业发展和促进研究室，直接管理电子竞技产业，解决了多部门监管导致权责不清的问题；二是品牌化赛事运营，三星杯全球电子竞技大赛（WCG）参与国家达到78个，具有国际影响力；三是媒体推动，不仅通过电视直播和网络直播报道赛事进程，而且成立了一家游戏电视台OngameNet，电子竞技拥有广阔市场。

北京注重以品牌赛事牵引电子竞技产业发展。以"竞技精神"为宗旨、以"电竞中国梦"为愿景，创办北京电子竞技公开赛（NEA），并列为北京市2016年度重点打造的体育赛事，以鸟巢为总决赛永久举办地，推动电竞产业、文化多元发展。

上海电子竞技产业发展特色在于俱乐部和战队建设。注重发挥资金、信息、网络、媒体等优势，组建中国电子竞技俱乐部联盟（ACE），战队实力雄厚，目前国内一流的电竞战队均落户上海。

深圳大力推动电子竞技主题产业园区建设。深圳梧桐电竞生态圈·大神电竞产业园是全国首家电竞主题产业园，也是集电子竞技、教育培训、旅游休闲于一体的综合性产业园。

此外，国内其他城市也紧紧抓住电子竞技产业发展机遇期，采取一系列措施，推动电子竞技产业发展。如银川出台《关于促进电竞产业发展的实施意见》，通过构建"三个基地"（电竞产品研发基地、电竞赛事举办基地、电竞人才培育基地），打造"两个平台"（电竞产品交易发布平台、电竞产业服务平台），推动电竞产业发展，并成为国际赛事WCA永久举办地；武汉建立电子竞技产业基地，成立武汉市电子竞技协会；浙江杭州、江苏太仓、安徽芜湖通过发展电竞小镇，推动电子竞技产业发展。

四 推动电子竞技产业发展的政策建议

当前，电子竞技产业呈方兴未艾、蓬勃发展之势，中国成为世界电子竞技"黄金国",兄弟城市也争相布局、强力推动。广州在发展电子竞技产业方面有基础、有条件、有能力,应抢抓机遇、因势利导、科学谋划、统筹推进,为促进经济发展,提高城市国际影响力,推动国家重要中心城市建设全面上水平做出积极贡献。为此,提出以下政策建议。

(一)完善政策指引

2016年4月,国家发改委联合多部门发布《关于促进消费带动转型升级的行动方案》提出,开展电子竞技游戏游艺赛事活动;同年9月,文化部发布《关于推动文化娱乐转型升级的意见》提出,支持以游戏游艺竞技赛事带动行业发展;教育部将"电子竞技与管理"专业增补进《普通高等学校高等职业(专科)专业目录》。广东省政府办公厅《关于加快发展健身休闲产业的实施意见》明确要求培育极限运动、电子竞技、击剑、马术、高尔夫球等时尚运动。主动对接国家和省有关政策,制定出台符合广州实际,具有针对性、指导性和操作性的政策措施。明确电子竞技产业发展管理部门责任,落实工作,在产品设计、电竞直播等环节加大监管力度,推动电子竞技产业健康发展。

(二)做强做优电竞产业载体

强化重点企业培育,扶持一批有创新能力和竞争实力的电子竞技企业,支持现有游戏和互联网企业拓展相关领域。加强产业园区建设,推动电子竞技产业集聚发展,积极发展周边产业,建立多元盈利模式,增加产品附加值。加大资金扶持力度,建立广州电子竞技产业发展基金,鼓励社会和民间资本投入电子竞技产业,实现投资主体的多元化和社会化。完善相关税费政策,学习借鉴银川市的经验做法,对电竞企业给予税收优惠,对获得国家级、省级重大奖项的原创产品,给予奖励。打造和引进高水平品牌赛事,建设电子竞技专业场馆,充分利用现有体育场馆资源,通过引进和举办具有全球影响力的品牌赛事,提升电竞产业发展整体水平。拓宽产业链,加强电子竞技产业与文化、体育、旅游、商贸等产业融合发展。

（三）加强综合配套服务

积极培育和引进高端人才，鼓励高等院校、职业院校对开设电子竞技专业进行可行性分析；建立以电子竞技产业急需人才为导向的培养机制，完善学历教育与职业教育相结合的人才培养模式，鼓励企业、行业协会和高等院校合作，开设电子竞技相关课程和竞技游戏软件研发等专业；加大对创意设计、高端管理、赛事运营人才的引进力度，支持电子竞技企业引进国内外重量级选手和战队到广州引领电子竞技产业发展。加强知识产权保护，鼓励企业对自主设计品牌进行知识产权登记，对线上线下侵犯知识产权的不法行为给予严厉打击，通过构建企业自我保护、行政保护和司法保护"三位一体"的知识产权保护体系，为电子竞技产业发展提供良好的发展环境。

（四）规范发展、健康发展

鼓励引导电子竞技企业积极承担社会责任，开发讲品位、讲格调、讲责任的优秀电子竞技产品，坚决抵制低俗、庸俗、媚俗，杜绝研发、生产、运营、传播含有法律禁止内容的电子竞技产品。加强宣传引导，以社会可接受的思维角度和认知方式，准确宣传电子竞技时代性、时尚性特点，并在启迪智力和降低青少年犯罪率等方面发挥积极的作用，科学指出沉迷于网络游戏对学习、健康、生活、事业存在的弊端，规范电子竞技运动玩家准入门槛，教育引导公众特别是青少年正确处理好学习和电子竞技之间的关系，提高自控能力，真正把电子竞技产业发展成为满足群众日益增长的美好生活需要的文化创意产业和体育产业。

（审稿：丁艳华）

B.4
推动广州市演艺装备产业转型升级的对策建议

杨 静 陶海兵*

摘 要: 近年来,广州演艺装备企业重视服务和文化创意,注重科技创新,积极探索"互联网+",实力不断增强,在服务和保障重大盛会上备受瞩目。但广州在推动演艺装备产业升级上存在专业人才匮乏、融资比较困难、扶持政策有待完善等问题和困难。广州应从创新商业模式,加快推动金融创新,拓宽投融资渠道,并加快演艺装备产业人才培养和引进等方面的转型升级。

关键词: 演艺装备产业 转型升级 广州

以专业音响、灯光、乐器生产为代表的演艺装备产业既是制造业,同时也是文化产业的重要组成部分。近年来,随着文化产业的快速发展以及演出市场的繁荣,广州演艺装备产业规模不断扩大,产品进军国内外市场表现突出,为拓宽文化艺术的表现形式,讲好中国故事,传播好中国声音提供了重要的技术和设备支撑。近期,广州赴锐丰音响、浩洋电子、珠江钢琴等企业开展专题调研,就进一步推动演艺装备产业转型升级,为广州文化产业供给侧结构性改革提供支撑、提出政策建议。

---

* 杨静,广州市委政策研究室文化研究处处长;陶海兵,广州市委政策研究室文化研究处副调研员。

广州蓝皮书·文化

一 广州演艺装备产业发展基本情况

以专业音响灯光为主体的演艺装备业是广东省的优势产业，在企业数量、就业人数、产值、出口等方面均居全国首位。据统计，广东省集中了我国专业音响灯光行业70%以上的企业，产值约占行业总产值的80%，而广州又是演艺装备产业的主要聚集区域，并在番禺、白云、花都等区形成了颇有影响力的产业集群，成为全国乃至世界音响灯光生产制造基地。目前，广州灯光音响产值约占全省的50%；珠江钢琴全球市场占有率为26%，国内市场占有率为34%，被认定为"全球最大的钢琴制造商"，钢琴销量全球第一。2015年，广州文化用品生产营业收入达到1254亿元，资产总计达到820亿元，实现增加值499亿元，浩洋电子、锐丰音响、珠江灯光、达森灯光、珠江钢琴等企业发挥明显的带动作用。

（一）企业实力不断增强，在服务和保障重大盛会上备受瞩目

近几年，国家鼓励在大型演出场所以及文艺活动中使用民族演艺品牌，广州演艺装备产业紧抓机遇，提高规模化、集约化、专业化水平，呈现出持续快速发展的良好势头。一批自主创新品牌在文化演出、体育赛事、会议展览等重大盛会上大放光彩，声、光、电的完美结合营造了良好的视听效果，极大提升和促进了艺术创意的实现。锐丰音响、浩洋电子、珠江钢琴参与了北京奥运会、广州亚运会、深圳世界大学生运动会、南京青奥会、G20峰会等国家级重大项目服务，有的甚至成为独家供应商。浩洋电子作为国内大型专业舞台和城市照明灯光研发、生产、销售和服务的民营高新技术企业，近年更承接了法国大剧院、巴黎圣母院、奥斯卡颁奖礼等大型海外项目，2012年作为中国唯一专业灯光供应商参与伦敦奥运会演出工程，2011~2014年连续四年被评为"国家文化出口重点企业"，在全国行业排名前三位。珠江钢琴恺撒堡演奏会钢琴成为G20峰会文艺演出唯一用琴，为20国领导人及中外嘉宾展现民族强音。

（二）科技创新成为企业发展的重要支撑和引擎

广州演艺装备产业经历了从进口产品代理到自创品牌、从自主生产到自主研发的阶段，现在部分产品接近国际先进水平。锐丰音响、浩洋电子、珠江灯光、珠江钢琴等企业大力实施创新驱动，打造品牌产品，它们都具有独立知识产权的技术研发能力。锐丰音响——"LAX"品牌已经申请专利总数达13项，并拥有2项授权软件著作权。浩洋电子自主品牌"terbly"已成为国内知名品牌，获得广东省著名商标和广东省名牌产品的称号。浩洋电子每年研发投入占销售额约6%，拥有150多人的研发团队，累计获得专利和软件版权超过300项，发明专利18项，被认定为国家知识产权优势企业。珠江钢琴是国内钢琴制造技术的领航者，建立了企业研发投入与销售收入挂钩的机制，每年研发经费占销售收入总额超过3%，拥有技术专利128项，其中发明专利30项；2015年被评为国家级文化产业示范基地，被科技部认定为"国家火炬计划重点高新技术企业""国家创新型试点企业"；2015~2016年连续两年问鼎MMR（音乐视角杂志）年度最佳声学钢琴奖。

（三）从专注产品到重视服务和文化创意

演艺装备企业意识到文化产业所释放出的巨大产能，积极推进供给侧结构性改革，推动产业转型升级，不断提升产品附加值、品牌知名度以满足市场的需要。锐丰音响自成功为2008年北京奥运会提供扩声系统服务后，现已发展成为集研发、制造、销售、工程、设计、视听创意为一体的全产业链的集团化企业，并成立文化公司，承办和独立运营广州国际灯光节、广东肇庆鼎湖山音乐节、2017中国·韩城"一带一路"国际灯光艺术节，积极组织策划"文化+旅游+音乐"等大型文化活动，在文化创意策划和执行领域不断发展。珠江钢琴准确把握乐器消费需求变化，研制出一系列具有行业带动性的高端化、个性化、智能化技术及产品，融合"互联网+声学"钢琴概念，研发智慧钢琴。目前珠江钢琴已成为集研发、生产、销售与服务为一体，倡导钢琴、数码钢琴、音乐教育和文化金融传媒多元联动发展的综合乐器文化企业。

（四）积极探索"互联网+"

珠江钢琴与知名互联网公司进行合作，先后成立了天猫、京东线上品牌旗舰店，采用O2O、B2C等模式，探索互联网时代的智能营销、智能制造，通过互联网实现终端消费者的私人定制，根据线上线下收集到的消费者信息，针对不同消费群体，推出了多种样式的个性化钢琴。启动了国内首个大型互联网乐器服务平台——珠江乐器云服务平台建设，为用户提供物流配送、钢琴调律、钢琴维修、产品咨询等综合服务，实现公司"制造—服务"产业链延伸。打造文化教育产业平台，结合智能乐器和智能教学App模块的发展，改变传统艺术教育发展模式，推进珠江钢琴品牌艺术教育体系走向全国。

二 广州演艺装备产业发展亟须解决的问题

（一）专业人才匮乏

演艺装备行业专业化程度和技术要求较高，涉及机械、电子、计算机、声学、光学、电子学、美学、乐理学等诸多基础学科。一个好的工程技术人员既要有较强的专业知识，同时又要具备良好的音乐听觉感知能力。世界顶级音响、乐器制造企业多集中在意大利、德国、法国等欧洲国家，与这些国家非常重视对青少年的音乐素质培养、整个社会拥有良好的音乐教育基础和音乐艺术氛围分不开。我国目前音乐普及程度、青少年的音乐素养和音乐鉴赏能力还不高，工程技术人员的音乐感知能力较弱，产品和品牌的艺术表现力与国际品牌存在一定差距。与此同时，企业还缺乏既有深厚文化底蕴又懂经营管理并熟悉国际市场的高端经营管理，又有精深产业理念且精通技术的复合型高素质人才。人才培养和开发机制还不够完善，高校目前开设演艺装备产业相关的专业较少，企业缺乏系统有效的人才培训和成长机制。人才作为产业发展的核心推动力量，对于演艺装备产业快速健康发展的重要性日益凸显。

（二）融资比较困难

虽然 2012 年珠江钢琴成功 IPO 整体上市，成为第一家乐器文化上市公司，广州锐丰股份、飞达音响、达森灯光也相继成功登陆新三板。但广州市演艺装备企业绝大多数是民营企业，由于行业的特殊性和企业的整体规模相对较小，不能满足在资本市场筹资的资格，在资本市场很难引起风投的关注。在银行信贷方面，演艺装备产业属于轻资产公司，可用于满足银行抵押贷款担保的资产不足，要通过银行资产评估并成功获得贷款面临着很多困难。缺少融资平台和举措，与国内上海、杭州等城市相比，广州在积极引导文化企业与资本有效对接，搭建融资、产权交易平台，出台融资服务政策，探索推出一系列融资举措方面还存在一定差距。融资困难掣肘了民营企业进行长期品牌建设，并成为绝大多数演艺装备企业做大做强的发展瓶颈。

（三）扶持政策有待完善

有关文化企业财税优惠政策措施不够完善，扶持资金相对缺乏，致使本地小微企业持续发展能力弱、后劲不足，在土地政策、建立产业园方面的支持还需加强。

三 推动广州市演艺装备产业创新发展的政策建议

"十三五"规划建议明确，要把文化产业发展成为国民经济支柱性产业，广州市第十一次党代会报告提出，要积极培育文化产业新业态，促进文化与商贸、科技、金融、旅游、体育深度融合发展，建设高端文化产业集聚区，壮大骨干文化企业，繁荣文化消费市场，把文化产业发展成为战略性支柱产业。广州要抓住机遇，采取有力措施，推动演艺装备产业上水平。

（一）坚持以创新驱动为引领，推进演艺装备产业发展

"十三五"时期是我国文化产业提质升级时期，广州演艺装备产业未来

发展的驱动力在于增强自主创新能力，提升产品质量和品牌。要紧紧抓住科技创新发展和文化消费需求的焦点和热点，加强与市场深度对接，扎实推进供给侧结构性改革，将数字化、网络化、智能化、物联网、云计算、大数据等技术全面应用于演艺装备产业。要倡导大众创业、万众创新，采取贴息、补助、奖励等方式，加大对中小微演艺装备企业的扶持力度。要贯彻国家"一带一路"重大战略，利用国家发展粤港澳大湾区城市群战略，着力构建高端高质高新的现代演艺装备产业体系。要加快自主知识产权科技成果的转化，在工业设计、产品性能、外观等细节进行改造提升，研制具有行业带动性的高端化、个性化、智能化技术及创意产品，全面提升产品的附加值。

（二）创新商业模式，推动企业由传统制造业向综合文化企业转型

英国、日本、韩国等文创产业发达国家实践表明，制造与文化融合得越深，价值提升幅度就越大。广州文化底蕴深厚，是充满创新活力的历史文化名城，广州市政府即将出台《推进文化创意和设计服务与相关产业融合发展的行动方案》。广州演艺装备产业要在价值链上融入文化内容，加快与文化创意、旅游展演融合发展，加强产品设计创新、品牌运营管理，并购文化传媒，掘金附加值，从机器加工转向智能生产、从制造工厂转向服务平台，构建"创意设计—生产外包—集成服务"的商业模式，逐步形成自主研发生产、技术集成创新、文化创意整合的平台型运营公司，发展成为具有文化创意策划能力的文化科技企业，形成未来企业新的利润增长点。

（三）加快推动金融创新，拓宽投融资渠道

针对大多数文化企业常受固定资产有限、创意与知识产权等无形资产难评估等因素影响，创新金融模式，加快解决融资难问题。杭州市出台了《关于鼓励为文化创意企业提供融资服务的实施意见》，组建杭州文投创业投资有限公司、文创产业无形资产担保贷款风险补偿基金，对重点文创行业领域、重点文创企业项目进行引导性投资支持，鼓励金融机构开展无形资产担保贷款业务。此外，还成立了杭州市文化产权交易所，着力打造集信息、

金融、交易三大中心为一体的文化产权综合性交易融资平台。广州市要加强对文化产业技术、服务、信息平台的建设和文化发展环境的优化，建立和完善知识产权等无形资产评估、质押、登记、托管、流转和变现的制度。鼓励在穗的银行等金融服务机构为演艺装备企业融资，特别是鼓励金融机构以无形资产抵押或以无形资产为主的组合贷款方式提供融资服务，加大对中小演艺装备企业的信贷支持力度。引导社会资本投入演艺装备产业，进一步放宽市场准入，让更多的民营资本进入文化领域，开辟融资租赁新形式，鼓励筹客参与投资演艺装备产业新业态，破解融资瓶颈。

（四）加快演艺装备产业人才培养和引进

人才是发展演艺装备产业的基础和核心要素。一是在人才引进方面，要结合演艺装备产业的实际情况，放宽引进富有经验设计者、技术应用人才政策，如在境外学历认证、长期居住、签证、薪酬等方面提供优待。二是积极引进经营管理人才，重点引进熟悉市场运作的经营人才、管理人才、科技人才，尤其要引进既懂管理又具有深厚文化底蕴的复合型人才。三是培养好演艺装备产业人才，加强广州地区高等院校、职业教育与市场对接，引导高校建立相关的演艺装备产业研究机构，开办相关的学科专业。加强数字技术、网络技术等专业技术的培训，培养一批掌握现代高新技术、善于运用科技手段推动文化产业发展的创新型人才。

（审稿：黄旭）

B.5
广州艺术品市场的现状与管理对策研究报告

广州市文化广电新闻出版局课题组*

摘　要： 本报告对广州艺术品市场的现状进行研究，认为广州市场虽然近期呈现积极信号，但整体仍处于低潮期，且具有鲜明的地方特色和业态十分丰富等特点。文章通过指出广州艺术品市场存在的问题，从政府管理的角度提出建立实时监测制度、编制中长期发展规划、加强对交易行的扶持、大力推进社会艺术教育等促进市场繁荣稳定发展的对策建议。

关键词： 艺术品市场　艺术教育　广州市

自改革开放以来，我国在社会经济发展等诸多方面取得了巨大的成就，人民群众的生活水平有了大幅提高，对文化艺术产品的需求越来越大，同时文化产业也不断蓬勃发展。2016年，我国国民生产总值达到74.41万亿，居民人均可支配收入为23821元①。我国规模以上文化及相关产业企业共实现营业收入9.03万亿元，比上一年增长7.5%，增速比上一年加快0.6个百分点②。统计数据表明，文化及相关产业成为当前我国经济增长的亮点，总

---

* 执笔人：段秀芳，广州市委党校哲学与文化教研部副教授；刘茜，广州市文广新局主任科员。
① 国家统计局网站，《2016年国民经济与社会发展统计公报》，http://www.stats.gov.cn/tjsj/zxfb/201702/t20170228_1467424.html。
② 国家统计局网站，《2016年全国规模以上文化及相关产业企业营业收入增长7.5%》，http://www.stats.gov.cn/tjsj/zxfb/201702/t20170206_1459430.html。

量持续快速增长，比重日益上升。在推动经济发展、优化经济结构中，文化及相关产业发挥着越来越重要的作用，日益向着国民经济支柱产业的方向不断迈出。

广州作为改革开放中率先发展起来的重要城市，也曾是我国艺术品市场发展中的弄潮儿。1993年，广州中国出口商品交易会大厦举行了第一届中国艺术博览会。但广州艺术品市场总体的发展程度仍然不高，在市场总量、市场份额、市场影响力等方面，与北京、上海等地相比仍有一定差距。课题组组织了广州市本地拍卖公司、画廊、美术馆、艺术媒体等约30家艺术机构进行了多场的座谈和重点调研，开展了艺术品市场相关的社会公众调查，运用经济学、社会学、管理学、统计学、消费心理学等理论，以及理论探索、社会调查、数据分析等方法开展研究，最终完成了课题报告。

一 广州艺术品市场的现状

（一）广州市场整体仍处于低潮期

总体上来说，广州艺术品市场与我国艺术品市场的发展走向是一致的。2010年，经过西方国家金融危机和复苏带来的震荡，艺术品市场的热度和信心有所恢复。与此同时，艺术品投资的观念逐渐为投资者所接受，市场流动性依旧充裕，艺术品金融产品纷纷进入市场。在多重因素的作用下，2011年，我国艺术品市场发展走向顶峰，全年的纯艺术品拍卖成交总额高达968亿元，与2009年相比增长了4.3倍。在艺术拍卖市场上频频出现天价成交艺术品的现象，很多地方甚至出现了"只看尺寸、不讲学术"的现象，投机炒作痕迹很明显，市场风险加剧。自2011年下半年起，随着资金流动性的枯竭，艺术品拍卖的成交额与成交量均呈现急剧下降的趋势。2012年全年成交额仅为616亿元，是2011年的64%。经过连续几年的调整，2015年全年成交额为506亿元，2016年的全年成交额为509亿元，结束了连续下滑的趋势（见图1、图2）。

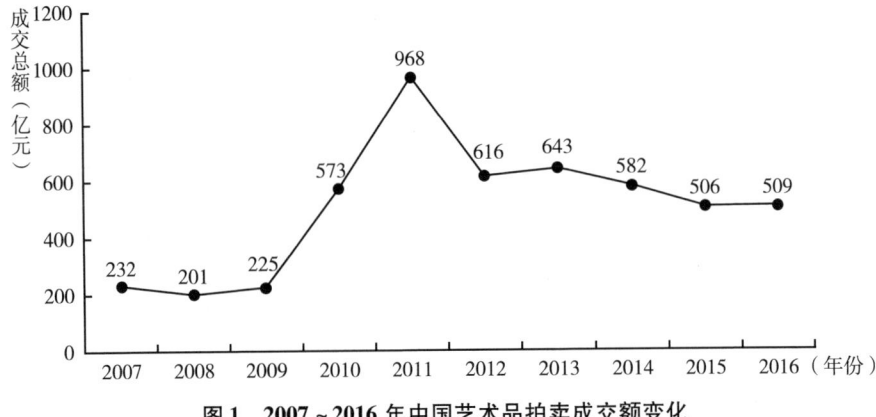

图 1　2007~2016 年中国艺术品拍卖成交额变化

数据来源：雅昌市场监测中心（AMMA）。

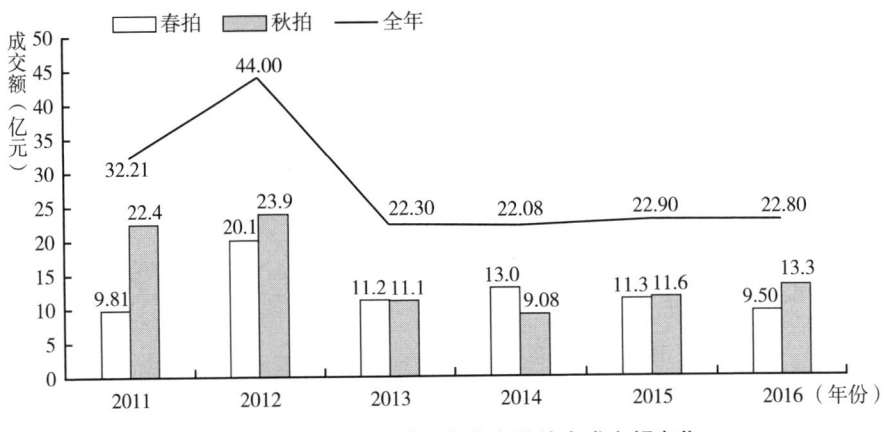

图 2　2011~2016 年珠三角艺术品拍卖成交额变化

数据来源：雅昌市场监测中心（AMMA）。

目前，广州艺术品市场在总体上仍处于低潮期，与 2011 年的峰值相比，成交额和成交量均出现较大萎缩。据雅昌艺术市场监测中心（AMMA）2014 年度数据显示，据不完全统计，广州、深圳地区近三年处于盈利状态的画廊占到 19%，整体盈利收支平衡的画廊约占画廊总体数量的 66%，15% 的画廊出现较大的亏损①。2015 年，广州艺术品拍卖市场成交额为 18.6 亿元，

---

① 广东省文化厅、雅昌市场监测中心（AMMA）：《2014 广州深圳艺术品市场调研报告》。

仅占广州国民生产总值（1.81万亿元）的1%。由于市场需求低迷，艺术品拍卖公司经营相对艰难。广州画廊业略显徘徊，运营行情并不乐观。在近期开展的调研中，广州地区不少画廊表示，近几年的市场很萧条，处于勉强维持运营的状态，有少部分的画廊甚至退出了艺术品经营市场。

（二）广州市场具有鲜明的地方特色

和北京、上海等地相比，广州艺术品市场具有鲜明的地方特色。特色之一就是本地藏家对岭南书画青睐有加。岭南书画源远流长，明清时期便名家辈出，林良、颜宗、何浩、梁元柱、袁登道、杨昌文、汪后来、黎简、苏六朋、居巢、居廉等是其代表。近代以来，岭南得风气之先，中外文化交流频繁，由此而形成了现代岭南书画两大流派——广东国画研究会和岭南画派。广东国画研究会有潘致中、赵浩公、黄般若、黄少梅、卢振寰、姚粟若、罗艮斋、卢观海、邓芬、卢子枢、黄君璧、张谷雏、何冠五、李瑶屏、姚礼修、温其球、冯缃碧等画家。岭南画派有创始人"岭南三杰""二高一陈"的高剑父、高奇峰以及陈树人，第二代岭南画家以关山月、黎雄才、赵少昂、杨善深为代表。之后，又涌现了陈金章、伍嘉陵、林墉、周彦生、杨之光、方楚雄等诸位名家。20世纪，中国画坛上呈现岭南画派和京津画派、海上画派三足鼎立的局面。尽管学术界对于岭南画派有各种各样的观点，比较公认的是，岭南书画家的艺术创作体现了开放、包容的心态，融合、汲取外来文化的营养，大胆探索丰富的艺术表现方式和风格。岭南书画作品有着浓烈的岭南文化印记，广州本地藏家对此熟知也很认同，因此，此类作品在本地市场的成交率非常高。相比之下，外地艺术家的艺术作品在广州本地的成交率很不乐观。

广州市场的另一个特色：理性和稳健。广州本地藏家非常务实，对于自己不熟悉、不了解的艺术品，一般不会轻易出手；对于自己不认可的价格，也不会随意追高买进。艺术品拍卖行业人士曾经表示，广州人虽然出钱大方、豪气，但同时又是非常谨慎的。广州人买艺术品，除行家外，基本上都会沉淀三年，甚至四五年时间。这在北方是绝对做不到的，北方人会贷款购买艺术品，急于套现。但在广东特别是广州，基本是用余钱来买艺术品的。在拍卖公司看来，广州藏家的形象非常好，都是优质的客户。一直以来，广州艺术品市场"天价"成交现象不多，给人的感觉是远远不及北京、上海等地那般火爆。但广州市场上艺术品价格相对更加合理。2014年12月25日晚，广东崇正拍卖有限公司推出2014年秋拍"岭南双璧·关山月 黎雄才书画精品"专场和"国光·中国书画（一）"专场。其中，"岭南双璧·关山月 黎雄才书画精品"专场共推出岭南名家关山月、黎雄才的书画精品32件，总成交率为97%。"国光·中国书画（一）专场"则推出了46件中国书画精品，总成交率为89%。王时敏的《苍岩晚翠图》以1500万元起拍价落槌，最终成交价1725万元；黄道周的《行书自作诗》以起拍价500万元、成交价575万元最终落槌（拍前估价：人民币500万~700万元）。马文壁《春云欲雨图》（拍前估价：人民币800万~1200万元）及髡残《牛头山居图》（拍前估价：人民币500万~700万元）均以流拍收场。而在该专场中的岭南书画作品，依然维持了100%的成交率。这次拍卖结果可以说是广州市场本地特色的一次充分体现[1]。

（三）广州市场业态十分丰富

业态丰富是广州艺术品市场的一个明显特点。在一级市场上，画廊定位、风格和经营方式就非常多样化。2004年成立的文理一堂，以展览、收藏、交流和艺术教育为主，自我定位为以人为本、关注人的生活的画馆。文理一堂推出的展览主要是岭南的老艺术家和新艺术家的全国一线的作品，尤其注重推出一些尚未被发现的好的岭南艺术家。2012年3月，文理一堂举办了"百年一峰"王肇民水彩画展，将水彩中国化的第一人、已故广州美术学院教授王肇民先生流传到台湾的21幅稀世水彩珍品，隆重介绍给广州艺术爱好者。文理一堂通过这样长期的展览和交流活动，推广艺术家，传播

---

[1] 《广东崇正夜场：稳健岭南和"小而精"的意料之外》，新浪网，2014年12月26日，http://ah.sina.com.cn/art/news/2014-12-26/10424088.html。

艺术鉴赏知识，结交新的朋友和客户。进入市场不久的采墨堂艺术生活馆，一开始定位以消费为导向，除了字画以外，还有紫砂馆、沉香馆、茶馆。采墨堂以家庭艺术定制为整体方向，帮助高端客户进行家庭艺术装饰和功能的设计，提供艺术品的专业定制。采墨堂还独家代理了艺术家岑圣权的民国情女系列作品，该系列作品一经推出，即引起市场的积极反响。艺海堂美术馆2003年成立，经过多年摸索，最终确立主攻岭南当代油画，秉持专业、诚信与高效，在学术与市场之间寻找结合点。目前艺海堂正致力于发现、挖掘、支持和推广国内外纯粹原创的中青年艺术家，在艺术展览和推广活动上的专业性、系统性得到业内的肯定和尊重。渔歌晚唱画廊，代理岭南一线艺术家作品，尤以策划名家陈永锵作品展览闻名，涉足各类艺术文化领域，且定期举办各类不同艺术门类、具有文化影响力的展览及活动。美国LC艺廊是广东省第一家外资画廊，创立于2008年。画廊充当中西方艺术的桥梁，将毕加索、达利等大师的作品引入国内市场，近几年将重心放在毕加索晚年陶瓷作品的推广上。LC艺廊更将中国尤其是广东的当代艺术家作品推上国际舞台，吸引了许多欧美、澳大利亚、新加坡等地的客户。1911艺术空间，以俄罗斯的国际文化项目为契机进入艺术市场，着力于推介俄罗斯当代油画，主要通过深圳文博会和广州艺博会进行销售。

在二级市场上，广州的华艺国际、广东崇正是重量级的拍卖公司。2016年，全球前二十强拍卖行中，华艺国际以1.2亿美元的总成交额列第9名，广东崇正以8972万美元列第11名[①]。2016年5月26日，广州华艺国际2016春季拍卖会在广州琶洲南丰国际会展中心二楼圆满结束，斩获5亿总成交额。在本次拍卖活动中，吴冠中的《网师园》以3000万元起拍，经过20余轮的激烈角逐，最终以4450万元落槌，由电话委托以5117.5万元成交，拨得全场头筹。2016年12月11日，广东崇正2016年秋拍的"九藤书屋藏名家书画Ⅳ"专场在广州东方宾馆会展中心C厅举槌，共推出46件拍品。其中，李可染《漓江天下景》以600万元起拍，最终以2200万元落

---

① Artprice、雅昌市场监测中心（AMMA）：《2016年度艺术市场报告》。

槌，2530万元成交。广州皇玛、广东衡益、广东小雅斋、广东古今、广东精诚所至等拍卖行，近年来也非常活跃，组织的多场专场拍卖，均有着鲜明的特点和比较高的人气。

在艺术品金融方面，广东省南方文化产权交易所表现非常突出。南方文化产权交易所成立于2010年11月，2015年成立了艺术品交易中心，创新了文化艺术品交易模式，打造"互联网＋"文化商品线上交易平台，2016年文化商品交易额突破3000亿元，累计交易额超5000亿元，并在2016（第十五届）中国互联网大会上获得"互联网金融行业诚信品牌奖"。2016年12月3日，汇聚了20位当代中青年艺术家传统水墨画作品的《中国南北水墨特辑》在南方文交所艺术品交易中心挂牌上市，进行电子化交易，这是该平台首次上线的国画类艺术品，也是国内首个原创线上交易水墨画藏品。

（四）广州市场近期呈现积极信号

2016年，全国艺术品拍卖成交总额止跌趋平。广州的艺术品市场，也呈现出一系列的积极信号。

"广州国际艺术博览会"在1996年从中国艺术博览会中独立出来，到2015年已经举办了20年。尽管近年来我国艺术品市场持续低迷，但广州国际艺术博览会年年火爆，总成交金额不断创下新高。2012年第17届广州国际艺术博览会的总成交金额为2.26亿元；2013年第18届总成交金额为3亿元；2014年第19届总成交金额为5亿元；2015年起从每年一届扩为每年春秋两届，第20届春季成交金额为4.8亿元，秋季成交金额为5.5亿元。2016年春季成交金额为4.5亿元，秋季成交金额6亿元。在总成交金额、参展机构数量、参展作品数量等方面，广州艺博会均超过了北京、上海等地，已经成为中国最有影响力的艺术品博览会之一。广州艺博会提振了当前艺术品市场的信心，更加体现了本地市场的巨大潜力（见图3）。

尽管近年来市场处于低潮期，但仍有不少新的艺术机构进入广州本地市场。中国艺术品经营的龙头企业荣宝斋广州分店是荣宝斋在华南地区开设的首家分店，对本地区的文化艺术品市场产生了积极影响。2014年4

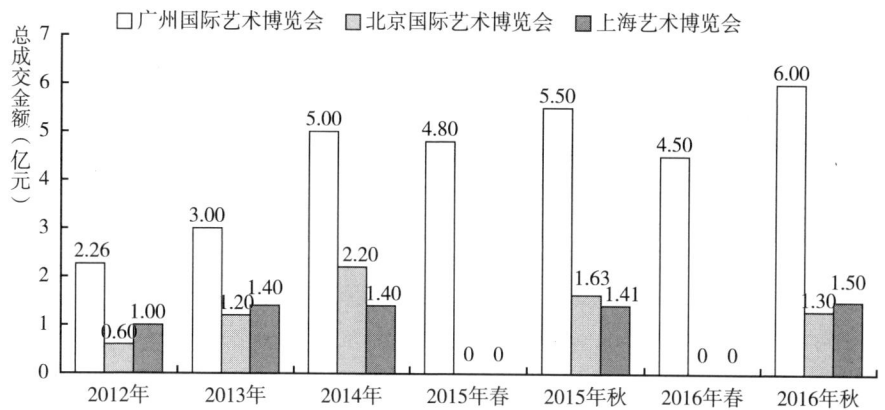

图 3 2012～2016 年广州、北京、上海艺术博览会总成交额

数据来源：北京国际艺术博览会网站（www.bjiae.net），广州国际艺术交易博览会网站（www.gzyibohui.com），上海艺术博览会网站（www.sartfair.com）。

月，中国拍卖业巨头嘉德也在华南地区的首个机构广州办事处正式开设。时隔多年，中国嘉德再次启动了华南战略，成立广州办事处，充分表明了中国嘉德对广东艺术品市场的重视和期待。近年来，听尘艺术空间、33艺术中心、艺廊里、云熙画廊、风眠艺术空间、Pipal 画廊、盖亚空间等多家本地画廊开张，成为"逆势"入场的新生力量。新画廊的加入给行业带来了新的思维和风格，也丰富了市场格局和面貌。广州本地便携式艺术期刊《生活艺术地图》创刊于 2007 年，其结合了艺术资讯、艺术知识、生活指南，在珠三角地区发行。据《生活艺术地图》人士表示，自 2013 年起的一段时期内，珠三角地区差不多每个月都有新的艺术机构成立。其中有三四家缺乏经验、经营不善，也有一些定位于中产阶级艺术消费的机构，经营状况较好。

多位业内人士也表示，艺术品市场正在向规范、理性转变。例如 2016 年艺术品市场的总成交额与 2014 年、2015 年相比有所上升，其中一般类作品价格下跌，顶级类的艺术品价格在上扬，表明艺术品市场逐步走向理性，从以前的投机市场逐渐转变为真正的投资、收藏市场。精诚所至拍卖总经理

陈绮雯表示，2016年艺术品市场的下滑幅度已经明显缩小，2017年的整体市场出现小幅度、小范围的回暖现象①。

二 当前广州艺术品市场存在的主要问题

在整个市场处于调整阶段的时候，广州艺术品机构的经营普遍较之前面临着更多的困难。除了前期市场投机泡沫破灭、市场过度透支等因素带来的困境之外，广州艺术品市场还存在市场发展仍不成熟、市场结构仍有待改善、本地市场仍有待进一步开发、政府部门对艺术品市场的引导扶持还不够等主要问题，制约着市场的健康蓬勃发展。

（一）市场发展仍不成熟

中国艺术品市场的发展是与改革开放的步伐同步的，还只有短短的40年时间。在这40年间，中国社会经济、文化、观念、财富等的发展速度之快超乎了所有人的想象。2010年至2014年，中国艺术品市场年度拍卖总成交额连续五年力压美国，蝉联全球第一。2015年，中国总成交额为48.59亿美元，全球市场份额由2014年的37.22%下滑至30.19%，退居全球第二。美国为61.77亿美元，占全球市场份额的38.38%，重回第一②。值得一提的是，2015年美国市场的优异表现，也有中国买家的巨大贡献。在5月5日举行的纽约苏富比"印象派及现代艺术"晚拍上，大连万达集团以约1.265亿元人民币（2041万美元）将莫奈佳作《睡莲池与玫瑰》收入囊中，一位中国内地藏家以约4.11亿元人民币（6633万美元）拍得凡·高1888年的巨作《阿里斯康道路》。11月9日纽约佳士得"画家与缪斯晚间特拍"上，中国藏家刘益谦以约10.8亿元人民币（1.7亿美元）拍得意大利画家莫迪里阿尼的作品《侧卧的裸女》，并创下世界

---

① 《2017投资理财机遇多 艺术收藏坚持抓精品》，新浪网，2017年2月15日，http://collection.sina.com.cn/auction/zjgd/2017-02-15/doc-ifyameqr7524584.shtml。
② Artprice、雅昌市场监测中心（AMMA），《2015年度艺术市场报告》。

艺术品拍卖第二高的纪录。2016年，中国艺术品市场以拍卖总成交额47.9亿美元再次返回世界第一大国的位置，成交额比起2015年仅下降2%，保持了市场的稳定。美国的拍卖总成交额为35亿美元，下降幅度达43%[①]。

与艺术品交易额高涨的盛况相比，中国艺术品市场仍然非常不成熟，最为突出的问题就是一、二级市场的倒挂现象。

艺术品市场一般主要是由以画廊为主的一级市场和以拍卖行为主的二级市场组成的。全球各大成熟的艺术品市场的特点是一级市场占据了主导地位。在一级市场中，画廊除了与有着艺术市场价值或者潜力的艺术家签约，代理艺术家的作品，还举办学术、展览、宣传等各种活动，推广艺术家的作品，寻找下游买家，通过成功地销售作品获得利润回报。画廊承担着发掘艺术品资源、培育市场、寻求合理价格、促进市场长期可持续发展的重要作用，并且能够较好地保证作品的真实性和学术性。而拍卖行更多的是在二级市场上协助买卖双方的交易，为画廊和藏家的艺术品公开地寻找买家，并提取一定的佣金。艺术品拍卖更侧重于市场偏好度和短期成交获益，更看重艺术品的投资性。艺术品市场要体现出多领域、多层次、健康良性发展的慢牛态势，必须有赖于一级市场和二级市场的协调发展。

与成熟国家的市场不同，中国的画廊发展缓慢，有至少七成市场被拍卖行掌握。广州地区画廊业也已有近30年的发展历史，在全国格局中前进步伐以及地位，均要明显滞后于北京、上海等地，倒挂现象更加突出。

是什么原因导致一、二级市场倒挂情况的出现呢？第一，中国艺术品市场发展的历史复杂性。成熟国家的艺术品市场经过商品经济自身的长期演变，形成了比较合理的模式，并且成为市场各方的共识，大家愿意共同遵守市场的规律和固定的规则。中国迅速地从计划经济走入市场经济，这一过程是由政策主导完成的。市场的形式建立起来了，但其内核远远没有达到与形

---

① Artprice、雅昌市场监测中心（AMMA），《2016年度艺术市场报告》。

式相匹配的成熟程度。具体表现就是，市场各方过多地着眼于自身短期利益的最大化。第二，艺术家和画廊的代理关系并不稳固。现代社会的一大原则就是专业的人做专业的事。理想的状况是艺术家负责创作作品，画廊负责代为销售作品。但目前二者之间的代理关系并未稳固。有的艺术家虽然与画廊签订了独家代理合同，但也会有违反契约把画另找途径销售的现象。有的画廊为降低成本，故意向艺术家隐瞒真实成交情况。有的艺术家为了减少画廊的代理中介环节，自己既进行艺术创作，同时也推广、销售自己的作品，整个一条龙自己全部包下来。种种现象表明，艺术家和画廊的互信互利关系尚未能牢固建立。第三，拍卖公司对画廊的一级市场形成打压。二级市场上拍卖的艺术品，往往是经过市场广泛认可、体现投资价值的较成熟的作品。其价格既体现了作品的市场认可程度，同时也包含了资产增值的需要，这一部分特性经过拍卖的公开竞价过程，得到不同程度的放大，与一级市场上画廊的销售价，以及画廊从艺术家手上的签约价相比，均要高出不少。艺术品拍卖的高价成交现象，经过媒体报道后，艺术品的价格成为关注的焦点，艺术品的艺术价值被忽视了，同时也给社会公众甚至给艺术家造成艺术品拍卖容易"天价成交"的误导印象。在这种情况下，拍卖公司为了降低经营成本，保证拍品真实性，成立了私人经纪部门，希望越过画廊，直接从艺术家手中以较低的价格购买作品。有的艺术家也不经过画廊，直接把作品交给拍卖公司在二级市场上拍卖，希望获得较高的回报，以及希望通过拍卖获得更广泛的市场知名度和关注度。甚至不排除发生一些自拍自卖炒作价格的现象。

总体上广州地区画廊处于维持经营、利润微薄的状况。一些画廊不得已减少与艺术家的签约，停止了艺术家见面活动，不再参加艺术展览，"就地卧倒"，苦苦维持。有的必须依靠投资人其他领域的盈利进行外部输血。有的甚至关停倒闭，离开艺术品市场。相比之下，拍卖公司的艺术品拍卖虽然也陷入低迷，但只要是名家名作，仍能保持较好的成交率和利润空间。而拍卖公司除了艺术品拍卖之外，也会兼营资产拍卖、司法拍卖等多项业务，与画廊相比，自我造血输血的功能更强。

（二）市场结构仍有待改善

对岭南书画的认同是广州本地市场的一大特色。即使在整体市场低迷的情况下，岭南书画的成交和价格走势仍然非常稳健，部分优秀作品甚至创出历史新高。2016年7月31日下午，广州皇玛抱趣2016夏季拍卖会"华夏之光——杨之光先生纪念专场"，汇集了杨之光先生艺术生涯中各个时期、各个题材的书画佳作，涵盖了红色时期、花卉、人物、动物等题材，最终全场56件拍品100%成交获"白手套"，总成交额约3675万。杨之光"红色题材"中的代表作《不灭的明灯》，以736万元成交，创下杨之光作品每平尺最高成交纪录。从积极的意义上看，这一市场特色，肯定了岭南书画的价值，从而推动了岭南书画的发展，但从消极的意义上来看，市场取向较为单一，会抑制其他风格流派作品进入本地市场，甚至也会抑制本地其他题材和风格作品的创作。

以当代艺术为例，以广州美术学院毕业的艺术家群体为核心成员，广东当代艺术群体从80年代开始一直活跃于南方的艺术舞台：80年代有"南方艺术家沙龙"；到90年代初，随着以邓小平南行为契机的经济改革在中国上下进一步深入，广东也有不少动作。策展人吕澎以广州美院附近的江南大酒店为基地策划了著名的"广州首届艺术双年展《油画部分》"试验性地在当时尚未成形的中国艺术市场迈出第一步。大尾象工作组、博尔赫斯书店、缘影会等艺术团体、独立艺术空间十分活跃。华师美院一批从内地南下的艺术家，石磊、杨国新、方少华等独立进行当代实验性的创作。广东美术馆创办了"广州当代艺术三年展"，迄今已举办了五届，2015年变身为亚洲双年展。2000年代中期，随着部分艺术家、策展人的北上，广州当代艺术经过一段沉寂期。目前，广州美院、华师美院成长起来的一批艺术家，继续坚持当代艺术的创作，形成一个整齐的当代艺术队伍，和广州当代艺术机构一样，也在扎扎实实地努力做事。有业内人士认为，广州的艺术创作氛围非常自由，艺术家的创作可以不受政治、资本的束缚，广州的艺术土壤比较适合艺术创作。换而言之，广州的当代艺术并不太受本地市场的关注。与上海、武汉、杭州等地近几年的热闹氛围不同,广州当代艺术始终保持着平淡的节奏。本地的当代艺术家们更寄希望于北京的展览,甚至出现了艺术作品在广州本地无人问津却由深圳买家收藏的尴尬现象。

数据显示,2014年,广州拍卖市场上油画及当代艺术的成交仅有10%,中国书画的成交占绝对优势为90%,这个比例已经保持了多年。同处珠三角、不到两小时车程的香港,已经成为继纽约、北京、伦敦之后的全球第四大世界级的纯艺术品交易中心。香港作为亚洲艺术品拍卖的顶级市场,推进了整个亚洲艺术品市场的发展。2014年,香港艺术品拍卖市场成交额为9.06亿美元,其中中国书画拍卖4.59亿美元,占比51%,油画及当代艺术成交4.47亿美元,占比49%。香港都会产生亚洲当代艺术的最高价,主导当代艺术板块的走向。2014年10月的香港苏富比秋拍上,方力钧1992年创作的《系列二(之四)》以671万美元成交,刷新了艺术家个人拍卖纪录①。曾经在改革开放初期,最先从文化观念、视觉经验上借鉴香港的广州,也已经不再具备任何先发优势了(见图4、图5)。

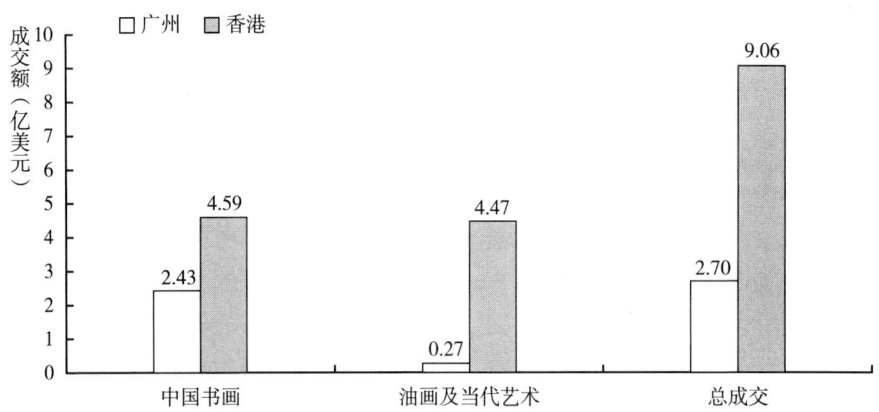

图4 广州、香港2014年艺术品拍卖成交额对比情况

---

① Artprice、雅昌市场监测中心(AMMA):《2014年度艺术市场报告》。

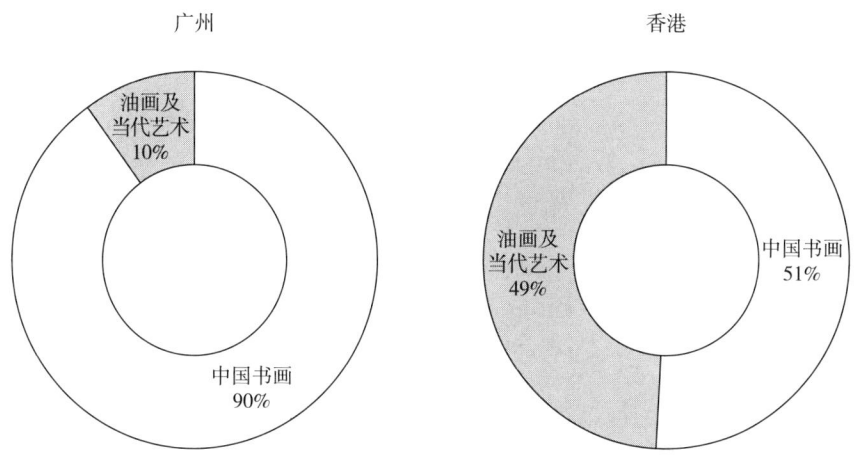

图 5　广州、香港 2014 年艺术品拍卖成交类别比例对比情况

（三）本地市场仍有待进一步开发

广州本地的艺术品市场仍然有着巨大的潜力。通常，国民生产总值（GDP）的增加，代表着社会生产效率的提高。那么，社会生产效率的提高，公众的休闲时间就相应会延长，就会有更多的闲暇关注艺术品。按照国际通行的说法，当一个国家或地区的人均 GDP 达到 1000～2000 美元时，艺术市场才会开始启动；当人均 GDP 达到 8000 美元时，公众才会大规模地对艺术品收藏感兴趣，艺术市场才会蓬勃发展。从人均 GDP 看，美国在 1943 年达到 9753 美元，美国的文化产业崛起于 1940 年；日本在 1971 年达到 9726 美元，文化产业的高速增长期在 1970 年；韩国在 1991 年达到 9645 美元，文化产业的高速增长期在 1990 年。1993 年，中国台湾的人均 GDP 上升到 8000 美元，艺术品市场飞速上升，画廊从 70 多家增加到 300 多家。广州的人均 GDP 在 2007 年即已经达到 8000 美元以上。自 2007 年起，广州经济持续保持年均 12.9% 的高增长势头，到 2015 年 GDP 达到约 1.81 万亿元人民币，人均 GDP 达到 21525 美元（见表 1）。

表1 广州2006年至2016年人均GDP核算情况

年份	GDP（亿）	常住人口(万)	人均GDP（元）	当年美元兑人民币平均汇率	人均GDP（美元）
2006年	6068.41	975.46	62211	7.9718	7804
2007年	7050.78	1004.58	70186	7.604	9230
2008年	8215.82	1018.2	80690	6.9451	11618
2009年	9112.76	1033.45	88178	6.831	12909
2010年	10604.48	1270.08	83495	6.7695	12334
2011年	12303.12	1275.14	96869	6.4588	14998
2012年	13551.21	1283.89	105548	6.3125	16720
2013年	15420.14	1292.68	119288	6.1932	19261
2014年	16706.87	1308.05	127723	6.1428	20792
2015年	18100.41	1350.11	134066	6.2284	21525
2016年	19610.94	1404.35	139644	6.6423	21023

数据来源：广州统计信息网（http://www.gzstats.gov.cn/），《广州市国民经济和社会发展统计公报》；广东统计信息网（http://www.gdstats.gov.cn/），《广东统计年鉴》。

2015年12月，海银财富联合胡润百富发布了《2015年度中国高净值人群资产配置白皮书》。该白皮书表示，截至当年5月，广东拥有的亿万级高净值人士（包括实物资产和金融资产在内的个人总资产超过1亿元人民币）达1900人，居全国第三。北京、上海分列第一、第二，亿万级高净值人士人数分别为1.34万人、1.09万人。广东的千万级高净值人士（包括实物资产和金融资产在内的个人总资产超过1000万元人民币）达到20.4万人，居全国第二。北京、上海分列第一、第三，亿万级高净值人士人数分别为21.4万人、18.1万人。高净值人群最主要的投资理财方式仍然是存款和不动产投资，其中有98%的高净值人士使用这两种方式进行投资理财；其次是保险，90%的高净值人士有购买保险的习惯；排在第四位的是金融投资产品，选择该种投资方式的人占比72%；另有31%的人选择投资艺术品，20%的人选择将钱投入VC/PE[①]。

---

① 《中国高净值人群资产配置白皮书：三分钟了解趋势》，中国贸易金融网，2015年12月24日，http://www.sinotf.com/GB/Treasury/1194/2015-12-24/2NMDAwMDE5NjQ2Nw.html。

此外，广州艺术品市场也有待于各方悉心的培育。如果只把艺术品当作投资品，期待短期变现，难免会造成市场的投机成分过重。一方面，很多有钱的买家不懂艺术，花费大量的资金购买艺术品，仅仅为的是资产的保值增值。有业内人士指出，广州地区的艺术品市场，概括而言是"功利有余，感性不足"。艺术品的价值首先不在于投资所带来的物质回报，更重要的是精神财富的回馈——小到画作的欣赏，大至文化的传承，对艺术品的收藏本身即是一件美事。然而现在的广州艺术品市场，熙熙攘攘、纷繁来往却多为名利奔波，过分执着于艺术品收藏所带来的金钱回报。另一方面，许多爱好艺术也能够欣赏艺术的人，经济条件还达不到收藏名家名作的程度；对于普通的艺术消费品，又未能建立起购买的观念和习惯。在中国，买家首先要看作品是不是名家名作，而在成熟的西方国家市场上，买家购买艺术品的意愿主要还是出于个人对作品的喜好。2015年，西方艺术品市场共对约56.4万批次的纯艺术作品进行公开拍卖，其中有35.1万批次得到成功交易。高端拍品成交往往成功地吸引人们的关注，但在2015年的西方市场上，仅有160件拍品突破千万美元，这仅占成交总量的0.04%；75%的拍品以低于4886美元的价格成交，50%的拍品以低于1234美元的价格成交。大部分的中端和低端的艺术品，构成了艺术品市场的核心[①]。

提高藏家和社会大众的艺术素养、艺术鉴赏水平，培养艺术消费习惯，都是市场长期培育必不可少的。一些广州本地画廊将成人、儿童艺术教育活动作为日常业务的一部分开展，既是补贴日常经营的手段，更是蕴含了普及艺术知识、发展艺术消费者的良好愿望和探索。对偏重岭南书画的本地藏家，艺术机构也需要从学术上和市场上分析其他作品的艺术价值和市场定位，给予他们更充分和耐心的沟通和引导。调研中有不少画廊表示，希望在广州能有一处类似北京798艺术区的艺术集聚区，比较好地集中本地画廊，形成集聚效应，助推艺术市场的发展。

---

① Artprice、雅昌市场监测中心（AMMA），《2015年度艺术市场报告》。

（四）政府部门对艺术品市场的引导扶持还不够

近年来，由中国美术家协会和广州市政府举办、广州市文化广电新闻出版局承办的"广州国际艺术博览会"已经成为广州的文化品牌，对促进广州艺术品市场的发展起到了重要作用。在对外文化交流方面，广州画院、广州雕塑院、广州艺术博物院等多次在境外举办艺术展览，扩大了广州的国际文化影响力。在促进广州文化产业发展方向上，对文化创意动漫游戏行业进行了重点扶持，打造了产业基地，对动漫游戏类项目给予广州市战略性主导产业发展资金2681余万元扶持，研究推进《广州市关于扶持动漫游戏产业发展的办法》出台。相比较而言，政府有关部门对艺术品市场的引导扶持力度并不大，艺术品市场更多地还处于自发生长的状态。

政府部门对广州艺术品市场发展状况掌握比较有限。目前广州市艺术品市场的发展状况怎样？有多少家艺术机构？拍卖公司、画廊都有多少家？每年举办了多少场拍卖、多少次展览？艺术品的成交状况如何？有哪些好的做法和模式？是否可以推广？机构经营中会遇到什么困难？有哪些新的情况出现？等等。从市场基础数据的掌握和积累，到具体问题的个案分析，到宏观层面的整个行业的把握，都有很多的工作可以做。2016年6月，广州市文化广电新闻出版局陆续组织了多场座谈会，邀请广州本地20余家本地画廊、拍卖行、策展商、艺术媒体、公益美术馆的代表参加，畅所欲言，集思广益，共同为广州艺术品市场的繁荣发展把脉，献计献策。参会的艺术机构代表对座谈会的召开表示高度肯定，非常希望政府部门能够重视扶持艺术品交易行业的发展。在此基础上，相关的市场研究项目开始启动。这些都是非常好的开端。

在某些具体问题上，必须由政府部门的牵头才有可能解决。如画廊行业税负过高的问题。不像上海和北京，广东的画廊，有着单独的地税列项，和普通古玩字画店一样，属于"销售工艺美术品"的批发零售行业。因此，广东画廊需要缴纳增值税，此外还需要缴纳营业税、消费税、企业所得税。按照增值税相关规定，全年销售额在80万元以下的画廊，可按照小规模商业企业缴纳3%的增值税,全年销售额在80万以上的画廊,需要缴纳17%的增值税。如果算上其他税种,销售额80万元以下的画廊税负水平总体在4%~6%,80万元以上的画廊,增值税、营业税、消费税三项相加最高会达到30%,除此之外,如果再加上企业所得税,总体的税率会高达50%。这样一来,画廊经营业绩高反而会赔钱。同时,具体的征税技术也不完善,画廊从艺术家手中获得作品,往往没有发票,无法证明画作原价是多少,最终要按照销售价格的全额来缴纳增值税。营业税也很难准确测算。画廊无法提供从画家手中拿到画的原价是多少,就无法证明究竟画廊挣了多少钱、利润是多少、该缴多少营业税,因此缴纳的营业税与增值税可能也会出现交集①。

还有进口艺术品关税的问题。广州和世界各地的经贸文化来往密切,尤其是地理位置上和香港、东南亚接近,在进口艺术品交易方面可谓大有可为。但广州艺术品进口除了缴纳6%的进口关税之外,还要缴纳进口环节中的各类国内税,才能够进入国内市场流通(美国、英国、中国香港等国家或地区均对艺术品实施零关税;英国在零关税之外,加征5%的进口环节增值税)。艺术品不属于税收认定中的奢侈品,虽然可以免缴进口环节消费税,但是需要缴纳17%的进口环节增值税。整体计算下来,一件海外艺术品要想入境所要缴纳的复合税率实际应为24.02%。2016年12月,国务院关税税则委员会公布《2017年关税调整方案》,将油画、粉画及其他手绘画原件,雕版画、印制画、石印画的原本,各种材料制的雕塑品原件等三个税目的艺术品关税暂行税率再次降至3%(正常税率为12%,2012~2016年暂调至6%)。该方案公布之后,业内人士的反应却较为冷淡,原因主要在于,大家更为关注的17%的进口增值税依旧"岿然不动"。

如此高的税负制约了境外艺术品流入中国,除了增加艺术机构经营成本和效率、影响境外艺术品的进口交易外,许多中国藏家在海外购得艺术品

---

① 《广东艺术一级市场发展之困》,2014年12月29日,《上海证券报》,http://stock.sohu.com/20141229/n407358923.shtml。

后，往往存放在购买地，或者在比较近的香港。近两年来，北京、上海、天津、厦门、深圳等地，纷纷实施了新型的艺术品进出口机制，如设立保税园区或保税仓库及保税拍卖等。海外艺术品在通过中国海关时可以暂缓缴税，在进入保税区外的交易环节时才发生税收问题。而艺术品的买卖双方可以选择将艺术品继续保存在保税区内，或者再次进入境外第三方国家、地区进行流通，也可以在区内进行展览、拍卖等，这些交易方式都是不发生税收的。

2013年8月，国内第一个艺术品保税仓库国际艺术品交易中心在上海自贸区建成并且投入运营。上海推出了艺术品"先进区、后报关""保税临时出区展示"等模式，通过与保税区海关的协调，实现了艺术品通关、展示、交易的便利化。2015年3月，首个纳入自由港全球服务体系的艺术品保税综合服务平台——上海西岸自由港也宣告成立，该自由港是西岸艺术品保税仓库的升级版。2015年7月1日，《上海海关、上海市文化广播影视管理局关于在中国（上海）自由贸易试验区简化美术品审批及监管手续的公告》（简称《公告》）开始实施。这份《公告》简化了艺术品进入上海自贸区，以及在自贸区内外流动的审批程序。随着新政策的实施，艺术品自境外进出自贸区无须再备案，行政审批时间也可节省。刘益谦2013年底在纽约苏富比以822.9万美元拍得的苏东坡《功甫帖》，以及他2014年以3600万美元拍得的明成化斗彩鸡缸杯，目前就存放于上海西岸艺术品保税仓库中。这一创新对跨境艺术品交易起到了很大的促进作用。

近年来，广州市依托南沙保税港区、广州保税区、白云机场综合保税区等海关特殊监管区域优惠政策，大力发展跨境电商。据广州市商务委统计，2016年，广州成功获批国家跨境电商综合试验区，全市跨境电商进出口146.8亿元，增长1.2倍，规模居全国各试点城市首位[1]。但在进口艺术品保税政策与机制方面，广州尚未明确出台相关措施，在这一点上，已经远远落在国内其他城市的后面。

---

[1]《广州商务2016年发展情况和2017年工作思路》，广州市商务委员会网站，http://www.gzboftec.gov.cn/article.jsp?columnId=&id=2c90aa9c5b21f27b015b9dfc8a4526d2&ww=%BF%E7%BE%B3%B5%E7%C9%CC。

三 广州艺术品市场相关管理对策建议

政府部门是不能替代市场主体去开展经营行为的,也不能违背市场规律出台政策和进行管理。有的时候某些政府部门"越位",短期看来似乎能产生一些快速发展的政绩,但是超出了政府管理的权限,违背了市场经济的原则和发展规律,从长远看只会对行业造成伤害。政府部门应尊重艺术品市场的内在规律,坚持公平、公正、适度的原则,结合广州本地艺术品市场的实际情况,通过出台相关产业政策、产业发展规划、财税优惠措施、项目扶持、基础资源配置的适当倾斜、社会艺术教育等方式,对市场的资源配置、经营行为等,进行规范的管理与合理的引导。建议目前文化管理部门可从以下四个方面入手,推进广州艺术品市场的发展。

(一)建立对广州艺术品市场的实时监测机制

及时掌握艺术品市场的状况,是规范管理市场、推进产业健康发展的前提。建议政府部门建立艺术品市场动态数据信息监测机制,及时掌握市场数据和信息。充分利用先进的大数据技术、人工智能和数据分析软件系统,建设广州艺术品市场数据库,为艺术品市场管理与服务提供真实、可靠的依据。

数据内容可以包括:本地艺术机构的基础数据,本地艺术家的基础数据,艺术机构收藏、交易艺术品的相关数据,各类学术、展览、活动的数据等。数据的来源可以包括:艺术机构定期上报的数据信息,系统内上下级部门的数据信息,税务、工商等其他部门的数据信息,行业协会的数据信息,市场研究机构的数据信息,媒体相关报道信息,定期开展多层次、多维度的调研等。在掌握数据和信息的基础上,借力业内专家团队,对广州艺术品市场进行研究分析,撰写高质量、有价值的报告,既支撑市场管理,也为市场各方参考借鉴。这一数据库除了基础信息外,还将包括市场的变动分析、艺术品的流转登记、产权登记、鉴证信息备案等内容。

政府部门作为权威管理机构,在数据搜集汇总、比对、发布等方面具有天然的优势,应该利用好这一优势,力争通过五到七年时间,将艺术品市场数据库建设成为权威的本地市场数据管理与发布系统,既能够对政府管理提供有力的支撑,也可以为艺术品经营机构和广大艺术爱好者提供好的服务,必将对广州艺术品市场的规范、健康发展发挥重要、积极的作用。

(二)编制广州艺术品市场中长期发展规划

经过了市场的大起大落,市场的缺陷才有可能全部展现,对市场的认识才有可能更加全面深刻。在此时机,更应对广州艺术品市场进行全局性、战略性、长远性、方向性的思考。理想状况下,广州艺术品市场的发展,应该呈现出这样的景象:第一,市场稳健蓬勃发展,市场结构合理,成交活跃,泡沫较少;第二,本地艺术家创作繁荣,风格丰富,佳作频出,形成良好的梯队和层次;广州的市场和创作环境,对外地艺术家具有较强的吸引力;第三,广州居民的文化艺术素养有较大提高,对艺术的精神需求旺盛,艺术品消费和收藏渐渐成为习惯;第四,广州在全国乃至全球的文化影响力不断扩大,在艺术品市场上的地位不断提升,让艺术活动和艺术品交易成为广州的一张新名片。为实现这些目标,应该对广州艺术品市场的资源状况、基础条件,开展全面深入的分析研究,找准广州自身的定位,借鉴国内外的先进经验,编制艺术品市场的发展规划,有力指导产业发展方向与布局,并且有步骤地予以实施。

广州艺术品市场发展的未来定位,建议可以将以下四个方面作为重点考虑。第一,传承发扬岭南画派。岭南画派体现了岭南文化的鲜明特点,是宝贵的历史文化财富。今后应调动和凝聚专业艺术学院、画廊、博物馆等多方力量,在学术研究、创作、市场方面,将岭南画派进一步发扬光大。第二,大力发展当代艺术。艺术是时代的反映,当代艺术是艺术家对现实世界和内心的个性摹写,是最能反映时代的艺术形式,也是国际艺术品市场广为认可的艺术形式。广州作为中国南海之滨的国际大都市,理应具有自己的当代艺术,与国际艺术文化发展的潮流同步与对话。第三,发展国际艺术品交易。

广州自古就是国际性的贸易港口，是古代海上丝绸之路的起点。在"一带一路"的大背景下，广州应依托传统的国际贸易发达的优势，将贸易合作领域延伸到艺术品交易上，在政策、会展、项目、资源等方面给予大力支持，把广州打造成为有影响力的国际艺术品交易中心，成为中外艺术和文化交流的重要桥梁。第四，建设规范、理性的艺术品市场。按照成熟艺术品市场的框架，尝试建立合理的一级、二级市场体制，调整好艺术家、画廊、拍卖行的关系，给广州市场的持续理性提供市场机制上的有力保障。

（三）加强对艺术品交易行业的扶持

建议政府部门根据艺术品市场中长期发展规划的指导，有侧重、有针对性地加强对艺术品交易行业的扶持。

第一，继续加大投入，擦亮广州国际艺术博览会这块金字招牌，保持和提高广州艺博会的影响力。广州艺博会吸引了本地、外地甚至国外的艺术机构参加，吸引了广大艺术爱好者的关注，起着重要的市场辐射作用，应该继续做强做大，吸引更多的机构、更丰富的作品进入。

第二，积极支持画廊行业发展。深刻认识画廊在艺术品市场中的重要地位和不可替代的意义，探索财税减免等各种优惠政策，减轻画廊负担，支持潜下心来踏实经营的画廊，发挥行业领头羊的带动作用，努力实现一、二级市场的良性发展。

第三，支持和指导广州画廊行业协会的建立，充分发挥协会的积极作用。通过行业协会，打造艺术机构交流沟通的平台，供机构之间相互交流学习，同时也可成为机构和政府部门间的桥梁，广泛收集机构关于市场、政策等的意见建议，集中向政府部门反映情况，或是向机构传达、解释政府部门的政策、意见等。

第四，对建设艺术集聚园区的可能性进行认真研究和论证。多家艺术机构在调研中表示，希望广州能有较大规模的集中的艺术园区。对这一需求，政府应该组织相关部门，开展专题调查研究和论证，对下列问题进行回答：是否有必要？如果有必要的话，在哪里建设？怎样建设？在研究和论证过程中，应多学习其他城市、其他国家和地区的艺术集聚园区的经验和教训，多听取艺术机构的意见，多征求专家的专业建议，力争得出一个科学合理的阶段性结论，并根据结论落实下一步工作方向。

第五，以项目资助的方式，有针对性地对艺术机构的若干项目进行支持。例如：具有较高学术水平的艺术研究项目，本地优秀艺术家和作品到外地、外国的推广活动，本地优秀青年艺术家的作品和创作项目，本地当代艺术作品或项目。应提前做出计划和方案，列入财政预算，积极开展实施。

第六，争取加快进口艺术品保税交易机制的落实。在现有税务政策框架下，建立进口艺术品保税仓是现实可行、效率较高的选项。参照其他地方已有的政策制定的流程和政策内容，尽快出台方案，尽早落实进口艺术品保税交易机制，促进广州的跨境艺术品交易。

（四）大力推进社会艺术教育

艺术品市场之花，需要植根于肥沃的土壤，方能长久的绽放。大力推进社会艺术教育，提高全体市民的艺术素养和审美能力，保证本地艺术品市场的稳定繁荣。组织、协调、引导社会资源，既是政府部门的优势，也是政府部门的责任。本地的艺术品市场、艺术机构、艺术活动是重要的文化资源，应该深入地开发、推广和运用。

建议可从以下多个方面入手：协调本地主流媒体加强对艺术博览会、展览、拍卖会、艺术家等的报道与宣传，扩大版面、增加报道时间、降低购买版面和时间的费用；将本地的艺术集聚区、美术馆、画廊等，作为旅游文化资源进行开发和推广，打造"艺术广州"精品旅游线路、文化体验项目；政府积极牵头出资，搭建平台，组织开展学术交流、艺术宣讲和普及等各种形式的活动；举办"艺术进社区"活动，邀请艺术机构、艺术家、艺术品，进入社区与市民近距离接触；每年给予专门的经费，资助有意义的有实效的社会艺术教育活动；推动艺术机构与院校等合作，贡献专业力量，让机构走入校园，请师生走进机构，双方携手开展对在校师生的艺术教育；举办不同层次、不同类别的艺术创作比赛，如分为市、区、街、各行业、成人、青少年、儿童、教师、学生等，充分鼓励艺术创作，激发大众艺术兴趣，促进艺术教育的发展。社会艺术教育能够提高社会公众的艺术修养，为艺术人才的培养提供充足的养分，为艺术品市场创造更多的需求。社会艺术教育需要在政府部门的主导下，各方力量长期坚持不懈的努力，才能真正收获成效。

（审稿：谭苑芳）

B.6
关于广州市打造文化创意产业高地的对策建议*

李俊 付伟**

摘 要： 本文分析了广州市文化创意产业发展的基础条件、存在差距与发展空间，建议广州充分把握建设国家重点中心城市、粤港澳大湾区发展的时代机遇，用好枢纽城市区位优势与人才吸引力，做大做强创意产业集群，借力互联网集聚效应与新媒体传播效应、分区差异化发展文化服务业、文化产品制造业，加强文化创意产业支持体系建设。

关键词： 文化创意产业 产业集群 广州

2011年2月，广州发布《广州建设文化强市培育世界文化名城规划纲要（2011~2020）》，提出建成"空间布局合理、区域特色鲜明、高端文化企业和文化品牌不断涌现、文化市场繁荣有序的现代文化产业体系"，将广州定位为"岭南文化的中心地、古代海上丝绸之路的发祥地、中国近现代

---

* 本文系2017年度广州市哲学社会科学发展"十三五"规划课题"广州'非遗'保护利用与文化创意产业融合发展研究"（立项号：2017GZGJ64）中期成果，广州市民主党派联合调研重点课题"岭南文化现代传承"子课题成果。

** 李俊，华中师范大学博士后，广州城市职业国学院讲师，主要研究方向为非物质文化遗产、文化产业。付伟，浙江大学公共管理学院政治学理论专业博士研究生，主要研究方向为政策研究。

革命的策源地和改革开放的前沿地"①。2017年10月,广州市政府发布《广州市推进文化创意和设计服务与相关产业融合发展行动方案》(2016~2020年),方案提出:"到2020年,广州'文化创意之都'的地位进一步增强,形成若干具有中国风格和广州特色的文化创意和设计服务流派,全市文化创意和设计服务与相关产业全方位、深层次、宽领域的融合发展格局基本建立。"②广州具备发展地域特色鲜明的文化创意产业的基础与条件,根据2017年8月发布的《广州文化创意产业发展报告(2017)》,"十二五"期间,广州市文化产业增加值年均增速达到12.2%,2015年实现增加值913.28亿元,占全市GDP的比重为5.05%③,其在国民经济中的战略性支柱地位更加凸显。然而根据北京市科学技术情报研究所张京成、刘光宇2011年《我国创意产业发展现状与趋势》对中国部分创意城市产业发展梯队的划分,广州与深圳、杭州、武汉、成都等同属第二集团,在创意产业规模、产业竞争力及产业投入等方面距离第一集团北京和上海还有不小的差距,7年过去了,广州的创意产业投入数、高新技术产业专利拥有数、创意产业集群、文化创意人才吸引力等方面仍未达到经济体量需求的应有优势。

一 广州发展文化创意产业的基础条件

广州有着2200多年历史的城市文明,拥有丰富的科技教育文化资源;作为经济体量突破1.8万亿元的超大城市,又具有发展文化创意产业的良好基础,其在发展文化创意产业方面的基础和优势主要包括以下三个方面。

---

① 王晓玲:《广州培育世界文化名城的战略思考》,《南方日报》2011年4月17日第7版,第12~39页。
② 《广州市人民政府办公厅关于印发广州市推进文化创意和设计服务与相关产业融合发展行动方案(2016~2020年)的通知》,广州市人民政府门户网站,http://www.gz.gov.cn/gzgov/s2812/201711/23ee582f0a97441992ce1baf125441c2.shtml2017-11-10/2018-5-7。
③ 徐咏虹主编《广州文化创意产业发展报告(2017)》,社会科学文献出版社,2017,第2页。

（一）文化资源基础与优势

广州具有深厚的区域文化积淀，是第一批全国历史文化名城之一。这里岭南文化特色鲜明，河网密布的农耕文化与农商文化相交融，在发展过程中不断吸取和融汇中原文化和海外文化，成为广府文化、潮汕文化和客家文化的汇聚中心点。改革开放以后，随着以珠三角为代表的岭南地区开启了现代中国最典型的规模化人口流动，人口的净流入带来了新质文化要素的生长，广州在继承传统岭南文化精华的基础上，吸收了广州近现代科学、民主、法治等新传统，又包容吸取了全国各地的文化精华，形成历史性与现代性相承、本地属性与外来属性多元共存、开放性和多元性并举的新岭南文化精神。

广州的文化资源丰富，包括物质文化遗产资源和非物质文化遗产资源。从物质文化遗产资源的分布与数量看，全市划定历史城区1片（20.39平方公里）、地下文物埋藏区16片（第一批）、历史文化街区26片、历史风貌区19片、传统村镇93个、骑楼街40条路，拥有全国重点文物保护单位29处、省级文物保护单位48处、市级文物保护单位347处、区级文物保护单位260处、其他不可移动文物2806处、历史建筑共566处、新发现历史建筑线索700余处。可移动文物保护方面，全市博物馆等国有文物收藏机构约60家，其中市属收藏单位30个，共收藏文物17万余件（套）。辛亥革命纪念馆、南越王宫博物馆、广州电视台、广州图书馆、广州大剧院、广州文化中心、岭南文化演艺中心、南粤先贤馆等市级文化地标已建成使用，还有广东省博物馆、中山图书馆、广东省美术馆等省级文化中心地处本市。从非物质文化遗产资源的分布与数量看，截至2016年，广州市纳入代表性名录的联合国人类"非遗"2项，国家级17项，省级68项，市级96项，此外各区还有正在整理申报的"非遗"线索800余条。这些"非遗"项目涵盖了广府文化区传统的口头文学、美术、书法、音乐、舞蹈、戏剧、曲艺和杂技、传统技艺、医药、传统礼仪、节庆及生产实践和有关的工具、实物、工艺品和文化场所等。占比最大的是传统技艺、民间民俗、传统美术和传统舞蹈①。"一区一品牌""一街一品牌""一社区一特色"的民间民俗艺术文化交流展示平台已初步形成，广州迎春花节、广州民俗文化节、十三行文化节、水乡文化节、乞巧文化节、国际龙舟邀请赛、广府庙会等民间民俗文化品牌活动已渐成广州文化新传统。

（二）创意产业基础与优势

根据《广州文化创意产业发展报告（2017）》，2015年全市实现文化产业增加值913.28亿元，占全市GDP的比重为5.05%，仅次于北京、上海；文化产业支柱地位进一步增强，就业、税收等贡献日益突出，文化消费旺盛。全市文化创意产业从业人数为34.43万人，占全市总从业人数的4.24%，占第三产业从业人数的7.24%。广州市在国内外主板市场上市发行股票的文化企业有24家，创业板上市企业有1家，新三板市场上市有90家。国家新闻出版广电总局发展研究中心公布的动漫十大中国品牌榜中，广州有喜羊羊与灰太狼等四大品牌入选，是全国入选该榜单品牌最多的城市②之一。"文化+科技"已成为广州当前文化繁荣和科技创新的一大亮点。目前广州的互联网企业超过3000家，是全国第三大互联网城市，全国互联网企业百强中广州占8席，位列第四。2015年科技型文化企业拥有科研人员2.35万人，科研投入强度为17.9%，全年累计专利申请数1041件，专利申请量与增速均列全国副省级以上城市之首。文化产品制造方面，据统计，珠江钢琴全球市场占有率26%，国内市场占有率34%，被认定为"全球最大的钢琴制造商"，灯光、音响等演艺设备产值约占全国的50%，产值全国领先③。

产业工业园区建设方面，TIT纺织服装创意园、天河软件园国家（广

---

① 李俊、付伟：《广州市非遗数字化保护的困境与对策研究》，《广州城市职业学院学报》2017年第2期，第9~12页。
② 徐咏虹主编《广州文化创意产业发展报告（2017）》，社会科学文献出版社，2017，第2页。
③ 王晓玲：《广州培育世界文化名城的战略思考》，《南方日报》2011年4月17日第7版，第12~39页。

州)网游动漫产业发展基地、番禺华创动漫游艺产业园、越秀创意大道、文德路古董字画街、羊城创意产业园、太古仓现代服务产业园等文化产业基地和园区已基本建成,广州传媒、广州广电、珠江数码、长隆集团、网易互动、原创动力、奥飞动漫、漫友文化等品牌文化企业正在加速成长。但广州各区文化产业发展很不均衡(见表1),文化产业布局不尽合理。以增加值绝对值来看,天河区以255.14亿元一马当先,排在最后的从化区只有17.45亿元。天河区、越秀区、海珠区以其原中心城区及城市发展引擎的区位优势吸引了动漫网游、互联网文化、会展业等文化产业企业集聚发展,从而带动这些区域文化产业总体发展较快。

表1　2015年广州各区文化产业增加值绝对值

单位:亿元

区	文化产业增加值	区	文化产业增加值
越秀	191.13	花都	36.18
海珠	81.27	番禺	97.06
荔湾	34.74	南沙	32.47
天河	255.14	从化	17.45
白云	36	增城	23.54
黄埔	108.3		

(三)区位优势与资本、人才吸引力

广州作为商埠都市由来已久,是"海上丝绸之路"的起点,邻近香港特别行政区和澳门特别行政区,同根同源的香港文化创意产业的发展为广州带来了丰富的素材和多元的视角,而香港创意产业的全球视野与其文化制造业的空心化又为广州赢得了互补发展的机会。2018年3月,国务院总理李克强在政府工作报告中提出,要制定发布粤港澳大湾区城市群发展规划,发挥港澳独特优势,将广州南沙新区定位为粤港澳专业服务集聚区、港澳科技成果产业化平台和人才合作示范区,重点创新与港澳在资讯科技、专业服务、金融及金融后台服务、科技研发及成果转化等领域合作方式，完善"智慧通关"体系，吸引专业人才落户。与此同时，广州现有高等院校82所，在校大学生及研究生人数居全国各城市前列，已成为全国国家级孵化器优秀数量最多的城市。随着粤港澳大湾区建设带来的枢纽城市区位优势，为广州的发展提供了聚集更多资本与人才的机会。2010年南方文化产权交易所在广州落户，又加快解决了文化创意产业中无形资产评估困难、行业内缺乏有实力担保人导致的IP融资难问题，为广州的文化创意产业发展进一步扫清了融资障碍。

除此之外，广州还有着强劲的市民文化消费需求，文化产品消费市场相对成熟，文化消费习惯稳定。广州城市居民家庭人均文化娱乐消费支出位居全国前列。广州每百万常住人口拥有电影院数量亦高于京沪两地，仅次于天津，城市居民文化消费意愿与消费水平领先全国。

二 创意产业发展趋势与广州的潜在空间

作为附加值高、增长活力大、受土地和物质资源限制小的文化创意产业，早已成为全球经济新的增长点。2014年国务院《关于推进文化创意和设计服务与相关产业融合发展的若干意见》指出，文化创意和设计服务具有高知识性、高增值性和低能耗、低污染等特征。推进文化创意和设计服务等新型、高端服务业发展，促进与实体经济深度融合，是培育国民经济新的增长点、提升国家文化软实力和产业竞争力的重大举措，是促进产品和服务创新、催生新兴业态、带动就业、满足多样化消费需求、提高人民生活质量的重要途径。《广州市推进文化创意和设计服务与相关产业融合发展行动方案（2016~2020年）》也指出，"推进我市文化软件服务、建筑设计服务、专业设计服务、广告服务等文化创意和设计服务产业化、专业化、集约化、品牌化发展，促进文化创意和设计服务与工业制造、商贸服务、科技信息、城市发展、休闲旅游、都市农业、健康产业、体育产业、文化产业等领域深度融合"，可以为"广州加快建设国家重要中心城市、国家历史文化名城、国家创新型城市、国际商贸中心、枢纽型网格城市,提升城市品质和国际竞争力提供有力支撑"。①

(一)文化创意产业发展趋势

英国是最早提出"创意产业"概念的国家,20世纪90年代起,在国家政策的扶持下,创意产业就成为英国国民经济各行业中增长速度最快的一个产业,2000年,英国文化创意产业占GDP的比重就达到了24.68%②。从行业发展来看,建筑、表演艺术、视觉艺术、数字出版和游戏软件的发展最快,其中电脑软件、电子游戏和数字出版业所占的份额最大。1996年起,美国的文化创意产业就超过了传统产业,文化创意产品成了最大宗的出口产品。2000年,美国出版业、电影和录音业、广播及电信业、艺术表演业、娱乐业五个行业增加值总额为6883.58亿美元,占当年美国GDP的4.8%③,其版权保护战略下的文化创意产业发展经验非常值得广州学习。

近年来,自主知识产权成为创新发展的核心竞争力,在国家政策的鼓励下,我国文化创意产业进入争夺创意人才、优化产业布局、跨行业融合发展的竞争格局。行业总体收入稳步提升,消费升级引发较快增长,如数字出版2015年增加1016.2亿元,较2014年增长了30%,以IP产业为例,网络文学、数字出版、数字教育、网络直播、自媒体等产业发展迅猛,而动漫产业的发展更为惊人,年均增长率达10%以上。围绕IP资源研发各种文化产品的消费习惯正在养成,IP产业链的赢利能力按产业链的方向逐步放大。随着全域旅游概念的提出,挖掘文化元素与文化内涵成为整合旅游资源的重要抓手,旅游消费需求与消费市场均连年扩大,尤其是以邮轮、海岛游为代表的度假旅游消费增幅巨大。演艺产业是基础文化产业,随着社会的提倡和消

---

① 《广州市人民政府办公厅关于印发广州市推进文化创意和设计服务与相关产业融合发展行动方案(2016~2020年)的通知》,广州市人民政府门户网站,http://www.gz.gov.cn/gzgov/s2812/201711/23ee582f0a97441992ce1baf125441c2.shtml2017-11-10/2018-5-7。
② 洪涓、刘甦、孙黛琳、付建文:《北京与伦敦文化创意产业发展比较研究》,《城市问题》2013年第6期,第38~61页。
③ 鲍枫:《中国文化创意产业集群发展研究》,吉林大学博士学位论文,2013。

费市场的日渐成熟，未来五年中国的演艺产业增长速度将保持在15%左右，居民人均文化娱乐消费支出的比重将达到5%以上①。

除文化消费需求的扩大及创意产业领域的升级发展带来的全球文化创意产业发展趋势以外，金融资本的介入是文化创意企业发展的另一种变革，文化创意企业纷纷寻求与资本的合作，掀起了上市融资、重组并购的热潮，呈现出跨行业、跨地区的行业集聚趋势。仅2015年，文化企业在新三板挂牌的数量破百，占全部挂牌文化企业的73%。"文化艺术品+金融+互联网"遇到了前所未有的发展机遇。据2016年世界知识产权组织（WIPO）发布的《世界知识产权指标》，中兴和华为占据了PCT申请人前两名的位置，中国企业在马德里国际商标的申请量也增长了44.7%，仅次于美国和日本。②

未来很长一段时间，随着宏观经济发展方向的转型，以科技创新和智力资源为核心要素的文化创意产业将迎来前所未有的扩张机会，主要包括：一是拓展人们的精神消费领域，扩大文化消费内需，培育文化消费市场；二是产业结构带动第三产业的整体发展，尤其是文化服务业的发展；三是在内涵上通过文化创意、科技创新和管理水平提高来实现经济发展转向质量型增长③。

（二）广州的差距与发展空间

根据北京市科学技术情报研究所张京成、刘光宇《我国创意产业发展现状与趋势》对中国部分创意城市产业发展梯队的划分，广州与深圳、杭州、武汉、成都等同属第二集团，与第一集团北京和上海还有一定的差距。从产业竞争力来说，广州在生产要素即人力资源、自然、知识、基础设施方

---

① 李雨婷：《2015~2016年度文化创意产业现状观察报告》，《河南教育学院学报》（哲学社会科学版）2017年第4期，第38~43页。
② 张京成、刘光宇：《我国创意产业发展现状与趋势》，《北京联合大学学报》（人文社会科学版）2011年第2期，第78~83页。
③ 洪涓、刘甦、孙黛琳、付建文：《北京与伦敦文化创意产业发展比较研究》，《城市问题》2013年第6期，第38~61页。

面已有良好基础，但从文化创意产业的现实竞争力和潜在竞争力来看，在市场占有、产业规模方面落后于上海，在生产效率上又明显滞后于深圳。而在至关重要的潜在竞争力指标评价里，直接为文化创意产业提供竞争动力的创新能力指标广州落后于北京、上海、深圳和杭州等地方，这可从研发投入占文化产业GDP的比重、获省级以上科技奖励数量这两项指标中，得出广州尚未形成很好的创意研发能力的结论。

那么，广州在文化创意产业方面的发展潜力与成长空间在哪儿？首先是形成创意产业集群的潜力。广州已具备了文化创意产业集群形成的外部条件，即城市利便性、相关产业基础和扶持政策，而在挖掘岭南文化内涵、增加创意研发投入、培养吸纳创意人才等方面还大有可为。如广州可以秉承当年敢为天下先的南方媒体港集群优势，挖掘新时代粤媒文化精神，继续做强新闻出版、广播、电视电影与新媒体等行业；就设计服务业与广告会展业而言，广州可以沿着"广交会"的成功之路，提升交易会品质，借助"2017《财富》全球论坛"的影响力，将物质产品的交易会延至文化创意产品的交易会，占领全国广告会展业的制高点。再如信息科技产业，广州的文化创意与科技相融合，已成为一条日渐走通的成功之路，可以把握世界发展趋势，从互联网到物联网再到人工智能，掌握下一代信息科技时代的主动权。广州可充分利用市内80余所高校，在校大学生人数全国第一的高校人才资源，培养并留住熟悉岭南文化的创意人才。除此之外，广州传统制造加工业与对外贸易的优势，亦可以被文化创意产业利用，在信息设备、电子设备制造、玩具、文化用品制造领域，继续发挥自己创意工厂的价值。

三 广州打造创新创意产业高地的可行路径

2017年，《广州市文化广电新闻出版事业发展第十三个五年规划》发布，根据"三个战略中心"的城市定位，到2020年，要将广州建设成为有文化底蕴、有岭南特色、有开放魅力、文化综合实力居全国前列的文化强市，建设岭南文化中心，培育世界文化名城，并推动文化产业成为占GDP 8%以上的战略性支柱产业。要将广州打造成南方创意之都，其可行路径如下。

（一）打通物质文化遗产与非物质文化遗产的互生共存生态关系，为打造创意之城更丰厚的岭南文化素养，输送源源不断的文化创意灵感

作为拥有鲜明地方特色、文化底蕴丰厚的广州，挖掘岭南文化元素，与现代技术和现代审美观念相融合，借助现代传播技术与营销手段，培育文化消费群体，激发文化产品及产业市场活力，是完全可行的。以北京路的文化核心区为例，随着天河CBD商圈的兴起，北京路这一最具广府文化特色的商都文化区近十年已渐趋落寞。虽然其传统习俗与悠久历史仍深入人心，但由于宏观设计缺乏，非物质文化遗产与北京路现有的物质文化遗产结合不够，尤其是文化遗产与新时代消费习惯存在距离，导致其文化符号尚存，但商品原创性与设计性不强，没有独特优势吸引新的消费群体。其保护区域、群众基础、境内非遗文化聚落、文化内涵挖掘等与广府文化的另一发祥地佛山尚有一定距离，远没有发挥广府文化发源地与中心区的优势。因此，广州完全可以发挥岭南文化之都与千年商都的双重优势，既保护好非遗生态空间，又在生态空间的基础上，借助现代技术与营销理念，做好创意产品产业孵化基地。

在对岭南文化元素的挖掘方面，市政府应站在更高的角度，建立联席会议机制，打破非物质文化遗产由文化部门负责，物质文化遗产由城建、房管、博物馆等各部门分别负责的现状，改变各自为政的情况，从文化生态区保护与传承的角度去挖掘岭南文化元素，充分考虑"非遗"的地域性因素，注重非物质文化遗产的不同项目之间，非物质文化遗产与物质文化遗产之间，文化遗产与自然环境、人文环境之间的关联性，将单一项目、单一形态的保护模式，转变为多种文化表现形式的综合性保护。尤其是对原生态文化保存较为完整并具有特殊价值和浓郁特色的文化区域，进行动态的持

续性保护，进而在城市建设规划、中小学地方文化教育、市民文化素养培育等方面提升城市公共空间的文化价值，以氛围涵养创意，以创意孵化产品。

（二）扶持重点文化创意产业项目，划分产业功能区域，培育文化创意产业集群

根据《广州建设文化强市培育世界文化名城规划纲要（2011~2020）》，广州的文化创意产业布局为中心城区打造高端文化产业核心区，重点发展新闻出版、影视传播、创意设计等产业；珠江两岸以吸引年轻文化消费为重点，主要发展时尚消费、演艺娱乐、广告等产业；东部地区主要发展网游动漫、数字研发、工业设计服务、高端体育演艺、文化旅游等产业；南部地区主要发展文化会展服务、数字印刷、演艺娱乐等产业；西部地区则以西关风情和岭南水乡文化为着力点，主要发展休闲、礼品玩具与花鸟虫鱼展销、国际茶叶贸易及茶文化推广等产业；北部地区打好生态文化牌，主要发展文化旅游、生态旅游、文化产品贸易与物流等产业。7年过去了，目前这一功能划分随着各区域文化创意产业的发展现已有了一定基础与调整，但总体而言尚未形成具备全球影响力的产业集群，集群配套设施不够，领军企业不够强大。随着琶洲互联网产业集群区的建成投入使用，天河体育中心、珠江新城、广州塔、琶洲会展与互联网产业集群、海珠湿地公园生态文化区等沿中轴线的文化产业带优势已初步凸显，尤其是2017年财富论坛聚集琶洲这一主会场，对打造广州的文化创意产业品牌具有较强的提升效应。此外，广州亦可借鉴北京的经验，不求面面俱到，扶持培育项目与重点企业，打造国内龙头企业，再以龙头企业上下游产业链为中心，集聚相关产业机构。如天河软件园、科学城等区域因科技企业密集，可重点发展信息传输、计算机服务和软件业；大学城、五山等区域因高校密集，可重点发展科研、技术服务业；而非中心城区则可重点发展文化产品制造业及文化设备加工业等；另外也可鼓励以业类聚或以房类聚的创意产业集群的形成。

（三）重点加强文化创意产业支持体系建设，包括政策支持、金融资本支持、基础设施支持及人才储备支持

文化创意产业的支持体系建设是关系到广州未来能否吸引到更多文化创意企业落户广州、文化创意人才扎根广州、文化创意行业占领国内高地的基础。文化创意产业最核心的竞争因素是人，尤其是具备创意活力的年轻人，最重要的竞争力就是无形的知识产权，因此，广州在加强文化创意产业支持体系建设时，应紧紧围绕"人才强国""创新驱动发展"的战略思想，以吸引创意人才、留住创意人才的思路展开。

首先是政策支持。一方面通过城市发展规划及重要集群产业打造去引导文化创意产业的布局与体系建设；另一方面通过完善立法与严格执法去健全文化创意产业市场体系，保护原创者权益，创设良性竞争业态。以市场监管为例，广州可以借鉴美国对知识产权保护的法治监管支持，在法治监管方面严厉打击侵犯知识产权的违法获利行为，维护原创企业的根本利益，加强文化创意企业的原创积极性与产权保护的信心，让剽窃者无处可逃。

其次是金融资本体制支持。广州市一方面可以南沙自由贸易试验区为试点，出台相关规定，扫清资本金融领域投资文化创意产业的政策障碍，开具投资文化创意产业的负面清单，引导金融资本投资文化创意产业相关领域。另一方面可以为设立公共基金加大创意研发投入与创意产品孵化，撬动引导社会资本参与文化创意产业投资，如采用项目制，依托科技创意项目立项支持、创意大赛评选、大学生创新创业项目孵化等，增加人文创意项目领域的孵化支持，为孵化更多创意产品与产业提供资金支持。

再次是加强基础设施支持与人才储备支持。数据显示，广州在创意人才竞争力和科研设施投入经费方面与北京、上海还有明显差距，广州应从市场角度加强文化创意产业的基础设施建设，更大程度地做到资源配置合理。以琶洲规划的互联网产业集聚区建设为例，除吸引互联网企业落户琶洲外，政府更应做好相关市政、民生设施的建设，如交通设施、大型高水平论坛会议举办设施、最新最快的创意产品样品出品设施，建好文化创意产业需要的物

质基础设施,打通从资源供应、产品生产到市场销售、信息反馈的循环通道。特别值得注意的是提前规划建好创意产业人才安居设施,配套公租房、基础教育、配套医疗设施建设,充分考虑到创意人才年轻、成家立业需求旺盛、家庭负担重等年龄结构特点,尤其是充分利用好广州研究生人数多的优势,真正为留住创意人才规划好青年人才发展规划,调动大中学校智慧资源,吸引创意人才落户广州,做好文化创意产业的人才储备支持。

(四)在挖掘广州城市文化内涵和把握消费心理基础上,借助广州的社交媒体、文化产品制造业、文化服务业优势,做好精准的市场细分与消费群体培育,推动文化创意的产品化和市场化

文化产品的创意之路主要有三个阶段:一是创造端,即通过非遗产品传达某种美学价值;二是产品端,打造有特定内涵的文化商品;三是消费者端,能认识到非遗产品的历史文化内涵、美学内涵,同时符合现代的信息认知与购买方式。

就具体项目而言,各有各的创意方式与成功案例,如民间文学类,主要的创意产业是文本作品产业链:儿童读物、水墨动画、剧种人物造型、雕塑故事造型、剪纸刺绣木偶竹编等,值得一提的是 AGC(动漫)和 IP(知识产权)的非遗文化取材,是民间文学类非遗的主要创意转化方式,如《梁祝传说》《花木兰》的创意等。民间美术类非遗是目前与创意产业及设计服务业结合程度最高也最自然的一类,如木版年画、风筝的创意产业化等。传统表演艺术如戏曲、音乐、相声、舞蹈等,则与文化旅游相结合,最能体现非遗的文化创意魅力,远的可举"云南映象"或是刘三姐,近的可举连南"千年瑶寨"等。

传统手工艺的创意之路就必须走"现代创意 + 传统手艺 + 当地材质 = 现代手工生活用品"的产业化之路,固守传统肯定会失去市场乃至丧失活态生存空间。如台湾宜兰的白米木屐,白米地区为振兴传统的木屐产业,发挥创意及想象力,赋予木屐新生命,将生活用品转换成手工艺品,值得广州的各传统手工艺产品化市场化借鉴,其创意步骤主要有:(1)提升木屐美

社长致辞

蓦然回首,皮书的专业化历程已经走过了二十年。20年来从一个出版社的学术产品名称到媒体热词再到智库成果研创及传播平台,皮书以专业化为主线,进行了系列化、市场化、品牌化、数字化、国际化、平台化的运作,实现了跨越式的发展。特别是在党的十八大以后,以习近平总书记为核心的党中央高度重视新型智库建设,皮书也迎来了长足的发展,总品种达到600余种,经过专业评审机制、淘汰机制遴选,目前,每年稳定出版近400个品种。"皮书"已经成为中国新型智库建设的抓手,成为国际国内社会各界快速、便捷地了解真实中国的最佳窗口。

20年孜孜以求,"皮书"始终将自己的研究视野与经济社会发展中的前沿热点问题紧密相连。600个研究领域,3万多位分布于800余个研究机构的专家学者参与了研创写作。皮书数据库中共收录了15万篇专业报告,50余万张数据图表,合计30亿字,每年报告下载量近80万次。皮书为中国学术与社会发展实践的结合提供了一个激荡智力、传播思想的入口,皮书作者们用学术的话语、客观翔实的数据谱写出了中国故事壮丽的篇章。

20年跬步千里,"皮书"始终将自己的发展与时代赋予的使命与责任紧紧相连。每年百余场新闻发布会,10万余次中外媒体报道,中、英、俄、日、韩等12个语种共同出版。皮书所具有的凝聚力正在形成一种无形的力量,吸引着社会各界关注中国的发展,参与中国的发展,它是我们向世界传递中国声音、总结中国经验、争取中国国际话语权最主要的平台。

皮书这一系列成就的取得,得益于中国改革开放的伟大时代,离不开来自中国社会科学院、新闻出版广电总局、全国哲学社会科学规划办公室等主管部门的大力支持和帮助,也离不开皮书研创者和出版者的共同努力。他们与皮书的故事创造了皮书的历史,他们对皮书的拳拳之心将继续谱写皮书的未来!

现在,"皮书"品牌已经进入了快速成长的青壮年时期。全方位进行规范化管理,树立中国的学术出版标准;不断提升皮书的内容质量和影响力,搭建起中国智库产品和智库建设的交流服务平台和国际传播平台;发布各类皮书指数,并使之成为中国指数,让中国智库的声音响彻世界舞台,为人类的发展做出中国的贡献——这是皮书未来发展的图景。作为"皮书"这个概念的提出者,"皮书"从一般图书到系列图书和品牌图书,最终成为智库研究和社会科学应用对策研究的知识服务和成果推广平台这整个过程的操盘者,我相信,这也是每一位皮书人执着追求的目标。

"当代中国正经历着我国历史上最为广泛而深刻的社会变革,也正在进行着人类历史上最为宏大而独特的实践创新。这种前无古人的伟大实践,必将给理论创造、学术繁荣提供强大动力和广阔空间。"

在这个需要思想而且一定能够产生思想的时代,皮书的研创出版一定能创造出新的更大的辉煌!

社会科学文献出版社社长
中国社会学会秘书长
2017年11月

社会科学文献出版社简介

社会科学文献出版社(以下简称"社科文献出版社")成立于1985年,是直属于中国社会科学院的人文社会科学学术出版机构。成立至今,社科文献出版社始终依托中国社会科学院和国内外人文社会科学界丰厚的学术出版和专家学者资源,坚持"创社科经典,出传世文献"的出版理念、"权威、前沿、原创"的产品定位以及学术成果和智库成果出版的专业化、数字化、国际化、市场化的经营道路。

社科文献出版社是中国新闻出版业转型与文化体制改革的先行者。积极探索文化体制改革的先进方向和现代企业经营决策机制,社科文献出版社先后荣获"全国文化体制改革工作先进单位"、中国出版政府奖·先进出版单位奖,中国社会科学院先进集体、全国科普工作先进集体等荣誉称号。多人次荣获"第十届韬奋出版奖""全国新闻出版行业领军人才""数字出版先进人物""北京市新闻出版广电行业领军人才"等称号。

社科文献出版社是中国人文社会科学学术出版的大社名社,也是以皮书为代表的智库成果出版的专业强社。年出版图书2000余种,其中皮书400余种,出版新书字数5.5亿字,承印与发行中国社科院院属期刊72种,先后创立了皮书系列、列国志、中国史话、社科文献学术译库、社科文献学术文库、甲骨文书系等一大批既有学术影响又有市场价值的品牌,确立了在社会学、近代史、苏东问题研究等专业学科及领域出版的领先地位。图书多次荣获中国出版政府奖、"三个一百"原创图书出版工程、"五个'一'工程奖"、"大众喜爱的50种图书"等奖项,在中央国家机关"强素质·做表率"读书活动中,入选图书品种数位居各大出版社之首。

社科文献出版社是中国学术出版规范与标准的倡议者与制定者,代表全国50多家出版社发起实施学术著作出版规范的倡议,承担学术著作规范国家标准的起草工作,率先编撰完成《皮书手册》对皮书品牌进行规范化管理,并在此基础上推出中国版芝加哥手册 ——《社科文献出版社学术出版手册》。

社科文献出版社是中国数字出版的引领者,拥有皮书数据库、列国志数据库、"一带一路"数据库、减贫数据库、集刊数据库等4大产品线11个数据库产品,机构用户达1300余家,海外用户百余家,荣获"数字出版转型示范单位""新闻出版标准化先进单位""专业数字内容资源知识服务模式试点企业标准化示范单位"等称号。

社科文献出版社是中国学术出版走出去的践行者。社科文献出版社海外图书出版与学术合作业务遍及全球40余个国家和地区,并于2016年成立俄罗斯分社,累计输出图书500余种,涉及近20个语种,累计获得国家社科基金中华学术外译项目资助76种、"丝路书香工程"项目资助60种、中国图书对外推广计划项目资助71种以及经典中国国际出版工程资助28种,被五部委联合认定为"2015-2016年度国家文化出口重点企业"。

如今,社科文献出版社完全靠自身积累拥有固定资产3.6亿元,年收入3亿元,设置了七大出版分社、六大专业部门,成立了皮书研究院和博士后科研工作站,培养了一支近400人的高素质与高效率的编辑、出版、营销和国际推广队伍,为未来成为学术出版的大社、名社、强社,成为文化体制改革与文化企业转型发展的排头兵奠定了坚实的基础。

 宏观经济类

宏观经济类

经济蓝皮书
2018年中国经济形势分析与预测
李平/主编　2017年12月出版　定价：89.00元

◆ 本书为总理基金项目，由著名经济学家李扬领衔，联合中国社会科学院等数十家科研机构、国家部委和高等院校的专家共同撰写，系统分析了2017年的中国经济形势并预测2018年中国经济运行情况。

城市蓝皮书
中国城市发展报告No.11
潘家华　单菁菁/主编　2018年9月出版　估价：99.00元

◆ 本书是由中国社会科学院城市发展与环境研究中心编著的，多角度、全方位地立体展示了中国城市的发展状况，并对中国城市的未来发展提出了许多建议。该书有强烈的时代感，对中国城市发展实践有重要的参考价值。

人口与劳动绿皮书
中国人口与劳动问题报告No.19
张车伟/主编　2018年10月出版　估价：99.00元

◆ 本书为中国社会科学院人口与劳动经济研究所主编的年度报告，对当前中国人口与劳动形势做了比较全面和系统的深入讨论，为研究中国人口与劳动问题提供了一个专业性的视角。

宏观经济类 · 区域经济类

中国省域竞争力蓝皮书
中国省域经济综合竞争力发展报告（2017~2018）

李建平／李闽榕／高燕京／主编　2018年5月出版　估价：198.00元

◆ 本书融多学科的理论为一体，深入追踪研究了省域经济发展与中国国家竞争力的内在关系，为提升中国省域经济综合竞争力提供有价值的决策依据。

金融蓝皮书
中国金融发展报告（2018）

王国刚／主编　2018年6月出版　估价：99.00元

◆ 本书由中国社会科学院金融研究所组织编写，概括和分析了2017年中国金融发展和运行中的各方面情况，研讨和评论了2017年发生的主要金融事件，有利于读者了解掌握2017年中国的金融状况，把握2018年中国金融的走势。

区域经济类

京津冀蓝皮书
京津冀发展报告（2018）

祝合良　叶堂林　张贵祥／等著　2018年6月出版　估价：99.00元

◆ 本书遵循问题导向与目标导向相结合、统计数据分析与大数据分析相结合、纵向分析和长期监测与结构分析和综合监测相结合等原则，对京津冀协同发展新形势与新进展进行测度与评价。

社会政法类

社会蓝皮书
2018年中国社会形势分析与预测

李培林　陈光金　张翼/主编　2017年12月出版　定价：89.00元

◆ 本书由中国社会科学院社会学研究所组织研究机构专家、高校学者和政府研究人员撰写，聚焦当下社会热点，对2017年中国社会发展的各个方面内容进行了权威解读，同时对2018年社会形势发展趋势进行了预测。

法治蓝皮书
中国法治发展报告 No.16（2018）

李林　田禾/主编　2018年3月出版　定价：128.00元

◆ 本年度法治蓝皮书回顾总结了2017年度中国法治发展取得的成就和存在的不足，对中国政府、司法、检务透明度进行了跟踪调研，并对2018年中国法治发展形势进行了预测和展望。

教育蓝皮书
中国教育发展报告（2018）

杨东平/主编　2018年3月出版　定价：89.00元

◆ 本书重点关注了2017年教育领域的热点，资料翔实，分析有据，既有专题研究，又有实践案例，从多角度对2017年教育改革和实践进行了分析和研究。

社会政法类

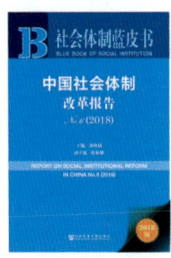

社会体制蓝皮书
中国社会体制改革报告No.6（2018）

龚维斌/主编　2018年3月出版　定价：98.00元

◆ 本书由国家行政学院社会治理研究中心和北京师范大学中国社会管理研究院共同组织编写，主要对2017年社会体制改革情况进行回顾和总结，对2018年的改革走向进行分析，提出相关政策建议。

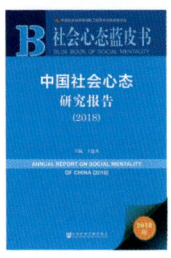

社会心态蓝皮书
中国社会心态研究报告（2018）

王俊秀　杨宜音/主编　2018年12月出版　估价：99.00元

◆ 本书是中国社会科学院社会学研究所社会心理研究中心"社会心态蓝皮书课题组"的年度研究成果，运用社会心理学、社会学、经济学、传播学等多种学科的方法进行了调查和研究，对于目前中国社会心态状况有较广泛和深入的揭示。

华侨华人蓝皮书
华侨华人研究报告（2018）

贾益民/主编　2017年12月出版　估价：139.00元

◆ 本书关注华侨华人生产与生活的方方面面。华侨华人是中国建设21世纪海上丝绸之路的重要中介者、推动者和参与者。本书旨在全面调研华侨华人，提供最新涉侨动态、理论研究成果和政策建议。

民族发展蓝皮书
中国民族发展报告（2018）

王延中/主编　2018年10月出版　估价：188.00元

◆ 本书从民族学人类学视角，研究近年来少数民族和民族地区的发展情况，展示民族地区经济、政治、文化、社会和生态文明"五位一体"建设取得的辉煌成就和面临的困难挑战，为深刻理解中央民族工作会议精神、加快民族地区全面建成小康社会进程提供了实证材料。

产业经济类

房地产蓝皮书

中国房地产发展报告 No.15（2018）

李春华 王业强 / 主编　2018年5月出版　估价：99.00元

◆ 2018年《房地产蓝皮书》持续追踪中国房地产市场最新动态，深度剖析市场热点，展望2018年发展趋势，积极谋划应对策略。对2017年房地产市场的发展态势进行全面、综合的分析。

新能源汽车蓝皮书

中国新能源汽车产业发展报告（2018）

中国汽车技术研究中心　日产（中国）投资有限公司
东风汽车有限公司 / 编著　2018年8月出版　估价：99.00元

◆ 本书对中国2017年新能源汽车产业发展进行了全面系统的分析，并介绍了国外的发展经验。有助于相关机构、行业和社会公众等了解中国新能源汽车产业发展的最新动态，为政府部门出台新能源汽车产业相关政策法规、企业制定相关战略规划，提供必要的借鉴和参考。

行业及其他类

旅游绿皮书

2017~2018年中国旅游发展分析与预测

中国社会科学院旅游研究中心 / 编　2018年1月出版　定价：99.00元

◆ 本书从政策、产业、市场、社会等多个角度勾画出2017年中国旅游发展全貌，剖析了其中的热点和核心问题，并就未来发展作出预测。

皮书系列重点推荐

行业及其他类

民营医院蓝皮书
中国民营医院发展报告（2018）

薛晓林 / 主编　　2018 年 11 月出版　　估价：99.00 元

◆ 本书在梳理国家对社会办医的各种利好政策的前提下，对我国民营医疗发展现状、我国民营医院竞争力进行了分析，并结合我国医疗体制改革对民营医院的发展趋势、发展策略、战略规划等方面进行了预估。

会展蓝皮书
中外会展业动态评估研究报告（2018）

张敏 / 主编　　2018 年 12 月出版　　估价：99.00 元

◆ 本书回顾了 2017 年的会展业发展动态，结合"供给侧改革"、"互联网＋"、"绿色经济"的新形势分析了我国展会的行业现状，并介绍了国外的发展经验，有助于行业和社会了解最新的展会业动态。

中国上市公司蓝皮书
中国上市公司发展报告（2018）

张平　王宏淼 / 主编　　2018 年 9 月出版　　估价：99.00 元

◆ 本书由中国社会科学院上市公司研究中心组织编写的，着力于全面、真实、客观反映当前中国上市公司财务状况和价值评估的综合性年度报告。本书详尽分析了 2017 年中国上市公司情况，特别是现实中暴露出的制度性、基础性问题，并对资本市场改革进行了探讨。

工业和信息化蓝皮书
人工智能发展报告（2017～2018）

尹丽波 / 主编　　2018 年 6 月出版　　估价：99.00 元

◆ 本书国家工业信息安全发展研究中心在对 2017 年全球人工智能技术和产业进行全面跟踪研究基础上形成的研究报告。该报告内容翔实、视角独特，具有较强的产业发展前瞻性和预测性，可为相关主管部门、行业协会、企业等全面了解人工智能发展形势以及进行科学决策提供参考。

 国际问题与全球治理类　　皮书系列 重点推荐

国际问题与全球治理类

世界经济黄皮书
2018年世界经济形势分析与预测

张宇燕 / 主编　2018年1月出版　定价：99.00元

◆ 本书由中国社会科学院世界经济与政治研究所的研究团队撰写，分总论、国别与地区、专题、热点、世界经济统计与预测等五个部分，对2018年世界经济形势进行了分析。

国际城市蓝皮书
国际城市发展报告（2018）

屠启宇 / 主编　2018年2月出版　定价：89.00元

◆ 本书作者以上海社会科学院从事国际城市研究的学者团队为核心，汇集同济大学、华东师范大学、复旦大学、上海交通大学、南京大学、浙江大学相关城市研究专业学者。立足动态跟踪介绍国际城市发展时间中，最新出现的重大战略、重大理念、重大项目、重大报告和最佳案例。

非洲黄皮书
非洲发展报告 No.20（2017～2018）

张宏明 / 主编　2018年7月出版　估价：99.00元

◆ 本书是由中国社会科学院西亚非洲研究所组织编撰的非洲形势年度报告，比较全面、系统地分析了2017年非洲政治形势和热点问题，探讨了非洲经济形势和市场走向，剖析了大国对非洲关系的新动向；此外，还介绍了国内非洲研究的新成果。

皮书系列 重点推荐　国别类

国别类

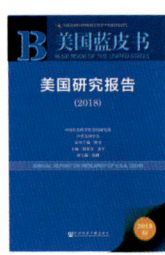

美国蓝皮书
美国研究报告（2018）

郑秉文 黄平 / 主编　2018年5月出版　估价：99.00元

◆ 本书是由中国社会科学院美国研究所主持完成的研究成果，它回顾了美国2017年的经济、政治形势与外交战略，对美国内政外交发生的重大事件及重要政策进行了较为全面的回顾和梳理。

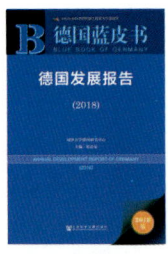

德国蓝皮书
德国发展报告（2018）

郑春荣 / 主编　2018年6月出版　估价：99.00元

◆ 本报告由同济大学德国研究所组织编撰，由该领域的专家学者对德国的政治、经济、社会文化、外交等方面的形势发展情况，进行全面的阐述与分析。

俄罗斯黄皮书
俄罗斯发展报告（2018）

李永全 / 编著　2018年6月出版　估价：99.00元

◆ 本书系统介绍了2017年俄罗斯经济政治情况，并对2016年该地区发生的焦点、热点问题进行了分析与回顾；在此基础上，对该地区2018年的发展前景进行了预测。

 文化传媒类

文化传媒类

新媒体蓝皮书
中国新媒体发展报告 No.9（2018）

唐绪军/主编　2018年6月出版　估价：99.00元

◆ 本书是由中国社会科学院新闻与传播研究所组织编写的关于新媒体发展的最新年度报告，旨在全面分析中国新媒体的发展现状，解读新媒体的发展趋势，探析新媒体的深刻影响。

移动互联网蓝皮书
中国移动互联网发展报告（2018）

余清楚/主编　2018年6月出版　估价：99.00元

◆ 本书着眼于对2017年度中国移动互联网的发展情况做深入解析，对未来发展趋势进行预测，力求从不同视角、不同层面全面剖析中国移动互联网发展的现状、年度突破及热点趋势等。

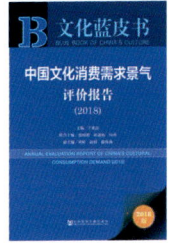

文化蓝皮书
中国文化消费需求景气评价报告（2018）

王亚南/主编　2018年3月出版　定价：99.00元

◆ 本书首创全国文化发展量化检测评价体系，也是至今全国唯一的文化民生量化检测评价体系，对于检验全国及各地"以人民为中心"的文化发展具有首创意义。

地方发展类

北京蓝皮书

北京经济发展报告（2017～2018）

杨松 / 主编　2018年6月出版　估价：99.00元

◆ 本书对2017年北京市经济发展的整体形势进行了系统性的分析与回顾，并对2018年经济形势走势进行了预测与研判，聚焦北京市经济社会发展中的全局性、战略性和关键领域的重点问题，运用定量和定性分析相结合的方法，对北京市经济社会发展的现状、问题、成因进行了深入分析，提出了可操作性的对策建议。

温州蓝皮书

2018年温州经济社会形势分析与预测

蒋儒标　王春光　金浩 / 主编　2018年6月出版　估价：99.00元

◆ 本书是中共温州市委党校和中国社会科学院社会学研究所合作推出的第十一本温州蓝皮书，由来自党校、政府部门、科研机构、高校的专家、学者共同撰写的2017年温州区域发展形势的最新研究成果。

黑龙江蓝皮书

黑龙江社会发展报告（2018）

王爱丽 / 主编　2018年1月出版　定价：89.00元

◆ 本书以千份随机抽样问卷调查和专题研究为依据，运用社会学理论框架和分析方法，从专家和学者的独特视角，对2017年黑龙江省关系民生的问题进行广泛的调研与分析，并对2017年黑龙江省诸多社会热点和焦点问题进行了有益的探索。这些研究不仅可以为政府部门更加全面深入了解省情、科学制定决策提供智力支持，同时也可以为广大读者认识、了解、关注黑龙江社会发展提供理性思考。

宏观经济类

城市蓝皮书
中国城市发展报告（No.11）
著(编)者：潘家华 单菁菁
2018年9月出版 / 估价：99.00元
PSN B-2007-091-1/1

城乡一体化蓝皮书
中国城乡一体化发展报告（2018）
著(编)者：付崇兰
2018年9月出版 / 估价：99.00元
PSN B-2011-226-1/2

城镇化蓝皮书
中国新型城镇化健康发展报告（2018）
著(编)者：张占斌
2018年8月出版 / 估价：99.00元
PSN B-2014-396-1/1

创新蓝皮书
创新型国家建设报告（2018~2019）
著(编)者：詹正茂
2018年12月出版 / 估价：99.00元
PSN B-2009-140-1/1

低碳发展蓝皮书
中国低碳发展报告（2018）
著(编)者：张希良 齐晔
2018年6月出版 / 估价：99.00元
PSN B-2011-223-1/1

低碳经济蓝皮书
中国低碳经济发展报告（2018）
著(编)者：薛进军 赵忠秀
2018年11月出版 / 估价：99.00元
PSN B-2011-194-1/1

发展和改革蓝皮书
中国经济发展和体制改革报告No.9
著(编)者：邹东涛 王再文
2018年1月出版 / 估价：99.00元
PSN B-2008-122-1/1

国家创新蓝皮书
中国创新发展报告（2017）
著(编)者：陈劲 2018年5月出版 / 估价：99.00元
PSN B-2014-370-1/1

金融蓝皮书
中国金融发展报告（2018）
著(编)者：王国刚
2018年6月出版 / 估价：99.00元
PSN B-2004-031-1/7

经济蓝皮书
2018年中国经济形势分析与预测
著(编)者：李平 2017年12月出版 / 定价：89.00元
PSN B-1996-001-1/1

经济蓝皮书春季号
2018年中国经济前景分析
著(编)者：李扬 2018年5月出版 / 估价：99.00元
PSN B-1999-008-1/1

经济蓝皮书夏季号
中国经济增长报告（2017~2018）
著(编)者：李扬 2018年9月出版 / 估价：99.00元
PSN B-2010-176-1/1

农村绿皮书
中国农村经济形势分析与预测（2017~2018）
著(编)者：魏后凯 黄秉信
2018年4月出版 / 估价：99.00元
PSN G-1998-003-1/1

人口与劳动绿皮书
中国人口与劳动问题报告No.19
著(编)者：张车伟 2018年11月出版 / 估价：99.00元
PSN G-2000-012-1/1

新型城镇化蓝皮书
新型城镇化发展报告（2017）
著(编)者：李伟 宋敏
2018年3月出版 / 定价：98.00元
PSN B-2005-038-1/1

中国省域竞争力蓝皮书
中国省域经济综合竞争力发展报告（2016~2017）
著(编)者：李建平 李闽榕
2018年2月出版 / 定价：198.00元
PSN B-2007-088-1/1

中小城市绿皮书
中国中小城市发展报告（2018）
著(编)者：中国城市经济学会中小城市经济发展委员会
　　　　　中国城镇化促进会中小城市发展委员会
　　　　　《中国中小城市发展报告》编纂委员会
　　　　　中小城市发展战略研究院
2018年11月出版 / 估价：128.00元
PSN G-2010-161-1/1

区域经济类

东北蓝皮书
中国东北地区发展报告（2018）
著（编）者：姜晓秋　2018年11月出版／估价：99.00元
PSN B-2006-067-1/1

金融蓝皮书
中国金融中心发展报告（2017~2018）
著（编）者：王力　黄育华　2018年11月出版／估价：99.00元
PSN B-2011-186-6/7

京津冀蓝皮书
京津冀发展报告（2018）
著（编）者：祝合良　叶堂林　张贵祥
2018年6月出版／估价：99.00元
PSN B-2012-262-1/1

西北蓝皮书
中国西北发展报告（2018）
著（编）者：王福生　马廷旭　董秋生
2018年1月出版／定价：99.00元
PSN B-2012-261-1/1

西部蓝皮书
中国西部发展报告（2018）
著（编）者：璋勇　任保平　2018年8月出版／估价：99.00元
PSN B-2005-039-1/1

长江经济带产业蓝皮书
长江经济带产业发展报告（2018）
著（编）者：吴传清　2018年11月出版／估价：128.00元
PSN B-2017-666-1/1

长江经济带蓝皮书
长江经济带发展报告（2017~2018）
著（编）者：王振　2018年11月出版／估价：99.00元
PSN B-2016-575-1/1

长江中游城市群蓝皮书
长江中游城市群新型城镇化与产业协同发展报告（2018）
著（编）者：杨刚强　2018年11月出版／估价：99.00元
PSN B-2016-578-1/1

长三角蓝皮书
2017年创新融合发展的长三角
著（编）者：刘飞跃　2018年5月出版／估价：99.00元
PSN B-2005-038-1/1

长株潭城市群蓝皮书
长株潭城市群发展报告（2017）
著（编）者：张萍　朱有志　2018年6月出版／估价：99.00元
PSN B-2008-109-1/1

特色小镇蓝皮书
特色小镇智慧运营报告（2018）：顶层设计与智慧架构
著（编）者：陈劲　2018年1月出版／定价：79.00元
PSN B-2018-692-1/1

中部竞争力蓝皮书
中国中部经济社会竞争力报告（2018）
著（编）者：教育部人文社会科学重点研究基地南昌大学中国中部经济社会发展研究中心
2018年12月出版／估价：99.00元
PSN B-2012-276-1/1

中部蓝皮书
中国中部地区发展报告（2018）
著（编）者：宋亚平　2018年12月出版／估价：99.00元
PSN B-2007-089-1/1

区域蓝皮书
中国区域经济发展报告（2017~2018）
著（编）者：赵弘　2018年5月出版／估价：99.00元
PSN B-2004-034-1/1

中三角蓝皮书
长江中游城市群发展报告（2018）
著（编）者：秦尊文　2018年9月出版／估价：99.00元
PSN B-2014-417-1/1

中原蓝皮书
中原经济区发展报告（2018）
著（编）者：李英杰　2018年6月出版／估价：99.00元
PSN B-2011-192-1/1

珠三角流通蓝皮书
珠三角商圈发展研究报告（2018）
著（编）者：王先庆　林至颖　2018年7月出版／估价：99.00元
PSN B-2012-292-1/1

社会政法类

北京蓝皮书
中国社区发展报告（2017~2018）
著（编）者：于燕燕　2018年9月出版／估价：99.00元
PSN B-2007-083-5/8

殡葬绿皮书
中国殡葬事业发展报告（2017~2018）
著（编）者：李伯森　2018年6月出版／估价：158.00元
PSN G-2010-180-1/1

城市管理蓝皮书
中国城市管理报告（2017-2018）
著（编）者：刘林　刘承水　2018年5月出版／估价：158.00元
PSN B-2013-336-1/1

城市生活质量蓝皮书
中国城市生活质量报告（2017）
著（编）者：张连城　张平　杨春学　郎丽华
2017年12月出版／定价：89.00元
PSN B-2013-326-1/1

社会政法类 — 皮书系列 2018全品种

城市政府能力蓝皮书
中国城市政府公共服务能力评估报告（2018）
著(编)者：何艳玲　　2018年5月出版 / 估价：99.00元
PSN B-2013-338-1/1

创业蓝皮书
中国创业发展研究报告（2017～2018）
著(编)者：黄群慧　赵卫星　钟宏武
2018年11月出版 / 估价：99.00元
PSN B-2016-577-1/1

慈善蓝皮书
中国慈善发展报告（2018）
著(编)者：杨团　　2018年6月出版 / 估价：99.00元
PSN B-2009-142-1/1

党建蓝皮书
党的建设研究报告No.2（2018）
著(编)者：崔建民　陈东平　2018年6月出版 / 估价：99.00元
PSN B-2016-523-1/1

地方法治蓝皮书
中国地方法治发展报告No.3（2018）
著(编)者：李林　田禾　2018年6月出版 / 估价：118.00元
PSN B-2015-442-1/1

电子政务蓝皮书
中国电子政务发展报告（2018）
著(编)者：李季　　2018年8月出版 / 估价：99.00元
PSN B-2003-022-1/1

儿童蓝皮书
中国儿童参与状况报告（2017）
著(编)者：苑立新　　2017年12月出版 / 定价：89.00元
PSN B-2017-682-1/1

法治蓝皮书
中国法治发展报告No.16（2018）
著(编)者：李林　田禾　2018年3月出版 / 定价：128.00元
PSN B-2004-027-1/3

法治蓝皮书
中国法院信息化发展报告No.2（2018）
著(编)者：李林　田禾　2018年2月出版 / 定价：118.00元
PSN B-2017-604-3/3

法治政府蓝皮书
中国法治政府发展报告（2017）
著(编)者：中国政法大学法治政府研究院
2018年3月出版 / 估价：158.00元
PSN B-2015-502-1/2

法治政府蓝皮书
中国法治政府评估报告（2018）
著(编)者：中国政法大学法治政府研究院
2018年9月出版 / 估价：168.00元
PSN B-2016-576-2/2

反腐倡廉蓝皮书
中国反腐倡廉建设报告No.8
著(编)者：张英伟　　2018年12月出版 / 估价：99.00元
PSN B-2012-259-1/1

扶贫蓝皮书
中国扶贫开发报告（2018）
著(编)者：李培林　魏后凯　2018年12月出版 / 估价：128.00元
PSN B-2016-599-1/1

妇女发展蓝皮书
中国妇女发展报告No.6
著(编)者：王金玲　　2018年9月出版 / 估价：158.00元
PSN B-2006-069-1/1

妇女教育蓝皮书
中国妇女教育发展报告No.3
著(编)者：张李玺　　2018年10月出版 / 估价：99.00元
PSN B-2008-121-1/1

妇女绿皮书
2018年：中国性别平等与妇女发展报告
著(编)者：谭琳　　2018年12月出版 / 估价：99.00元
PSN G-2006-073-1/1

公共安全蓝皮书
中国城市公共安全发展报告（2017～2018）
著(编)者：黄育华　杨文明　赵建辉
2018年6月出版 / 估价：99.00元
PSN B-2017-628-1/1

公共服务蓝皮书
中国城市基本公共服务力评价（2018）
著(编)者：钟君　刘志昌　吴正杲
2018年12月出版 / 估价：99.00元
PSN B-2011-214-1/1

公民科学素质蓝皮书
中国公民科学素质报告（2017～2018）
著(编)者：李群　陈雄　马宗文
2017年12月出版 / 定价：89.00元
PSN B-2014-379-1/1

公益蓝皮书
中国公益慈善发展报告（2016）
著(编)者：朱健刚　胡小军　2018年6月出版 / 估价：99.00元
PSN B-2012-283-1/1

国际人才蓝皮书
中国国际移民报告（2018）
著(编)者：王辉耀　　2018年6月出版 / 估价：99.00元
PSN B-2012-304-3/4

国际人才蓝皮书
中国留学发展报告（2018）No.7
著(编)者：王辉耀　苗绿　2018年12月出版 / 估价：99.00元
PSN B-2012-244-2/4

海洋社会蓝皮书
中国海洋社会发展报告（2017）
著(编)者：崔凤　宋宁而　2018年3月出版 / 定价：99.00元
PSN B-2015-478-1/1

行政改革蓝皮书
中国行政体制改革报告No.7（2018）
著(编)者：魏礼群　　2018年6月出版 / 估价：99.00元
PSN B-2011-231-1/1

皮书系列 2018全品种
社会政法类

华侨华人蓝皮书
华侨华人研究报告（2017）
著(编)者：张禹东 庄国土　2017年12月出版 / 定价：148.00元
PSN B-2011-204-1/1

互联网与国家治理蓝皮书
互联网与国家治理发展报告（2017）
著(编)者：张志安　2018年1月出版 / 定价：98.00元
PSN B-2017-671-1/1

环境管理蓝皮书
中国环境管理发展报告（2017）
著(编)者：李金惠　2017年12月出版 / 定价：98.00元
PSN B-2017-678-1/1

环境竞争力绿皮书
中国省域环境竞争力发展报告（2018）
著(编)者：李建平　李闽榕　王金南
2018年11月出版 / 估价：198.00元
PSN G-2010-165-1/1

环境绿皮书
中国环境发展报告（2017～2018）
著(编)者：李波　2018年6月出版 / 估价：99.00元
PSN G-2006-048-1/1

家庭蓝皮书
中国"创建幸福家庭活动"评估报告（2018）
著(编)者：国务院发展研究中心"创建幸福家庭活动评估"课题组
2018年12月出版 / 估价：99.00元
PSN B-2015-508-1/1

健康城市蓝皮书
中国健康城市建设研究报告（2018）
著(编)者：王鸿春　盛继洪　2018年12月出版 / 估价：99.00元
PSN B-2016-564-2/2

健康中国蓝皮书
社区首诊与健康中国分析报告（2018）
著(编)者：高和荣　杨叔禹　姜杰
2018年6月出版 / 估价：99.00元
PSN B-2017-611-1/1

教师蓝皮书
中国中小学教师发展报告（2017）
著(编)者：曾晓东　鱼霞
2018年6月出版 / 估价：99.00元
PSN B-2012-289-1/1

教育扶贫蓝皮书
中国教育扶贫报告（2018）
著(编)者：司树杰　王文静　李兴洲
2018年12月出版 / 估价：99.00元
PSN B-2016-590-1/1

教育蓝皮书
中国教育发展报告（2018）
著(编)者：杨东平　2018年3月出版 / 定价：89.00元
PSN B-2006-047-1/1

金融法治建设蓝皮书
中国金融法治建设年度报告（2015～2016）
著(编)者：朱小黄　2018年6月出版 / 估价：99.00元
PSN B-2017-633-1/1

京津冀教育蓝皮书
京津冀教育发展研究报告（2017～2018）
著(编)者：方中雄　2018年6月出版 / 估价：99.00元
PSN B-2017-608-1/1

就业蓝皮书
2018年中国本科生就业报告
著(编)者：麦可思研究院　2018年6月出版 / 估价：99.00元
PSN B-2009-146-1/2

就业蓝皮书
2018年中国高职高专生就业报告
著(编)者：麦可思研究院　2018年6月出版 / 估价：99.00元
PSN B-2015-472-2/2

科学教育蓝皮书
中国科学教育发展报告（2018）
著(编)者：王康友　2018年10月出版 / 估价：99.00元
PSN B-2015-487-1/1

劳动保障蓝皮书
中国劳动保障发展报告（2018）
著(编)者：刘燕斌　2018年9月出版 / 估价：158.00元
PSN B-2014-415-1/1

老龄蓝皮书
中国老年宜居环境发展报告（2017）
著(编)者：党俊武　周燕珉　2018年6月出版 / 估价：99.00元
PSN B-2013-320-1/1

连片特困区蓝皮书
中国连片特困区发展报告（2017～2018）
著(编)者：游俊　冷志明　丁建军
2018年6月出版 / 估价：99.00元
PSN B-2013-321-1/1

流动儿童蓝皮书
中国流动儿童教育发展报告（2017）
著(编)者：杨东平　2018年6月出版 / 估价：99.00元
PSN B-2017-600-1/1

民调蓝皮书
中国民生调查报告（2018）
著(编)者：谢耘耕　2018年12月出版 / 估价：99.00元
PSN B-2014-398-1/1

民族发展蓝皮书
中国民族发展报告（2018）
著(编)者：王延中　2018年10月出版 / 估价：188.00元
PSN B-2006-070-1/1

女性生活蓝皮书
中国女性生活状况报告No.12（2018）
著(编)者：高博燕　2018年7月出版 / 估价：99.00元
PSN B-2006-071-1/1

皮书系列 2018全品种

社会政法类

汽车社会蓝皮书
中国汽车社会发展报告（2017~2018）
著(编)者：王俊秀　2018年6月出版 / 估价：99.00元
PSN B-2011-224-1/1

青年蓝皮书
中国青年发展报告（2018）No.3
著(编)者：廉思　2018年6月出版 / 估价：99.00元
PSN B-2013-333-1/1

青少年蓝皮书
中国未成年人互联网运用报告（2017~2018）
著(编)者：李为民　李文革　沈杰
2018年11月出版 / 估价：99.00元
PSN B-2010-156-1/1

人权蓝皮书
中国人权事业发展报告No.8（2018）
著(编)者：李君如　2018年9月出版 / 估价：99.00元
PSN B-2011-215-1/1

社会保障绿皮书
中国社会保障发展报告No.9（2018）
著(编)者：王延中　2018年6月出版 / 估价：99.00元
PSN G-2001-014-1/1

社会风险评估蓝皮书
风险评估与危机预警报告（2017~2018）
著(编)者：唐钧　2018年8月出版 / 估价：99.00元
PSN B-2012-293-1/1

社会工作蓝皮书
中国社会工作发展报告（2016~2017）
著(编)者：民政部社会工作研究中心
2018年8月出版 / 估价：99.00元
PSN B-2009-141-1/1

社会管理蓝皮书
中国社会管理创新报告No.6
著(编)者：连玉明　2018年11月出版 / 估价：99.00元
PSN B-2012-300-1/1

社会蓝皮书
2018年中国社会形势分析与预测
著(编)者：李培林　陈光金　张翼
2017年12月出版 / 定价：89.00元
PSN B-1998-002-1/1

社会体制蓝皮书
中国社会体制改革报告No.6（2018）
著(编)者：龚维斌　2018年3月出版 / 定价：98.00元
PSN B-2013-330-1/1

社会心态蓝皮书
中国社会心态研究报告（2018）
著(编)者：王俊秀　2018年12月出版 / 估价：99.00元
PSN B-2011-199-1/1

社会组织蓝皮书
中国社会组织报告（2017-2018）
著(编)者：黄晓勇　2018年6月出版 / 估价：99.00元
PSN B-2008-118-1/2

社会组织蓝皮书
中国社会组织评估发展报告（2018）
著(编)者：徐家良　2018年12月出版 / 估价：99.00元
PSN B-2013-366-2/2

生态城市绿皮书
中国生态城市建设发展报告（2018）
著(编)者：刘举科　孙伟平　胡文臻
2018年9月出版 / 估价：158.00元
PSN G-2012-269-1/1

生态文明绿皮书
中国省域生态文明建设评价报告（ECI 2018）
著(编)者：严耕　2018年12月出版 / 估价：99.00元
PSN G-2010-170-1/1

退休生活蓝皮书
中国城市居民退休生活质量指数报告（2017）
著(编)者：杨一帆　2018年6月出版 / 估价：99.00元
PSN B-2017-618-1/1

危机管理蓝皮书
中国危机管理报告（2018）
著(编)者：文学国　范正青
2018年8月出版 / 估价：99.00元
PSN B-2010-171-1/1

学会蓝皮书
2018年中国学会发展报告
著(编)者：麦可思研究院　2018年12月出版 / 估价：99.00元
PSN B-2016-597-1/1

医改蓝皮书
中国医药卫生体制改革报告（2017~2018）
著(编)者：文学国　房志武
2018年11月出版 / 估价：99.00元
PSN B-2014-432-1/1

应急管理蓝皮书
中国应急管理报告（2018）
著(编)者：宋英华　2018年9月出版 / 估价：99.00元
PSN B-2016-562-1/1

政府绩效评估蓝皮书
中国地方政府绩效评估报告 No.2
著(编)者：贠杰　2018年12月出版 / 估价：99.00元
PSN B-2017-672-1/1

政治参与蓝皮书
中国政治参与报告（2018）
著(编)者：房宁　2018年8月出版 / 估价：128.00元
PSN B-2011-200-1/1

政治文化蓝皮书
中国政治文化报告（2018）
著(编)者：邢元敏　魏大鹏　龚灵
2018年8月出版 / 估价：128.00元
PSN B-2017-615-1/1

中国传统村落蓝皮书
中国传统村落保护现状报告（2018）
著(编)者：胡彬彬　李向军　王晓波
2018年12月出版 / 估价：99.00元
PSN B-2017-663-1/1

皮书系列 2018全品种　社会政法类·产业经济类

中国农村妇女发展蓝皮书
农村流动女性城市生活发展报告（2018）
著(编)者：谢丽华　2018年12月出版 / 估价：99.00元
PSN B-2014-434-1/1

宗教蓝皮书
中国宗教报告（2017）
著(编)者：邱永辉　2018年8月出版 / 估价：99.00元
PSN B-2008-117-1/1

产业经济类

保健蓝皮书
中国保健服务产业发展报告 No.2
著(编)者：中国保健协会　中共中央党校
2018年7月出版 / 估价：198.00元
PSN B-2012-272-3/3

保健蓝皮书
中国保健食品产业发展报告 No.2
著(编)者：中国保健协会
　　　　　中国社会科学院食品药品产业发展与监管研究中心
2018年8月出版 / 估价：198.00元
PSN B-2012-271-2/3

保健蓝皮书
中国保健用品产业发展报告 No.2
著(编)者：中国保健协会
　　　　　国务院国有资产监督管理委员会研究中心
2018年6月出版 / 估价：198.00元
PSN B-2012-270-1/3

保险蓝皮书
中国保险业竞争力报告（2018）
著(编)者：保监会　2018年12月出版 / 估价：99.00元
PSN B-2013-311-1/1

冰雪蓝皮书
中国冰上运动产业发展报告（2018）
著(编)者：孙承华　杨占武　刘戈　张鸿俊
2018年9月出版 / 估价：99.00元
PSN B-2017-648-3/3

冰雪蓝皮书
中国滑雪产业发展报告（2018）
著(编)者：孙承华　伍斌　魏庆华　张鸿俊
2018年9月出版 / 估价：99.00元
PSN B-2016-559-1/3

餐饮产业蓝皮书
中国餐饮产业发展报告（2018）
著(编)者：邢颖
2018年6月出版 / 估价：99.00元
PSN B-2009-151-1/1

茶业蓝皮书
中国茶产业发展报告（2018）
著(编)者：杨江帆　李闽榕
2018年10月出版 / 估价：99.00元
PSN B-2010-164-1/1

产业安全蓝皮书
中国文化产业安全报告（2018）
著(编)者：北京印刷学院文化产业安全研究院
2018年12月出版 / 估价：99.00元
PSN B-2014-378-12/14

产业安全蓝皮书
中国新媒体产业安全报告（2016~2017）
著(编)者：肖丽　2018年6月出版 / 估价：99.00元
PSN B-2015-500-14/14

产业安全蓝皮书
中国出版传媒产业安全报告（2017~2018）
著(编)者：北京印刷学院文化产业安全研究院
2018年6月出版 / 估价：99.00元
PSN B-2014-384-13/14

产业蓝皮书
中国产业竞争力报告（2018）No.8
著(编)者：张其仔　2018年12月出版 / 估价：168.00元
PSN B-2010-175-1/1

动力电池蓝皮书
中国新能源汽车动力电池产业发展报告（2018）
著(编)者：中国汽车技术研究中心
2018年8月出版 / 估价：99.00元
PSN B-2017-639-1/1

杜仲产业绿皮书
中国杜仲橡胶资源与产业发展报告（2017~2018）
著(编)者：杜红岩　胡文臻　俞锐
2018年6月出版 / 估价：99.00元
PSN G-2013-350-1/1

房地产蓝皮书
中国房地产发展报告No.15（2018）
著(编)者：李春华　王业强
2018年5月出版 / 估价：99.00元
PSN B-2004-028-1/1

服务外包蓝皮书
中国服务外包产业发展报告（2017~2018）
著(编)者：王晓红　刘德军
2018年6月出版 / 估价：99.00元
PSN B-2013-331-2/2

服务外包蓝皮书
中国服务外包竞争力报告（2017~2018）
著(编)者：刘春生　王力　黄育华
2018年12月出版 / 估价：99.00元
PSN B-2011-216-1/2

皮书系列 2018全品种

工业和信息化蓝皮书
世界信息技术产业发展报告（2017~2018）
著（编）者：尹丽波　　2018年6月出版／估价：99.00元
PSN B-2015-449-2/6

工业和信息化蓝皮书
战略性新兴产业发展报告（2017~2018）
著（编）者：尹丽波　　2018年6月出版／估价：99.00元
PSN B-2015-450-3/6

海洋经济蓝皮书
中国海洋经济发展报告（2015~2018）
著（编）者：殷克东　高金田　方胜民
2018年3月出版／定价：128.00元
PSN B-2018-697-1/1

康养蓝皮书
中国康养产业发展报告（2017）
著（编）者：何莽　　2017年12月出版／定价：88.00元
PSN B-2017-685-1/1

客车蓝皮书
中国客车产业发展报告（2017~2018）
著（编）者：姚蔚　　2018年10月出版／估价：99.00元
PSN B-2013-361-1/1

流通蓝皮书
中国商业发展报告（2018~2019）
著（编）者：王雪峰　林诗慧
2018年7月出版／估价：99.00元
PSN B-2009-152-1/2

能源蓝皮书
中国能源发展报告（2018）
著（编）者：崔民选　王军生　陈义和
2018年12月出版／估价：99.00元
PSN B-2006-049-1/1

农产品流通蓝皮书
中国农产品流通产业发展报告（2017）
著（编）者：贾敬敦　张东科　张玉玺　张鹏毅　周伟
2018年6月出版／估价：99.00元
PSN B-2012-288-1/1

汽车工业蓝皮书
中国汽车工业发展年度报告（2018）
著（编）者：中国汽车工业协会
　　　　　　中国汽车技术研究中心
　　　　　　丰田汽车公司
2018年5月出版／估价：168.00元
PSN B-2015-463-1/2

汽车工业蓝皮书
中国汽车零部件产业发展报告（2017~2018）
著（编）者：中国汽车工业协会
　　　　　　中国汽车工程研究院深圳市沃特玛电池有限公司
2018年9月出版／估价：99.00元
PSN B-2016-515-2/2

汽车蓝皮书
中国汽车产业发展报告（2018）
著（编）者：中国汽车工程学会
　　　　　　大众汽车集团（中国）
2018年11月出版／估价：99.00元
PSN B-2008-124-1/1

世界茶业蓝皮书
世界茶业发展报告（2018）
著（编）者：李闽榕　冯廷佺
2018年5月出版／估价：168.00元
PSN B-2017-619-1/1

世界能源蓝皮书
世界能源发展报告（2018）
著（编）者：黄晓勇　　2018年6月出版／估价：168.00元
PSN B-2013-349-1/1

石油蓝皮书
中国石油产业发展报告（2018）
著（编）者：中国石油化工集团公司经济技术研究院
　　　　　　中国国际石油化工联合有限责任公司
　　　　　　中国社会科学院数量经济与技术经济研究所
2018年2月出版／定价：98.00元
PSN B-2018-690-1/1

体育蓝皮书
国家体育产业基地发展报告（2016~2017）
著（编）者：李颖川　　2018年6月出版／估价：168.00元
PSN B-2017-609-5/5

体育蓝皮书
中国体育产业发展报告（2018）
著（编）者：阮伟　钟秉枢
2018年12月出版／估价：99.00元
PSN B-2010-179-1/5

文化金融蓝皮书
中国文化金融发展报告（2018）
著（编）者：杨涛　金巍
2018年6月出版／估价：99.00元
PSN B-2017-610-1/1

新能源汽车蓝皮书
中国新能源汽车产业发展报告（2018）
著（编）者：中国汽车技术研究中心
　　　　　　日产（中国）投资有限公司
　　　　　　东风汽车有限公司
2018年8月出版／估价：99.00元
PSN B-2013-347-1/1

薏仁米产业蓝皮书
中国薏仁米产业发展报告No.2（2018）
著（编）者：李发耀　石明　秦礼康
2018年8月出版／估价：99.00元
PSN B-2017-645-1/1

邮轮绿皮书
中国邮轮产业发展报告（2018）
著（编）者：汪泓　　2018年10月出版／估价：99.00元
PSN G-2014-419-1/1

智能养老蓝皮书
中国智能养老产业发展报告（2018）
著（编）者：朱勇　　2018年10月出版／估价：99.00元
PSN B-2015-488-1/1

中国节能汽车蓝皮书
中国节能汽车发展报告（2017~2018）
著（编）者：中国汽车工程研究院股份有限公司
2018年9月出版／估价：99.00元
PSN B-2016-565-1/1

皮书系列 2018全品种 — 产业经济类·行业及其他类

中国陶瓷产业蓝皮书
中国陶瓷产业发展报告（2018）
著(编)者：左和平 黄速建
2018年10月出版 / 估价：99.00元
PSN B-2016-573-1/1

装备制造业蓝皮书
中国装备制造业发展报告（2018）
著(编)者：徐东华
2018年12月出版 / 估价：118.00元
PSN B-2015-505-1/1

行业及其他类

"三农"互联网金融蓝皮书
中国"三农"互联网金融发展报告（2018）
著(编)者：李勇坚 王弢
2018年8月出版 / 估价：99.00元
PSN B-2016-560-1/1

SUV蓝皮书
中国SUV市场发展报告（2017~2018）
著(编)者：靳军 2018年9月出版 / 估价：99.00元
PSN B-2016-571-1/1

冰雪蓝皮书
中国冬季奥运会发展报告（2018）
著(编)者：孙承华 伍斌 魏庆华 张鸿俊
2018年9月出版 / 估价：99.00元
PSN B-2017-647-2/3

彩票蓝皮书
中国彩票发展报告（2018）
著(编)者：益彩基金 2018年6月出版 / 估价：99.00元
PSN B-2015-462-1/1

测绘地理信息蓝皮书
测绘地理信息供给侧结构性改革研究报告（2018）
著(编)者：库热西·买合苏提
2018年12月出版 / 估价：168.00元
PSN B-2009-145-1/1

产权市场蓝皮书
中国产权市场发展报告（2017）
著(编)者：曹和平
2018年5月出版 / 估价：99.00元
PSN B-2009-147-1/1

城投蓝皮书
中国城投行业发展报告（2018）
著(编)者：华景斌
2018年11月出版 / 估价：300.00元
PSN B-2016-514-1/1

城市轨道交通蓝皮书
中国城市轨道交通运营发展报告（2017~2018）
著(编)者：崔学忠 贾文峥
2018年3月出版 / 定价：89.00元
PSN B-2018-694-1/1

大数据蓝皮书
中国大数据发展报告（No.2）
著(编)者：连玉明 2018年5月出版 / 估价：99.00元
PSN B-2017-620-1/1

大数据应用蓝皮书
中国大数据应用发展报告No.2（2018）
著(编)者：陈军君 2018年8月出版 / 估价：99.00元
PSN B-2017-644-1/1

对外投资与风险蓝皮书
中国对外直接投资与国家风险报告（2018）
著(编)者：中债资信评估有限责任公司
中国社会科学院世界经济与政治研究所
2018年6月出版 / 估价：189.00元
PSN B-2017-606-1/1

工业和信息化蓝皮书
人工智能发展报告（2017~2018）
著(编)者：尹丽波 2018年6月出版 / 估价：99.00元
PSN B-2017-448-1/6

工业和信息化蓝皮书
世界智慧城市发展报告（2017~2018）
著(编)者：尹丽波 2018年6月出版 / 估价：99.00元
PSN B-2017-624-6/6

工业和信息化蓝皮书
世界网络安全发展报告（2017~2018）
著(编)者：尹丽波 2018年6月出版 / 估价：99.00元
PSN B-2015-452-5/6

工业和信息化蓝皮书
世界信息化发展报告（2017~2018）
著(编)者：尹丽波 2018年6月出版 / 估价：99.00元
PSN B-2015-451-4/6

工业设计蓝皮书
中国工业设计发展报告（2018）
著(编)者：王晓红 于炜 张立群 2018年9月出版 / 估价：168.00元
PSN B-2014-420-1/1

公共关系蓝皮书
中国公共关系发展报告（2017）
著(编)者：柳斌杰 2018年1月出版 / 定价：89.00元
PSN B-2016-579-1/1

行业及其他类

皮书系列
2018全品种

公共关系蓝皮书
中国公共关系发展报告（2018）
著(编)者：柳斌杰　　2018年11月出版／估价：99.00元
PSN B-2016-579-1/1

管理蓝皮书
中国管理发展报告（2018）
著(编)者：张晓东　　2018年10月出版／估价：99.00元
PSN B-2014-416-1/1

轨道交通蓝皮书
中国轨道交通行业发展报告（2017）
著(编)者：仲建华　李闻榕
2017年12月出版／定价：98.00元
PSN B-2017-674-1/1

海关发展蓝皮书
中国海关发展前沿报告（2018）
著(编)者：干春晖　　2018年6月出版／估价：99.00元
PSN B-2017-616-1/1

互联网医疗蓝皮书
中国互联网健康医疗发展报告（2018）
著(编)者：芮晓武　　2018年6月出版／估价：99.00元
PSN B-2016-567-1/1

黄金市场蓝皮书
中国商业银行黄金业务发展报告（2017~2018）
著(编)者：平安银行　　2018年6月出版／估价：99.00元
PSN B-2016-524-1/1

会展蓝皮书
中外会展业动态评估研究报告（2018）
著(编)者：张敏　任中峰　聂鑫焱　牛盼强
2018年12月出版／估价：99.00元
PSN B-2013-327-1/1

基金会蓝皮书
中国基金会发展报告（2017~2018）
著(编)者：中国基金会发展报告课题组
2018年6月出版／估价：99.00元
PSN B-2013-368-1/1

基金会绿皮书
中国基金会发展独立研究报告（2018）
著(编)者：基金会中心网　中央民族大学基金会研究中心
2018年6月出版／估价：99.00元
PSN G-2011-213-1/1

基金会透明度蓝皮书
中国基金会透明度发展研究报告（2018）
著(编)者：基金会中心网
　　　　　清华大学廉政与治理研究中心
2018年9月出版／估价：99.00元
PSN B-2013-339-1/1

建筑装饰蓝皮书
中国建筑装饰行业发展报告（2018）
著(编)者：葛道顺　刘晓一
2018年10月出版／估价：198.00元
PSN B-2016-553-1/1

金融监管蓝皮书
中国金融监管发展报告（2018）
著(编)者：胡滨　　2018年3月出版／定价：98.00元
PSN B-2012-281-1/1

金融蓝皮书
中国互联网金融行业分析与评估（2018~2019）
著(编)者：黄国平　伍旭川　　2018年12月出版／估价：99.00元
PSN B-2016-585-7/7

金融科技蓝皮书
中国金融科技发展报告（2018）
著(编)者：李扬　孙国峰　　2018年10月出版／估价：99.00元
PSN B-2014-374-1/1

金融信息服务蓝皮书
中国金融信息服务发展报告（2018）
著(编)者：李平　　2018年5月出版／估价：99.00元
PSN B-2017-621-1/1

金蜜蜂企业社会责任蓝皮书
金蜜蜂中国企业社会责任报告研究（2017）
著(编)者：殷格非　于志宏　管竹笋
2018年1月出版／定价：99.00元
PSN B-2018-693-1/1

京津冀金融蓝皮书
京津冀金融发展报告（2018）
著(编)者：王爱俭　王璟怡　　2018年10月出版／估价：99.00元
PSN B-2016-527-1/1

科普蓝皮书
国家科普能力发展报告（2018）
著(编)者：王康友　　2018年5月出版／估价：138.00元
PSN B-2017-632-4/4

科普蓝皮书
中国基层科普发展报告（2017~2018）
著(编)者：赵立新　陈玲　　2018年9月出版／估价：99.00元
PSN B-2016-568-3/4

科普蓝皮书
中国科普基础设施发展报告（2017~2018）
著(编)者：任嵘君　　2018年6月出版／估价：99.00元
PSN B-2010-174-1/3

科普蓝皮书
中国科普人才发展报告（2017~2018）
著(编)者：郑念　任嵘嵘　　2018年7月出版／估价：99.00元
PSN B-2016-512-2/4

科普能力蓝皮书
中国科普能力评价报告（2018~2019）
著(编)者：李富强　李群　　2018年8月出版／估价：99.00元
PSN B-2016-555-1/1

临空经济蓝皮书
中国临空经济发展报告（2018）
著(编)者：连玉明　　2018年9月出版／估价：99.00元
PSN B-2014-421-1/1

皮书系列 2018全品种
行业及其他类

旅游安全蓝皮书
中国旅游安全报告（2018）
著(编)者：郑向敏 谢朝武 2018年5月出版 / 估价：158.00元
PSN B-2012-280-1/1

旅游绿皮书
2017~2018年中国旅游发展分析与预测
著(编)者：宋瑞 2018年1月出版 / 定价：99.00元
PSN G-2002-018-1/1

煤炭蓝皮书
中国煤炭工业发展报告（2018）
著(编)者：岳福斌 2018年12月出版 / 估价：99.00元
PSN B-2008-123-1/1

民营企业社会责任蓝皮书
中国民营企业社会责任报告（2018）
著(编)者：中华全国工商业联合会
2018年12月出版 / 估价：99.00元
PSN B-2015-510-1/1

民营医院蓝皮书
中国民营医院发展报告（2017）
著(编)者：薛晓林 2017年12月出版 / 定价：89.00元
PSN B-2012-299-1/1

闽商蓝皮书
闽商发展报告（2018）
著(编)者：李闽榕 王日根 林琛
2018年12月出版 / 估价：99.00元
PSN B-2012-298-1/1

农业应对气候变化蓝皮书
中国农业气象灾害及其灾损评估报告（No.3）
著(编)者：矫梅燕 2018年6月出版 / 估价：118.00元
PSN B-2014-413-1/1

品牌蓝皮书
中国品牌战略发展报告（2018）
著(编)者：汪同三 2018年10月出版 / 估价：99.00元
PSN B-2016-580-1/1

企业扶贫蓝皮书
中国企业扶贫研究报告（2018）
著(编)者：钟宏武 2018年12月出版 / 估价：99.00元
PSN B-2016-593-1/1

企业公益蓝皮书
中国企业公益研究报告（2018）
著(编)者：钟宏武 汪杰 黄晓娟
2018年12月出版 / 估价：99.00元
PSN B-2015-501-1/1

企业国际化蓝皮书
中国企业全球化报告（2018）
著(编)者：王辉耀 苗绿 2018年11月出版 / 估价：99.00元
PSN B-2014-427-1/1

企业蓝皮书
中国企业绿色发展报告No.2（2018）
著(编)者：李红玉 朱光辉
2018年8月出版 / 估价：99.00元
PSN B-2015-481-2/2

企业社会责任蓝皮书
中资企业海外社会责任研究报告（2017~2018）
著(编)者：钟宏武 叶柳红 张蒽
2018年6月出版 / 估价：99.00元
PSN B-2017-603-2/2

企业社会责任蓝皮书
中国企业社会责任研究报告（2018）
著(编)者：黄群慧 钟宏武 张蒽 汪杰
2018年11月出版 / 估价：99.00元
PSN B-2009-149-1/2

汽车安全蓝皮书
中国汽车安全发展报告（2018）
著(编)者：中国汽车技术研究中心
2018年8月出版 / 估价：99.00元
PSN B-2014-385-1/1

汽车电子商务蓝皮书
中国汽车电子商务发展报告（2018）
著(编)者：中华全国工商业联合会汽车经销商商会
　　　　　北方工业大学
　　　　　北京易观智库网络科技有限公司
2018年10月出版 / 估价：158.00元
PSN B-2015-485-1/1

汽车知识产权蓝皮书
中国汽车产业知识产权发展报告（2018）
著(编)者：中国汽车工程研究院股份有限公司
　　　　　中国汽车工程学会
　　　　　重庆长安汽车有限公司
2018年12月出版 / 估价：99.00元
PSN B-2016-594-1/1

青少年体育蓝皮书
中国青少年体育发展报告（2017）
著(编)者：刘扶民 杨桦 2018年6月出版 / 估价：99.00元
PSN B-2015-482-1/1

区块链蓝皮书
中国区块链发展报告（2018）
著(编)者：李伟 2018年9月出版 / 估价：99.00元
PSN B-2017-649-1/1

群众体育蓝皮书
中国群众体育发展报告（2017）
著(编)者：刘国永 戴健 2018年5月出版 / 估价：99.00元
PSN B-2014-411-1/3

群众体育蓝皮书
中国社会体育指导员发展报告（2018）
著(编)者：刘国永 王欢 2018年6月出版 / 估价：99.00元
PSN B-2016-520-3/3

人力资源蓝皮书
中国人力资源发展报告（2018）
著(编)者：余兴安 2018年11月出版 / 估价：99.00元
PSN B-2012-287-1/1

融资租赁蓝皮书
中国融资租赁业发展报告（2017~2018）
著(编)者：李光荣 王力 2018年8月出版 / 估价：99.00元
PSN B-2015-443-1/1

 行业及其他类

皮书系列 2018全品种

商会蓝皮书
中国商会发展报告No.5（2017）
著(编)者：王钦敏　2018年7月出版／估价：99.00元
PSN B-2008-125-1/1

商务中心区蓝皮书
中国商务中心区发展报告No.4（2017~2018）
著(编)者：李国红 单菁菁　2018年9月出版／估价：99.00元
PSN B-2015-444-1/1

设计产业蓝皮书
中国创新设计发展报告（2018）
著(编)者：王晓红 张立群 于炜
2018年11月出版／估价：99.00元
PSN B-2016-581-2/2

社会责任管理蓝皮书
中国上市公司社会责任能力成熟度报告No.4（2018）
著(编)者：肖红军 王晓光 李伟阳
2018年12月出版／估价：99.00元
PSN B-2015-507-2/2

社会责任管理蓝皮书
中国企业公众透明度报告No.4（2017~2018）
著(编)者：黄速建 熊梦 王晓光 肖红军
2018年6月出版／估价：99.00元
PSN B-2015-440-1/2

食品药品蓝皮书
食品药品安全与监管政策研究报告（2016~2017）
著(编)者：唐民皓　2018年6月出版／估价：99.00元
PSN B-2009-129-1/1

输血服务蓝皮书
中国输血行业发展报告（2018）
著(编)者：孙俊　2018年12月出版／估价：99.00元
PSN B-2016-582-1/1

水利风景区蓝皮书
中国水利风景区发展报告（2018）
著(编)者：董建文 兰思仁
2018年10月出版／估价：99.00元
PSN B-2015-480-1/1

数字经济蓝皮书
全球数字经济竞争力发展报告（2017）
著(编)者：王振　2017年12月出版／定价：79.00元
PSN B-2017-673-1/1

私募市场蓝皮书
中国私募股权市场发展报告（2017~2018）
著(编)者：曹和平　2018年12月出版／估价：99.00元
PSN B-2010-162-1/1

碳排放权交易蓝皮书
中国碳排放权交易报告（2018）
著(编)者：孙永平　2018年11月出版／估价：99.00元
PSN B-2016-652-1/1

碳市场蓝皮书
中国碳市场报告（2018）
著(编)者：定金彪　2018年11月出版／估价：99.00元
PSN B-2014-430-1/1

体育蓝皮书
中国公共体育服务发展报告（2018）
著(编)者：戴健　2018年12月出版／估价：99.00元
PSN B-2013-367-2/5

土地市场蓝皮书
中国农村土地市场发展报告（2017~2018）
著(编)者：李光荣　2018年6月出版／估价：99.00元
PSN B-2016-526-1/1

土地整治蓝皮书
中国土地整治发展研究报告（No.5）
著(编)者：国土资源部土地整治中心
2018年7月出版／估价：99.00元
PSN B-2014-401-1/1

土地政策蓝皮书
中国土地政策研究报告（2018）
著(编)者：高延利 张建平 吴次芳
2018年1月出版／估价：98.00元
PSN B-2015-506-1/1

网络空间安全蓝皮书
中国网络空间安全发展报告（2018）
著(编)者：惠志斌 覃庆玲
2018年11月出版／估价：99.00元
PSN B-2015-466-1/1

文化志愿服务蓝皮书
中国文化志愿服务发展报告（2018）
著(编)者：张永新 良警宇　2018年11月出版／估价：128.00元
PSN B-2016-596-1/1

西部金融蓝皮书
中国西部金融发展报告（2017~2018）
著(编)者：李忠民　2018年8月出版／估价：99.00元
PSN B-2010-160-1/1

协会商会蓝皮书
中国行业协会商会发展报告（2017）
著(编)者：景朝阳 李勇　2018年6月出版／估价：99.00元
PSN B-2015-461-1/1

新三板蓝皮书
中国新三板市场发展报告（2018）
著(编)者：王力　2018年8月出版／估价：99.00元
PSN B-2016-533-1/1

信托市场蓝皮书
中国信托业市场报告（2017~2018）
著(编)者：用益金融信托研究院
2018年6月出版／估价：198.00元
PSN B-2014-371-1/1

信息化蓝皮书
中国信息化形势分析与预测（2017~2018）
著(编)者：周宏仁　2018年8月出版／估价：99.00元
PSN B-2010-168-1/1

信用蓝皮书
中国信用发展报告（2017~2018）
著(编)者：章政 田侃　2018年6月出版／估价：99.00元
PSN B-2013-328-1/1

行业及其他类

休闲绿皮书
2017~2018年中国休闲发展报告
著(编)者：宋瑞　2018年7月出版 / 估价：99.00元
PSN G-2010-158-1/1

休闲体育蓝皮书
中国休闲体育发展报告（2017~2018）
著(编)者：李相如　钟秉枢
2018年10月出版 / 估价：99.00元
PSN B-2016-516-1/1

养老金融蓝皮书
中国养老金融发展报告（2018）
著(编)者：董克用　姚余栋
2018年9月出版 / 估价：99.00元
PSN B-2016-583-1/1

遥感监测绿皮书
中国可持续发展遥感监测报告（2017）
著(编)者：顾行发　汪克强　潘教峰　李闽榕　徐东华　王琦安
2018年6月出版 / 估价：298.00元
PSN B-2017-629-1/1

药品流通蓝皮书
中国药品流通行业发展报告（2018）
著(编)者：佘鲁林　温再兴
2018年7月出版 / 估价：198.00元
PSN B-2014-429-1/1

医疗器械蓝皮书
中国医疗器械行业发展报告（2018）
著(编)者：王宝亭　耿鸿武
2018年10月出版 / 估价：99.00元
PSN B-2017-661-1/1

医院蓝皮书
中国医院竞争力报告（2017~2018）
著(编)者：庄一强　2018年3月出版 / 定价：108.00元
PSN B-2016-528-1/1

瑜伽蓝皮书
中国瑜伽业发展报告（2017~2018）
著(编)者：张永建　徐华锋　朱泰余
2018年6月出版 / 估价：198.00元
PSN B-2017-625-1/1

债券市场蓝皮书
中国债券市场发展报告（2017~2018）
著(编)者：杨农　2018年10月出版 / 估价：99.00元
PSN B-2016-572-1/1

志愿服务蓝皮书
中国志愿服务发展报告（2018）
著(编)者：中国志愿服务联合会
2018年11月出版 / 估价：99.00元
PSN B-2017-664-1/1

中国上市公司蓝皮书
中国上市公司发展报告（2018）
著(编)者：张鹏　张平　黄胤英
2018年9月出版 / 估价：99.00元
PSN B-2014-414-1/1

中国新三板蓝皮书
中国新三板创新与发展报告（2018）
著(编)者：刘平安　闻召林
2018年8月出版 / 估价：158.00元
PSN B-2017-638-1/1

中国汽车品牌蓝皮书
中国乘用车品牌发展报告（2017）
著(编)者：《中国汽车报》社有限公司
博世（中国）投资有限公司
中国汽车技术研究中心数据资源中心
2018年1月出版 / 定价：89.00元
PSN B-2017-679-1/1

中医文化蓝皮书
北京中医药文化传播发展报告（2018）
著(编)者：毛嘉陵　2018年6月出版 / 估价：99.00元
PSN B-2015-468-1/2

中医文化蓝皮书
中国中医药文化传播发展报告（2018）
著(编)者：毛嘉陵　2018年7月出版 / 估价：99.00元
PSN B-2016-584-2/2

中医药蓝皮书
北京中医药知识产权发展报告No.2
著(编)者：汪洪　屠志涛　2018年6月出版 / 估价：168.00元
PSN B-2017-602-1/1

资本市场蓝皮书
中国场外交易市场发展报告（2016~2017）
著(编)者：高峦　2018年6月出版 / 估价：99.00元
PSN B-2009-153-1/1

资产管理蓝皮书
中国资产管理行业发展报告（2018）
著(编)者：郑智　2018年7月出版 / 估价：99.00元
PSN B-2014-407-2/2

资产证券化蓝皮书
中国资产证券化发展报告（2018）
著(编)者：沈炳熙　曹彤　李哲平
2018年4月出版 / 估价：98.00元
PSN B-2017-660-1/1

自贸区蓝皮书
中国自贸区发展报告（2018）
著(编)者：王力　黄育华
2018年6月出版 / 估价：99.00元
PSN B-2016-558-1/1

国际问题与全球治理类

"一带一路"跨境通道蓝皮书
"一带一路"跨境通道建设研究报(2017~2018)
著(编)者:余鑫 张秋生 2018年1月出版 / 定价:89.00元
PSN B-2016-557-1/1

"一带一路"蓝皮书
"一带一路"建设发展报告(2018)
著(编)者:李永全 2018年3月出版 / 定价:98.00元
PSN B-2016-552-1/1

"一带一路"投资安全蓝皮书
中国"一带一路"投资与安全研究报告(2018)
著(编)者:邹统钎 梁昊光 2018年4月出版 / 定价:98.00元
PSN B-2017-612-1/1

"一带一路"文化交流蓝皮书
中阿文化交流发展报告(2017)
著(编)者:王辉 2017年12月出版 / 定价:89.00元
PSN B-2017-655-1/1

G20国家创新竞争力黄皮书
二十集团(G20)国家创新竞争力发展报告(2017~2018)
著(编)者:李建平 李闽榕 赵新力 周天勇
2018年7月出版 / 估价:168.00元
PSN Y-2011-229-1/1

阿拉伯黄皮书
阿拉伯发展报告(2016~2017)
著(编)者:罗林 2018年6月出版 / 估价:99.00元
PSN Y-2014-381-1/1

北部湾蓝皮书
泛北部湾合作发展报告(2017~2018)
著(编)者:吕余生 2018年12月出版 / 估价:99.00元
PSN B-2008-114-1/1

北极蓝皮书
北极地区发展报告(2017)
著(编)者:刘惠荣 2018年7月出版 / 估价:99.00元
PSN B-2017-634-1/1

大洋洲蓝皮书
大洋洲发展报告(2017~2018)
著(编)者:喻常森 2018年10月出版 / 估价:99.00元
PSN B-2013-341-1/1

东北亚区域合作蓝皮书
2017年"一带一路"倡议与东北亚区域合作
著(编)者:刘亚政 金美花
2018年5月出版 / 估价:99.00元
PSN B-2017-631-1/1

东盟黄皮书
东盟发展报告(2017)
著(编)者:杨静林 庄国土 2018年6月出版 / 估价:99.00元
PSN Y-2012-303-1/1

东南亚蓝皮书
东南亚地区发展报告(2017~2018)
著(编)者:王勤 2018年12月出版 / 估价:99.00元
PSN B-2012-240-1/1

非洲黄皮书
非洲发展报告No.20(2017~2018)
著(编)者:张宏明 2018年7月出版 / 估价:99.00元
PSN Y-2012-239-1/1

非传统安全蓝皮书
中国非传统安全研究报告(2017~2018)
著(编)者:潇枫 罗中枢 2018年8月出版 / 估价:99.00元
PSN B-2012-273-1/1

国际安全蓝皮书
中国国际安全研究报告(2018)
著(编)者:刘慧 2018年7月出版 / 估价:99.00元
PSN B-2016-521-1/1

国际城市蓝皮书
国际城市发展报告(2018)
著(编)者:屠启宇 2018年2月出版 / 估价:89.00元
PSN B-2012-260-1/1

国际形势黄皮书
全球政治与安全报告(2018)
著(编)者:张宇燕 2018年1月出版 / 定价:99.00元
PSN Y-2001-016-1/1

公共外交蓝皮书
中国公共外交发展报告(2018)
著(编)者:赵启正 雷蔚真 2018年6月出版 / 估价:99.00元
PSN B-2015-457-1/1

海丝蓝皮书
21世纪海上丝绸之路研究报告(2017)
著(编)者:华侨大学海上丝绸之路研究院
2017年12月出版 / 定价:89.00元
PSN B-2017-684-1/1

金砖国家黄皮书
金砖国家综合创新竞争力发展报告(2018)
著(编)者:赵新力 李闽榕 黄茂兴
2018年8月出版 / 估价:128.00元
PSN Y-2017-643-1/1

拉美黄皮书
拉丁美洲和加勒比发展报告(2017~2018)
著(编)者:袁东振 2018年6月出版 / 估价:99.00元
PSN Y-1999-007-1/1

澜湄合作蓝皮书
澜沧江-湄公河合作发展报告(2018)
著(编)者:刘稚 2018年9月出版 / 估价:99.00元
PSN B-2011-196-1/1

皮书系列 2018全品种 — 国际问题与全球治理类

欧洲蓝皮书
欧洲发展报告（2017~2018）
著(编)者：黄平 周弘 程卫东
2018年6月出版 / 估价：99.00元
PSN B-1999-009-1/1

葡语国家蓝皮书
葡语国家发展报告（2016~2017）
著(编)者：王成安 张敏 刘金兰
2018年6月出版 / 估价：99.00元
PSN B-2015-503-1/2

葡语国家蓝皮书
中国与葡语国家关系发展报告·巴西（2016）
著(编)者：张曙光
2018年8月出版 / 估价：99.00元
PSN B-2016-563-2/2

气候变化绿皮书
应对气候变化报告（2018）
著(编)者：王伟光 郑国光
2018年11月出版 / 估价：99.00元
PSN G-2009-144-1/1

全球环境竞争力绿皮书
全球环境竞争力报告（2018）
著(编)者：李建平 李闽榕 王金南
2018年12月出版 / 估价：198.00元
PSN B-2013-363-1/1

全球信息社会蓝皮书
全球信息社会发展报告（2018）
著(编)者：丁波涛 唐涛　2018年10月出版 / 估价：99.00元
PSN B-2017-665-1/1

日本经济蓝皮书
日本经济与中日经贸关系研究报告（2018）
著(编)者：张季风　2018年6月出版 / 估价：99.00元
PSN B-2008-102-1/1

上海合作组织黄皮书
上海合作组织发展报告（2018）
著(编)者：李进峰　2018年6月出版 / 估价：99.00元
PSN Y-2009-130-1/1

世界创新竞争力黄皮书
世界创新竞争力发展报告（2017）
著(编)者：李建平 李闽榕 赵新力
2018年6月出版 / 估价：168.00元
PSN Y-2013-318-1/1

世界经济黄皮书
2018年世界经济形势分析与预测
著(编)者：张宇燕　2018年1月出版 / 定价：99.00元
PSN Y-1999-006-1/1

世界能源互联互通蓝皮书
世界能源清洁发展与互联互通评估报告（2017）：欧洲篇
著(编)者：国网能源研究院
2018年1月出版 / 定价：128.00元
PSN B-2018-695-1/1

丝绸之路蓝皮书
丝绸之路经济带发展报告（2018）
著(编)者：任宗哲 白宽犁 谷孟宾
2018年1月出版 / 定价：89.00元
PSN B-2014-410-1/1

新兴经济体蓝皮书
金砖国家发展报告（2018）
著(编)者：林跃勤 周文
2018年8月出版 / 估价：99.00元
PSN B-2011-195-1/1

亚太蓝皮书
亚太地区发展报告（2018）
著(编)者：李向阳　2018年5月出版 / 估价：99.00元
PSN B-2001-015-1/1

印度洋地区蓝皮书
印度洋地区发展报告（2018）
著(编)者：汪戎　2018年6月出版 / 估价：99.00元
PSN B-2013-334-1/1

印度尼西亚经济蓝皮书
印度尼西亚经济发展报告（2017）：增长与机会
著(编)者：左志刚　2017年11月出版 / 定价：89.00元
PSN B-2017-675-1/1

渝新欧蓝皮书
渝新欧沿线国家发展报告（2018）
著(编)者：杨柏 黄森
2018年6月出版 / 估价：99.00元
PSN B-2017-626-1/1

中阿蓝皮书
中国·阿拉伯国家经贸发展报告（2018）
著(编)者：张廉 段庆林 王林聪 杨巧红
2018年12月出版 / 估价：99.00元
PSN B-2016-598-1/1

中东黄皮书
中东发展报告No.20（2017~2018）
著(编)者：杨光　2018年10月出版 / 估价：99.00元
PSN Y-1998-004-1/1

中亚黄皮书
中亚国家发展报告（2018）
著(编)者：孙力
2018年3月出版 / 定价：98.00元
PSN Y-2012-238-1/1

国别类

澳大利亚蓝皮书
澳大利亚发展报告（2017-2018）
著(编)者：孙有中 韩锋　2018年12月出版 / 估价：99.00元
PSN B-2016-587-1/1

巴西黄皮书
巴西发展报告（2017）
著(编)者：刘国枝　2018年5月出版 / 估价：99.00元
PSN Y-2017-614-1/1

德国蓝皮书
德国发展报告（2018）
著(编)者：郑春荣　2018年6月出版 / 估价：99.00元
PSN B-2012-278-1/1

俄罗斯黄皮书
俄罗斯发展报告（2018）
著(编)者：李永全　2018年6月出版 / 估价：99.00元
PSN Y-2006-061-1/1

韩国蓝皮书
韩国发展报告（2017）
著(编)者：牛林杰 刘宝全　2018年6月出版 / 估价：99.00元
PSN B-2010-155-1/1

加拿大蓝皮书
加拿大发展报告（2018）
著(编)者：唐小松　2018年9月出版 / 估价：99.00元
PSN B-2014-389-1/1

美国蓝皮书
美国研究报告（2018）
著(编)者：郑秉文 黄平　2018年5月出版 / 估价：99.00元
PSN B-2011-210-1/1

缅甸蓝皮书
缅甸国情报告（2017）
著(编)者：祝湘辉
2017年11月出版 / 定价：98.00元
PSN B-2013-343-1/1

日本蓝皮书
日本研究报告（2018）
著(编)者：杨伯江　2018年4月出版 / 定价：99.00元
PSN B-2002-020-1/1

土耳其蓝皮书
土耳其发展报告（2018）
著(编)者：郭长刚 刘义　2018年9月出版 / 估价：99.00元
PSN B-2014-412-1/1

伊朗蓝皮书
伊朗发展报告（2017~2018）
著(编)者：冀开运　2018年10月 / 估价：99.00元
PSN B-2016-574-1/1

以色列蓝皮书
以色列发展报告（2018）
著(编)者：张倩红　2018年8月出版 / 估价：99.00元
PSN B-2015-483-1/1

印度蓝皮书
印度国情报告（2017）
著(编)者：吕昭义　2018年6月出版 / 估价：99.00元
PSN B-2012-241-1/1

英国蓝皮书
英国发展报告（2017~2018）
著(编)者：王展鹏　2018年12月出版 / 估价：99.00元
PSN B-2015-486-1/1

越南蓝皮书
越南国情报告（2018）
著(编)者：谢林城　2018年11月出版 / 估价：99.00元
PSN B-2006-056-1/1

泰国蓝皮书
泰国研究报告（2018）
著(编)者：庄国土 张禹东 刘文正
2018年10月出版 / 估价：99.00元
PSN B-2016-556-1/1

文化传媒类

"三农"舆情蓝皮书
中国"三农"网络舆情报告（2017~2018）
著(编)者：农业部信息中心
2018年6月出版 / 估价：99.00元
PSN B-2017-640-1/1

传媒竞争力蓝皮书
中国传媒国际竞争力研究报告（2018）
著(编)者：李本乾 刘强 王大可
2018年8月出版 / 估价：99.00元
PSN B-2013-356-1/1

传媒蓝皮书
中国传媒产业发展报告（2018）
著(编)者：崔保国　2018年5月出版 / 估价：99.00元
PSN B-2005-035-1/1

传媒投资蓝皮书
中国传媒投资发展报告（2018）
著(编)者：张向东 谭云明
2018年6月出版 / 估价：148.00元
PSN B-2015-474-1/1

皮书系列 2018全品种 — 文化传媒类

非物质文化遗产蓝皮书
中国非物质文化遗产发展报告（2018）
著（编）者：陈平　2018年6月出版 / 估价：128.00元
PSN B-2015-469-1/2

非物质文化遗产蓝皮书
中国非物质文化遗产保护发展报告（2018）
著（编）者：宋俊华　2018年10月出版 / 估价：128.00元
PSN B-2016-586-2/2

广电蓝皮书
中国广播电影电视发展报告（2018）
著（编）者：国家新闻出版广电总局发展研究中心
2018年7月出版 / 估价：99.00元
PSN B-2006-072-1/1

广告主蓝皮书
中国广告主营销传播趋势报告No.9
著（编）者：黄升民　杜国清　邵华冬　等
2018年10月出版 / 估价：158.00元
PSN B-2005-041-1/1

国际传播蓝皮书
中国国际传播发展报告（2018）
著（编）者：胡正荣　李继东　姬德强
2018年12月出版 / 估价：99.00元
PSN B-2014-408-1/1

国家形象蓝皮书
中国国家形象传播报告（2017）
著（编）者：张昆　2018年6月出版 / 估价：128.00元
PSN B-2017-605-1/1

互联网治理蓝皮书
中国网络社会治理研究报告（2018）
著（编）者：罗昕　支庭荣
2018年9月出版 / 估价：118.00元
PSN B-2017-653-1/1

纪录片蓝皮书
中国纪录片发展报告（2018）
著（编）者：何苏六　2018年10月出版 / 估价：99.00元
PSN B-2011-222-1/1

科学传播蓝皮书
中国科学传播报告（2016~2017）
著（编）者：詹正茂　2018年6月出版 / 估价：99.00元
PSN B-2008-120-1/1

两岸创意经济蓝皮书
两岸创意经济研究报告（2018）
著（编）者：罗昌智　董泽平
2018年10月出版 / 估价：99.00元
PSN B-2014-437-1/1

媒介与女性蓝皮书
中国媒介与女性发展报告（2017~2018）
著（编）者：刘利群　2018年5月出版 / 估价：99.00元
PSN B-2013-345-1/1

媒体融合蓝皮书
中国媒体融合发展报告（2017~2018）
著（编）者：梅宁华　支庭荣
2017年12月出版 / 定价：98.00元
PSN B-2015-479-1/1

全球传媒蓝皮书
全球传媒发展报告（2017~2018）
著（编）者：胡正荣　李继东　2018年6月出版 / 估价：99.00元
PSN B-2012-237-1/1

少数民族非遗蓝皮书
中国少数民族非物质文化遗产发展报告（2018）
著（编）者：肖远平（彝）　柴立（满）
2018年10月出版 / 估价：118.00元
PSN B-2015-467-1/1

视听新媒体蓝皮书
中国视听新媒体发展报告（2018）
著（编）者：国家新闻出版广电总局发展研究中心
2018年7月出版 / 估价：118.00元
PSN B-2011-184-1/1

数字娱乐产业蓝皮书
中国动画产业发展报告（2018）
著（编）者：孙立军　孙平　牛兴侦
2018年10月出版 / 估价：99.00元
PSN B-2011-198-1/2

数字娱乐产业蓝皮书
中国游戏产业发展报告（2018）
著（编）者：孙立军　刘跃军　2018年10月出版 / 估价：99.00元
PSN B-2017-662-2/2

网络视听蓝皮书
中国互联网视听行业发展报告（2018）
著（编）者：陈鹏　2018年2月出版 / 定价：148.00元
PSN B-2018-688-1/1

文化创新蓝皮书
中国文化创新报告（2017·No.8）
著（编）者：傅才武　2018年6月出版 / 估价：99.00元
PSN B-2009-143-1/1

文化建设蓝皮书
中国文化发展报告（2018）
著（编）者：江畅　孙伟平　戴茂堂
2018年5月出版 / 估价：99.00元
PSN B-2014-392-1/1

文化科技蓝皮书
文化科技创新发展报告（2018）
著（编）者：于平　李凤亮　2018年10月出版 / 估价：99.00元
PSN B-2013-342-1/1

文化蓝皮书
中国公共文化服务发展报告（2017~2018）
著（编）者：刘新成　张永新　张旭
2018年12月出版 / 估价：99.00元
PSN B-2007-093-2/10

文化蓝皮书
中国少数民族文化发展报告（2017~2018）
著（编）者：武翠英　张晓明　任乌晶
2018年9月出版 / 估价：99.00元
PSN B-2013-369-9/10

文化蓝皮书
中国文化产业供需协调检测报告（2018）
著（编）者：王亚南　2018年3月出版 / 定价：99.00元
PSN B-2013-323-8/10

皮书系列 2018全品种

文化传媒类·地方发展类-经济

文化蓝皮书
中国文化消费需求景气评价报告(2018)
著(编)者:王亚南 2018年3月出版 / 定价:99.00元
PSN B-2011-236-4/10

文化蓝皮书
中国公共文化投入增长测评报告(2018)
著(编)者:王亚南 2018年3月出版 / 定价:99.00元
PSN B-2014-435-10/10

文化品牌蓝皮书
中国文化品牌发展报告(2018)
著(编)者:欧阳友权 2018年5月出版 / 估价:99.00元
PSN B-2012-277-1/1

文化遗产蓝皮书
中国文化遗产事业发展报告(2017~2018)
著(编)者:苏杨 张颖岚 卓杰 白海峰 陈晨 陈叙图
2018年8月出版 / 估价:99.00元
PSN B-2008-119-1/1

文学蓝皮书
中国文情报告(2017~2018)
著(编)者:白烨 2018年5月出版 / 估价:99.00元
PSN B-2011-221-1/1

新媒体蓝皮书
中国新媒体发展报告No.9(2018)
著(编)者:唐绪军 2018年7月出版 / 估价:99.00元
PSN B-2010-169-1/1

新媒体社会责任蓝皮书
中国新媒体社会责任研究报告(2018)
著(编)者:钟瑛 2018年12月出版 / 估价:99.00元
PSN B-2014-423-1/1

移动互联网蓝皮书
中国移动互联网发展报告(2018)
著(编)者:余清楚 2018年6月出版 / 估价:99.00元
PSN B-2012-282-1/1

影视蓝皮书
中国影视产业发展报告(2018)
著(编)者:司若 陈鹏 陈锐
2018年6月出版 / 估价:99.00元
PSN B-2016-529-1/1

舆情蓝皮书
中国社会舆情与危机管理报告(2018)
著(编)者:谢耘耕
2018年9月出版 / 估价:138.00元
PSN B-2011-235-1/1

中国大运河蓝皮书
中国大运河发展报告(2018)
著(编)者:吴欣 2018年2月出版 / 估价:128.00元
PSN B-2018-691-1/1

地方发展类-经济

澳门蓝皮书
澳门经济社会发展报告(2017~2018)
著(编)者:吴志良 郝雨凡
2018年7月出版 / 估价:99.00元
PSN B-2009-138-1/1

澳门绿皮书
澳门旅游休闲发展报告(2017~2018)
著(编)者:郝雨凡 林广志
2018年5月出版 / 估价:99.00元
PSN G-2017-617-1/1

北京蓝皮书
北京经济发展报告(2017~2018)
著(编)者:杨松 2018年6月出版 / 估价:99.00元
PSN B-2006-054-2/8

北京旅游绿皮书
北京旅游发展报告(2018)
著(编)者:北京旅游学会
2018年7月出版 / 估价:99.00元
PSN G-2012-301-1/1

北京体育蓝皮书
北京体育产业发展报告(2017~2018)
著(编)者:钟秉枢 陈杰 杨铁黎
2018年9月出版 / 估价:99.00元
PSN B-2015-475-1/1

滨海金融蓝皮书
滨海新区金融发展报告(2017)
著(编)者:王爱俭 李向前 2018年4月出版 / 估价:99.00元
PSN B-2014-424-1/1

城乡一体化蓝皮书
北京城乡一体化发展报告(2017~2018)
著(编)者:吴宝新 张宝秀 黄序
2018年5月出版 / 估价:99.00元
PSN B-2012-258-2/2

非公有制企业社会责任蓝皮书
北京非公有制企业社会责任报告(2018)
著(编)者:宋贵伦 冯培
2018年6月出版 / 估价:99.00元
PSN B-2017-613-1/1

皮书系列 2018全品种 — 地方发展类–经济

福建旅游蓝皮书
福建省旅游产业发展现状研究（2017~2018）
著（编）者：陈敏华 黄远水　2018年12月出版 / 估价：128.00元
PSN B-2016-591-1/1

福建自贸区蓝皮书
中国（福建）自由贸易试验区发展报告（2017~2018）
著（编）者：黄茂兴　2018年6月出版 / 估价：118.00元
PSN B-2016-531-1/1

甘肃蓝皮书
甘肃经济发展分析与预测（2018）
著（编）者：安文华 罗哲　2018年1月出版 / 定价：99.00元
PSN B-2013-312-1/6

甘肃蓝皮书
甘肃商贸流通发展报告（2018）
著（编）者：张应华 王福生 王晓芳
2018年1月出版 / 定价：99.00元
PSN B-2016-522-6/6

甘肃蓝皮书
甘肃县域和农村发展报告（2018）
著（编）者：包东红 朱智文 王建兵
2018年1月出版 / 定价：99.00元
PSN B-2013-316-5/6

甘肃农业科技绿皮书
甘肃农业科技发展研究报告（2018）
著（编）者：魏胜文 乔德华 张东伟
2018年12月出版 / 估价：198.00元
PSN B-2016-592-1/1

甘肃气象保障蓝皮书
甘肃农业对气候变化的适应与风险评估报告（No.1）
著（编）者：鲍文中 周广胜
2017年12月出版 / 定价：108.00元
PSN B-2017-677-1/1

巩义蓝皮书
巩义经济社会发展报告（2018）
著（编）者：丁同民 朱军　2018年6月出版 / 估价：99.00元
PSN B-2016-532-1/1

广东外经贸蓝皮书
广东对外经济贸易发展研究报告（2017～2018）
著（编）者：陈万灵　2018年6月出版 / 估价：99.00元
PSN B-2012-286-1/1

广西北部湾经济区蓝皮书
广西北部湾经济区开放开发报告（2017～2018）
著（编）者：广西壮族自治区北部湾经济区和东盟开放合作办公室
广西社会科学院
广西北部湾发展研究院
2018年5月出版 / 估价：99.00元
PSN B-2010-181-1/1

广州蓝皮书
广州城市国际化发展报告（2018）
著（编）者：张跃国　2018年8月出版 / 估价：99.00元
PSN B-2012-246-11/14

广州蓝皮书
中国广州城市建设与管理发展报告（2018）
著（编）者：张其学 陈小钢 王宏伟　2018年8月出版 / 估价：99.00元
PSN B-2007-087-4/14

广州蓝皮书
广州创新型城市发展报告（2018）
著（编）者：尹涛　2018年6月出版 / 估价：99.00元
PSN B-2012-247-12/14

广州蓝皮书
广州经济发展报告（2018）
著（编）者：张跃国 尹涛　2018年7月出版 / 估价：99.00元
PSN B-2005-040-1/14

广州蓝皮书
2018年中国广州经济形势分析与预测
著（编）者：魏明海 谢博能 李华
2018年6月出版 / 估价：99.00元
PSN B-2011-185-9/14

广州蓝皮书
中国广州科技创新发展报告（2018）
著（编）者：于欣伟 陈爽 邓佑满　2018年8月出版 / 估价：99.00元
PSN B-2006-065-2/14

广州蓝皮书
广州农村发展报告（2018）
著（编）者：朱名宏　2018年7月出版 / 估价：99.00元
PSN B-2010-167-8/14

广州蓝皮书
广州汽车产业发展报告（2018）
著（编）者：杨再高 冯兴亚　2018年7月出版 / 估价：99.00元
PSN B-2006-066-3/14

广州蓝皮书
广州商贸业发展报告（2018）
著（编）者：张跃国 陈杰 荀振英
2018年7月出版 / 估价：99.00元
PSN B-2012-245-10/14

贵阳蓝皮书
贵阳城市创新发展报告No.3（白云篇）
著（编）者：连玉明　2018年5月出版 / 估价：99.00元
PSN B-2015-491-3/10

贵阳蓝皮书
贵阳城市创新发展报告No.3（观山湖篇）
著（编）者：连玉明　2018年5月出版 / 估价：99.00元
PSN B-2015-497-9/10

贵阳蓝皮书
贵阳城市创新发展报告No.3（花溪篇）
著（编）者：连玉明　2018年5月出版 / 估价：99.00元
PSN B-2015-490-2/10

贵阳蓝皮书
贵阳城市创新发展报告No.3（开阳篇）
著（编）者：连玉明　2018年5月出版 / 估价：99.00元
PSN B-2015-492-4/10

贵阳蓝皮书
贵阳城市创新发展报告No.3（南明篇）
著（编）者：连玉明　2018年5月出版 / 估价：99.00元
PSN B-2015-496-8/10

贵阳蓝皮书
贵阳城市创新发展报告No.3（清镇篇）
著（编）者：连玉明　2018年5月出版 / 估价：99.00元
PSN B-2015-489-1/10

地方发展类-经济

**皮书系列
2018全品种**

贵阳蓝皮书
贵阳城市创新发展报告No.3（乌当篇）
著(编)者：连玉明　2018年5月出版／估价：99.00元
PSN B-2015-495-7/10

贵阳蓝皮书
贵阳城市创新发展报告No.3（息烽篇）
著(编)者：连玉明　2018年5月出版／估价：99.00元
PSN B-2015-493-5/10

贵阳蓝皮书
贵阳城市创新发展报告No.3（修文篇）
著(编)者：连玉明　2018年5月出版／估价：99.00元
PSN B-2015-494-6/10

贵阳蓝皮书
贵阳城市创新发展报告No.3（云岩篇）
著(编)者：连玉明　2018年5月出版／估价：99.00元
PSN B-2015-498-10/10

贵州房地产蓝皮书
贵州房地产发展报告No.5（2018）
著(编)者：武廷方　2018年7月出版／估价：99.00元
PSN B-2014-426-1/1

贵州蓝皮书
贵州册亨经济社会发展报告（2018）
著(编)者：黄德林　2018年6月出版／估价：99.00元
PSN B-2016-525-8/9

贵州蓝皮书
贵州地理标志产业发展报告（2018）
著(编)者：李发耀　黄其松　2018年8月出版／估价：99.00元
PSN B-2017-646-10/10

贵州蓝皮书
贵安新区发展报告（2017~2018）
著(编)者：马长青　吴大华　2018年6月出版／估价：99.00元
PSN B-2015-459-4/10

贵州蓝皮书
贵州国家级开放创新平台发展报告（2017~2018）
著(编)者：申晓庆　吴大华　季泓
2018年11月出版／估价：99.00元
PSN B-2016-518-7/10

贵州蓝皮书
贵州国有企业社会责任发展报告（2017~2018）
著(编)者：郭丽　2018年12月出版／估价：99.00元
PSN B-2015-511-6/10

贵州蓝皮书
贵州民航业发展报告（2017）
著(编)者：申振东　吴大华　2018年6月出版／估价：99.00元
PSN B-2015-471-5/10

贵州蓝皮书
贵州民营经济发展报告（2017）
著(编)者：杨静　吴大华　2018年6月出版／估价：99.00元
PSN B-2016-530-9/9

杭州都市圈蓝皮书
杭州都市圈发展报告（2018）
著(编)者：洪庆华　沈翔　2018年4月出版／估价：98.00元
PSN B-2012-302-1/1

河北经济蓝皮书
河北省经济发展报告（2018）
著(编)者：马树强　金浩　张贵　2018年6月出版／估价：99.00元
PSN B-2014-380-1/1

河北蓝皮书
河北经济社会发展报告（2018）
著(编)者：康振海　2018年1月出版／定价：99.00元
PSN B-2014-372-1/3

河北蓝皮书
京津冀协同发展报告（2018）
著(编)者：陈璐　2017年12月出版／定价：79.00元
PSN B-2017-601-2/3

河南经济蓝皮书
2018年河南经济形势分析与预测
著(编)者：王世炎　2018年3月出版／定价：89.00元
PSN B-2007-086-1/1

河南蓝皮书
河南城市发展报告（2018）
著(编)者：张占仓　王建国　2018年5月出版／估价：99.00元
PSN B-2009-131-3/9

河南蓝皮书
河南工业发展报告（2018）
著(编)者：张占仓　2018年5月出版／估价：99.00元
PSN B-2013-317-5/9

河南蓝皮书
河南金融发展报告（2018）
著(编)者：喻新安　谷建全
2018年6月出版／估价：99.00元
PSN B-2014-390-7/9

河南蓝皮书
河南经济发展报告（2018）
著(编)者：张占仓　完世伟
2018年6月出版／估价：99.00元
PSN B-2010-157-4/9

河南蓝皮书
河南能源发展报告（2018）
著(编)者：国网河南省电力公司经济技术研究院
　　　　　河南省社会科学院
2018年6月出版／估价：99.00元
PSN B-2017-607-9/9

河南商务蓝皮书
河南商务发展报告（2018）
著(编)者：焦锦淼　穆荣国　2018年5月出版／估价：99.00元
PSN B-2014-399-1/1

河南双创蓝皮书
河南创新创业发展报告（2018）
著(编)者：喻新安　杨雪梅
2018年8月出版／估价：99.00元
PSN B-2017-641-1/1

黑龙江蓝皮书
黑龙江经济发展报告（2018）
著(编)者：朱宇　2018年1月出版／定价：89.00元
PSN B-2011-190-2/2

皮书系列 2018全品种
地方发展类-经济

湖南城市蓝皮书
区域城市群整合
著(编)者：童中贤 韩未名　2018年12月出版 / 估价：99.00元
PSN B-2006-064-1/1

湖南蓝皮书
湖南城乡一体化发展报告（2018）
著(编)者：陈文胜 王文强 陆福兴
2018年8月出版 / 估价：99.00元
PSN B-2015-477-8/8

湖南蓝皮书
2018年湖南电子政务发展报告
著(编)者：梁志峰　2018年5月出版 / 估价：128.00元
PSN B-2014-394-6/8

湖南蓝皮书
2018年湖南经济发展报告
著(编)者：卞鹰　2018年5月出版 / 估价：128.00元
PSN B-2011-207-2/8

湖南蓝皮书
2016年湖南经济展望
著(编)者：梁志峰　2018年5月出版 / 估价：128.00元
PSN B-2011-206-1/8

湖南蓝皮书
2018年湖南县域经济社会发展报告
著(编)者：梁志峰　2018年5月出版 / 估价：128.00元
PSN B-2014-395-7/8

湖南县域绿皮书
湖南县域发展报告（No.5）
著(编)者：袁准 周小毛 黎仁寅
2018年6月出版 / 估价：99.00元
PSN G-2012-274-1/1

沪港蓝皮书
沪港发展报告（2018）
著(编)者：尤安山　2018年9月出版 / 估价：99.00元
PSN B-2013-362-1/1

吉林蓝皮书
2018年吉林经济社会形势分析与预测
著(编)者：邵汉明　2017年12月出版 / 定价：89.00元
PSN B-2013-319-1/1

吉林省城市竞争力蓝皮书
吉林省城市竞争力报告（2017~2018）
著(编)者：崔岳春 张磊
2018年3月出版 / 定价：89.00元
PSN B-2016-513-1/1

济源蓝皮书
济源经济社会发展报告（2018）
著(编)者：喻新安　2018年6月出版 / 估价：99.00元
PSN B-2014-387-1/1

江苏蓝皮书
2018年江苏经济发展分析与展望
著(编)者：王庆五 吴先满
2018年7月出版 / 估价：128.00元
PSN B-2017-635-1/3

江西蓝皮书
江西经济社会发展报告（2018）
著(编)者：陈石俊 龚建文　2018年10月出版 / 估价：128.00元
PSN B-2015-484-1/2

江西蓝皮书
江西设区市发展报告（2018）
著(编)者：姜玮 梁勇
2018年10月出版 / 估价：99.00元
PSN B-2016-517-2/2

经济特区蓝皮书
中国经济特区发展报告（2017）
著(编)者：陶一桃　2018年1月出版 / 估价：99.00元
PSN B-2009-139-1/1

辽宁蓝皮书
2018年辽宁经济社会形势分析与预测
著(编)者：梁启东 魏红江　2018年6月出版 / 估价：99.00元
PSN B-2006-053-1/1

民族经济蓝皮书
中国民族地区经济发展报告（2018）
著(编)者：李曦辉　2018年7月出版 / 估价：99.00元
PSN B-2017-630-1/1

南宁蓝皮书
南宁经济发展报告（2018）
著(编)者：胡建华　2018年9月出版 / 估价：99.00元
PSN B-2016-569-2/3

内蒙古蓝皮书
内蒙古精准扶贫研究报告（2018）
著(编)者：张志华　2018年1月出版 / 定价：89.00元
PSN B-2017-681-2/2

浦东新区蓝皮书
上海浦东经济发展报告（2018）
著(编)者：周小平 徐美芳
2018年1月出版 / 定价：89.00元
PSN B-2011-225-1/1

青海蓝皮书
2018年青海经济社会形势分析与预测
著(编)者：陈玮　2018年1月出版 / 定价：98.00元
PSN B-2012-275-1/2

青海科技绿皮书
青海科技发展报告（2017）
著(编)者：青海省科学技术信息研究所
2018年3月出版 / 定价：98.00元
PSN G-2018-701-1/1

山东蓝皮书
山东经济形势分析与预测（2018）
著(编)者：李广杰　2018年7月出版 / 估价：99.00元
PSN B-2014-404-1/5

山东蓝皮书
山东省普惠金融发展报告（2018）
著(编)者：齐鲁财富网
2018年9月出版 / 估价：99.00元
PSN B2017-676-5/5

地方发展类-经济

山西蓝皮书
山西资源型经济转型发展报告（2018）
著(编)者：李志强　　2018年7月出版 / 估价：99.00元
PSN B-2011-197-1/1

陕西蓝皮书
陕西经济发展报告（2018）
著(编)者：任宗哲　白宽犁　裴成荣
2018年1月出版 / 定价：89.00元
PSN B-2009-135-1/6

陕西蓝皮书
陕西精准脱贫研究报告（2018）
著(编)者：任宗哲　白宽犁　王建康
2018年4月出版 / 定价：89.00元
PSN B-2017-623-6/6

上海蓝皮书
上海经济发展报告（2018）
著(编)者：沈开艳　　2018年2月出版 / 定价：89.00元
PSN B-2006-057-1/7

上海蓝皮书
上海资源环境发展报告（2018）
著(编)者：周冯琦　胡静　　2018年2月出版 / 定价：89.00元
PSN B-2006-060-4/7

上海蓝皮书
上海奉贤经济发展分析与研判（2017~2018）
著(编)者：张兆安　朱平芳　　2018年3月出版 / 定价：99.00元
PSN B-2008-698-8/8

上饶蓝皮书
上饶发展报告（2016~2017）
著(编)者：廖其志　　2018年6月出版 / 估价：128.00元
PSN B-2014-377-1/1

深圳蓝皮书
深圳经济发展报告（2018）
著(编)者：张骁儒　　2018年6月出版 / 估价：99.00元
PSN B-2008-112-3/7

四川蓝皮书
四川城镇化发展报告（2018）
著(编)者：侯水平　陈炜　　2018年6月出版 / 估价：99.00元
PSN B-2015-456-7/7

四川蓝皮书
2018年四川经济形势分析与预测
著(编)者：杨钢　　2018年1月出版 / 定价：158.00元
PSN B-2007-098-2/7

四川蓝皮书
四川企业社会责任研究报告（2017~2018）
著(编)者：侯水平　盛毅　　2018年5月出版 / 估价：99.00元
PSN B-2014-386-4/7

四川蓝皮书
四川生态建设报告（2018）
著(编)者：李晟之　　2018年5月出版 / 估价：99.00元
PSN B-2015-455-6/7

四川蓝皮书
四川特色小镇发展报告（2017）
著(编)者：吴志强　　2017年11月出版 / 定价：89.00元
PSN B-2017-670-8/8

体育蓝皮书
上海体育产业发展报告（2017~2018）
著(编)者：张林　黄海燕
2018年10月出版 / 估价：99.00元
PSN B-2015-454-4/5

体育蓝皮书
长三角地区体育产业发展报（2017~2018）
著(编)者：张林　　2018年6月出版 / 估价：99.00元
PSN B-2015-453-3/5

天津金融蓝皮书
天津金融发展报告（2018）
著(编)者：王爱俭　孔德昌
2018年5月出版 / 估价：99.00元
PSN B-2014-418-1/1

图们江区域合作蓝皮书
图们江区域合作发展报告（2018）
著(编)者：李铁　　2018年6月出版 / 估价：99.00元
PSN B-2015-464-1/1

温州蓝皮书
2018年温州经济社会形势分析与预测
著(编)者：蒋儒标　王春光　金浩
2018年6月出版 / 估价：99.00元
PSN B-2008-105-1/1

西咸新区蓝皮书
西咸新区发展报告（2018）
著(编)者：李扬　王军
2018年6月出版 / 估价：99.00元
PSN B-2016-534-1/1

修武蓝皮书
修武经济社会发展报告（2018）
著(编)者：张占仓　袁凯声
2018年10月出版 / 估价：99.00元
PSN B-2017-651-1/1

偃师蓝皮书
偃师经济社会发展报告（2018）
著(编)者：张占仓　袁凯声　何武周
2018年7月出版 / 估价：99.00元
PSN B-2017-627-1/1

扬州蓝皮书
扬州经济社会发展报告（2018）
著(编)者：陈扬
2018年12月出版 / 估价：108.00元
PSN B-2011-191-1/1

长垣蓝皮书
长垣经济社会发展报告（2018）
著(编)者：张占仓　袁凯声　秦保建
2018年10月出版 / 估价：99.00元
PSN B-2017-654-1/1

遵义蓝皮书
遵义发展报告（2018）
著(编)者：邓彦　曾征　龚永育
2018年9月出版 / 估价：99.00元
PSN B-2014-433-1/1

皮书系列 2018全品种　地方发展类-社会

地方发展类-社会

安徽蓝皮书
安徽社会发展报告（2018）
著(编)者：程桦　2018年6月出版 / 估价：99.00元
PSN B-2013-325-1/1

安徽社会建设蓝皮书
安徽社会建设分析报告（2017~2018）
著(编)者：黄家海　蔡宪
2018年11月出版 / 估价：99.00元
PSN B-2013-322-1/1

北京蓝皮书
北京公共服务发展报告（2017~2018）
著(编)者：施昌奎　2018年6月出版 / 估价：99.00元
PSN B-2008-103-7/8

北京蓝皮书
北京社会发展报告（2017~2018）
著(编)者：李伟东
2018年7月出版 / 估价：99.00元
PSN B-2006-055-3/8

北京蓝皮书
北京社会治理发展报告（2017~2018）
著(编)者：殷星辰　2018年7月出版 / 估价：99.00元
PSN B-2014-391-8/8

北京律师蓝皮书
北京律师发展报告No.4（2018）
著(编)者：王隽　2018年12月出版 / 估价：99.00元
PSN B-2011-217-1/1

北京人才蓝皮书
北京人才发展报告（2018）
著(编)者：敏华　2018年12月出版 / 估价：128.00元
PSN B-2011-201-1/1

北京社会心态蓝皮书
北京社会心态分析报告（2017~2018）
著(编)者：北京市社会心理服务促进中心
2018年10月出版 / 估价：99.00元
PSN B-2014-422-1/1

北京社会组织管理蓝皮书
北京社会组织发展与管理（2018）
著(编)者：黄江松
2018年6月出版 / 估价：99.00元
PSN B-2015-446-1/1

北京养老产业蓝皮书
北京居家养老发展报告（2018）
著(编)者：陆杰华　周明明
2018年8月出版 / 估价：99.00元
PSN B-2015-465-1/1

法治蓝皮书
四川依法治省年度报告No.4（2018）
著(编)者：李林　杨天宗　田禾
2018年3月出版 / 估价：118.00元
PSN B-2015-447-2/3

福建妇女发展蓝皮书
福建省妇女发展报告（2018）
著(编)者：刘群英　2018年11月出版 / 估价：99.00元
PSN B-2011-220-1/1

甘肃蓝皮书
甘肃社会发展分析与预测（2018）
著(编)者：安文华　谢增虎　包晓霞
2018年1月出版 / 定价：99.00元
PSN B-2013-313-2/6

广东蓝皮书
广东全面深化改革研究报告（2018）
著(编)者：周林生　涂成林
2018年12月出版 / 估价：99.00元
PSN B-2015-504-3/3

广东蓝皮书
广东社会工作发展报告（2018）
著(编)者：罗观翠　2018年6月出版 / 估价：99.00元
PSN B-2014-402-2/3

广州蓝皮书
广州青年发展报告（2018）
著(编)者：徐柳　张强
2018年8月出版 / 估价：99.00元
PSN B-2013-352-13/14

广州蓝皮书
广州社会保障发展报告（2018）
著(编)者：张跃国　2018年8月出版 / 估价：99.00元
PSN B-2014-425-14/14

广州蓝皮书
2018年中国广州社会形势分析与预测
著(编)者：张强　郭志勇　何镜清
2018年6月出版 / 估价：99.00元
PSN B-2008-110-5/14

贵州蓝皮书
贵州法治发展报告（2018）
著(编)者：吴大华　2018年5月出版 / 估价：99.00元
PSN B-2012-254-2/10

贵州蓝皮书
贵州人才发展报告（2017）
著(编)者：于杰　吴大华
2018年9月出版 / 估价：99.00元
PSN B-2014-382-3/10

贵州蓝皮书
贵州社会发展报告（2018）
著(编)者：王兴骥　2018年6月出版 / 估价：99.00元
PSN B-2010-166-1/10

杭州蓝皮书
杭州妇女发展报告（2018）
著(编)者：魏颖
2018年10月出版 / 估价：99.00元
PSN B-2014-403-1/1

地方发展类–社会

皮书系列 2018全品种

河北蓝皮书
河北法治发展报告（2018）
著(编)者：康振海　2018年6月出版／估价：99.00元
PSN B-2017-622-3/3

河北食品药品安全蓝皮书
河北食品药品安全研究报告（2018）
著(编)者：丁锦霞
2018年10月出版／估价：99.00元
PSN B-2015-473-1/1

河南蓝皮书
河南法治发展报告（2018）
著(编)者：张林海　2018年7月出版／估价：99.00元
PSN B-2014-376-6/9

河南蓝皮书
2018年河南社会形势分析与预测
著(编)者：牛苏林　2018年5月出版／估价：99.00元
PSN B-2005-043-1/9

河南民办教育蓝皮书
河南民办教育发展报告（2018）
著(编)者：胡大白　2018年9月出版／估价：99.00元
PSN B-2017-642-1/1

黑龙江蓝皮书
黑龙江社会发展报告（2018）
著(编)者：王爱丽　2018年1月出版／定价：89.00元
PSN B-2011-189-1/2

湖南蓝皮书
2018年湖南两型社会与生态文明建设报告
著(编)者：卞鹰　2018年5月出版／估价：128.00元
PSN B-2011-208-3/8

湖南蓝皮书
2018年湖南社会发展报告
著(编)者：卞鹰　2018年5月出版／估价：128.00元
PSN B-2014-393-5/8

健康城市蓝皮书
北京健康城市建设研究报告（2018）
著(编)者：王鸿春　盛继洪
2018年9月出版／估价：99.00元
PSN B-2015-460-1/2

江苏法治蓝皮书
江苏法治发展报告No.6（2017）
著(编)者：蔡道通　龚廷泰
2018年8月出版／估价：99.00元
PSN B-2012-290-1/1

江苏蓝皮书
2018年江苏社会发展分析与展望
著(编)者：王庆五　刘旺洪
2018年8月出版／估价：128.00元
PSN B-2017-636-2/3

民族教育蓝皮书
中国民族教育发展报告（2017·内蒙古卷）
著(编)者：陈中永
2017年12月出版／定价：198.00元
PSN B-2017-669-1/1

南宁蓝皮书
南宁法治发展报告（2018）
著(编)者：杨维超　2018年12月出版／估价：99.00元
PSN B-2015-509-1/3

南宁蓝皮书
南宁社会发展报告（2018）
著(编)者：胡建华　2018年10月出版／估价：99.00元
PSN B-2016-570-3/3

内蒙古蓝皮书
内蒙古反腐倡廉建设报告 No.2
著(编)者：张志华　2018年6月出版／估价：99.00元
PSN B-2013-365-1/1

青海蓝皮书
2018年青海人才发展报告
著(编)者：王宇燕　2018年9月出版／估价：99.00元
PSN B-2017-650-2/2

青海生态文明建设蓝皮书
青海生态文明建设报告（2018）
著(编)者：张西明　高华　2018年12月出版／估价：99.00元
PSN B-2016-595-1/1

人口与健康蓝皮书
深圳人口与健康发展报告（2018）
著(编)者：陆杰华　傅崇辉
2018年11月出版／估价：99.00元
PSN B-2011-228-1/1

山东蓝皮书
山东社会形势分析与预测（2018）
著(编)者：李善峰　2018年6月出版／估价：99.00元
PSN B-2014-405-2/5

陕西蓝皮书
陕西社会发展报告（2018）
著(编)者：任宗哲　白宽犁　牛昉
2018年1月出版／定价：89.00元
PSN B-2009-136-2/6

上海蓝皮书
上海法治发展报告（2018）
著(编)者：叶必丰　2018年9月出版／估价：99.00元
PSN B-2012-296-6/7

上海蓝皮书
上海社会发展报告（2018）
著(编)者：杨雄　周海旺
2018年2月出版／定价：89.00元
PSN B-2006-058-2/7

皮书系列 2018全品种

地方发展类-社会 · 地方发展类-文化

社会建设蓝皮书
2018年北京社会建设分析报告
著(编)者：宋贵伦 冯虹　　2018年9月出版 / 估价：99.00元
PSN B-2010-173-1/1

深圳蓝皮书
深圳法治发展报告（2018）
著(编)者：张骁儒　　2018年6月出版 / 估价：99.00元
PSN B-2015-470-6/7

深圳蓝皮书
深圳劳动关系发展报告（2018）
著(编)者：汤庭芬　　2018年8月出版 / 估价：99.00元
PSN B-2007-097-2/7

深圳蓝皮书
深圳社会治理与发展报告（2018）
著(编)者：张骁儒　　2018年6月出版 / 估价：99.00元
PSN B-2008-113-4/7

生态安全绿皮书
甘肃国家生态安全屏障建设发展报告（2018）
著(编)者：刘举科 喜文华
2018年10月出版 / 估价：99.00元
PSN G-2017-659-1/1

顺义社会建设蓝皮书
北京市顺义区社会建设发展报告（2018）
著(编)者：王学武　　2018年9月出版 / 估价：99.00元
PSN B-2017-658-1/1

四川蓝皮书
四川法治发展报告（2018）
著(编)者：郑泰安　　2018年6月出版 / 估价：99.00元
PSN B-2015-441-5/7

四川蓝皮书
四川社会发展报告（2018）
著(编)者：李羚　　2018年6月出版 / 估价：99.00元
PSN B-2008-127-3/7

四川社会工作与管理蓝皮书
四川省社会工作人力资源发展报告（2017）
著(编)者：边慧敏　　2017年12月出版 / 定价：89.00元
PSN B-2017-683-1/1

云南社会治理蓝皮书
云南社会治理年度报告（2017）
著(编)者：晏雄 韩全芳
2018年5月出版 / 估价：99.00元
PSN B-2017-667-1/1

地方发展类-文化

北京传媒蓝皮书
北京新闻出版广电发展报告（2017~2018）
著(编)者：王志　　2018年11月出版 / 估价：99.00元
PSN B-2016-588-1/1

北京蓝皮书
北京文化发展报告（2017~2018）
著(编)者：李建盛　　2018年5月出版 / 估价：99.00元
PSN B-2007-082-4/8

创意城市蓝皮书
北京文化创意产业发展报告（2018）
著(编)者：郭万超 张京成　　2018年12月出版 / 估价：99.00元
PSN B-2012-263-1/7

创意城市蓝皮书
天津文化创意产业发展报告（2017~2018）
著(编)者：谢思全　　2018年6月出版 / 估价：99.00元
PSN B-2016-536-7/7

创意城市蓝皮书
武汉文化创意产业发展报告（2018）
著(编)者：黄永林 陈汉桥　　2018年12月出版 / 估价：99.00元
PSN B-2013-354-4/7

创意上海蓝皮书
上海文化创意产业发展报告（2017~2018）
著(编)者：王慧敏 王兴全　　2018年8月出版 / 估价：99.00元
PSN B-2016-561-1/1

非物质文化遗产蓝皮书
广州市非物质文化遗产保护发展报告（2018）
著(编)者：宋俊华　　2018年12月出版 / 估价：99.00元
PSN B-2016-589-1/1

甘肃蓝皮书
甘肃文化发展分析与预测（2018）
著(编)者：马廷旭 戚晓萍　　2018年1月出版 / 定价：99.00元
PSN B-2013-314-3/6

甘肃蓝皮书
甘肃舆情分析与预测（2018）
著(编)者：王俊莲 张谦元　　2018年1月出版 / 定价：99.00元
PSN B-2013-315-4/6

广州蓝皮书
中国广州文化发展报告（2018）
著(编)者：屈哨兵 陆志强　　2018年6月出版 / 估价：99.00元
PSN B-2009-134-7/14

广州蓝皮书
广州文化创意产业发展报告（2018）
著(编)者：徐咏虹　　2018年7月出版 / 估价：99.00元
PSN B-2008-111-6/14

海淀蓝皮书
海淀区文化和科技融合发展报告（2018）
著(编)者：陈名杰 孟景伟　　2018年5月出版 / 估价：99.00元
PSN B-2013-329-1/1

地方发展类-文化

河南蓝皮书
河南文化发展报告(2018)
著(编)者：卫绍生　2018年7月出版 / 估价：99.00元
PSN B-2008-106-2/9

湖北文化产业蓝皮书
湖北省文化产业发展报告(2018)
著(编)者：黄晓华　2018年9月出版 / 估价：99.00元
PSN B-2017-656-1/1

湖北文化蓝皮书
湖北文化发展报告(2017~2018)
著(编)者：湖北大学高等人文研究院
　　　　　中华文化发展湖北省协同创新中心
2018年10月出版 / 估价：99.00元
PSN B-2016-566-1/1

江苏蓝皮书
2018年江苏文化发展分析与展望
著(编)者：王庆五　樊和平　2018年9月出版 / 估价：128.00元
PSN B-2017-637-3/3

江西文化蓝皮书
江西非物质文化遗产发展报告(2018)
著(编)者：张圣才　傅安平　2018年12月出版 / 估价：128.00元
PSN B-2015-499-1/1

洛阳蓝皮书
洛阳文化发展报告(2018)
著(编)者：刘福兴　陈启明　2018年7月出版 / 估价：99.00元
PSN B-2015-476-1/1

南京蓝皮书
南京文化发展报告(2018)
著(编)者：中共南京市委宣传部
2018年12月出版 / 估价：99.00元
PSN B-2014-439-1/1

宁波文化蓝皮书
宁波"一人一艺"全民艺术普及发展报告(2017)
著(编)者：张爱琴　2018年11月出版 / 估价：128.00元
PSN B-2017-668-1/1

山东蓝皮书
山东文化发展报告(2018)
著(编)者：涂可国　2018年5月出版 / 估价：99.00元
PSN B-2014-406-3/5

陕西蓝皮书
陕西文化发展报告(2018)
著(编)者：任宗哲　白宽犁　王长寿
2018年1月出版 / 定价：89.00元
PSN B-2009-137-3/6

上海蓝皮书
上海传媒发展报告(2018)
著(编)者：强荧　焦雨虹　2018年2月出版 / 定价：89.00元
PSN B-2012-295-5/7

上海蓝皮书
上海文学发展报告(2018)
著(编)者：陈圣来　2018年6月出版 / 估价：99.00元
PSN B-2012-297-7/7

上海蓝皮书
上海文化发展报告(2018)
著(编)者：荣跃明　2018年6月出版 / 估价：99.00元
PSN B-2006-059-3/7

深圳蓝皮书
深圳文化发展报告(2018)
著(编)者：张骁儒　2018年7月出版 / 估价：99.00元
PSN B-2016-554-7/7

四川蓝皮书
四川文化产业发展报告(2018)
著(编)者：向宝云　张立伟　2018年6月出版 / 估价：99.00元
PSN B-2006-074-1/7

郑州蓝皮书
2018年郑州文化发展报告
著(编)者：王哲　2018年9月出版 / 估价：99.00元
PSN B-2008-107-1/1

社会科学文献出版社　　　　　　　　**皮书系列**

✤ 皮书起源 ✤

"皮书"起源于十七、十八世纪的英国，主要指官方或社会组织正式发表的重要文件或报告，多以"白皮书"命名。在中国，"皮书"这一概念被社会广泛接受，并被成功运作、发展成为一种全新的出版形态，则源于中国社会科学院社会科学文献出版社。

✤ 皮书定义 ✤

皮书是对中国与世界发展状况和热点问题进行年度监测，以专业的角度、专家的视野和实证研究方法，针对某一领域或区域现状与发展态势展开分析和预测，具备原创性、实证性、专业性、连续性、前沿性、时效性等特点的公开出版物，由一系列权威研究报告组成。

✤ 皮书作者 ✤

皮书系列的作者以中国社会科学院、著名高校、地方社会科学院的研究人员为主，多为国内一流研究机构的权威专家学者，他们的看法和观点代表了学界对中国与世界的现实和未来最高水平的解读与分析。

✤ 皮书荣誉 ✤

皮书系列已成为社会科学文献出版社的著名图书品牌和中国社会科学院的知名学术品牌。2016年，皮书系列正式列入"十三五"国家重点出版规划项目；2013~2018年，重点皮书列入中国社会科学院承担的国家哲学社会科学创新工程项目；2018年，59种院外皮书使用"中国社会科学院创新工程学术出版项目"标识。

中国皮书网

（网址：www.pishu.cn）

发布皮书研创资讯，传播皮书精彩内容
引领皮书出版潮流，打造皮书服务平台

栏目设置

关于皮书：何谓皮书、皮书分类、皮书大事记、皮书荣誉、
皮书出版第一人、皮书编辑部
最新资讯：通知公告、新闻动态、媒体聚焦、网站专题、视频直播、下载专区
皮书研创：皮书规范、皮书选题、皮书出版、皮书研究、研创团队
皮书评奖评价：指标体系、皮书评价、皮书评奖
互动专区：皮书说、社科数托邦、皮书微博、留言板

所获荣誉

2008年、2011年，中国皮书网均在全国新闻出版业网站荣誉评选中获得"最具商业价值网站"称号；
2012年，获得"出版业网站百强"称号。

网库合一

2014年，中国皮书网与皮书数据库端口合一，实现资源共享。

权威报告·一手数据·特色资源

皮书数据库
ANNUAL REPORT(YEARBOOK) DATABASE

当代中国经济与社会发展高端智库平台

所获荣誉

- 2016年，入选"'十三五'国家重点电子出版物出版规划骨干工程"
- 2015年，荣获"搜索中国正能量 点赞2015""创新中国科技创新奖"
- 2013年，荣获"中国出版政府奖·网络出版物奖"提名奖
- 连续多年荣获中国数字出版博览会"数字出版·优秀品牌"奖

成为会员

通过网址www.pishu.com.cn或使用手机扫描二维码进入皮书数据库网站，进行手机号码验证或邮箱验证即可成为皮书数据库会员（建议通过手机号码快速验证注册）。

会员福利

- 使用手机号码首次注册的会员，账号自动充值100元体验金，可直接购买和查看数据库内容（仅限使用手机号码快速注册）。
- 已注册用户购书后可免费获赠100元皮书数据库充值卡。刮开充值卡涂层获取充值密码，登录并进入"会员中心"—"在线充值"—"充值卡充值"，充值成功后即可购买和查看数据库内容。

数据库服务热线：400-008-6695　　　　图书销售热线：010-59367070/7028
数据库服务QQ：2475522410　　　　　　图书服务QQ：1265056568
数据库服务邮箱：database@ssap.cn　　　图书服务邮箱：duzhe@ssap.cn

感,如木屐鞋面彩绘、雕刻,木屐皮耳雕饰,木屐造型转换等;(2)转换木屐功能,开发产品如玲珑木屐、木屐聘书、木屐结婚证书、同心协力木屐等;(3)跳脱木屐意象,如开发帽子、座椅、信箱、人行步道等非木屐产品;(4)木屐文化再生如舞蹈、舞台走秀、风味餐等。

总之,广州应站在文化自信的高度,充分利用广州研究生人数多的优势,运用高校智慧资源去充分挖掘传统岭南文化基因,相信文化之根的力量与市场价值,立足传统,着眼未来,推动企业将文化资源活化为创意资源;政府部门应严格产权保护、完善文化产业与市场体系、建设健全的文化产业创意环境与运营环境,培育广州式原创,鼓励广州式移植;设立由政府撬动社会的文化产业投资基金、引导民间资本投入文化创意产业,做强做优做精现有文化创意品牌;政府应着力于营造文化氛围、扶持发展重点产业、加大创意研发力度,增加创意科技含量,提升文化设备制造业水平,形成文化创意产业集群及创意产业链的良性循环,推动实现"广州制造"向"广州创造"转变,提升广州的原创能力与城市创意发展指数。

(审稿:丁艳华)

文化旅游篇

Culture Tourism Development

B.7
广州历史建筑旅游调研报告

袁 忠*

摘　要： 历史建筑旅游是当代中国旅游资源拓展的趋势，岭南建筑旅游目前方兴未艾。广州历史建筑是广府建筑、岭南建筑的重要代表，其旅游发展有很大的发展潜力，对广州的经济文化及城市形象都有重要的意义。广州历史建筑旅游存在旅游规划欠缺、传播意识不足等问题，本报告有针对性地提出文物保护与开发利用相结合、塑造历史建筑的品牌形象、历史建筑旅游点联动、设计合理的历史建筑专题旅游线路等系列对策建议，设计了五条广州历史建筑一日游的线路：广州宗教一日游线路、广州博物馆一日游线路、广州著名学府一日游线路、

---

* 袁忠，建筑学博士，亚热带建筑科学国家重点实验室、华南理工大学新闻与传播学院教授，主要研究美学、文化传播、建筑历史与理论等。本课题感谢张锦标、陆晓霞、温锦娴、沈珅、白少惠等的支持。

广州建筑类型一日游线路、岭南文化全体验一日游线路。

关键词： 岭南文化　历史建筑　旅游　广州

岭南常被称作"南蛮之地"，此认识误区至今仍有一定影响。事实上以广东为代表的岭南地区在历史各个时期都有着丰富的文化资源，而岭南建筑是岭南文化中的一个重要组成部分。某时期内的建筑是城市在该时期内经济、文化、政治的反映和代表，岭南建筑尤其是岭南古代建筑、近代建筑堪称岭南文化的符号。岭南建筑价值在当代的延续有多种方式，如理论研究、模仿更新、抽象再造等，但对其文化进行传播，以实现其意义的传承光大，是一种有效的方式，其中通过旅游传播是最直接的形式。广州的历史建筑作为广府文化的载体和生活方式的集成，通过历史建筑的旅游来推广广府文化，增强广州的文化软实力，进而对岭南文化的传播、对广东建设文化大省的意义都非同小可。

广州传统建筑的保护正在有序地进行中，较多地表现在对历史建筑的修缮方面，例如2016年9月广州市正式公布了398栋广州第一批历史建筑，包括规划文本和保护图则两部分；2017年1月广州正式公布了广州传统中轴线历史文化街区保护规划。但是，这些内容主要是只着眼于物质实体和空间的维护，对其传播问题，如广州传统建筑如何向国内外推广，广州城市形象设计能否与岭南建筑文化结合起来等，没有相关措施。本课题基于"文化广州，品牌城市"的理念，立足于将广州历史建筑传播给世界的原则，通过相关旅游调研，设计系列历史建筑的旅游方案，发挥岭南建筑文化在打造广州城市品牌上的作用。

一　课题的调研思路、方法、难点

（一）调研思路

本课题的调研基本目标是通过对岭南建筑的系统考察（以广州为例），

在岭南建筑文化和广州城市形象设计结合方面提出看法和建议，尽可能地借助旅游渠道传播岭南文化，让广东人和外地人通过对广州的历史建筑的游览，充分领略岭南建筑文化风貌，提高岭南建筑文化的知名度。课题要解决的关键问题是怎样通过旅游，将广州已有的传统建筑资源传播开来，探索广州城市品牌与建筑文化之间的互动，为广州的建筑旅游发展、城市建设以及丰富人民文化生活助一臂之力。

课题以岭南建筑为主题，以广州的历史建筑为主要调研对象，考察现代人对岭南传统建筑文化的了解，分析岭南建筑传播的现状。调研结合旅游发展，寻找岭南建筑文化传播新的发展方向与传播形式。具体措施包括实地调查、论文撰写、媒介宣传、设计广州建筑旅游路线等，为政府部门、旅游机构等出谋划策，为广州文化的发扬传播提供理论与实践的初步建议。

（二）调研方法

本课题以华南理工大学的课题"学生研究计划"为源起，有五位同学直接参与其中，经过两年的调研，主持人进行了后续的考察与研究，在2017年进行了最后的整理与总结。

我们选择考察景点的原则如下。

（1）典型性。重点选取广州内具有代表性的有重要历史价值的传统建筑。

（2）多类性。宗教建筑（寺庙）、陵墓建筑、书院建筑、园林建筑（庭院）均有涉及。

（3）广泛性。考察范围基本涉及广州核心区域，例如南海神庙、农讲所、黄埔军校、石室、沙面、陈家祠、越秀公园、孙中山纪念堂、六榕寺、光孝寺、怀圣寺、五仙观、华林寺、仁威古庙、三元宫、中山大学南校区、余荫山房、西汉南越王墓、华南理工大学北校区、大学城穗石村等。

具体方法包括文献分析法、历史分析法、比较分析法、统计法、访问咨询等。在研究与广州历史建筑相关的书籍、报纸、期刊、网站等的基础上，去相关的著名建筑景点实地考察,并做相关记录,有针对性地做相关问卷调查并加以分析总结。问卷调查分两种,一种派发给各级在校学生,另一种派发给各特色建筑景点的现场游客。同时与相关的专家学者、政府部门、景点管理人员、导游以及游客等作访谈,加以总结提升。

(三)调研难点

将广州历史建筑与旅游传播结合研究是较新的选题,如何与城市文化品牌建设联系需要有较深入的思考,面临的困难有前期基础薄弱、时期短、调研人员有限等,同时,有关岭南建筑本身的研究资料较多,但关于广州建筑文化传播方面的资料很少,从专题旅游方面进行的就更少了。在调研过程中会面临游客和景点管理人员的不合作问题。

二 问卷统计与分析

本次调查涉及内容有受访者的来源地、广州各景点的知名度和美誉度、岭南建筑文化的审美价值、建筑物吸引游客的要素、游客对建筑物的满意度、游客对广州保护古建筑物工作的评价、对岭南建筑文化的传播广东建设文化大省的重要性、建筑文化的传播途径等诸多方面。

向来自全国各地的广州大学城的新生、广州各景点的现场旅客共派发了约1800张问卷,收回有效问卷1100张,对此进行统计,同时选取了其中的157张填写认真、回答全面、字迹清晰的问卷进行细致分析。共分10大类。

(一)接受问卷调查的人的来源地统计

可以看出,游客来源地数量依次是广东省内、广东省外、广州市,除广州市的广东省内外的游客占了绝大部分,同时省内和省外游客几近一样,广州历史建筑的宣传推广更需要"走出去"(见图1)。

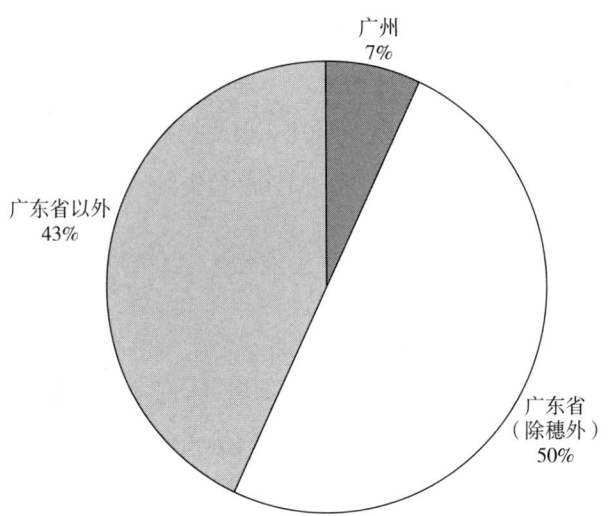

图 1　接受问卷调查的人的来源分布情况

（二）对陈家祠、中山纪念堂、西关民居、怀士堂、黄埔军校五个景点知名度的统计分析

对陈家祠、中山纪念堂、西关民居、怀士堂、黄埔军校五个景点美誉度进行统计分析。

广州其他著名的建筑景点的美誉度和知名度基本相匹配，但中山大学怀士堂具有高美誉度但低知名度的特征（见图2、图3），再考虑到怀士堂本身中西合璧的建筑风格，充分体现岭南建筑是不同文化交融的结果的特征，而中山大学正着力建设世界一流大学，故中山大学怀士堂是一个值得传播的建筑物。

（三）对建筑景点不满因素统计分析

建筑物本身特别是古建筑的历史价值、美学价值较为恒定，一般而言，在普通游客心中，建筑物好不好看就是建筑物美学价值的直观体现，因而外观在游客心中占的分量较重，对建筑景点的传播发展起着重要的作用。但根据本课题组的调查，在对建筑景点不满的人群中觉得建筑物不好看的占比最小，而对建筑的介绍不充足、景点设施破旧、工作人员服务态度较差这些可

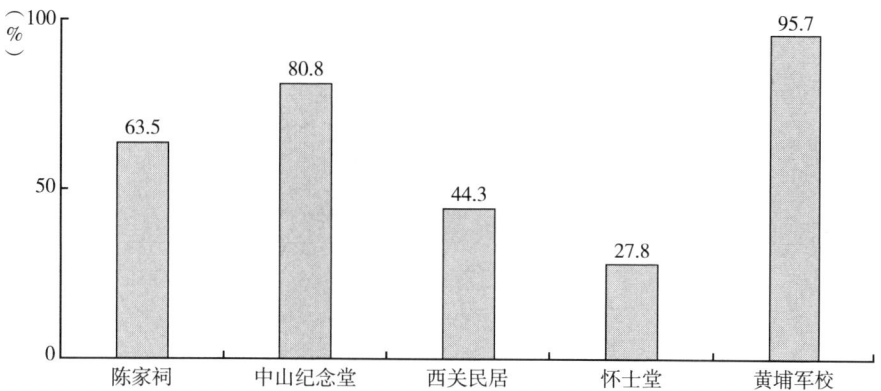

图 2　五大建筑景点知名度比较

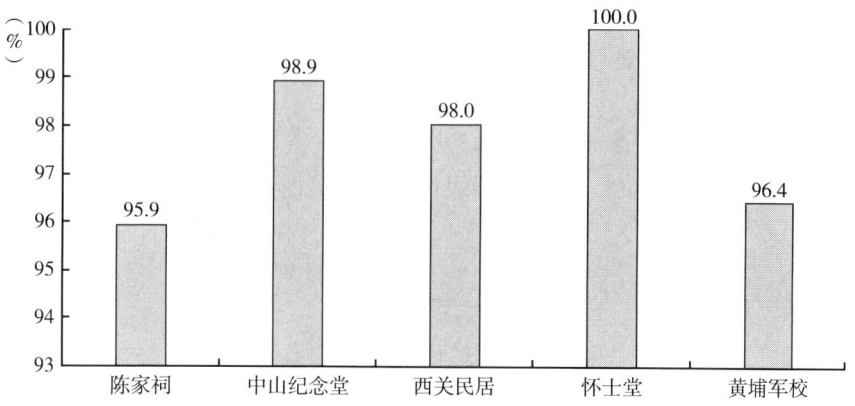

图 3　五大景点美誉度分析

注：美誉度 =（知晓人数 - 印象差人数）/知晓人数。

以解决的问题的不满在八成以上，因而岭南建筑景点的旅游管理水平还有很大的发展空间，广州历史建筑旅游未来大有作为（见图4）。

（四）广州岭南建筑审美价值的类型统计

在本课题组受访者的心目中，民居建筑具有较高的审美价值。这个统计主要是在城市游客当中进行，因而可以认为，广州民居建筑，或者是散落在花都、增城、番禺、从化的有历史价值的村庄应该是重要的旅游目的地，大

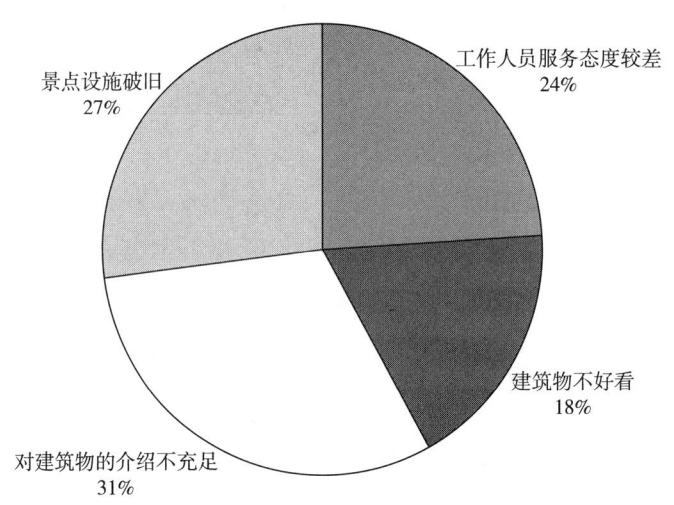

图4 对各建筑景点不满因素的分布情况

有潜力可挖,例如开发一些保留完好的古村镇作为旅游项目,在推广岭南文化、发展旅游业的同时,也能发展农村经济(见图5)。

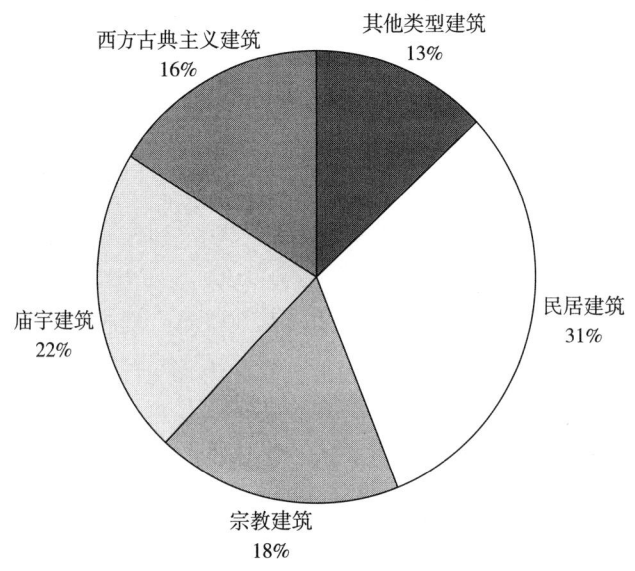

图5 广州岭南建筑审美价值的类型分布

（五）建筑物吸引游客的要素统计

广州历史建筑本身的历史文化价值在游客心中占有重要位置，其次是建筑物的造型美，说明在宣传上要立足于建筑物的历史定位和文化内涵才能吸引游客（见图6）。

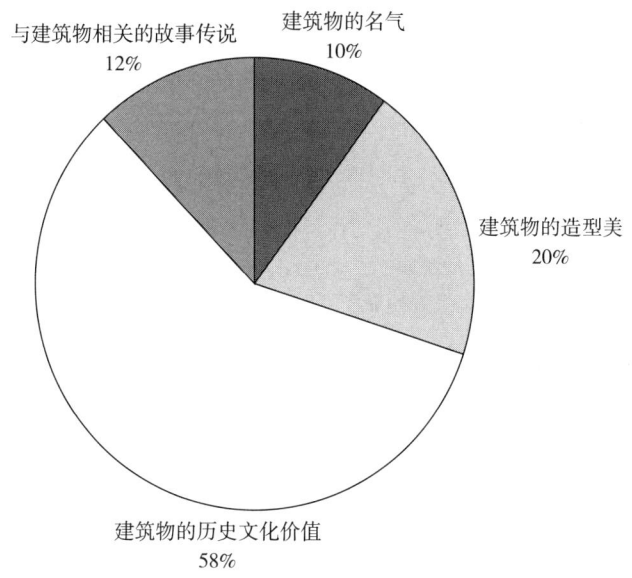

图6　建筑物吸引游客的要素分布

（六）弘扬岭南建筑文化对广东省建设文化大省的重要性统计

由图7可见，约80%的受访者认为弘扬岭南建筑文化对广东建设文化大省是非常重要和比较重要的，但岭南建筑在广州文化中起的重要作用也还有约20%的人没有认识到，因而还有必要进一步加强传播广州的传统建筑文化。

（七）政府需要在弘扬岭南建筑文化方面的作为的统计

一般大众认为加大对古建筑保护的力度并把有名的古建筑作为旅游景点

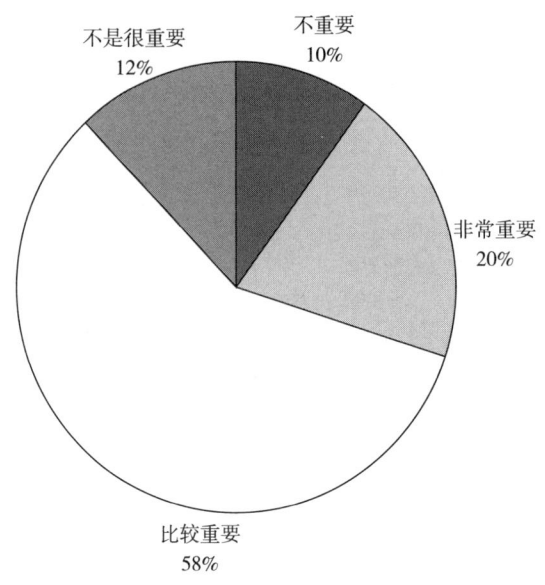

图 7　岭南建筑文化对广东建设文化大省的重要性统计分布

向外推介是弘扬岭南文化的重要方面。广州市政府近几年来对古建筑的保护工作极为重视，但是在推广建筑景点方面仍显得不足，文化传播力度不够。书籍作为传播文化的一个重要的途径，在此调查中只有7%的人认识到，由此也一定程度上反映了人们对阅读的忽视（见图8）。

（八）对广州保护古建筑工作的评价统计

大众认为广州保护古建筑工作做得好的不足三成（见图9）。广州近些年来加大了对古建筑维修的资金投入，也有相应的规划，但如何在民众中产生影响还需要努力。

（九）"将古建筑开发为旅游景点会不会破坏古建筑"的统计

这个统计符合一般的预期，即保护性开发是当代旅游发展的一个现实（见图10）。

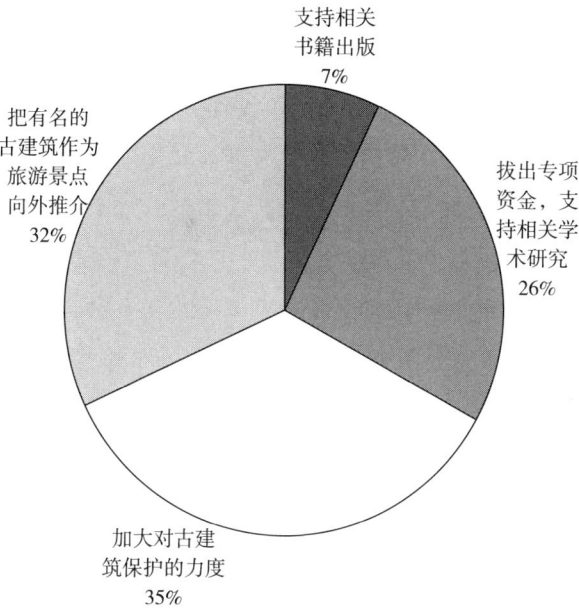

图 8 政府对岭南建筑文化方面的作为的统计分布

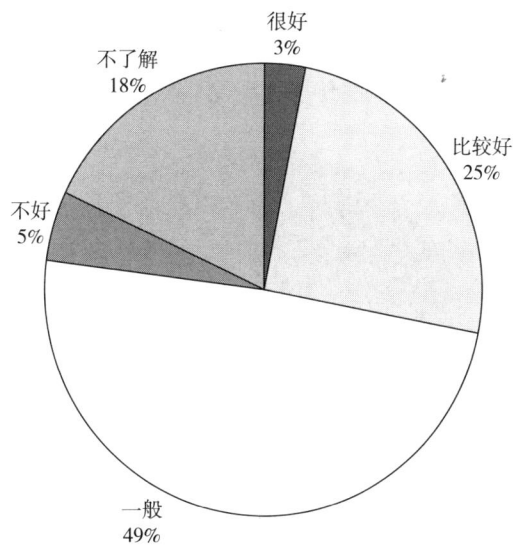

图 9 大众对广州保护古建筑工作的评价分布

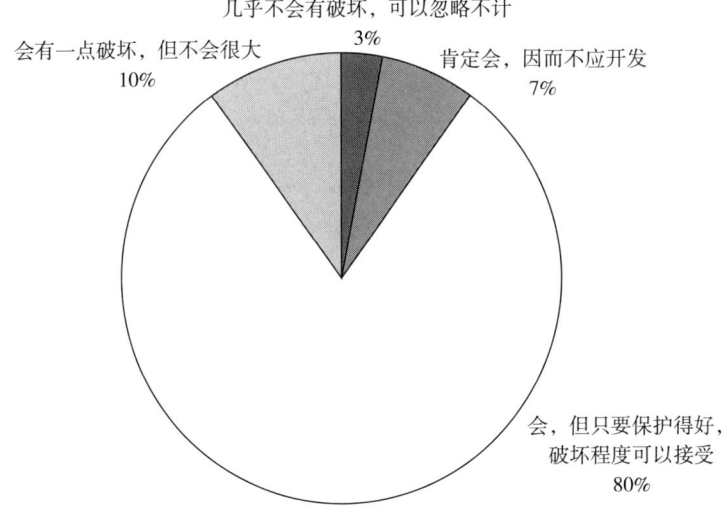

图10　对"将古建筑开发为旅游景点会不会破坏古建筑"的评价分布

（十）传播建筑文化最有效途径的统计

虽然新媒体有长足的发展，但传统的大众传播媒介如电视、杂志仍然有较强的影响力，广州历史建筑的传播还需要加强传统媒体的宣传（见图11）。

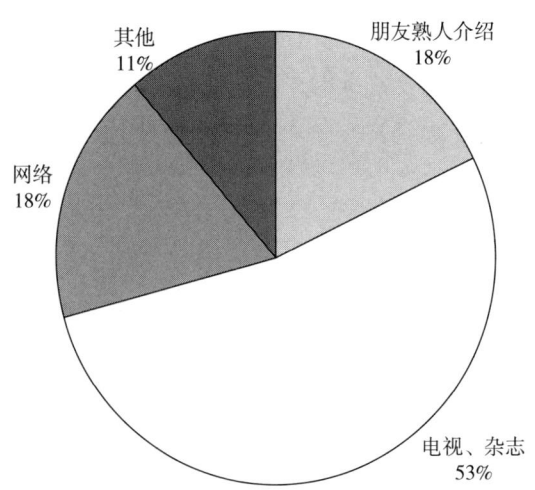

图11　传播建筑文化途径的分布

三 岭南（广州）历史建筑旅游推介现状

课题组在对广州历史建筑实地考察的同时，还对相关人员如景点管理者、政府官员、专家学者等进行访谈，如访谈了《广州建筑》作者吴庆洲教授、广州道教协会主任、三元宫李道长、光孝寺光足大师、美籍华人及著名世界建筑史专家王受之教授、华南理工大学旅游学院教师等。结合资料分析、问卷调查、现场考察、人物访谈等，对广州历史建筑的旅游传播现状做一简要分析。

（一）广州历史建筑有旅游发展潜力

岭南传统建筑与岭南园林、聚落有机结合，富有岭南传统文化的韵味，伦理色彩不浓，融汇中西，风格多样，别具一格，自成体系。在广州，众多宗教建筑如佛教、基督教等不同宗教兼容并存，新古典主义建筑、浪漫主义建筑、巴洛克式建筑、现代主义建筑等风格独存或与岭南建筑风格相融合。2014年2月《广州市历史建筑和历史风貌区保护办法》出台后，广州总共发现的历史建筑有2770余处。广州接待旅客人数、旅游总收入、创汇等重要指标多年稳步增长，在此大环境下，广州历史建筑的旅游并不突出，但有很大的发展潜力。

（二）各历史建筑的旅游冷热度差异明显

除了国家及省级文保建筑，其他名胜古迹少为人知，景点冷热区分明显。热门景点如陈家祠、中山纪念堂、黄埔军校等知名度较高，冷门景点如圣心大教堂怀士堂等知名度较低，特别是周边花都、增城、从化、番禺各区的历史建筑和村落比老城区的历史建筑更少有游客光临。一方面是人头攒动，另一方面是门庭冷落，更多有价值的景点有待继续大力开发，如万木草堂。这一状态与广州具有的悠久的历史不相称，这在一定程度上会影响到广州旅游业的进一步发展和广州城市形象的进一步提升。很多历史建筑的管理单位主业并非旅游业,因而其传播意识不强,特别是一些业主因为与自己的利益没有挂钩,发展旅游的观念弱甚至加以阻挠。

(三)历史建筑的传播材料有待提升

广州历史地段和古村落是目前旅游发展的薄弱一环,特别是一些老城区如荔湾区、越秀区等以及增城、从化等的传统村落的历史材料没有系统整理,还主要是各自为政,没有整合调研,同时材料没有细化与深化,仍是以空间环境的介绍为主。还有一些宣传材料系统性、科学性都有待加强,甚至有的宣传资料还是错误的,如黄埔军校的展览室中,有一张相片说明:"1924年7月,国民党在黄埔军校设立国民党特别区党部",但相片背景出现横幅"誓遵总理遗嘱",中山先生是1925年去世的,这个说明材料明显是有误的。

(四)历史建筑的旅游规划欠缺

政府缺少广州历史建筑与旅游的整合规划,城市形象设计项目没有历史建筑传播这一方面的内容,规划主要是集中在建筑物的外观等方面。宣传力度与角度不够强不够深,很多景点虽然在专门的书刊或学术书报上评价甚高,但在大众传播媒介中却提及甚少。岭南建筑文化的传播集中在学术领域中,大众对岭南建筑文化的了解并不多。目前对广州历史建筑主要集中在修复方面,还没有专题性的广州历史建筑旅游规划方案。岭南建筑游在吸引外来游客的同时,也应该注重对本地人的传播,扩大岭南文化的影响力。

(五)在省内外的知名度不够

据陈家祠景点内的导游说,广州人很少有自费到陈家祠来的,著名的陈家祠如此,更不用说其他景点了,这使得岭南建筑的景点长期依赖外地客源,而岭南建筑在全国的知名度和吸引力又不是很大,这造成了很多建筑景点游客长期偏少。民众对岭南建筑审美文化认识不足,岭南建筑审美文化在全国的影响力也不大,这与旅游宣传时只着眼于构筑物本身而没有抓住历史建筑与历史事件的关系有关,缺少文化延伸意识。其实从秦汉开始,一直到波澜壮阔的近现代,广州历史建筑都承载了巨大而深远的文化意义,值得深入挖掘。目前对广州历史建筑主要是以传统媒体宣传为主,有关立体的新媒体的传播手段还不全面,影响了知名度的拓展。

(六)景点的服务意识不足

广州历史建筑景点管理单位各自为政,景点内容单一。有些建筑景点本身具有宗教聚会功能,如六榕寺、三元宫等,由于信众众多,游客常年不衰,而且每逢遇到一些传统节日还会特别火爆。但整体上服务质量不高,部分景点抱有等客上门的态度,景点内服务人员的服务素质和服务水平都有待加强。优质导游服务显得稀缺。导游应尽量用游客喜闻乐见的方式解说景点,突出亮点,增加故事性方面的介绍(如与建筑物相关的故事传说),使游客获得更多谈资。还有些历史建筑的配套设施不全,交通不方便,如黄埔军校和余荫山房,紧靠着大学城这一庞大的潜在游客群,而在大学城内却没有一条公交线路或路牌使学生们更易到达。

(七)景点旅游视觉观感欠佳

广州历史建筑物无论是外观、空间格局或者内部的装饰等,一般能够清晰地显现出传统建筑的优美,但由于历史建筑以砖木结构为主,部分建筑物的墙体有风化、麻面和剥落,建筑内灰尘、蛛网等破败的景象时有所见,阴雨天更有渗漏现象。这与少维修或维护不及时有关,也与使用过程中的不当有关,降低了历史建筑的完好程度。再加上一些建筑物的采光与通风不理想,影响了旅游者的观感。特别是位于花都、番禺、城增、从化等郊区的聚落、民居、祠堂等,基础设施等没有跟上,维修、保养工作不到位,部分院落和天井甚至经常没有人打理,满目疮痍,杂草丛生。这些都直接从整体上降低了广州历史建筑的旅游价值。

广州蓝皮书·文化

四 提升广州历史景点旅游品质的对策建议

作为全球举足轻重的商贸中心,广州是世界的货物流、人流的枢纽之一,产业结构不断优化。资金和智力(技术)要素不断汇集,商机不断。但城市的软实力也很重要,其中历史建筑更是旅游的"硬通货",发展广州历史建筑旅游完全可以给广州经济与文化加分,需要深入研究。以下提供一些宏观与微观的初步建议。

(一)文物保护与开发利用相结合

广州有关文物和历史建筑的法规不算少了,法规是历史建筑保护的基础,但教育才是稳定的长治久安的保证。要想民众从内心深处理解并支持广州历史建筑的传播,理念教育才是根本。历史建筑如果没有传播开来,其价值与意义会大打折扣。这就需要挖掘历史建筑的文化内涵,将保护与旅游开发、文化教育、民俗活动及公共休闲有机结合。在岭南建筑旅游的项目策划上,立足于珠三角中的广府文化这一传播对象,注意游客参与度的提升,让来自五湖四海的游客充分积极地参与进来,而不只是停留在眼睛"看"这一层面上,使他们通过"学"和"做"获得更多乐趣。如岭南印象园里的历史建筑主要是家族的祠堂,但将保护与开发结合得较好。

(二)政府要加强相关宣传工作

广州政府部门有责任向社会传播广州历史建筑的特色,灌输准确而全面的相关历史知识,切实激发广州市民保护本土建筑文化遗产的意识,引导广州市、广东省甚至外省民众共同对岭南建筑的热爱之情,扩大广州历史建筑保护与开发的影响力,旅游就是其中一项重要的内容。将政策制度与历史建筑的活化策略有机结合,借鉴香港的"活化历史建筑伙伴计划",通过与不同的社会组织和机构进行合作,将历史建筑改造利用为学院、酒店、博物馆、保健中心等，既极大地唤起了民众爱护岭南建筑的热情，又可为政府减负，通过旅游增加广州的吸引力，创造出新的就业率。例如可以设计系列宣传主题，主办"广州历史建筑世界博览会"，也可主办相关历史建筑的系列论坛。通过广州市历史建筑的宣传片和相关的电视系列片，直接或间接推广广府文化，利用国内外不同领域的媒体推介广州历史建筑品牌，持续地拓展广州这一历史文化名城在境内外的巨大影响。

（三）塑造历史建筑的品牌形象

广州历史建筑旅游本质上是塑造岭南文化形象、开发广州区域文化的重要组成部分，发展广州历史建筑旅游开发的基本前提就是对广州历史建筑文化旅游发展有准确的定位。在此基础上，进一步确立广州历史建筑旅游的文化主题，进而塑造区域文化旅游品牌形象，作为历史建筑旅游产品的品牌基础。例如，目前广州市还没有针对历史建筑的旅游口号，可以将改革开放的前沿、对外交流窗口的广州及其千年历史的特点进行提炼，例如"千年南国都，改革发祥地"，说明一个南国帝都的形象，自然也带出了历史建筑的悠久。可以在征求民意的基础上，请专业的机构来研究广州历史建筑传播的品牌。

（四）历史建筑旅游点联动

在目前广州历史建筑还没有通过旅游联结起来的情况下，可以整合资源与营销，广州各建筑景点联网，各景点间设立"超级链接"，介绍其他相关景点。建立规划公示制度，通过全员参与，强化广州历史建筑保护意识，让每个人从乡情出发，做到"保护历史建筑，人人有责"。无论主体是谁，历史建筑的保护本质上是一种公益性的行为，不能以开发性的行业自居。提升城市面貌或者进行旅游开发，不能一蹴而就。可以考虑成立广州历史建筑与旅游发展专家委员会、协会之类的组织机构，整体对各建筑、各地段、各区域的规划进行综合规划，在旅游的视角下，专题讨论相关发展方案,达到相互支撑、互惠互利的目的。整理出版将各个历史建筑景点串联的广州历史建筑系列丛书,让游客在一个历史建筑景点游玩可以了解其他相关景点,达到"看得见,摸得着,带得走"的目的。设立广州市历史建筑专门网站,将各个点的基本情况进行介绍,门票互通,路线串联。

(五)设计合理的历史建筑专题旅游线路

广州历史建筑的旅游主要还是以组合开发为主,与其他旅游资源或者线路结合起来,不能够独立形成旅游热点。建筑产品老化严重,没有形成系统的文脉,文化内涵深度不足,特别是产品开发抛弃了各个城区和村落间的协调,因此引起地脉特色的欠缺,造成难以对建筑产品进行单独营销的局面。以市场特征的角度视之,广州历史建筑旅游既要抓住省内的以观光和短线度假为主的市场,也同时关注省外甚至国外的观光市场和长线民俗度假市场。建议在专业人士调研的基础上,与旅行社合作,设定专题路线,按类型(如宗教类建筑、民居类建筑、纪念类建筑等)、按区域(如老城区、新城区、郊县区等)、按历史事件(如太平天国时期、清末时期、北伐时期等)等,设计广州历史建筑的一日游、三日游内容。

(六)吸引民间资本参与历史建筑的旅游业

尽管广州市已经修编了《广州市历史建筑修缮维护利用指引》,但历史建筑的维修费用不菲,特别是还有人居住的历史建筑,更有着资金和技术上的难题。如果能够吸引社会资本,通过旅游观光业来带动保护更新,会在民间形成良性的互动。可以考虑创设广州历史建筑建设专项基金,并且做到专款专用。在国家的法律和政策规范允许的范围内,不拘一格利用诸多渠道来融资,不用行政的方式而是采取市场运作办法去长远解决资金问题。选择成熟的历史建筑进行试点,支持民间资本在不破坏原建筑的前提下收购、租用历史建筑,在遵守保护规划和相关管制条例的前提下,利用相关空间场所进行相关广州旅游项目。例如开展休闲旅游、文化体验等活动，开办展馆和博物馆以及其他形式的特色经营活动。

（七）通过文化活化历史建筑

历史建筑的旅游功能重组，区分历史建筑的地段，如根据繁华地段、社区内、城郊、乡野等不同区域的历史建筑进行不同的处理，在不破坏原有结构的前提下，引入茶室、展览馆、土特产店等功能，利用其空间发展旅游。在保护古建筑的同时开辟新的建筑景点，如番禺留耕堂就是个例子，以文化带动旅游。广州市的东山历史建筑活化率超过了60%，有成片成群市场化的趋势。建筑景点依据其文化品位，在景点内举办相关的展览、会展等活动，吸引人流，如镇海楼内经常会有一些文物展、艺术品展等活动，引申为广州博物馆就是一个典型例子。中山纪念堂，打出全市唯一"园林式电影院"的口号，上演电影，物尽其用。当然，历史建筑的活化也需要突破细化的指引、烦琐的手续等难题。

（八）开展系列和长期的营销活动

从具体的市场促销来看，广州市的本地市场显然是一级客源市场，而珠三角因为地缘及经济发达的原因可作为重点市场。国内一级市场可根据文化经济水平着眼于长三角、港澳台、国外，特别是南洋地区不少祖籍是广府的人士，对他们来说广州历史建筑有着天然的旅游吸引力，如寻根探亲等。同时，广东周边省份如湖南、广西、江西等的出差顺游市场也不可小觑，可作为二级市场。从具体营销活动来看，广州历史建筑目前的促销手段缺乏创意与特色。要注意通过不同的引导措施，如印发手册，在适当地方设立专门性的广州历史建筑导览标志，广州历史建筑知识竞赛，编写《广州历史建筑导游词》等书籍，将广州历史建筑的人文内涵系统导入解说系统。在对建筑景点进行宣传时应注意宣传建筑物的历史文化价值，将建筑物的价值以通俗易懂的方式向游客传播，在传播过程中注重互动性。

（九）将建筑与民俗资源结合起来

民俗是一个地区区分度很高的人文特色，是本土氛围最强烈的展示体。将建筑这一物质实体和民俗资源有机结合，可创造出一种生动自然且有趣的旅游氛围，产生强烈的吸引力。广州历史建筑的旅游发展可以结合岭南的非物质文化遗产进行。一是结合岭南的节庆活动，如将广东醒狮、波罗诞、乞巧节等植入历史建筑当中进行表演，是有效的旅游娱乐行为，也有社会传播价值。广州有大量的历史遗址，可因地制宜创作不同文化主题类型的庙会或者节庆活动。二是根据不同地域的风情特点及历史建筑不同的空间场景，在古建筑中还原民间工艺的实际制作程序，表演民俗风情，如象牙雕刻、粤剧、剪纸、广式硬木家具制作、广彩瓷烧制、粤语讲古、增城麻车火狗等。甚至可以直接将有历史价值的村落整体开辟为人文或者生态博物馆。游客通过广州历史建筑下的文化活动，亲身体验到不同于自己的文化背景与生活方式，真切感受到广州的历史文化，特别是给青少年或外来游客以心理的震撼。

（十）加强景区管理

现在广州的历史建筑特别是城区的部分大多已经被当作旅游目的地，但是整体看来景点的管理不尽如人意。服务质量是景区服务人员的基本内容，特别是作为文化标志的历史建筑更有深度与内涵，对景区的发展和广州城市形象的塑造不可或缺。一方面要严格根据旅游从业人员标准，设立基本门槛，将有一定建筑和旅游专业知识的人员招收进来，加强广州市情和乡情的教育。另一方面，对员工的广州人文知识技能的水准要有一定要求，让他们的历史建筑的知识技能通过实际的旅游活动得以提高，从整体上提升建立在广州历史建筑基础上的景区的岭南人文氛围，营造口碑，实现社会效益和经济效益的双丰收。

五 "广州历史建筑一日游"项目设计

当代社会人们的生活节奏快，城市一日游具有文化与市场的双重价值。

参加一日游的游客主要是在广州生活工作的人的亲戚朋友、商贸人士等,广州的一日游有不少,如羊城新八景、珠江夜游、广州工业游等,但没有历史建筑的主题游这一项目。广州历史建筑一日游可以塑造旅行社的品牌,向消费者展示其良好的服务,对广州的旅游资源开发和岭南建筑文化的推广,乃至广州城市形象的提升都具有重要的现实意义。

我们的设计原则是,一要处理好各景点之间的特色组合;二要知悉设计线路在不同时间段的交通情况;三要考虑到岭南建筑文化的传播和广州城市形象的展现。根据广州的景点地理位置和交通情况,结合旅游的规律,课题组根据调研时的实地踩点,设计了五条广州历史建筑一日游线路供参考。同时建议出版专门介绍岭南建筑审美文化的书籍,拍摄有关广州历史建筑的纪录片。广州历史建筑一日游可以采取套票形式,建议每天定时定点开线,可以解决提前报名的不便。

(一)广州宗教建筑一日游

华林寺——五仙观——六榕寺——光孝寺——三元宫
↓
约2小时　约45分钟　约1.5小时　约1小时　约45分钟

午餐约1小时

交通总时间约1小时

这一线路结合了广州佛教和道教的著名景点,选择华林寺作为首站是因为它是著名的佛教寺院、广州市"四大丛林"之一,附近也有玉器街等。选择三元宫作为终点站主要考虑到它处在中山纪念堂和越秀公园两大景点之间,游客们如果对这两大景点有兴趣还可以自行前往游玩。另外,三元宫邻近还有地铁站。这个一日游不采用包车的形式,而是利用公共交通游览,只需转4次车。可以有导游,也可以自由行。时间上可以采取早上9点或8点开始,华林寺每天早上8点对外开放,可以满足游客烧头炷香的愿望。

(二)广州博物馆一日游

广东民间工艺馆——广州博物馆——西汉南越王博物馆——广东省博物馆
　　约1小时　　　约2小时　　　约1.5小时　　　约1.5小时
　　　　　　　　午餐约1小时
　　　　　　　交通总时间约1.5小时

广州市现有博物馆多家,博物馆资源丰富,博物馆本身的建筑就是浏览对象,同时也展示了广州历史和岭南文化。此一日游选点都是精华,革命历史博物馆、民族风情博物馆、古墓博物馆均被选入。广东民间工艺馆以陈家祠为馆址,是搜集、保藏、调研、展览广东地区历代各类民间工艺品的艺术博物馆。广州博物馆位于越秀公园内的镇海楼内,是收藏广州地区历史文物资料、并举办陈列展览和进行科学调研的专门机构。西汉南越王博物馆坐落于解放北路象岗山上,入选世界80个著名博物馆。广东省博物馆坐落于文明路,除博物馆展馆外,还包括国民党"一大"旧址和鲁迅纪念馆。中午在越秀公园用餐,游客有充足时间观看五羊石像、古城墙、纪念碑等著名景点。该线路可以感性的快速浏览广州历史文化,特别适合学生与家长共同出行。采取包车形式。

(三)广州著名学府一日游

中山大学南校区——黄埔军校——华南理工北校区——中山大学北校区——农讲所
　约1小时　　　约2小时　　约1小时　　　约45分钟　　　约1小时
　　　　　　　　午餐约1小时
　　　　　　　交通总时间约1.5小时

通过观赏和感受教育类建筑与环境,体验广州作为中国近代中西文化交融和近代革命策源地的独特文化底蕴。中山大学南校区是原来的岭南大学的校址,它是被作为中国第一个教会大学而兴建的,拥有许多年代久远的建筑,如怀士堂等。在领略中西文化交融的岭南建筑群后,继续参观孙中山先生创办的黄埔军校。在黄埔军校所在的长洲岛能吃到带有乡村风味的小食,午餐安排在长洲岛。接着到华南理工大学北校区(原中山大学校址),参观校门牌坊等近代建筑。随之参观中山大学北校区,感悟当年孙中山建立共和国的理想,展现广州作为近代革命策源地的风采。最后来到农讲所,体会共产党员暴力革命的历史。选择农讲所作为终点是考虑到附近有地铁站,方便游客自行离去。

(四)广州建筑类型一日游

南越王墓——越秀镇海楼——中山纪念堂——光孝寺、六榕寺——陈家祠——沙面

约1小时　　约2小时　　约1小时　　约1小时　　约半小时　　约1小时

午餐约1小时

交通总时间约2小时

广州的历史建筑类型多种多样,融合了住宅、陵墓、坛庙、寺院、城市、园林等;广州历史悠久,不同时期的建筑有不同的特点,集中反映了当时经济、文化、政治等多方面的状况;广州城乡面积大,历史建筑散布在各个区当中,游客不可能在短时期内一一游玩。通过挑取一些有代表性的景点,如陵墓(春秋战国时期的南越王墓)、寺院(北宋的六榕花塔)、公园中的建筑(明代的越秀镇海楼)、历史纪念建筑(中山纪念堂)、以及融入西方文化的沙面等,综合考虑各个景点间的交通位置,都是处在老城区,可以使游客在一天体验不同时代的建筑特点,观摩岭南人民的人居特点。

(五)岭南文化全体验一日游

南越王墓博物馆——镇海楼——中山纪念堂——光孝寺(六榕寺)——陈家祠——上下九步行街

约1小时　　约2小时　　约1小时　　约1小时　　约1小时
约2小时

午餐约1小时

交通总时间约2小时

所选景点皆是广州市内岭南建筑中最具代表性的，而且景点较为集中，既可以节省时间也可以节省交通费用。途中安排专业的导游，给游客介绍岭南建筑及其相关的历史文化。乘车时间短，时间的利用率高，南越王墓博物馆为第一站，后乘车到镇海楼参观，并在山上吃中午饭。之后步行到中山纪念堂，之后乘车到光孝寺，第五站是陈家祠。这一线路和上面的广州建筑类型一日游有同有异，相同的是前面五个建筑景点一样，不同的是最后景点为上下九步行街，它有著名的西关大屋、骑楼等，同时代表了传统广州人的生活方式，也展现了广州作为历史商贸城市的现代转型。

参考文献

吴庆洲：《广州建筑》，广东省地图出版社，2000。
陆元鼎：《岭南人文·性格·建筑》，中国建筑工业出版社，2015。
夏林根：《中国古建筑旅游》，山西教育出版社，2004。
赖寿华等：《广川历史建筑保护的制度性障碍》，《城市观察》2015年第1期。
罗哲文：《文物古迹保护与旅游事业发展》，《中国旅游报》2010年10月11日。

（审稿：王培林）

B.8 镇江西津渡历史文化街区保护与建设经验及对广州的启示

虞 水*

摘　要： 本报告梳理了镇江西津渡历史文化街区保护与建设历程，分享了西津渡经验做法：文化领航、精工细作、规划领先、主体建设、产业培植，并从文化挖掘、规划先行、打造精品、活化利用等方面提出改进的对策建议。

关键词： 西津渡　历史文化街区　旅游产业

镇江西津渡历史文化街区经过十余年的保护与建设，取得显著成果，先后获得过联合国教科文组织亚太地区文化遗产优秀保护奖、中国人居环境范例奖等殊荣。专家学者对西津渡保护建设的方法和成果予以高度评价，认为镇江市的做法具有独特的创新意义，形成了历史文化名城保护的"西津模式"，在全国历史文化街区保护中具有重要的示范作用。广州市近期赴镇江开展了专题调研，通过实地体验和座谈交流，认为广州打造西津渡历史文化街区的经验做法对广州具有很高的借鉴参考价值。

一　西津渡历史文化街区现状

镇江市位于长江下游南岸、长江与大运河"十"字交汇处，素有

---

* 虞水，广州市人民政府研究室城市发展处副处长，研究方向为城市经济与公共管理。

"天下第一江山"之美誉。镇江是长江三角洲北翼中心、南京都市圈核心层城市,也是重要的港口、工贸和风景旅游城市,获得全国文明城市、国家历史文化名城、国家生态市、中国优秀旅游城市等多个国家级荣誉称号。镇江城市生态环境清新秀丽、个性鲜明,拥有"城市山林,大江风貌"的城市魅力,是国家生态文明先行示范区、国家低碳建设试点城市和江苏省唯一的生态文明建设综合改革试点市。更让人印象深刻的是镇江历史文化底蕴丰厚、人文荟萃。镇江有文字记载的历史超过3000年,是吴文化的重要发祥地。焦山碑刻《瘗鹤铭》被誉为"大字之祖"。"刘备甘露寺招亲""白娘子水漫金山""梁红玉击鼓战金山"等动人故事广为流传。《昭明文选》《文心雕龙》《梦溪笔谈》等鸿篇巨制均成书于此。

在镇江市众多历史名胜古迹中,西津渡古迹是保存最完好的地区之一,是镇江的"文脉"所在。西津渡历史文化街区(国家 AAAA 级旅游景区)位于镇江市主城西北部,地处长江与京杭大运河交汇处,北濒长江,南临云台山。历史上记载西津渡形成于三国时代,在唐代已具有完备的渡口功能,一直是我国南北水上交通、漕运的枢纽,见证了镇江城市发展的历史。

西津渡历史文化街区作为这座历史文化名城的根,被誉为镇江"看得见的历史",集聚了唐宋元明清五个朝代的历史遗存,宛若时光隧道,正所谓"一眼看千年、百步阅五代"。现存有昭关石塔、英国领事馆旧址等 3 个国家级文保单位,观音洞、救生会、待渡亭、超岸禅寺等 38 个省市级文保单位,充分体现着津渡文化、租界文化、民国文化和工业文化 4 个不同时代的历史文化层,展示了城市独特风貌,反映了城市的发展脉络,被中国古建筑专家组组长罗哲文先生赞为"中国古渡博物馆"。镇江市在打造西津渡历史文化街区中,注重在保护中传承,注入时代内涵,赋予全新活力,焕发出独特魅力,实现了历史文化街区的可持续发展和永续利用。

二　西津渡历史文化街区建设的主要经验做法

（一）西津渡保护建设历程

起步阶段（1986年）：申报国家历史文化名城时期修复街巷路面，复建待渡亭、券门等。

重点文物修缮阶段（1998～2002年）：修复文物核心区，其中昭关石塔、救生会、观音洞2001年获联合国亚太地区文化遗产保护优秀奖。

全面启动保护更新工程阶段（2003～2008年）：开展市政配套基础设施改造、传统民居保护和蒜山游园建设，同时利用保护成果完成了观音文化展示馆、救生文化展示馆、救生码头等文化景点及配套停车场建设，2008年西津渡传统商贸街正式开街，开始全面发展文化旅游产业。

建设完善提升阶段（2008年至今）：实施"老码头文化园"建设工程，对原有工业厂房进行维修改造；打造尚清戏台、鉴园、老码头等文化景点，增加公共休闲活动空间；2012年启动了西津渡三期建设，项目以云台山为主体，覆盖环云台山区域，主要包括云台阁、玉山游园、老二院片区改造等项目；2014年起，进一步拓展西津渡建设范围，实施镇屏山文化街区、西津湾、西津音乐厅等项目建设。

（二）西津渡文化旅游产业发展现状与愿景

经过十几年的保护、建设和不断完善，目前西津渡历史文化街区已形成"一核心，三片区，多组团"式的发展格局。

西津渡核心区——民俗文化旅游体验区，形成民俗客栈、精品小吃、创意工坊、文化体验等大众休闲娱乐业态，培育打造了走向世界的镇江西津渡国际纪录片节、HIFI西津渡国际音乐节等文化品牌，推出了展示镇江历史文化的30集电视剧《西津渡》。

京畿路－伯先路片区——民国文化旅游体验区，包括文化创意产业、博物展示馆、主题酒店组团,目标以京畿岭为载体打造全球青年文化创新街区,形成非遗博览、特色小镇规划设计、港台文创等六大文化创新产业集聚。

云台山西-伯先公园片区——生态健康旅游体验区,包括儿童娱乐、大型商务接待、健康养生商业组团。

西津湾-镇屏山片区——现代休闲旅游体验区,包括设计师酒店、时尚餐厅、点播式数字电影城、主题音乐秀场(西津音乐厅、西津剧场)、外来投资家俱乐部等业态组团。

未来,西津渡将围绕"文化为魂、产业为脉、主题为表"三大核心战略,以"文化复兴、城市名片、旅游胜地、保护典范、世界经典"为五大企业愿景,强化旅游供给侧改革,以全域旅游的理念,实行多种经营形式并举,推动建设型向运营型的转型,实现西津渡的"二次创业",将西津渡建设成为具有国际影响力的历史文化街区保护案例、国内著名景点(国家AAAAA级旅游景区)、现代服务业集聚区、国家文化产业示范基地、华东地区旅游度假目的地。

(三)主要经验做法

一是文化领航。积极把握历史文化街区的特点,深度发掘街区的核心文化价值。西津渡的核心价值在于因渡而生,历史存续一千四百年,风貌仍保存完整,形成了镇江市保护历史文化街区的独特元素。为深入挖掘西津渡历史文化资源,全面开展相关文史研究,2005年镇江市专门成立西津渡文史研究办公室,根据研究成果指导并制定保护和修缮方案,形成了以玉山大码头为代表的古渡文化,以昭关石塔为代表的宗教文化,以救生会为代表的义渡救生文化,以江南民居、民国建筑、宗教建筑为代表的建筑文化,以英国原领事馆为代表的西洋文化,以小码头传统商贸街为代表的商贾文化等8类200多万字主题鲜明、独具特色研究成果,为西津渡保护奠定了"文化之魂"。

二是精工细作。根据"抢救第一、分类保护"的方针进行文物保护修缮。保持传统建筑的原真性和风貌的协调性。对历史文化建筑，坚持"修旧如故，以存其真"的修缮原则；对街区风貌建筑，立足"迁危拆违、保持风貌"的整饬策略；对新建景点园区，采取"呼应得当，品相兼容"的营造思路；对工业文明建筑，采用"保存形态，功能再造"的操作手法。

三是规划领先。在保护工作中坚持规划引领，根据保护建设目标，多轮修订保护规划。相关部门委托东南大学知名教授科学地制定保护规划，并聘请全国知名专家跟踪指导。1998年形成了《西津渡古街区保护规划》，2002年形成了《西津渡历史风貌区保护与整治规划》，2008年编制《西津渡风貌保护区修规扩编》，2009年形成《镇江市青山绿水（云台山）综合整治规划》，2010年形成《西津湾国际旅游度假村规划》和《江苏省级文化产业积聚区发展规划》，2011年形成《伯先路保护规划》及《大龙王巷保护规划》等系列保护规划，明确了规划范围和规划目标，并提出了实现西津渡历史文化街区以打造镇江"城市名片"、建成在国内具有一定影响的"历史文化标志区"为目标的总体思路。

四是主体建设，坚持"政府主导，市场运作，社会参与，多元投入"的运营模式。1998年成立西津渡古街保护领导小组办公室，政府投入980万元专项保护和财政配套资金。2002年成立西津渡建设发展有限公司，依托城建产业集团投融资平台，进行市场化运作，筹集保护建设资金。2011年，改制成立西津渡文化旅游有限责任公司，并依托投融资平台，落实资金来源，先后获得了国家开发银行等金融机构贷款、企业债券、专项保护资金、社会资本等，注册资本由5000万元增至10亿元，资产总额由6.97亿元增至112亿元，全面推进街区保护建设和文化旅游产业运营发展。

五是产业培植，开拓多元化商业模式，为打造文化西津渡注入源源不断的动力。西津渡坚持在保护中开发，不仅改善了人居环境，同时也提升了西津渡综合功能，形成文化展示、传统商贸、创意文化、影视演艺、休闲旅游等功能，彰显了镇江人文旅游观光效应，成为展示"文化镇江"的旅游平台。西津渡围绕旅游六要素"吃、住、行、游、购、娱"实施一体化发展战略，强化运营和招商，提升发展新优势，做大做强产业板块，引进创意艺文空间、民宿客栈、精品酒店、传统商贸及手工艺、特色餐饮、专业博物馆、平面艺术及数码艺术工作室等文化企业113家，年游客量已超过300万人次，年总收入超过1.5亿元。

三 对广州的启示

党的十九大报告指出"文化是一个国家、一个民族的灵魂"。同样，文化是城市之魂、城市之根，历史文化资源是一个城市不可再生的资源，是重要的生产力。广州作为岭南文化的中心地，要坚定文化自信，大力借鉴镇江西津渡历史文化街区建设的经验，大力加强对历史文化资源的挖掘、保护与利用，打造城市旅游历史文化名片，这也是广州建设世界文化名城的应有之义。

广州是第一批国家级历史文化名城，迄今已有2230多年的建城史，具有深厚的历史文化底蕴。广州作为岭南文化中心地，一直是华南地区的政治、经济、文化和交通中心。宋元时期，广州已有"城外蕃汉数万家""广州富庶天下闻"之称。当时的意大利旅行家鄂多立克描述广州是"一个比威尼斯大三倍的城市，整个意大利都没有这个城的船只多"。阿拉伯游历家伊本·白图泰也认为，广州是"世界大城市之一，市容优美，为世界各大城所不及"。广州在传统文化方面保持了稳定的传承和延续性，至今仍留有镇海楼、五仙观、南越王墓、陈家祠、西来初地、六榕寺、光孝寺、怀圣寺、石室、沙面西式建筑群等名胜古迹，广东音乐、岭南画派、骑楼建筑、西关大屋、粤语、粤菜、粤剧、广绣、广彩、牙雕、玉雕、木雕等，无不彰显着广州独特的城市文化气质。

但是，广州历史文化资源的丰厚度和整合层次不高，尽管独具岭南文化特色，但缺乏重量级的文化产品和吸引物，缺少具有国际知名度的名胜古迹，同时历史文化资源也较为孤立、分散，未能与旧城更新改造有机结合起来，缺少互动式的文化体验和参与，难以形成整体性、延续性和连贯性的空间意象，城市的历史感和文化氛围不强。徜徉在镇江西津渡，可以让人深切感受传统文化气质和厚重历史底蕴的延续,从而对当地的历史和文化传统产生喜爱和认同。因此,广州在打造特色历史文化街区的过程中,不能仅限于单纯的保存古旧建筑、历史风貌,或者恢复、重建曾经的名胜古迹,而是要维护或者延续真正代表地方特色和历史的文化情怀、文化气质,令人在文化体验中认识并喜爱具有广州特色的历史文化遗产。建议重点在以下方面着力。

一是文化引领,擦亮城市文化名片。充分研究、考证、挖掘广州市丰富的历史文化资源和故事传说,谋划好"最广州"历史文化步径,串联一批最能反映广州历史底蕴、文化特色和传统风貌的建筑、街区,精心打造海丝文化、南越古国文化、千年商都文化、近现代革命文化、"食在广州"等文化品牌。比如,广州传统城市标识——五羊雕塑至今深锁越秀围中,建议在花城广场适当位置复制"五羊衔谷"雕塑,以凸显广州的"羊城"特征,使之成为外地游客必到的标志性广场,使之犹如纽约的自由女神像、新加坡的鱼尾狮像一样成为广州通往世界的知名文化地标。

二是规划先行,保护与复兴传统文脉。将强烈的文化意识贯穿城市规划、更新、建设、管理全过程,在规划中明晰城市的文化风格、文化属性和城市形象的文化表述,对城市进行科学而准确的"文化定位"。借鉴西津渡等国内外历史文化街区保护和利用的成功经验,做好广州市历史文化街区的规划指引和开发建设工作,在完善各类保护规划的基础上,进一步做好整治开发和修建性详细规划,结合城市空间布局调整,适当引入现代商务、旅游休闲功能,培育创意文化产业,打造特色突出、类型多样、功能完善、服务优良的历史文化旅游街区,讲好广州历史文化故事,彰显广州作为独具岭南文化特色的城市魅力。

三是秉持匠心,打造历史文化精品。坚持工匠精神和精品意识,做好历史文化项目的包装策划,使城市历史文化资源具体化、实体化、规模化,增强现场互动体验和直观感受,提升游客对广州历史文化的认知度。比如,由中央美术学院王中教授策划创作的"郑州1904公园",就是以中国第一台蒸汽机车——1904年在郑州(当时为郑县)出现的历史和遗迹,为灵感打造的一个铁路历史主题公园,为城市历史保留一段珍贵、厚重的记忆,成为彰显城市特色的经典案例。建议加大投入力度，聘请国内外专家翘楚，充分挖掘广州深厚的历史文化，大手笔打造若干个代表广州历史底蕴和人文气质的文化精品项目。

四是活化利用，提升城市文化软实力。岭南文化作为中华文化的重要一脉，历史悠久，特色鲜明，独树一帜，在海内外具有很大的影响力和感召力。广州在国内一线城市中具有独特的文化基因，完全有优势把文化产业作为战略性支柱产业来谋划发展，成为吸引海内外游客和聚集高端要素的重要依托，而活化利用历史文化资源，打造特色历史文化集聚区是基础和关键。建议打造特色历史文化街区要与城市更新、产业提升、旅游开发相衔接，注重植入旅游观光、文化展示、餐饮娱乐、商务办公、创意产业等业态，活化利用历史建筑，扶持壮大老字号，发展文化特色消费。同时，注重加强城市历史文化旅游营销策划，全方位、多渠道地开展宣传推广，让"最广州"特色历史文化深入人心，不断提升广州的文化软实力和影响力。

（审稿：戴伟华）

B.9
借鉴武当山景区做法推进广州花都商旅文融合发展的调研报告

中共广州市花都区委宣传部课题组*

摘　要： 本文通过考察，概括了武当山景区的基本情况，分析了武当山景区商旅文深度整合发展的基本做法和经验，针对广州市花都区的实际情况，借鉴武当山景区的经验，提出了加快发展花都商旅文深度融合的对策建议：发挥政府主导作用，打造有效的工作平台，形成发展合力；积极引进战略投资，优化旅游发展环境，激发企业活力；推进旅游融合发展，着力开发核心产品，打造旅游产业链条。

关键词： 文化产业　融合发展　新型业态

十九大报告指出，"要完善公共文化服务体系，深入实施文化惠民工程，丰富群众性文化活动。加强文物保护利用和文化遗产保护传承。健全现代文化产业体系和市场体系，创新生产经营机制，完善文化经济政策，培育新型文化业态"。2017年10月，广州市商务委公布广州市促进商旅文融合发展的战略规划，明确了广州塔珠江黄金水段商旅文示范区、北京路文化核心区、天河路商圈、汉溪－长隆－万博商旅圈、西关文商旅活化提升区、广州北站－花都皮革皮具市场－广州万达文化旅游城－空港经济产业带、黄埔

---

* 课题组成员：李君民，中共广州市花都区委宣传部常务副部长；郑明治，中共广州市花都区委宣传部文产办主任；吴术球，中共广州市花都区委宣传部理论科科长。

海丝之路文化旅游商贸合作区、白云新城－三元里－流花路商旅带、从化温泉－流溪河商旅文体生态合作区等九大商旅文融合重点功能区，近期战略目标是到2020年，形成商旅文融合发展新格局，建成3~5个具有国际影响力的标志性商旅文综合体或者功能区，以此打造国际商贸中心，实现广州"千年商都"向"现代商都"跃升。届时，全市将实现社会消费品零售总额1.16万亿元，文化产业增加值超过1900亿元，旅游产业总收入达到5000亿元，旅游接待2.5亿人次。为提升"广州北站－花都皮革皮具市场－广州万达文化旅游城－空港经济产业带"商旅文融合重点功能区的影响力和美誉力，广州市花都区委宣传部课题组深入湖北武当山进行实地学习考察，详细了解武当山旅游经济特区在景区管理体制、景区日常运营管理、旅游产业发展、招商项目合作运营、重大文化旅游活动组织等方面的模式、经验和做法，更好地谋划和推进花都区商旅文深度融合发展，培育文化产业新业态。

一 武当山管理体制模式

（一）武当山基本情况

武当山位于湖北省十堰市境内，是世界文化遗产、全国5A级旅游区、国家首批重点风景名胜区、国家地质公园、中国著名的道教圣地、太极故乡，素有"亘古无双胜地、天下第一仙山""天下太极出武当"之美誉。全山现存古建筑129处，共有庙房1182间，各类珍贵文物5035件，建筑面积43332平方米，是人文景观与自然景观巧妙结合在一起的山岳型风景名胜区，被称为"中国古代建筑成就的博物馆"。2016年，武当山实现旅游总收入43亿元，接待中外游客760.7万人次，同比分别增长18.42%、15.24%；完成财政总收入4.39亿元，完成地方一般公共预算收入3.32亿元，同比分别增长19.58%、13.79%。武当山风景区被评为"全国优秀风景区""中国华侨国际文化交流基地""首批国家人文旅游示范基地"。

武当山特区区域总面积312平方公里，其中核心景区面积182平方公里，总人口5万人。下设景区办事处、武当山街道办事处、太极湖办事处，以及党政办公室、纪委（监察局）、组织部、宣传部、国土资源局、规划建设局、文物宗教局、发展改革与经济局（鄂西圈办公室、物价局、统计局）、旅游局、景区管理局、公安局、财政局、农村工作局（林业局、水利局、扶贫开发办公室）、教育局、社会事务局（卫生和计划生育局、食品药品监督管理局）、城市管理综合执法局（市政园林局）、房地产管理局、商务局、交通运输局、民政局、武术局、移民局、安全生产监督管理局、人力资源和社会保障局、门票管理局、武当工业园管理处、人武部、工会、团委、妇联等30个部委办局，有29个村、2个社区居委会、122个村（居）民小组。

（二）武当山管理体制情况

武当山风景区开发建设始于1980年。近40年来，管理体制历经七次重大变革。1980年成立武当山风景区筹备处，1982年成立武当山风景区管理处，1984年武当山风景区管理处与武当山镇合并为武当山管理局（镇），1987年武当山风景区管理局与武当山镇分设，1993年再次合并为武当山风景区管理局（镇），1997年武当山风景区管理局（镇）与武当山旅游经济开发区合并，成立湖北省武当山旅游经济特区，为正县级单位，由丹江口市代管。

2003年6月17日，中央政治局委员、湖北省委书记俞正声同志在武当山主持召开现场办公会，决定设立武当山旅游经济特区，实施"主权不变、治权独立、事权下放"的管理体制，成立中共武当山旅游经济特区工作委员会、武当山旅游经济特区管理委员会，分别为十堰市委、市政府的派出机构，与武当山风景区管理局实行一个机构、两块牌子，赋予武当山特区独立行使县级政府的管理职能和权限，实行封闭式管理，全面负责武当山风景区的管理、保护、开发、利用、规划和建设。

作为全国第一个也是唯一一个以旅游命名的经济特区，也是湖北省风景区综合改革的"试验田"，其管理体制主要有以下几个特点。

一是"主权不变、治权独立、事权下放"。"主权不变"是指现有行政区划不变，行政区划仍属丹江口市，从而减少了体制改革的阻力和成本。"治权独立"是指赋予武当山旅游经济特区独立行使县级政府的管理职能和权限，在封闭管理中全面负责武当山风景区的管理、保护、开发、利用、规划和建设。"事权下放"是指除人大、政协、法院、检察院等权力部门外，公安、税收、工商、规划、土地、建设、宗教事务管理等县级行政权力，由武当山旅游经济特区独立行使。

二是景政合一。武当山旅游经济特区管委会与武当山风景区管理局一个机构两块牌子，实现了"景政合一"。2003年，省政府决定恢复武当山开发建设领导小组，由一位副省长任组长；按照"小政府、大社会"的管理模式，实行政企分开、政事分开，实现管理经营分离，切实加大旅游资源的依法保护力度。为确保核心景区管理高效、精干，研究解决部门分割执法问题，实行综合执法。

三是党政合一。开创性地实行了党政合一，破解了"多头管理、相互推诿、效率低下"的怪圈，减少行政扯皮和部门制约。其一，按照职能相近的原则对特区工委、管委会下设的职能部门进行合并精简，除检察院、法院等司法部门外，设置了30个部委局办。其二，不设人大、政协。其三，工委书记、管委会主任由一人担任，主持和统筹全面工作；其他分管领导相互不交叉，大事党委会讨论；权力充分下放，以此调动了中层领导干部的主观能动性和工作积极性。其四，武当山特区具备国税、地税等一级政府职能，有财力自主进行景区开发和建设。

四是景城合一。该体制还明确了武当山风景名胜区土地范围以及与外围社区的行政关系，实现了山上景区与山下城区之间的有效融合，突破了传统景区的单一管辖范围。

二 武当山景区运营管理和发展旅游经济的主要做法

1. 景区管理的主要做法

对武当山山上182平方公里的核心景区进行封闭式管理，通过设立景区管理局、景区办事处、景区综合执法大队，实行"景政合一、三块牌子、一套班子"，按照特区工委、管委会赋予的管理权限，全面负责景区的规划、开发、建设、保护和管理。与此同时，受物价、旅游、林业、工商等部门委托，行使部分职权，主要涉及景区秩序、游客服务、投诉处理、旅游安全、护林防火、植被保护、环境卫生、道路交通、规范经营等方面。核心景区内设办公室、景管科、政策法规科、资源保护与规划建设科四个科室，下辖八队一所一个水务公司，即护林防火大队、机动中队、琼台中队、太子坡中队、南岩中队、金顶中队、逍遥谷中队、五龙宫中队、景区环卫所、乌鸦岭水务公司，共有干部职工170多人（包括后勤、工勤人员等），聘请护林员50余名、环卫工100余名。

一是以完善景区功能为核心，主攻重点服务设施建设，先后完善了景区监控系统以及亮化和音响系统；实施了景区旅游商铺和公路沿线民房穿衣戴帽改造工程、五龙宫至南岩游步道建设以及五龙宫景区开发建设工作；对全山标示标牌进行了统一设计更新、增补完善；对全山24座公厕进行改建、扩建，新建了乌鸦岭、太子坡、金顶三座五星级厕所；先后完成了景区4座垃圾转运站改造和6座垃圾转运站新建项目，更新配备了垃圾收集车、清洗维修车和垃圾转运车，日收集转运规模达到近70吨，景区垃圾基本实现了"日产日清"的目标；在核心景区新建了3座污水处理厂，服务范围分别为琼台、乌鸦岭和五龙宫3个景点，日处理能力达到2200吨。

二是以加强规范管理为重点，把"不让一位游客在武当山受委屈"作为一切工作的出发点和落脚点，对全景区实行划片分段管理，进行"三定"（定岗、定人、定责），做到每个岗位都有三顶帽子，即红色执法帽子、黄色保洁帽子、绿色护林帽子；实行《景区施工许可证》制度，严格控制景区施工行为；跟经营户签订《诚信经营责任书》，开展"十星级经营户"评选活动并予以授牌表彰；每年定期开展"执法质量月"活动，下重手严厉打击尾随兜售、强买强卖、欺客宰客等扰乱市场经营秩序的不文明经营行为；落实景区卫生"5分钟"保洁和"24小时"保持制；大力开展以"五心四免费"为主要内容的温馨服务工程，在各辖区设置"党员示范岗"，广大党员亮明身份接受监督；实行 24 小时投诉及求助电话服务，真正做到了帮助游客无条件，处理投诉不过夜。

2.旅游规划的主要做法

特区坚持以规划为引领，跳出武当看武当，跳出旅游谋旅游，科学编制"十三五"规划和各专项规划，并加强规划衔接，严格规划执法，切实维护规划的权威性、严肃性。

一是提出总体目标，确定发展战略。特区提出，当前和今后一个时期，武当山旅游经济发展的总体目标就是要紧紧围绕旅游经济转型升级这条工作主线，着力实现"三个转变"，即从观光旅游向休闲度假旅游转变、从门票经济向旅游综合产业经济转变、从建设景点向建设全域景区转变。明确了"十三五"时期的"511"发展战略，即通过建设 5 区、推进十大工程、启动 100 大项目，将武当山建设成为国家旅游度假示范区、全面小康样板区、健康养生体验区、生态文明先行区、武当文化展示区。

二是加强规划衔接，完善规划体系。认真做好规划衔接和细化工作，由清华同衡规划设计院编制《特区城市建设风貌专项规划》以及"一街一路"（玉虚街、316 国道武当山段）改造方案，由中国城市规划设计院上海分院编制《武当山城区总体规划》《武当山城区控制性详细规划》《2049 武当山战略规划》，由华中科技大学中南设计院编制剑河河道生态改造方案。

三是严格规划管理，维护规划权威。切实加强规划管理，坚决查处违法违章建设行为，集中力量联合执法，拆除以永乐盛肆步行街、玉虚路等为代表的违章建筑，严厉打击违法建设行为，彻底清理治愈数十年的老街环境顽疾。按照《十堰市城市规划管理技术规定》的要求，从加大宣传力度、推行政务公开、强化审批监管、提高自身建设、建立联动机制等方面入手，强化审批监管，坚持"规划一张图、审批一支笔、建设一盘棋"，确保总体规划、控制性详细规划、修建性详细规划及专项规划落到实处，严格执行建设项目"一书三证"制度，严把建设项目选址定点关、方案审批关、开工验线关、竣工验收关，从源头防止无序建设，维护规划的权威性、严肃性。

3. 景区经营和招商引资的主要做法

一是实行政企分开、政事分开，实现管理和经营分离。景区内的项目特许经营和建设活动按照程序，由国家、省、市相关部门层层审批，景区管理部门严格日常监管。景区门票由门票管理部门负责收取，当天所有门票收入全部进入财政预算外账户口，并定期与特区非税收入管理部门进行对账。景区资源有偿使用费按照《湖北省财政厅省物价局关于征收武当山风景名胜资源有偿使用费有关问题的通知》（鄂财综发〔2009〕58号）文件规定："景区门票、景区旅游汽运、航运、索道和单设景点按照票价比例征收；酒店、宾馆、招待所等经营住宿按核定的床位征收；经营性停车场按照核定的停车泊位征收；商店按照经营面积征收；餐饮按照核定的餐桌征收；其他按核定的营业额征收"，按月征收上交特区财政。

二是秉承"不求所有、但求所在"的理念，引进战略投资者。坚持用开放思路和市场办法，依托武当山旅游资源优势，建立风险分摊和利益分享机制，引进真正意义上的战略投资者。特区政府以资源入股的方式，与大型国企山东高速集团、民营企业太极湖集团共同组建三方合作的平台公司——武当山文化旅游集团公司，共同开发太极湖水上旅游板块和五龙景区板块。同时引进安徽大型文化旅游企业祥源集团共同建设武当道茶文化产业园项目；引进著名中医药企业上海绿谷集团依托武当山道医道药及道家养生文化资源建设养生谷景区、共同发展"大健康"养生产业；并与上海文创产业资源联盟达成了共同发展武当山文创产业的合作意向。

三是鼓励"大众创业、万众创新"，培育旅游市场主体。推进行政审批改革，制定优惠政策，降低市场门槛，放宽准入条件，大力扶持引导企业、社会、个人投资旅游产业，培育壮大企业集团、酒店宾馆、农家乐、特色民宿等不同层次、各个类别的旅游市场主体。2016年，特区新增市场主体1434户，实有市场主体达到5970户，同比增长21.26%。

4. 打造旅游产业链条的主要做法

长期以来，武当山旅游存在"白天看庙、晚上睡觉"的观光旅游业态格局单一的"短板"。为此，武当山特区以旅游转型升级为主线，积极实施

"旅游+"战略,加快推进供给侧改革,大力培育发展旅游新业态,寻求武当山旅游发展新的增长点和爆发点,推动了武当山旅游转型升级。

一是"旅游+道文化"。在最大限度保护的前提下,在旅游产品开发中注入武当文化元素,将"道"的理念融入产品研发全过程,让"古"的今起来,让"呆"的动起来,让"雅"的亮起来,擦亮武当文化名片,延续武当文化历史根脉。包装推出了古建筑鉴赏游、武当精品游、道教养生游、"问道武当"游、道教朝圣游、修学体验游、武当夏令营、道茶品味之旅、影视追梦之旅等一批特色浓郁、主题鲜明的旅游线路。学习借鉴故宫开发文创产品经验,先后引进北京通州唐人坊文化公司、台湾琉金富贵公司等知名文创公司,策划推出了绢人偶、玄天上帝手机防辐射贴、武当山福寿康宁四宝等一批具有武当特色、有道教文化创意、有市场前景的实物及概念性旅游商品;重点发展了紫霄村福地居、东天门隐仙别院、灵山居、仙山居、道家特色客栈等具有武当文化特色的精品民宿。湖北武当仙尊酒业有限公司的"武当"商标被国家工商总局认定为中国驰名商标,实现了中国驰名商标在特区"零"的突破。

二是"旅游+武术"。武当文化的标志性符号是武当武术。长期以来,源远流长的武当武术面临着资源丰富但传承困难、世界闻名但推广艰难的困境。为此,特区积极破除中国传统武术"师徒制"限制,以"五大工程"平台,突破了传统武术"有艺难传"困境,推动了武当武术的标准化、国际化进程,促进了武当武术的传承与发展。实施武当武术标准化工程,完成了"两拳一剑"(武当拳、武当太乙拳、武当剑)创编工作,编印了武当武术教材。以开展武当武术进机关、社区、学校、企业、军营、乡村"六进"活动实施武当武术普及推广工程,以推进武当功夫小镇、武当职业学院等项目建设实施武术教育产业化工程,以举办第四届国际道教论坛、全国武术论文报告会、国际健身气功培训班、首届太极文化与健身气功武当国际论坛、"飞雪杯"首届武当山特区市民太极拳大赛、第二届健康中国和太极文化产业论坛、"鸟瞰武当"全国无人机摄影大赛等10余次大型活动实施武当武术品牌打造工程,以在全球设立30个武当武术协会分会推动武当武术走向世界，实施武当武术国际化工程。

三是"旅游+养生休闲"。特区充分依托武当山"土特产"，积极挖掘整合独具武当特色的养生资源，对多种优势资源进行深加工和特色包装，开发了武当药膳、武当山珍、道家斋饭、太极鱼宴等一批有鲜明道教特色的太极养生产品。快乐谷旅游区一期建成营业，推出了蹦极、漂流、滑索、卡丁车等极限运动项目；太极湖水上游推出了水上飞机、拖伞等低空旅游项目，延长了旅游线路，丰富了旅游体验。

四是"旅游+互联网"。以打造"拇指上的武当"为目标，加快发展旅游网络营销、网上预订、网上支付、在线服务等智慧旅游，全山主要景点完成了无线网络全覆盖，武当山门票在天猫旗舰店、工行融E购等电子商务网站实现在线销售，门票"扫动""掌上武当""武当通"手机App得到大范围推广，28个智慧信息亭建成启用。充分利用手机、微博、微信等新型传播媒体推介武当山旅游资源、传播武当旅游亮点，形成多渠道、高密度的叠加效应，实现营销网络的全覆盖，进一步增强了武当山品牌号召力，提高了旅游信息化管理服务水平。

5. 旅游宣传促销的主要做法

特区围绕"问道武当山，养生太极湖""太极武当、养生天堂""武当山灵"的主题，按照巩固品牌、完善功能、开拓市场、提升效益的思路，一手抓品牌营销，一手抓市场拓展，不断完善旅游市场营销新体系。

一是开拓多元化的客源市场。在积极巩固"三点（北京、上海、广州）一圈五线"等传统市场的基础上，更加重视对一条高铁（京广高铁沿线）、两大门户（西安与武汉）、三角市场（长三角、珠三角）等中远程新兴市场的精准营销。

二是健全立体化的营销方式。以南水北调和十堰机场开通为契机，继续在新华网、《中国旅游报》等开展媒体宣传促销，在高铁、高速公路、飞机、公交车等交通设施投放广告；编辑发行《大武当》杂志，26集动画片《武当虹少年》在国内外播出，《大武当》电视剧在全国1300个县热播，电视连续剧《潮拜武当》在香港TVB高清翡翠台播出，《空谷幽兰——探寻道教的隐秘世界》在凤凰卫视播出。同时，发挥武当山的龙头优势，不断加强区域联合营销。与东风公司联手开展"游武当仙山、送风神汽车"活动，与省旅游委、十堰市旅游局联合加强目的地旅游广告宣传和活动促销，与周边县市区开展联合促销活动；与神农架、宜昌开展广告资源互换宣传；等等。

三是建立专业化的营销渠道。出台《2016年武当山风景区旅游优惠及奖励办法》，加强旅游产品包装推广，重点推广养生、度假旅游线路，鼓励旅游企业推广两日、三日以上的游线，加大夏令营、太极养生品牌宣传推广力度；举办第四届国际道教论坛、第七届武当太极拳国际联谊大会、承办首届全国道教名山摄影展和中国道教名山联谊会等重大活动。采取"走出去"广泛参加各类宣传促销活动、"请进来"积极邀请国内外主流媒体、品牌栏目、旅行商等来武当山采风踩线等形式，成功组织了行走中国·海外华文媒体赴武当山采风活动，参加了第八届华中旅游博览会暨首届长江旅游博览会、津鄂经济合作发展论坛，举办了首届中国老年养生文化旅游节暨第九届中国养老产业高峰论坛等宣传活动，进一步提升武当山品牌的美誉度和市场影响力。

三 对加快广州花都文商旅的几点启示和建议

通过对武当山特区的初步考察，我们深刻感受到：虽然武当山地处较为偏远的鄂西北，交通区位条件极为不利、基础设施也较为薄弱，且与国内外主要游客市场距离较远，但在湖北省委省政府以及十堰市委市政府的强力支持下，对景区管理体制进行整体改革重塑，成立了全国第一个也是唯一一个旅游经济特区，构建了党政合一、精简高效的内部行政权力格局，为武当山汇聚多方资源力量、聚精会神谋划推动商旅文融合发展奠定了良好基础。加之，特区采取了规范景区管理、科学编制规划、大力招商引资、加强宣传促销、举办重大活动等一系列切合实际的有力发展举措，从而取得了景区管理水平跻身全国风景区第一方阵、旅游品牌影响力逐渐扩大到海内外、产业结构不断优化升级、旅游经济持续发展等显著成效。

与武当山相比,花都发展旅游产业,在经济体量、交通区位、旅游市场基础等方面显然具备更加明显的优势,但由于长期以来,花都商旅文融合发展相对滞后,存在总量不大、质量不高、结构不优、融合不够、特色不明、品牌不响等突出问题。为此,借鉴武当山的经验做法,结合花都旅游发展的资源、条件和现状,通过打造"广州北站-花都皮革皮具市场-广州万达文化旅游城-空港经济产业带"商旅文融合重点功能区,将有效整合花都的交通区位优势、发达的商贸功能、丰富的旅游资源和深厚的历史文化底蕴,引导推动商、旅、文三大部门产业资源的跨界共享和渗透增值,形成推动花都发展的新动力源和增长极。

(一)发挥政府主导作用,打造有效的工作平台,形成发展合力

武当山发展路径和经验表明,旅游产业的发展,离不开党委、政府强有力的组织领导,离不开切合实际、行之有效的工作平台和工作机制。旅游早已不只是简单一个"游"的概念,既包含"吃、住、行、游、娱、购"等传统六要素,又拓展到"商、养、文、闲、情、奇"等新旅游六要素,涉及餐饮业、住宿业、交通业、商贸业、文化业等多行业,关系到宣传、商务、文化、旅游、公安、国土、规划、建设、城管、交通、农业、林业、水利、体育等多个部门,并且随着旅游业的深入发展,旅游带动的行业、牵涉的部门将越来越多,所有的相关职能部门都应相互联动、互动配合起来,进而相互搭台,共同唱戏,形成合力。

一要注重以科学规划为引领。要认真对接落实广州市促进商旅文融合发展的战略规划,学习借鉴国内其他先进城市和广州中心城区的成功经验做法,有效整合花都商贸、旅游、文化的政策资源。高起点高标准制定促进商旅文融合发展的战略规划,详细编制和规划花都旅游服务业资源的分布、产业发展和相关基础设施,明确目标定位、空间布局、工作重点、工作措施等,制定路线图、时间表,构建职责清晰、分工明确的跨部门协作机制,进一步完善花都区旅游业"十三五"发展规划的编制,制定实施《花都区

北部生态旅游区战略规划》《花都区城市景观规划》《花都区城乡主干道花卉景观规划》《花都区乡村旅游提升规划》及乡村旅游开发导则等。加强在规划调整、旧屋改造、城市更新、文物保护、闲置用地等方面的政策创新与突破，明确旅游和服务业项目的空间布局、功能定位以及在发展休闲度假、集聚旅游人气、促进旅游消费、做大特色品牌上的基本思路和战略目标。通过科学规划，整合全区旅游资源，加强对旅游资源的保护与合理开发利用，同时避免在旅游开发中造成建设性破坏，实现旅游业的持续健康发展。

二要建立强有力的工作机制。成立由区委区政府主要领导任组长的区促进商旅文融合发展工作领导小组，加强对全区商旅文融合发展重大决策、政策举措、发展规划、体制机制改革、重大项目建设、重大活动开展等工作的统筹领导，形成齐抓共管、合力推进商旅文融合发展的机制和氛围。每年定期召开全区促进商旅文融合发展大会，在区委区政府的引导下，进行广泛的思想动员、有力的政策推进、全面的环境优化、有效的资源聚合，快速聚集政府、市场和社会各方面的资源，把大会打造成为集中优势兵力推动我区文化体育旅游业跨越式发展的重要工作载体。建立部门协作联动机制，完善旅游服务业管理体制，推进旅游和服务业的跨部门、跨行业管理。认真梳理国家、省、市关于加快旅游服务业发展的各项政策措施，结合花都绿色金融改革创新试验区建设，健全完善文化体育旅游投资主体多元化的政策，引导民营资本参与文化体育旅游项目投资建设。综合运用各种政策手段，加大对旅游服务业宣传推广、人才培训、促进服务业发展、扶持旅游企业发展等公共服务方面的支持力度，充分发挥花都文化产业专项资金等各类财政资金的引导作用，鼓励扶持文化体育旅游业发展。

三要完善景区管理经营体制。旅游资源大多是政府资源，要把资源配置作为吸引投资的重要手段，加大资源整合力度，通过利益联结机制引入有实力、有经验的优质品牌企业合作投资建设，按照政企分开、政事分开的原则，实行一个景区一个管理机构、一家经营主体，从而破解景区政出多门、主体多元、利益分割的问题。如在芙蓉嶂和王子山等风景区的建设上，可以参照武当山景区管理局模式，将所有权、管理权、经营权分离，探索组建国有全资控股的文化旅游有限公司，推进旅游景区企业化经营，实施市场化运作，按照政府授权，承担景区文化旅游设施、文化旅游资源建设、创意开发以及文化旅游产业经营发展和建设投融资职能，引进有实力、有经验的优质品牌企业合作投资建设，实行"建、融、管、投"等一体化运作。

（二）积极引进战略投资，优化旅游发展环境，激发企业活力

武当山招商引资的经验教训表明，必须在坚持政府主导的同时，用开放思路和市场办法促进旅游发展，坚定不移抓招商引资、抓项目建设、抓环境优化，全面激发旅游市场主体活力，点燃释放全民参与旅游创业热情。

一要创新招商引资方式。要坚持以规划为先导，全面梳理确定招商引资的重点景区、重点项目，以政策和资源为依托，坚持大企业引领、大项目支撑、大投资跟进，围绕全方位、全过程、全产业链招商，大力招商引资，吸引国内外、省内外优质企业投资花都旅游、文化、体育产业项目。从旅游业发展的特点、规律出发，一是务求招大商、招好商，注重与追求长远利益、综合收益的大企业及做长线投资的大集团合作，引入真正扎根花都长期发展的战略投资者；二是务求精准招商、上门招商，围绕景区建设需要，围绕旅游业态，缺什么就招什么，切实提高招商的精准度和成功率；三是务求专业化团队、个性化服务，对招引来的项目要建立一名领导挂帅、一个部门牵头、一套工作班子、一张时间进度表、一套具体措施的责任制，组建专门工作团队进行全方位服务，使企业不仅能进得来，而且能留得住，项目不仅能签约，而且能短时期内落地开工。

二要创优旅游发展环境。旅游产业虽然投资大、见效慢，但产业链长、带动作用大，需要在生态补偿、产业融合、项目推进、富民增收、企业扶持、人力资源、财税政策、用地指标、投融资等方面明确一整套推进旅游业发展的措施办法，充分发挥政策激励作用，鼓励各种社会资本投资旅游产业。在政府投资项目的转让上，按不赔钱、不挣钱的原则，将旅游资源在合法合规的前提下，以公开、公平、竞争的办法和相对优惠价格转让给企业；

在景区经营权转让上,将有偿转让的政府收益在适当期限内按企业投资进度返还企业用于景区的公共服务设施相关项目建设;在资源配置上,将长线项目与短平快项目、旅游景区景点建设与旅游商业开发项目进行合理捆绑搭配,让优质品牌企业在花都投资旅游不仅有长远效益,而且有当下收益,增强企业的投资信心,增加企业的经营收益和发展活力。

(三)推进旅游融合发展,着力开发核心产品,打造旅游产业链条

旅游具有"一业兴、百业兴"的特征,与一产融合能够形成乡村旅游,与二产融合形成工业旅游,与三产结合形成文化旅游,不断催生复合型新业态。要加快推进旅游产业与其他产业深度融合,进一步拓宽和延伸产业链,形成多元化的旅游业态群。

一要促进旅游与经贸融合发展。花都作为广州国际航空枢纽建设的所在地和主战场,2016年9月,花都皮革皮具市场获国家部委批准为市场采购贸易方式试点。作为广东省唯一一个市场采购贸易试点,花都试点承担着承接广东省、广州市出口贸易升级转移和外贸稳增长的重任。因此,要抓住广州市建设国家跨境电子商务综合试验区和中澳新韩自贸产业园区的机遇,以狮岭打造跨境贸易特色小镇为契机,充分发挥国际航空枢纽和国家级市场采购贸易方式试点的联动效应,吸引国际采购商、供货商、外贸经营者(代理商)、物流企业、设计企业、供应链金融企业进驻,重点发展总部经济、金融租赁、跨境电商、会展贸易、都市休闲旅游等高端临空服务业;引进布局大型跨境电商"O2O"线下体验店和境外品牌直销店,积极引导企业开发"市场采购贸易"旅游产品,打造集创意设计、手工定制、时尚发布、皮具文化展示、购物体验等多功能于一体的创意设计园区,推动传统商业向体验消费转型,形成"创、研、产、销"商旅文一体化产业链。

二要促进旅游与交通融合发展。广州白云国际机场第2航站楼2018年4月建成并投入使用,3城轨+2地铁+1高速的"巨无霸"级综合交通枢纽基本形成,已经真正实现交通"零换乘"。广州将与国内、东南亚主要城市形成"4小时航空交通圈",与全球主要城市形成"12小时航空交通圈"

指日可待。与此同时，随着广州北站综合交通枢纽项目的建设，未来广州北站将是广州地区最大的高铁枢纽站，成为华南地区大型的集普铁、高铁、快铁、城铁、长途客运、公交、地铁等轨道交通为一体的八纵八横大型交通客运枢纽特等站，并与白云机场实现"空铁联运"。因此，可以以白云国际机场、广州北站为支点，依托"空铁联运"大综合交通体系，发挥空铁联运综合交通体系的辐射带动作用，聚集人流、物流、资金流、信息流等高端商务资源要素，大力发展总部经济、商务商贸、批发零售、餐饮住宿、运输物流等，打造花都商旅文融合发展的门户枢纽。面向铁路旅客资源和机场高端旅客资源，充分利用机场综合保税区、144小时过境免签等政策，整合周边的商业服务和文化旅游，促进商旅文综合消费。

三要促进旅游与体育融合发展。充分利用芙蓉嶂独特的山地自然资源以及芙蓉嶂水库和瀑布等水资源优势，布局建设体育旅游和健身休闲相关配套设施，合理规划建设户外徒步运动线路，丰富现有水上项目设施，积极开发建设新的水上娱乐项目和游憩休闲项目；并积极争取承接国家、省、市文化体育旅游方面的有关重点项目落户芙蓉特色小镇，引进有影响力、有经验的知名运动俱乐部和体育团体，推出一批全新的水上休闲运动项目和户外休闲运动项目，力争把芙蓉特色小镇申报创建为国家级体育旅游示范基地。

四要促进旅游与高端休闲融合发展。万达文旅城将建设世界顶级室内滑雪场、电影科技乐园、大型室内水公园、大型主题乐园、未来科技秀场、星级酒店群、滨湖酒吧街等，打造全球首创的特大型文化旅游商业综合项目。因此，要以万达文化旅游城项目建设为契机，实现当代文化娱乐与传统人文体验双题并举，依托文旅城在大型主题公园、演艺秀场、MALL、休闲娱乐业态的综合吸引力，以美食、购物、体育运动等产品为支撑，推动花都城市休闲与主题游乐深度融合，创造花都主题游乐休闲空间，完善休闲设施和休闲服务体系，开拓花都高端休闲市场，努力实现由单一产品向多元化的产品体系转变，由以一日游为主的观光旅游向深度休闲度假游跨越。

五要促进旅游与岭南传统文化融合发展。文化是旅游的精髓，旅游是文化的载体。只有旅游产品有文化、有内涵，才能让游客在品味中百转千回，流连忘返。因此，要加强对历史文化古村和历史建筑的保护利用，整合洪秀全故居、资政大夫祠、盘古王公园等人文资源，以圆玄道观、华严寺、东方寺等为代表的宗教资源及以塱头村、洛场村（花山小镇）、茶塘村、藏书院村、港头村、水口营村、三华村为代表的古村落旅游资源，构建地域特色明显的古村落旅游景观，设立自驾游服务驿站（营地），推动自驾游的发展，并通过整体策划包装，依托市政道路、绿道等基础设施建设，穿点成线，聚散为整，结合盘古王诞、道教文化节、花都元宵灯会、炭步芋头节暨古村落旅游美食嘉年华等具有花都地域特色的文化活动，打造兼具时尚与传统、既有时代特征又有花都印记的岭南文化旅游品牌。

六要促进旅游与非物质文化遗产融合发展。结合花都非物质文化遗产丰富的特点，将非物质文化遗产的保护与商贸、旅游有机结合起来，通过专业的商业开发和市场运作，丰富非物质文化遗产的内涵，提高非物质文化遗产的附加值，以市场价值的实现达到保护、传承和发展非物质文化遗产的目的。在资政大夫祠旁边建设的广州民俗博物馆预计于2019年建成投用，将活态展示水色风情、城市与乡土建筑、市井生活、衣与食、成长习俗、花都民俗等广府民俗风情。要以广州民俗博物馆（资政大夫祠）为依托，引进有实力、有资源、懂文化、会经营的投资建设运营主体，规划建设非遗文创孵化园，打造花都非遗项目挖掘研究、展览展示、创意创新、交流合作的平台，促成非遗传承人、非遗项目与设计院校、设计机构团体、文创企业的对接合作。采取开设名师工作室、培育传承人队伍等有效措施，在加强保护传承的同时，充分挖掘灰塑、珐琅、金银线绣、瑞岭盆景等非物质文化遗产的旅游商品价值，研发适合市场需要的非遗文创产品，探索非遗项目产业化的可行路径和有效机制，推动非遗的创造性转化、创新性发展。注重创意性、纪念性、艺术性、收藏性及实用性，打造推出一些有特色、上档次的工艺品、旅游纪念品，推动"非物质文化遗产"向旅游商品转化。

七要促进旅游与城乡建设融合发展。牢固树立景区融入城市、城市变成景区的理念，围绕建设"花园城市"的目标，立足花都的历史印象、花木产业基础、花园式开发导向，借助花都天然优势，以原生态为基础，以

"花"为主题，在城市规划建设中更多加入花的元素，扎实开展山前旅游大道改造，做好机场周边环境、高快速路、国省道及区内主干道沿线的环境综合整治，建立"蓝天、碧水，花之都"，进一步做强花都之"花"的体验。以现有的香草世界为切入点，重点打造"六梯画廊""花都龙脊""花山小九寨""精品农庄花园"等特色项目，定期举办一些大型的花艺交流、花艺比赛等活动，加强对"花之都"宣传，重塑花都旅游体验新印象，让游客对"花之都"形成绝对印象。

八要促进旅游与其他产业融合发展。以芙蓉特色小镇建设为示范，以北部特色小镇群建设为纽带，串联起王子山森林公园、紫霞山庄、高百丈风景区、福源森林公园等北部山区生态景区景点，作为中心城区重要的生态屏及花都区生态休闲旅游示范区。以炭步镇塱头村民居古建筑群、香草世界、梯面油菜花、御盛休闲农场、故乡里、炭步镇的家乡渔村以及炭步槟榔芋标准化示范基地等为重点，包括盘古王公园、炭步古村落、宝桑园、正园生态园、瑞岭盆景村、古树大道等沿线景观，借鉴现代农业旅游发展模式，开发成为花都独具田园风格的集科普示范、古树文化、农业观光和生态休闲于一体的乡村生态休闲旅游区。充分挖掘皮革皮具产业、汽车产业、音响产业、金银珠宝产业等旅游资源，利用中国花都国际珠宝节、中国（狮岭）皮革皮具节、花都汽车论坛、花都旅游文化节等品牌节庆活动，鼓励工业企业或者外来资本推动工业资源向旅游产品转化，形成"流程参观 – 产品介绍 – 博物展示 – 主题餐厅 – 主题住宿 – 娱乐体验 – 实物及纪念品销售"全方位体验的工业旅游产品体系。

（四）强化旅游宣传营销，塑造鲜明品牌形象，拓展旅游客源市场

强大的宣传推介攻势对发展旅游业至关重要。做好旅游宣传促销，要树立"宣传旅游"就是"宣传城市""旅游营销"，即是"营销城市"的理念，做到顶天树品牌、立地接市场，既通过塑造鲜明品牌树立花都良好形象，又要通过形成常态化的宣传推介态势，进一步提高花都品牌形象的知名度、美誉度，吸引来源源不断的人流、物流、资金流，实现经济效益与社会

效益互促共赢的良好效果。

一要塑造花都品牌形象。面向海内外社会公众公开征集花都的城市形象宣传语和城市形象标识，动员广大花都市民参与，组织一流的策划团队、创意团队站在文化的高度上塑造出鲜明、有个性的花都品牌形象，同时依托省市强势主流媒体迅速提高知名度，加强与国内外有影响力的旅行商（社）、旅游组织、主流媒体、新兴媒体的合作，整合区内旅游企业的营销力量，建立上下联动、部门联合、政企联手的宣传促销机制，做到既营销城市又营销市场，解决花都旅游形象特色不明、品牌不响的瓶颈。

二要拓宽宣传促销渠道。大力实施和推进以政府主导、企业联手、媒体跟进的"三位一体"营销策略，政府负责"形象营销"，通过投放品牌公益广告、举办旅游推介会、策划文化旅游活动等方式，提升花都旅游的知名度和美誉度；媒体负责"内容营销"，加强旅游线路推广、旅游特色宣传，让大众熟知花都有什么、玩什么，做花都旅游形象的宣传者、传播者；企业负责"服务营销"，把产品做好，解决好如何来、怎样游、住哪里等问题，以此形成营销合力。要充分利用微博微信、数字旅游、电视电影、影视植入等新媒体、新技术、新举措，形成多渠道、高密度的叠加效应，努力实现营销网络的全覆盖。要建立健全对花都海内外游客抽样调查制度，加强对客源地市场的调研，以客源地营销体系为突破口，针对各细分市场特点，设计旅游产品，制定营销策略，强化花都旅游市场营销推广的针对性和精准性。

三要组织开展重大文化体育旅游活动。借助万达体育总部落户花都的契机，积极申报举办世界铁人三项赛事、国际自行车比赛、户外徒步运动比赛等品牌体育赛事；引进有影响力、有经验的知名运动俱乐部和体育团体，大力争取国家、省、市在花都建设运营体育运动训练基地，常态化开展各类体育运动比赛节庆活动；充分发挥文化体育旅游活动"城市窗口、企业盛会、交流平台、百姓节日"的功能，积极探索"政府引导、企业主体、社会参与、市场运作"的节会运营机制，充分利用节会活动的影响力，吸引各行各业的企业参与活动、赞助活动、宣传活动，扩大覆盖面、提升影响力，实现节会商业化、宣传最大化、效益最大化。

（五）积极营造促进商旅文融合发展的良好环境

一是营造良好城乡环境。围绕建设"休闲旅游绿港、幸福美丽花都"的目标，开展新一轮城乡绿化美化行动，突出文化融入、做好"花"样文章，提升核心街区景观品质，高质量建设一批主题公园、街头绿地，积极打造创意农业花田，做好机场周边环境、高快速路、国省道及区内主干道沿线的环境综合整治，加快花都境内高速公路、高铁、城轨等重点交通出入"门户"升级改造，打响"到花都看花"品牌，打造"花漾城市"。

二是营造良好营商环境。加大招商引资力度，用好用活各项招商政策，整合花都区商旅文项目和用地资源开展对外招商，积极引进文化、旅游、商业龙头企业进驻花都，并在用地、融资、争取项目、拓展市场、人才培育与引进等方面为企业提供务实高效的服务、帮助，切实调动、激发企业参与商旅文融合发展的积极性。

三是推进景区景点升级改造。完善旅游厕所、停车场、步游路、标志标牌等配套设施，提升管理服务和景区绿化景观以及智能化建设水平，植入并强化文化休闲功能，发展特色餐饮、精品住宿、旅游商品购物等，延伸旅游产业链条，增强游客的消费意愿和消费动力。

（审稿：丁旭光）

B.10
改革开放以来广州老城区历史文化资源保护利用调研报告

程存洁　傅京芳*

摘　要： 改革开放以来，广州市在老城区历史文化资源保护和利用方面做了大量工作，取得了一定的成绩，积累了丰富的经验。受历史和认识局限，广州老城区历史文化资源的保护利用工作也存在诸多问题和不足。比如老城区缺乏一份科学的整体保护规划；在老城区改造和经济建设当中，存在破坏历史文化资源及过度开发历史文化资源的现象等。文章提出新时代广州市老城区历史文化资源保护利用的新思路。

关键词： 广州　老城区　历史文化资源　新思路

有着2200多年城市建设发展史的广州市，是首批国家历史文化名城。两千余年来，虽历经战火洗礼、朝代更替，但广州一直是岭南地区的政治、经济、文化中心和祖国的南大门。悠久的历史，为广州留下无数珍贵的历史文化资源。这些历史文化资源散布在广州市大街小巷。本文仅就改革开放以来广州市老城区即今越秀区和荔湾区内的历史文化资源的保护利用情况做一回顾，总结其成绩，指出存在的问题和不足，提出保护利用的新思路。

---

* 程存洁，孙中山大元帅府纪念馆二级研究馆员，广东省博物馆协会副理事长；傅京芳，自由职业人。

一 改革开放以来广州老城区历史文化资源保护利用的有力措施

新中国成立以来，特别是改革开放以来，广州市人民政府一直十分重视广州历史文化资源的保护和开发利用工作，先后多次组织全市范围文物和历史优秀建筑的普查工作，发现了一大批有重大历史文物价值、科学价值和艺术价值的古建筑、古遗址、古遗迹和古遗存等，积极采取有效措施予以保护利用；对那些尚未被评定级别的古建筑、古遗址、古遗迹和古遗存等，也进行了造册登记并予以妥善保护利用。

根据2017年5月编制出版的《广州市不可移动文化遗产地图集》统计，越秀区共有全国重点文物保护单位25处，省级文物保护单位16处，市级文物保护单位89处，其他文物保护单位74处，历史建筑、线索284处；荔湾区共有全国重点文物保护单位56处，省级文物保护单位5处，市级文物保护单位61处，其他文物保护单位131处，历史建筑、线索343处。

为延续广州文脉，保护利用好上述历史文化资源，提高广州国家中心城市的文化品位，同时为了广州可持续发展，增强国家中心城市的吸引力，广州市在大力发展城市建设和商贸经济的同时，从建设博物馆、实施立法立规、开展文化旅游、评定爱国主义教育基地等方面，对老城区历史文化资源进行了充分的保护利用和宣传。同时，市、区两级人民政府也纷纷举起"历史文化资源牌"，通过发掘老城区历史文化资源，寻找城市经济发展契机。具体做法有如下。

（一）重视发掘和保护利用老城区历史文化资源

在发展商贸经济和进行城市建设的过程中，广州市、区两级人民政府十分重视发掘和保护利用老城区历史文化资源，保护利用的理念得到升华，从过去的单体保护理念上升到如今的成片保护理念。特别是党的十八大以来，习近平总书记站在实现中华民族伟大复兴中国梦、传承中华优秀传统文化的战略高度，就加强文物工作发表了系列重要论述、做出了系列指示，为文物保护工作指明了方向。

改革开放以来，广州市老城区一大批优秀历史文化资源陆陆续续被发掘出来，得到政府挂牌保护。这些优秀的历史文化资源散布在广州老城区每个角落，时时刻刻向人们诉说着广州过去的辉煌、古老的文明，向世人展示着千年古都独特的风采。在历史文化资源的保护利用工作中，人们的保护意识得到了较大提高，一大批具有岭南特色的优秀建筑得到了成片保护。比如广州上下九路步行街的骑楼建筑群，沿江路民国建筑群等；一些有地方特色的历史街区被划定为保护范围，如"千年古道"北京路历史风貌被划定为北京路文化核心区；还有一些在城市建设过程中新发现的历史文化资源也得到了及时有效的保护，市人民政府还成立保护机构对这些新发现的遗址遗存进行科学保护，如1983年发现的西汉南越王墓，不仅得到科学发掘，而且得到原地原貌保护，还专门成立西汉南越王博物馆进行保护和展示宣传教育；又如新发现的越秀区西湖路光明广场西汉水闸遗址，也得到原地保护和展示；更值得一提的是，1995年起陆续发掘的南越国宫署遗址，广州市人民政府不仅投巨资保护，而且划定保护范围，迁走儿童公园，还专门成立南越王宫博物馆进行特别保护和展示。该遗址的保护利用工作，已成为我国城市考古工作的典范。上述新发现的三处遗址遗迹不仅成为全国重点文物保护单位，而且以"南越国史迹"一名列入了我国世界文化遗产预备名单。目前，这三处遗址遗迹正式纳入国家"海丝"申遗点。

（二）划定保护范围和建设控制地带

改革开放以来，广州市在老城区历史文化资源保护利用的立法工作上取得了一定的成绩，全国、省、市、区各级别的文物保护单位也相继划定了保护范围和建设控制地带。

广州是我国首批国家历史文化名城，在历史文化资源保护利用方面，除严格遵守《中华人民共和国文物保护法》外，广州市人民政府还制定了一系列地方法规，如在历史文化名城保护方面，1994年9月15日广东省八届人大常委会第十次会议通过了《广州市文物保护管理条例》，1998年11月27日广东省九届人大常委会第六次会议通过了《广州历史文化名城保护条例》；西汉南越国宫署遗址发现发掘后，1998年7月28日广州市人民政府公布了《广州市人民政府关于保护南越国宫署遗址的通告》，以立法的形式对南越国宫署遗址进行了保护。2017年12月1日施行的《广州市博物馆规定》，鼓励市、区人民政府依托古遗址、文物建筑、历史建筑、名人故居、旧址等设立博物馆，从而达到保护和利用历史文化资源的目的。与此同时，广州市人民政府还积极落实《中华人民共和国文物保护法》的有关规定，积极做好文物的"五纳入"工作。

（三）赋予历史文化资源保护利用新理念，使广州历史文化资源成为当地经济建设的推动力

通过加大对历史文化资源保护利用工作的宣传，广州市民的保护意识得到了空前提高。广州是改革开放的前沿地，经济建设一直走在全国前列，取得了有目共睹的成绩。深入探究其原因，我们不难发现，广州除了具有地理优势、侨乡优势、政策优势和悠久的商贸文化基础之外，还有一个重要原因，就是广州老城区的历史文化资源十分丰富，已成为当地经济建设的助推器。广州市、区两级人民政府积极主动到广州深厚的历史文化积淀中寻找经济发展的契机，在老城区丰富的历史文化资源中发掘出独特的商贸元素，并取得良好效果。如荔湾区在保护历史骑楼建筑群的基础上开辟了一条颇具民国风情的上、下九商贸步行街，重新修复荔枝湾，保护荔枝湾沿岸古旧建筑，从而吸引了海内外游客前来观光和购物，极大地提升了荔湾区的美誉度。越秀区更是抓住历史机遇，利用新发现的"千年古道"遗址，在做好保护的同时，及时打造出一条享誉海内外、颇具岭南特色的"北京路千年古道步行街"，为越秀区的经济发展带来了无穷的商机。这些汇聚广州历史文物古迹和岭南特色风俗风情的历史街区，如今已成为广州市老城区的商贸龙头，为当地的经济建设做出了巨大贡献。

通过改革开放四十年的不懈努力，广州市民的文物保护意识得到了空前提高，市民自发保护历史建筑和历史遗迹等历史文化资源的事例比比皆是，广州市的一草一木一砖一石都能牵动每个市民的心。

（四）历史文化游的开辟，是广州市老城区历史文化资源保护利用的一项重要内容

通过历史文化游，提升了广州市老城区历史文化资源的知名度，反过来又加大了历史文化资源的保护力度。历史文化资源的保护与利用，从来就是紧密相连。历史文化资源总是会拨动人们心中那根怀古幽思的琴弦。广州旅游事业的发展与历史文化资源的保护，二者更是息息相关，相互促进。改革开放以来，广州市旅游管理部门和文物管理部门通力合作，打造了一大批优秀旅游景点，如今广州市一些重要历史文物古迹得到了保护，并对外开放，如光孝寺、六榕寺、光塔、五仙观、镇海楼、平英团旧址、沙面建筑群、陈家祠、"三·二九"起义指挥部旧址、谘议局、黄花岗烈士陵园、中山纪念堂、广州起义旧址、广州起义烈士陵园、毛泽东同志主办农民运动讲习所旧址、鲁迅纪念馆等。这些文物古迹是广州市老城区历史文化旅游的重要景点，接待了无数中外嘉宾，宣传了广州灿烂的历史文化。它们为广州市被评为全国优秀旅游城市做出了积极贡献，为打造广州文化名片起到了积极的作用。

（五）政府的因势利导，使广州市老城区历史文化资源的利用得到了充分保障，社会效益得到了充分发挥，广大青少年得到了强烈的爱国主义教育

1994年，广州市开始命名爱国主义教育基地，构建了一套完善的爱国主义教育基地体系。在这批爱国主义教育基地中，广州市老城区的历史文化遗址及纪念馆占了一大半，如西汉南越王博物馆、南越王宫博物馆、北京路千年古道、广州博物馆（镇海楼）、越秀区博物馆（五仙观）、广东民间工艺博物馆（陈家祠）、"三·二九"起义指挥部旧址、黄花岗七十二烈士陵园、中山纪念堂、中共三大会议旧址、毛泽东同志主办农民运动讲习所旧

址、广州起义纪念馆、烈士陵园、中华全国总工会旧址、荔湾博物馆（西关民俗馆）等，都是有较大影响的爱国主义教育基地。其中，黄花岗七十二烈士陵园、毛泽东同志主办农民运动讲习所旧址、烈士陵园、中共三大纪念馆还是全国爱国主义教育示范基地。

从1997年起，广州市又在全国首创对全市中小学生参观爱国主义教育基地实行打卡免费参观政策，使全市中小学生每学期都能接受乡土教育和爱国主义教育。从2008年起，广州市绝大多数博物馆纪念馆又实行免费开放。这对全社会进行爱国主义教育起到了积极作用。

与此同时，广东省、广州市每年又拨出巨额财政专款，用于优秀历史建筑的修缮与保护。这些举措必将为广州老城区历史文化资源的保护和利用工作注入新的活力。

二 广州在老城区历史文化资源保护利用方面存在的问题和不足

改革开放以来，广州市在老城区历史文化资源保护利用方面，既有上述介绍的一些成功做法，也存在问题和不足。

（一）缺乏对老城区历史文化资源保护利用的规划

对老城区历史文化资源的保护利用，广州市老城区缺乏一份科学的整体保护规划，因而没有有效保护老城区历史风貌，不利于在"旧城改造"过程中保存原有历史信息。因此，制定一份涵盖老城区历史文化资源保护利用的规划就显得尤为重要。广州市虽然对全市包括老城区进行过五次大规模的文物普查工作，对普查出来的一些重要历史文化资源的保护和利用也制定了相应的规划，同时对优秀历史建筑也进行了多次普查，但由于老城区历史文化资源丰富、涉及的范围广、面宽，透露的历史文化信息十分丰富，加上保护利用又涉及多个部门，各职能部门之间存在各自为政和不易协调的局面，再由于老城区历史文化资源的产权复杂，人们普遍存在"喜新厌旧"的心理，全市老城区历史文化资源的保护和利用存在诸多不够科学的地方，一些具有地方特色的历史文化资源和信息从我们身边逐渐消失，以至于广州市老城区的面貌"焕然一新"，变得和全国其他城市一样，成为一个面孔，没有了地方特色。

如果广州市在大规模进行城市开发建设和改造初期就能有一份科学的整体而完备的保护规划，那么今天的广州老城区一定会更有魅力、更富有历史文化品位、更加美丽，对海内外游客的吸引力也一定会更强。然而，由于广州市在城市改造初期没有形成对广州市老城区实施整体保护，错过了对广州老城区进行整体保护的最佳时机，而后又随着城市建设的快速发展，在经济利益的驱动下，广州老城区的原有历史风貌和历史信息也就被一点一点地蚕食破坏掉了。广州市在老城区历史文化资源保护方面没有形成古城整体保护意识，因而广州市老城区的文物古迹虽然数量众多，却形成不了成片连线且具国际性影响的古迹。

今天的广州老城区早已是高楼林立，各式新建筑风格不一，使得老城区的历史文化资源显得颇为零散，无法连片，给人的感觉是，广州的历史文化资源只有星星，没有月亮，只见树木，不见森林，特别是那些新式建筑，更是与老城区内原有历史建筑和历史风貌格格不入，严重破坏了老城区的历史风貌。其中，最为典型的例子莫过于站在越秀山镇海楼上眺望广州老城区的感觉：20世纪80年代初期，站在老城区中轴线北端越秀山镇海楼上眺望老城区，老城特色鲜明，风格一致、楼层不高的建筑分布在大街小巷，珠江上帆船林立，一派南国风光"丝路"风情尽显眼前；而今站在镇海楼上再度眺望老城区，古城风貌已不复存在，人们完全看不到珠江，能见到的只是新建的高楼大厦。可以说，这对广州市老城区而言留下了永远的遗憾！

总体而言，改革开放以来，广州老城区文物单体建筑的保护力度得到了加强，保护状况良好，而古城风貌、历史街区的风貌以及文物建筑周边整体环境却发生了巨大变化，具有特色的历史街区被新建筑打破，而新建筑又缺乏本土地域文化内涵，已严重影响了老城区的视觉效果，污染了老城区的整体景观，特别是"现代塔林"景观早已覆盖了广州老城区。广州急需一份科学的古城整体保护规划。

（二）在老城区改造和经济建设当中，存在破坏历史文化资源及过度开发历史文化资源的现象

历史城区是城市记忆保持最完整、最丰富、最有特色、最显魅力的地方。她不仅是一座城市或一个民族悠久历史和灿烂文化的最好见证，也是人们的精神家园。随着广州经济迅猛发展，城市人口急剧膨胀，城市建设日新月异，城市规模和城市版图得到了前所未有的扩大，这无形中给老城区历史文化资源的保护利用工作带来了前所未有的压力。总的来讲，改革开放以来，在处理城市化发展与文化遗产保护二者间的关系方面，我们虽然获得了一些有益经验和成功做法，却没能充分认识城市中的历史风貌是我国文化遗产至为重要的一个组成部分，是不可再生和无法替代的文化资源。毋庸讳言，广州老城区发生了巨大变化，马路被拓宽，高楼大厦拔地而起，原有的历史风貌正在发生变化，一些有特色的旧建筑被人为拆掉，造成无法挽回的损失和深深的遗憾。

与此同时，广大市民的保护意识不同程度的较为薄弱。人们在老城区建设和改造过程中，一方面错误地采取了"以旧城为中心发展"的城市规划和发展理念，结果导致老城区的肌理和文脉在不经意中受到了破坏；另一方面急功近利发展城市的现象比较普遍，自身利益和少数人的利益被摆在首位，一些房地产开发商为了不耽误工期，即便在开发过程中发现了文物，也不按法规上报文物行政管理部门，有的甚至私自藏匿或销毁文物。如北京路的名盛广场，建设单位为了将其建设成一座现代化购物中心，竟然拆掉原骑楼建筑，使北京路原有建筑风貌和历史风貌被彻底破坏。"上世纪90年代，广州市也和很多城市一样将历史城区的改造一股脑交给开发商，结果形成了历史街区内高楼大厦紧临传统民居的零乱局面。1999年，广州市政府做出了'广州旧城改造不再让开发商参与'的决定。"[①] 这表明广州市政府已经意识到加强老城区整体保护的意义。

[①] 单霁翔著：《城市化发展与文化遗产保护》，天津大学出版社，2006，第95~96页。

（三）文物保护资金不足，人才队伍缺乏

广州市区两级人民政府虽然对国有单个文物保护单位保护资金的投入较多，但与经济发达地区的兄弟省市相比，总体投入的比例还是不高。与此同时，地处经济发达地区的广州，由于从事历史文化资源保护利用工作人员的待遇低，事业创新力不足，难以吸引海内外优秀人才，导致人才队伍贫乏。

（四）缺乏直观的、朗朗上口的历史文化名城对外宣传名号

在历史文化名城对外宣传方面，广州市虽拥有岭南文化中心地、"海上丝绸之路"发祥地、我国近代民主革命策源地和中国改革开放前沿地等"四地"名号，但始终没有形成一个直观的、朗朗上口的响亮名号，因而影响了广州对外宣传力度。广州是一座个性鲜明的城市，数千年来城市中心一直未变，对内对外的商业贸易活动持续数千年，且具世界影响，至今中国进出口商品交易会仍在广州举行。以往，广州在对外宣传时，都没有特别突出这一特点，使广州的对外形象难以鲜明突出。在我国数千年重农抑商的历史长河中，广州的商业文明之所以能够得以保存发展至今，这就足以说明它有着自己十分独特的魅力和生命力。在当今社会，广州的商业文明应该得到更多的认同。

（五）在把历史文化资源开发利用成旅游资源的过程中宣传的力度不够

广州的商业文明十分发达，在历史文化资源的宣传推广方面，广州虽具有较成熟的做法，拥有全方位、多层次的宣传推广渠道，特别是在当今信息网络时代，但是，我们也必须清醒地看到，广州市在对历史文化资源的宣传推介方面，无论是宣传手段，还是宣传平台，都显得较为贫乏，宣传的深度和广度依然不够，使广州难以形成"国际性旅游城市"。

（六）缺乏保护旅游品牌的意识

自1999年10月由广州市市长亲自划定"广州一日游"历史文化名城

游览线路后,广州这一经典旅游品牌曾在较长时间内取得了较好的效果。据2001年不完全统计,2000年即有近4000万人次参加"广州一日游",创收达100亿元,全年收入占广州市旅游总收入的1/4。"广州一日游"品牌逐步形成,"一日读懂两千年"的宣传口号深受国内外游客的欢迎。令人惋惜的是,后来因各旅行社间进行恶性竞争,自毁品牌,导致"广州一日游"偏离了原来的目标,质量严重下降,品牌难以为继,旅游线路频繁更改,从而影响了广州市历史文化遗产的宣传和利用。

(七)在进行爱国主义教育方面,与学生的互动和沟通有待进一步加强

在广州老城区,有相当一部分历史文化资源本身就是全国、省、市级爱国主义教育基地。每年,这些基地接待的中小学生参观人数虽然众多,但因基地陈列展览的内容和形式缺乏足够的吸引力,展示手段单一,互动项目不够生动,知识灌输型多,启发型少,难以对广大中小学生产生影响和共鸣。每年,爱国主义教育基地虽然都积极送展到学校,方便学生参观和学习,但是送展的内容不够生动,且较少主动去学校给学生上课讲解。展出期间,也较少去学校做详细调研,了解学生的需求,只是把展览搞出来,让学生自己参观就是了,至于效果如何,则没有进行事后跟踪了解。学校方面为了完成升学率和书本教学任务,为了避免出现学生伤亡事故,也不敢组织学生离校参观爱国主义教育基地,一些乡土课程和历史地理课只停留在书本学习,不敢将课程安排到爱国主义教育基地上来。教育部门虽然一再地要求提高学生的素质教育,但如何更好地进行素质教育,却没有详细可操作的计划。总之,爱国主义教育基地与学校之间缺乏良性沟通。

三 新时代广州市老城区历史文化资源保护利用的新思路

经过改革开放四十年的努力,在老城区历史文化资源保护利用方面,广

州市既取得了可喜的成绩,获得了许多宝贵的经验,也留下了一些深深的遗憾。新时代,我们将提高认识,扎实工作,严格遵守《中华人民共和国文物保护法》提出文物工作贯彻"保护为主、抢救第一、合理利用、加强管理"十六字方针,认真学习,深刻领会习近平总书记关于文物工作的重要论述,将广州市老城区历史文化资源保护利用工作推向新阶段。

首先,我们要提高历史文化资源保护利用的认识,让全体市民都了解老城区是城市文脉所在。同时,决策者应及时调整保护理念,从过去以单座历史文化建筑保护为主的理念,上升到成片整体保护理念,特别是对老城区,要积极采取整体保护理念,确保老城区不能再拆,应通过腾退、恢复性修建,做到应保尽保,最大限度地留存有价值的历史信息。

其次,要加强立法立规工作。只有将老城区整体保护利用工作纳入法制轨道,才能确保老城区历史文化资源的保护利用工作可持续发展,而不会出现人走政息的局面。2018年广州市国土资源和规划委员会发出穗国土规划字(2018)72号《关于印发广州市历史文化名城保护条例实施工作方案的通知》,明确提出许多具体措施,其中有一条要求"市、区人民政府分别将历史文化名城保护工作纳入本级国民经济和社会发展规划、年度计划,并将历史文化名城保护经费列入本级财政预算,保障经费投入"。同时,《广州市城市总体规划(2017～2035年)》提出"历史城区整体保护与活化"的保护利用理念和"保护修复珠江文化带、城市传统中轴线、城郭和骑楼文化景观环共同构成的'一带一轴两环'的历史城区整体结构"。

最后,要加大检查督查和惩治处罚力度,彻底消灭破坏老城区历史文化资源的一切行为,使人人爱惜历史文化资源。

(审稿:韩玲玲)

文化遗产篇

Cultural Heritage

B.11
2017年广州非物质文化遗产保护现状及对策建议[*]

广州大学广州发展研究院课题组　执笔：吕慧敏[**]

摘　要： 2017年，广州市落实中央《关于实施中华优秀传统文化传承发展工程的意见》的精神，通过财富论坛、广州文化周和机场宣传，推动非遗文化走出去，成为2017年非遗工作亮点。其他非遗常规工作也稳步进行：粤剧活动彰显国际化气蕴；

---

[*] 本研究报告系广东省高校人文社科重点研究基地广州大学广州发展研究院、广东省教育厅"广州学"协同创新发展中心、广东普通高校创新团队项目"广州城市综合发展决策咨询团队"、广州市教育科学规划课题"广州市非物质文化遗产校园传承研究"（1201534170）、广州市哲学社会科学发展"十三五"规划课题"非物质文化遗产异地传承'广州模式'探究"（2017GZYB02）的研究成果。

[**] 课题组组长：涂成林，广州大学广州发展研究院院长，二级研究员、博士生导师。课题组成员：吕慧敏，广州大学广州发展研究院副研究员、博士；谭苑芳，广州大学广州发展研究院副院长，教授、博士；黄旭，广州大学广州发展研究院所长，副教授、博士；彭晓刚，广州大学广东发展研究院特聘研究员；魏高强，广州城市学研究会副秘书长。执笔：吕慧敏。

醒狮活动丰富，创意、活化传承非遗文化；非遗旅游初试；青春版非遗君创新宣传非遗文化。但是非遗保护在法规体系、对外交流、非遗旅游方面还存在一些问题。课题组建议，应抓紧制定《广州市非物质文化遗产保护办法》；有效利用广州文化周，加强对外宣传；尽快推出"广州非遗一日游"；并在2018年重点宣传美食类非遗项目。

关键词： 非物质遗产　对外传播　活化

2017年1月25日，中共中央办公厅、国务院办公厅印发了《关于实施中华优秀传统文化传承发展工程的意见》（以下简称《意见》），明确提出"实施非物质文化遗产发展工程"。广州市积极落实《意见》精神，努力"推动中外文化交流互鉴"。所以，推动非遗文化"走出去"，成为2017年非遗工作亮点。此外，广州市在2017年启动了主题为"走近·共享"的非遗资源活化行动，在组织的醒狮、非遗旅游、青春版非遗宣传等系列活动中活化利用、宣传非遗文化，将非遗文化"融入生产生活"。

一　2017年广州市非物质文化遗产保护工作进展情况

（一）2017年广州市非物质文化遗产保护工作亮点

1. 利用财富论坛，推动广州非遗文化"走出去"

2017年12月6日至8日，2017年财富全球论坛在广州举行，广州市文广新局承担了部分接待任务：赠送与会嘉宾非遗作品，为嘉宾配偶安排非遗旅游线路，安排媒体采访非遗文化线。财富论坛是一个以"经济"为主题的具有国际影响力的盛会，非遗文化元素的注入及相关活动安排，在丰富了财富论坛的同时，也借财富论坛这个国际化平台，促进了广州非遗的国际传播。

首先,注重物质文化遗产与非物质文化遗产的结合,综合、立体展现广州文化遗产魅力。大会为与会嘉宾配偶安排了两条非遗旅游线路:12月7日上午粤剧艺术博物馆体验游,嘉宾配偶从中了解人类非遗代表作粤剧的缘起及广东跷、竹水衣、反宫装等,并观看粤剧、画脸谱;下午大会安排了陈家祠体验游,让嘉宾配偶领略到了广州的"三雕一绣一彩"、岭南盆景等非遗代表作的魅力。

值得一提的是,粤剧艺术博物馆是具有岭南园林特色的现代建筑,陈家祠是广东现存祠堂中最富有广东特色的艺术建筑群,是全国文物重点保护单位。这两条非遗线路的安排向嘉宾配偶全方位展示了广州代表性文化遗产,让他们领略到了广州传统文化的魅力。

其次,注重在地化非遗文化展示与便携式手信相结合,多渠道传播广州非遗文化。非遗文化的对外传播有"引进来"和"走出去"两个渠道。前者指把异文化者引入本地,在文化的起源地感受非遗文化;后者指非遗文化所有者通过到异文化环境,传播非遗文化。此次财富论坛把许多政要、企业家及其配偶聚集到广州,让他们在广州体验多个非遗文化代表作。与此同时,广彩作品还作为礼品赠予与会嘉宾及其配偶,包括赠给嘉宾的广彩花盘《扬帆起航》和赠给嘉宾配偶的广彩对杯《吉祥如意》。这些手信随着嘉宾及其配偶走向了世界各地。

再次,注重宣传的高度和广度相结合。一方面,广州向各国政要、企业家及其配偶展示了非遗文化,这些嘉宾所在的高度将使广州非遗的影响力也到达一定高度。12月7日上午,加拿大总理贾斯廷·特鲁多到陈家祠参观,并要求观看醒狮表演。第二天,加拿大当地的媒体广泛报道总理观看醒狮表演的环节。这必将使加拿大人更多地了解广东醒狮。另一方面,广州市文广新局还特意安排五天媒体采访之非遗文化线,主要包括在粤剧艺术博物馆安排广彩、广绣、古琴、广州榄雕、咏春拳等非遗内容展示;陈家祠安排了灰塑、通草画非遗展示;番禺沙湾古镇从听广东音乐到品尝水牛奶。现代媒体是最具宣传力的工具之一,针对记者的非遗展示将有效提升广州非遗的国际传播力。据统计,非遗文化采访线共接待中外记者近40人、媒体15家。非遗文化采访点的参观和非遗项目的展示活动，吸引了媒体记者极大的关注，《中国日报》、人民网、新华网先后进行了视频直播，《光明日报》、中央人民广播电台、南方卫视、《广州日报》、《羊城晚报》等媒体对随队外国嘉宾和传承人进行了采访。

2."广州文化周"系列活动彰显岭南文化魅力，推动广府文化与世界文化相互交融

"广州文化周"是广州市重点打造的对外文化交流品牌，并作为市政府重点工作写入2017年政府工作报告。"2017广州文化周"系列活动在世界各地陆续开展，非遗作为具有广州地方特色的文化代表积极参与其中。2017年1月28日（正月初一）广州艺术团在伦敦正式拉开"2017广州文化周——欢乐春节英国行"巡演的序幕，后赴英国格拉斯哥、亚伯丁、贝尔法斯特、普雷斯顿等多个城市开展巡演活动，让英国各地观众领略"广府文化"的独特魅力，共庆中国新春。广东音乐、广东木偶戏、粤曲等非遗表演博得英国观众的喜爱。5月，"2017广州文化周·南国红豆耀云城"活动在加拿大进行；9月，广州国际友城文化艺术团在瑞典开启"广州文化周"北欧巡演序幕，粤剧表演获得满堂彩。

"2017广州文化周"展现的多个非遗项目有效地传播了广州传统文化，呈现出以下几个特点。

第一，"2017年广州文化周"系列活动受到较高规格关注，并受到海外华侨和当地市民的热情追捧。在"欢乐春节英国行"活动中，英国女王伊丽莎白二世专门为该次庆典活动发来贺信，向所有出席人员致以节日问候；活动现场还宣读了英国首相特雷莎·梅的春节贺词。1月29日的庆典活动中更是让数十万人领略了中华传统文化、岭南文化的巨大魅力。1月28日正月初一下午，广州艺术团在英国国家美术馆举行粤曲专场欣赏会，全场爆满，一票难求。广州红豆粤剧院在温哥华的演出票房也十分火爆，早在演出一周前便已售罄。

第二，利用传统春节，有效传播中国传统文化。多年来，以圣诞节、情人节为代表的西方节日进入我国，并受到年轻人的喜爱。在我们诟病洋节"侵入"，本国、本民族文化趋弱的时候，广州市利用春节，将地道的岭南传统文化带出国门，展现给世界。春节是我国最重要的传统节日，承载着最

厚重、丰富的中华传统文化。广州市选择在春节期间开启"2017广州文化周"具有特殊的意义。一方面，利用这样的传统节日在世界著名城市英国伦敦展示岭南文化，不仅可以召唤当地华侨共度新春，加大文化传播的效度，而且可以在喜庆、欢乐的氛围中让英国当地居民了解中华传统文化；另一方面，当优秀的岭南文化成功展现在世界舞台上的时候，反推回国，又会让广州人对自己的传统文化更加认同，增强文化自信，特别是让本来崇尚洋节等外国文化的青少年更加认同中华传统文化。

3. 白云机场举办非遗展览，打造非遗走向世界第一站

2017年12月16~26日，由广州非遗保护中心主办、广州白云机场艺术中心协办的"美好生活，与非遗同行——广州非遗展"在广州白云机场艺术中心成功举办。展览的最后一天，还举办了一场以古琴分享和体验为主题的"雅集对话"。

这次展览体现了"非遗就是生活"的传承理念，将非遗带到生活中，在物质文化与非物质文化遗产的结合中，展示了非遗回归生活，创造美好生活的可能性。展览以广州传统家居生活为展示形式，分为长廊、三间两廊、客厅、茶室几大板块，分别展出了广绣、广彩、广州玉雕、广州珐琅、广州牙雕、打铜技艺、广式硬木家具制作技艺、广式红木宫灯制作技艺、钉金绣裙褂制作技艺和广州榄雕等多个非遗项目的作品。在展示的同时，游客还可以在茶室中闻茶香、聊家常、听琴韵，感受文人焚香、插花、奏琴、挂画、品茗的雅趣。

机场是外地人、外国人进入一个城市看到的第一个空间，其功能在接送旅客之外，还应该成为展示城市文化的重要窗口。2017年在白云机场进行的广州非遗展以"展示"和"体验"等方式让外国人一进入广州即可有意或无意地了解到广州传统文化，从而有效加强了广州传统文化的对外传播。

（二）2017年广州市非物质文化遗产保护常规工作进展情况

1. 粤剧传播形式多样，彰显国际化气蕴

粤剧是人类非物质文化遗产代表作，是广州市代表性非遗项目，一直受到各级部门的重视。2017年，粤剧传播形式多样，力度加大。

首先,首发《粤剧》特种邮票。邮票素有"国家的名片"之称,它是弘扬一个民族或国家精粹的重要宣传载体,是一个国家的文化、历史、艺术的真实缩影。一般来说,一个民族或国家会把他们最具代表性和最引以为荣的事物印在邮票上。从实用价值上说,邮票可以载着这些最具代表性的事物传播到世界各地,让所有看到邮票的人了解这些事物。从收藏上价值上说,邮票还可以成为各地收藏家的珍品。粤剧是岭南文化的典型代表,既是沉淀了数千年的岭南文化精粹的代表,也是遍布世界各地的岭南人文化认同符号。以粤剧为主题的邮票的发行将使粤剧在广州文化发展史上留下重要的一笔。

其次,广州粤剧院拍摄粤剧电影《花月影》。电影是当下大众娱乐的重要方式,所以,戏曲电影就成为戏曲大众传播的重要方式。2017年7月26日,由广州市文化广电新闻出版局主办,广州粤剧院与山西电影制片厂合作拍摄的粤剧电影《花月影》开机仪式在广州市南方珠影影视制作基地隆重举行。这部电影由著名粤剧表演艺术家倪惠英和黎骏声领衔主演,全片以舞台版《花月影》为基础,将粤剧艺术与电影艺术以现代影视数码制作技术加以糅合,在保留原汁原味的传统戏曲舞台艺术风格的同时,重点呈现倪惠英、黎骏声等艺术家们的优美唱腔与精湛表演技艺,通过现代影视技术展现粤剧艺术的博大精深和丰富多彩,振兴粤剧,传承和发展粤剧艺术,并弘扬中华民族优秀传统文化。粤剧是舞台艺术,其瞬间性和不可复制性使其受众受到一定限制。粤剧电影的拍摄虽缺少了现场艺术的震撼,但是其制作的精良,传播的力度都值得称道。

再次,粤剧艺术博物馆彰显非物质文化遗产和物质文化遗产的高度融合。2017年,粤剧艺术博物馆获得了2016~2017年度中国建设工程鲁班奖——我国建筑行业工程质量的最高荣誉奖。粤剧艺术博物馆是该年度获奖建筑中唯一的古建筑工程,这也是广东省的古建筑工程第一次获得"鲁班奖"殊荣。整体园林建筑设计方案追求粤剧艺术与岭南园林艺术在精神内涵与园林表现上的气韵相合,融入岭南传统三雕(石雕、木雕、砖雕)、两塑(灰塑、陶塑)、嵌瓷、彩画等民间传统手工艺,并结合当代艺术创作,使粤剧艺术博物馆不仅成为保护和传承粤剧这一世界物质文化遗产的博物馆,更是一座集岭南传统文化、艺术、传统工艺等于一身的复合体验型博物馆。

2. 以南国醒狮为代表性个案，创意、活化传承非遗文化

2016年，广州市以广绣为引领性个案，组织了贯穿全年的非遗文化系列活动。2017年，广州市依此模式，以醒狮为代表性个案，展开了持续近一年的系列活动。

首先，通过醒狮知识普及，让市民更加了解醒狮。对于很多普通市民而言，醒狮既熟悉又陌生。在诸多非遗项目中，醒狮是依然活跃在市民生活中的项目之一——每逢传统节日、企业庆典，市民都可以欣赏到醒狮表演。另外，由于醒狮可以和学校体育类课程、课间操、兴趣班相结合，近年来醒狮进校园活动丰富，加大了醒狮的影响力。但是关于醒狮的历史、道具及表演细节，却鲜为人知。自2017年4月起，"广州非遗"公众号推出20多期有关醒狮知识的微信，采用幽默风趣的语言详细解读南狮的各方面内涵，从南狮的起源，到道具、动作、套路、礼仪、民俗、行话等，这些充满趣味的醒狮知识普及，让许多人对醒狮由陌生变为熟悉。

其次，创新醒狮节目，传承非遗文化。6月11日在"文化和自然遗产日"上，广州市青少年醒狮表演赛在广州塔正式启动。在之后的三个月中，广州市各区举办了多场区级单狮和群狮选拔赛。每区选派一个单狮节目和一个群狮节目，参加9月30日在文化公园中心台举行的"喜迎十九大·文脉颂中华"广州市青少年醒狮表演赛。在诸多参赛节目中，在继承传统醒狮母题和套路之外，还加入了许多现代元素，让醒狮在创新中走近生活。花都区秀全街红棉小学醒狮队在群狮节目《活佛灵狮齐献瑞》中巧妙融入了《大王带我来巡山》的音乐，表现一群大头佛与狮群玩耍的喜庆祥和的场面；黄埔区玉泉学校的群狮节目《萝岗香雪遇知音》大胆跳起了"骑马舞"，还与黄埔区另一非遗项目"萝岗香雪"巧妙融合；广州市青少年醒狮队的单狮节目《渡河驱蛇救幼狮》，则尝试用电动狮代替传统的"青"，展现了醒狮与现代科技结合的更多可能。

再次，开发醒狮文创产品，活化传承南国醒狮。醒狮的文创产品并非2017年首创，但正是由于2017年持续近一年的系列醒狮活动，更多人了解

并体验到了醒狮文创产品的魅力。在广州市少年儿童图书馆、广州塔千人大厅,立体书狮子、黏土狮子、狮头涂鸦、画狮子、醒狮操、醒狮积木、醒狮趣味游戏,让孩子们认识到醒狮的更多创意玩法,更让醒狮以更多的形式走进孩子的日常生活。

3. 非遗旅游小试牛刀

"非遗旅游"一直是非遗实践中的热点话题,遗憾的是广州很少开展相关活动。2017年,广州市在文化遗产日系列活动中初设四条公益非遗旅游线路,包括地铁非遗游、沙湾古镇非遗游、西关非遗文青游、西关非遗亲子游。这是首次设计非遗旅游线路,推广广州市代表性非遗项目。

"地铁非遗游"是以地铁为交通工具,让市民欣赏地铁沿线代表性非遗项目——广东工人醒狮协会的广东醒狮、大新象牙工艺厂的牙雕、广州酒家的粤菜、米机王咏春拳馆的咏春拳、广州绣品工艺厂的广绣。"沙湾古镇非遗游"让市民体验并参观了广州砖雕,学习制作并品尝沙湾姜埋奶、糯米糍,欣赏了沙湾何氏广东音乐。"西关非遗文青游"让市民欣赏并体验了广州玉雕和广彩,并在爱群大厦以传统茶座的形式边品味粤菜边欣赏广东音乐。"西关非遗亲子游"组织亲子家庭学习螳螂拳,试穿粤剧戏服,品味泮溪酒家粤菜,体验广彩绘画。

从这四条非遗旅游线路看,其内容主要包括四大类非遗内容:一是表演艺术类非遗项目,包括醒狮、广东音乐、粤曲等;二是工艺美术类非遗项目,包括广绣、玉雕、牙雕、砖雕、木雕、广彩等;三是和美食相关的非遗项目,包括广州酒家、泮溪酒家和爱群大厦的粤菜、沙湾姜埋奶、糯米糍等;四是体育类项目——米机王咏春拳、螳螂拳。这些几乎涵盖了最具广州特色的非遗项目。其中,表演艺术类非遗项目适宜欣赏,工艺美术类项目适宜欣赏加体验。美食类项目和咏春拳则不仅具有广州特色,更具国际化视野,因为对于外国人来说,他们最感兴趣的中国文化莫过于美食和武术。所以,旅游线路中这些非遗项目的设置合理且具代表性。

4. 创新宣传非遗文化,提升非遗宣传效度

当下,非遗保护和传承一直遭遇一个问题:在现代语境下,如何让百姓

对传统的非遗文化感兴趣,特别是让青少年感兴趣,以避免出现非遗文化传承的断层。广州市在2017年推出"青春版非遗君"作为形象大使,提升了非遗宣传的效度。

在形象和形式方面,"非遗君"迎合了年轻人的审美心理和喜好。2017年文化遗产日期间,广州市非遗保护中心推出首个象征羊城非遗的Q版人物——非遗君(见图1),体现了非遗保护工作的不断创新、与时俱进,Q版的"非遗君"也为非遗保护增添青春活力元素。

图1 非遗君

微信几乎是现代人,特别是年轻人必备的伙伴。为此,2017年6月2～11日,广州图书馆举办了"青春版广州非遗朋友圈——广州非遗资源展"。该展览便以"非遗君"为主要形象,以微信朋友圈的形式,向市民介绍了丰富的广州非遗资源,得到了广大市民的纷纷"点赞"。在非遗活动文稿撰写方面,撰稿人也会以非遗君的口吻,以年轻人特别是青少年儿童容易接受的语言进行讲述,拉近了现代人和非遗之间的距离。

昆曲在历史上曾经沉默了很多年,2001年被列入人类非物质文化遗产代表作之后又开始受到关注。2004年白先勇制作的青春版《牡丹亭》把昆曲彻底拉回到现代生活,受到了年轻人的追捧,创造了戏曲上座率的神话。广州非遗中心推出的青春版非遗君和青春版《牡丹亭》如出一辙,都是期待通过古老的传统文化"青春化",从而焕发青春的活力。

5. 非遗名录再添新成员

(1)广州市再添7位国家级非物质文化遗产代表性传承人。2017年12月29日,文化部办公厅公布了《关于公示第五批国家级非物质文化遗产代表性项目代表性传承人推荐名单的公告》,公示了1113名国家级非遗传承人,广州市8人榜上有名。分别为广东音乐传承人何克宁,狮舞(广东醒狮)传承人赵继红(已故),粤剧传承人欧小胡(欧凯明),木偶戏(广东木偶戏)传承人崔克勤,粤曲传承人黄少梅,粤绣(广绣)传承人许炽光,核雕(广州榄雕)传承人曾昭鸿,广彩瓷烧制技艺传承人谭广辉。由于赵继红先生已故,所以可以认定的国家级非遗传承人有7人。加上前四批仍然健在的国家级传承人8人,现在广州市共有国家级非遗传承人15人(见表1)。

表1 广州市国家级代表性传承人一览

	第一批(2007)	第二批(2007)	第三批(2009)	第四批(2012)	第五批(2017)
传承人及项目	陈少芳,70岁,粤绣(广绣)	红线女(已故),80岁,粤剧	谢导秀,69岁,古琴艺术(岭南派)	张民辉,59岁,象牙雕刻	何克宁,67岁,广东音乐
			汤凯旋(已故),64岁,广东音乐	邵成村,47岁,灰塑	赵继红(已故),狮舞(广东醒狮)
			高兆华,60岁,玉雕(广州玉雕)	陈文敏,51岁,广彩瓷烧制技艺	欧小胡(欧凯明),45岁粤剧
			黄学文(已故),79岁,核雕(广州榄雕)		崔克勤,53岁,木偶戏(广东木偶戏)
			杨虾,72岁,家具制作技艺(广式硬木家具制作技艺)		黄少梅,78岁,粤曲
			余培锡(已故),80岁,广彩瓷烧制技艺		许炽光,72岁,粤绣(广绣)
			区欲想,76岁,传统中医药文化(潘高寿传统中药文化)		曾昭鸿,54岁,核雕(广州榄雕)
					谭广辉,48岁,广彩瓷烧制技艺

注:表格中的年龄为传承人入选国家级非物质文化遗产代表性传承人当年的年龄,如陈少芳在2006年入选第一批国家级非遗代表性传承人,当年70岁。

第一，从年龄上看，年龄结构趋于合理化。从表1中可以看出，前三批非遗传承人均为60岁以上的老人，其中，近一半传承人已经辞世。非遗传承"以人为本"，这种非遗传承人老龄化现象对非遗传承而言是致命打击。从全国非遗保护情况看，传承人老龄化、后继无人也是非遗实践和研究的热点话题。所以广州市在申报第四批非遗传承人时有意向年轻化发展，通过审批的三位传承人年龄均在60岁以下。到了申报第五批非遗传承人时，广州市既重视年纪稍长的老年传承人，也注重60岁以下的传承人，最年轻的欧小胡仅45岁，年龄结构更加合理。

第二，从历批国家级非遗传承人审批数量上看，广州市国家级非遗传承人占全国总数的比例稳中有升（见表2），特别是第三批至第五批，一直比较稳定，可见广州市非遗传承人机制执行比较稳健。

表2 广州市历批国家级传承人数量占全国总数百分比统计情况

批次	第一批	第二批	第三批	第四批	第五批
广州市人数（人）	1	1	7	3	8
全国总人数（人）	226	545	711	498	1113
广州占全国百分比（%）	0.44	0.18	0.98	0.60	0.72

注：此统计表中的人数均按公示人数计算。

第三，从项目门类上看，广州市国家级非遗传承人依然集中在广州的优势项目上——表演艺术类非遗和传统手工技术、传统美术类非遗。其中，广东音乐、广东醒狮、广东木偶戏、粤曲和广州榄雕五个项目都是首次拥有国家级传承人，这将有利于这些项目传承发展。

（2）第六批市级非物质文化遗产性项目公布。2017年6月，广州市公布了第六批非物质文化遗产代表性项目，其中新增项目11项，扩展项目5项，共计16项。这些项目包括盘古王传说、郑仙传说、广东汉乐（增城）、螳螂拳（广州）、广州饼印制作技艺、大立菊扎作技艺、南乳花生制作技艺、西关水菱角制作技艺、黄豆酱传统制作技艺（狮岭）、针灸（岭南火针

疗法)、岭南罗氏妇科诊法；洪拳（黄飞鸿派）、广州玉雕、广式硬木家具制作技艺、扒龙舟（车陂村扒龙舟）、妈祖信俗（龙潭村天后诞）。

二 2017年广州市非物质文化遗产保护存在的主要问题

（一）非物质文化遗产法规体系还有待进一步完善

完善的法规体系是非遗保护得以顺利进行的法律保障。当下，广州有两部相关法规，分别为《广州市非物质文化遗产名录项目管理办法》和《广州市非物质文化遗产项目代表性传承人管理办法》，已出台若干年，存在以下问题。

第一，广州市这两部法规参照《国家级非物质文化遗产保护与管理暂行办法》和《国家级非物质文化遗产项目代表性传承人认定与管理暂行办法》制定，内容基本没有超过两部国家法规规定的范围，笼统而不具体，地方特色不突出。

第二，广州市这两部法规主要针对已有市级以上项目及代表性传承人制定，侧重点在"管理"。对如何认定非遗项目及代表性传承人基本没有涉及。而实际上，非遗保护是一个系统工程，包括非遗项目、代表性传承人认定、具体保护举措、如何管理等。

第三，在这两部法规之外，广州市并未再根据本市特色制定其他法规作为补充。

（二）广州非遗对外交流有待加强

2017年，广州非遗对外交流活动丰富，成为该年度亮点，但是仍有几方面工作有待加强。

首先，"广州文化周"活动地域范围不宽。从2017年广州文化周活动来看，活动地域主要集中在北欧、英国和加拿大，而在亚洲地区鲜有活动。这大大限制了广州文化周的影响力。

其次,"广州文化周"非遗展示内容不够突出和丰富。2017年广州文化周展示的非遗项目以表演艺术类项目为主,包括粤剧、粤曲、广东音乐、广东木偶戏等。这些的确都是广州标志性非遗项目,特别是粤剧,是人类非物质文化遗产代表作,极力需要国际化推广。但是,课题组认为,仅限于此还不够。一方面,对于外国人而言,他们最感兴趣的中国文化一般是"美食"和"功夫",广州有粤式菜系、姜埋奶、沙河粉等各式广式小吃,还有蔡李佛拳、咏春拳、螳螂拳等功夫。另一方面,广州还有优势突出的"三雕一绣一彩",这些在历史上曾经是外国人争相追捧的东方艺术品。这些非遗项目的缺失,使广州文化周上的非遗展示过于片面,形式也不够丰富。

再次,2017年广州文化周上非遗展示内容的片面性导致了欣赏群体以华侨为主。粤剧、粤曲等艺术形式以粤语方言为基础,其受众具有一定的局限性。"广州文化周"巡回展演的目的是加大非遗的对外传播力度,让广州非遗"走出去",所以更应关注外国当地居民的审美需求。

最后,机场的非遗宣传未形成常态化,宣传形式也不适宜机场空间。由于白云机场艺术中心尚未建成,所以2017年的非遗机场展示仅属尝试,还没有形成常态化。另外,2017年白云机场非遗展示以"体验"为亮点,这与机场空间并不相宜。机场是旅客的集散地,人们或赶乘飞机,或刚下飞机赶往广州某地。所以很少有人会在机场逗留太长时间,也很少有人会有心情在机场体验非遗。"体验"既需要时间,也需要心情,机场空间在这两方面都不具备。机场应该承担的任务就是以视觉的冲击,让机场的"过客"在最短的时间内,甚至在迅速走过某个通道时,对广州某个非遗项目"过目不忘",从而有兴趣在广州进一步了解。

(三)非遗旅游推进缓慢,未形成品牌效应

2017年,广州市第一次设计非遗旅游线路,迈出了非遗旅游的第一步。但是在实际操作过程中存在以下问题。

一是以非遗宣传为主旨,忽视了旅游的可观性。非遗旅游应该是"非遗+旅游",即通过旅游的方式让游客了解以非遗为代表的广州传统文化。

但是2017年广州市推出的四条非遗旅游线路比较适合想了解非遗文化的广州市民,而不适合外地来穗的游客。这是因为:其一,从游览效率上看:游客一般时间有限,都希望在最短的时间内了解最丰富、最有亮点的内容。但是已经实践的这四条旅游线路过长,基本是乘车的时间与游览的时间相近,一天仅能了解三至五个非遗项目,游览效率大打折扣。其二,从游览方式上看,主要包括讲解、欣赏、体验,且以知识性为主,这与游客以"玩"为主、玩中游的旅游初衷不符。

二是非遗旅游线路仅配合文化遗产日系列活动,如昙花一现,未进一步市场化。文化遗产日非遗旅游线路推出之后,再未有相关活动,其市场化步伐比较缓慢。

三是非遗旅游未与物质文化遗产和自然文化遗产相结合。从2016年开始,我国的"文化遗产日"正式更名为"文化遗产与自然遗产日",这意味着,我们应将物质文化遗产、非物质文化遗产和自然遗产保护有效结合。另外,从旅游的意义上来说,物质文化遗产和自然遗产已经发展比较成熟,非遗旅游作为新生事物,未能有效利用其他两种遗产在旅游方面的优势,是为不智。

(四)和"美食""功夫"相关的非遗项目没有受到应有重视

"美食"是众多非遗项目中最容易引起百姓共鸣的内容。都说"食在广州",广府美食的确堪当此话。但是在当下的传承实践中,如果想在一个地方找到很多正宗的广州美食的确不易。荔湾区有"西关美食城",但是其中鱼龙混杂,很难代表广州美食的品质。根据《广州市文化广电新闻出版事业发展第十三个五年规划(2016~2020)》,2015年至2016年应建成"荔湾区西关美食文化博物馆",这将成为集中展示广州美食的佳地。但是实际情况是,这个博物馆直至2016年初才开土动工,直至2017年底也未完工,速度缓慢。

广州是武术之乡,蔡李佛拳、咏春拳、螳螂拳都是广州较具代表性的武术类项目。市非遗保护中心在开展的非遗公益学堂中也有意识地开展相关课程，促进了这类项目的推广，但是力度和效果还远远不够。从广州市在2017年着力推广的非遗项目上看，还是着眼于表演艺术类非遗和"三雕一绣一彩"等优势非遗项目上来。在宣传上，并未重点宣传功夫类项目，其宣传效果还不如20世纪末香港"方世玉""黄飞鸿"等系列功夫片之万一。实际上，因为有香港功夫片的铺垫，有李小龙的影响，广州的这些功夫只要宣传得当，必将成为世人了解广州非遗、广州传统文化的标志性项目。另外，现在很多家长倾向于让孩子学跆拳道、散打，如果能将家长对跆拳道和散打的兴趣转移到广州本土的功夫上来的话，那么，这些广州本土功夫项目也将拥有更好的群众基础。

三 广州市非物质文化遗产保护工作的对策建议

（一）抓紧制定《广州市非物质文化遗产保护办法》，并辅以相关具有地方特色的法规文件

2017年6月，广州市人民政府办公厅发布了《关于印发广州市2017年度政府规章制定计划的通知》，明确将《广州市非物质文化遗产保护办法》（以下简称《保护办法》）作为"适时审议项目"列出。鉴于广州市已有的两部关于非遗项目和代表性传承人的法规，课题组认为，《保护办法》的制定应该综合《广州市非物质文化遗产名录项目管理办法》和《广州市非物质文化遗产项目代表性传承人管理办法》相关内容，并进行相应的补充和细化。具体而言，除常规的"总则""附则"之外，《保护办法》应至少包括三大部分内容：非遗项目和非遗传承人认定细则，这是申报市级非遗项目和非遗传承人的法规依据；非遗项目和非遗传承人保护细则；非遗项目和非遗传承人管理细则，其中应明确规定对于不履行传承义务保护单位、传承人，应被告撤销制度。

根据广州地方性特色，出台《广州市非物质文化遗产活化利用指导意见》。广州市千年商都的商业化氛围及改革开放前沿地的开放性特点是活化

利用广州市非遗资源的天然优势。一方面，广州市诸多优势非遗项目具有商业开发价值；另一方面，广州市正尝试将传统的非遗文化融入现代生活中，活态传承非遗文化。从国家层面上讲，文化部早在2012年即发布了《关于加强非物质文化遗产生产性保护的指导意见》，旨在活化利用非遗资源。但是在地方层面上看，当下很少有省市出台相关的文件。广州市如果可以尽快出台相关文件将会为其他省市活化传承非遗提供借鉴。

制定《广州市非物质文化遗产专项资金管理办法》，更有效地利用非遗保护资金。

（二）有效利用"广州文化周"，加强广州非遗对外交流

"广州文化周"是广州文化对外交流的有效载体，课题组建议2018年"广州文化周"应从以下几方面着手，力争做得更好。

其一，从传播地域上看，在着眼于欧美国家的同时，应注重在"一带一路"沿线国家推广广州非遗文化。"一带一路"沿线国家主要分布在蒙俄地区、中东欧地区、中亚、西亚、东南亚、南亚等地。广州在地理位置上和其中的很多国家有天然的联系，广州籍华侨在这些国家也为数颇多，所以具有宣传广州非遗文化的地理优势，同时也有利于"一带一路"国家战略在文化上的推广。

其二，从传播时间上看，应以中国传统节日为契机，宣传广州非遗文化。一方面，传统节日本身即是民俗类非遗项目，同时又以它为载体承载了其他诸多非遗内容；另一方面，节日是较能引起人们共鸣的时间节点。从2017年广州文化周实践看，春节期间的"欢乐英国行"效果非常好。2018年可除春节之外，在端午节、中秋节、重阳节等传统节日里也安排"广州文化周"活动。

其三，从传播内容和传播形式上看，除表演艺术类非遗外，还应重视具有广州特色的传统美术、传统技艺、体育类等非遗项目，包括"三雕一绣一彩"、各类广州美食及蔡李佛拳、咏春拳、螳螂拳等。传播形式也应由以表演为主转向表演加展示，并销售相关非遗产品，让外国人及华侨在"广

州文化周"上"有的看、有的吃、有的玩、有的买",着力将广州文化周打造成融"表演""展示""体验""购物"于一体的国际文化品牌。

（三）尽快建成非遗相关博物馆，打造"广州非遗一日游"品牌

根据《广州市文化广电新闻出版事业发展第十三个五年规划（2016~2020）》，广州在十三五期间应建成或完善至少六个非遗相关重大文化设施，包括：广州文化馆非遗展示园区（2015~2019年）、广州粤剧院（2017~2019年）、粤剧红船码头项目（2017~2019年）、广州非物质文化遗产园区（2016年启动）、荔湾区西关美食文化博物馆（2015~2016年）和广州民俗博物馆（争取在2017年启动）。① 2017年，广州虽推出四条非遗一日游项目，但是大多因为资源太过分散，而降低了可操作性。这些重大文化设施的建立，将使众多非遗资源集中起来，特别是广州文化馆非遗展示园区、广州非物质文化遗产园区和广州民俗博物馆，将成为综合展示非遗项目的旅游佳所。但是，当下各个文化设施推进都比较缓慢，建设速度有待加快。其中，荔湾区西关美食文化博物馆是最有望在2018年建成的文化设施。这个博物馆地处老西关，周边有诸多文化旅游景点，如果可以将这个博物馆活化利用，将其打造成集参观、休闲、饮食、娱乐于一体的新型博物馆的话，再融合周边的文化旅游资源，可以形成广州市第一个"广州非遗一日游"的示范模型。

需要指出的是，非遗旅游是文化事业和文化产业的有机结合——既需要非遗相关部门协调非遗传承人和非遗企业提供相应的支持，也需要旅行社参与其中，以其专业知识设计更符合市场的非遗旅游线路。

（四）重点宣传"美食"相关非遗项目

如前所述，"美食"类非遗项目具有广泛的群众基础，是非常容易获得百姓认同的非遗项目，所以理应受到重视。

---

① 《广州市文化广电新闻出版事业发展第十三个五年规划（2016~2020年）》。

2016年和2017年广州市分别推出了广绣和广东醒狮作为重点宣传的非遗项目。课题组建议,广州市在2018年可将"美食"类非遗项目作为宣传重点,打造"非遗美食年",设计相关活动。一方面,广州是美食之都,素有"食在广州"之说,广州美食本身底蕴深厚;另一方面,从历年广州市非遗保护中心组织的美食类非遗活动报名情况看,群众热情较高,名额基本被秒杀,广州美食有良好的群众基础。

具体而言,广州市非遗相关部门可以从以下几方面设计相关活动。其一,多渠道加大宣传力度,特别是要利用多个关注度较高的微信公众号平台进行宣传,让市民了解到"非遗美食年"的相关活动。其二,举办美食节。美食节可以在集中的时间和地点全面展示广州美食,容易形成有影响力的活动。现在很多地方性"美食节"内容和形式不符,广州的"西关美食城"也因其中诸多非西关美食的摊位而受到游客诟病。所以,如何协调多家相关企业,办成名副其实的美食节是需要组织者和主办者重点思考的内容。其三,组织制作美食体验课。现代都市人特别是年轻人,喜欢DIY,所以广州市非遗中心历年组织的多场美食体验课名额才会被秒杀。其四,参观老字号。很多广州美食的品牌都有其百年以上的老店,这些老字号的历史背后蕴含着"敬业、诚信、友善"的价值观。所以对这些老字号的了解将使市民在美食满足他们感观的同时,增强他们对美食更深厚的文化底蕴的认识。

(审稿:韩玲玲)

B.12
大小马站书院群保育与活化利用研究*

谢涤湘 谭俊杰**

摘 要： 大小马站书院群早已被列为广州历史文化街区，然而十多年来，其保育活化工作进展却相当曲折。报告分析了其历史文化价值，梳理了其活化保育工作的历史进程，探索地方政府、市民大众、合族祠后人、专家学者、新闻媒体等各利益群体在其活化利用中的态度及愿景，试图从物质空间、经济发展、政策制度、职能部门结构等多方面研究阻碍其活化保育的因素。通过与恩宁路历史文化街区活化保育的成功案例的比对，提出了优化大小马站书院群活化利用的策略。

关键词： 大小马站书院群 历史文化街区 活化保育 城市更新 公众参与

一 广州大小马站书院群概况

（一）区域位置概况

1. 宏观位置分析

大小马站书院群位于广州老城区越秀区，地处广州市传统中轴线中

---

* 本报告为国家自然科学基金（编号：41271162）、广东省公益研究与能力建设项目（编号：2015A020219006）阶段性成果。
** 谢涤湘，湖南攸县人，博士，广东工业大学建筑与城市规划学院教授，硕士生导师，注册城市规划师，主要研究方向为城市与区域发展与规划、城市社会文化地理学。谭俊杰，广东工业大学建筑与城市规划学院硕士研究生。

段,毗邻北京路商业步行街,临近多条城市主干道,离广州市人民政府仅有十分钟左右的步行距离,为2000年广州市政府公布的16片历史文化保护区之一。

2. 中观位置分析

大小马站书院群交通区位优越,有多条地铁线路经过,靠近地铁2号线与地铁1号线、地铁6号线交汇的公园前换乘站,因而具有非常好的地理优势和巨大的商业价值。但同时地铁的开通给大小马站书院群的基地地质、建筑地块价值等因素带来一定的影响。

3. 微观位置分析

广州市大小马站书院群街区用地范围北起中山五路,南抵西湖路,东临大马站路,西至教育路,占地总面积5.46公顷。片区内集聚了广州历史城区内唯一尚存成群成片的古书院,广东省文物保护单位——药洲遗址、始建于1937年的著名剧院——南方剧院也位于其中。书院群周边有北京路步行街、南越国宫署遗址、城隍庙、大佛寺、西汉水闸遗址、秦代造船工场遗址等著名文物古迹。但东面在建的100米超高层商业中心给大小马站书院群带来较大的影响。在《广州市大小马站书院群保护与更新规划》中,大小马站书院群历史文化保护区被分成了两个层次,分别是核心保护范围(2.5公顷)和建设控制地带(0.5公顷)。

(二)历史概况

1. 大小马站书院群的发展

大小马站书院群始建于清代康熙年间、乾隆后期至嘉庆年间,广州书院数量居全国之首[①]。在广东科举考试的繁盛时期,省内各宗族先后在广州(当时的省城)建造宗族书院,作为同姓宗亲的读书人来广州参加乡试时,解决食宿问题与提供温习功课场所。每当科举考试即将开始,各地考生便骑马前往宗族书院拜师学艺,参加科举。为方便考生,便于宗祠附近设立停马

---

① 黄泳添、杨丽君:《广州越秀古书院概观》,中山大学出版社,2002。

休息的驿站，名曰马站：达官贵人停马的地方称为"大马站"，黎民百姓停马的地方则为"小马站"。据《宋代广州城历史地理》记载，大马站、小马站实质是同一驿站的不同区域，只因占地面积不一而分别命名①。

北京路附近，曾有数百家古书院集中分布在以流水井、大小马站为中心的3平方公里的范围内，形成全国罕见的古书院群。但可惜的是，当年的数百座古书院，现今只余12座。且在上一轮广州的旧城改造进程中，平所书院、江都书院、赖氏书院、谢氏书院、三益书院、关家祠等6座被拆除，一直未能复建。

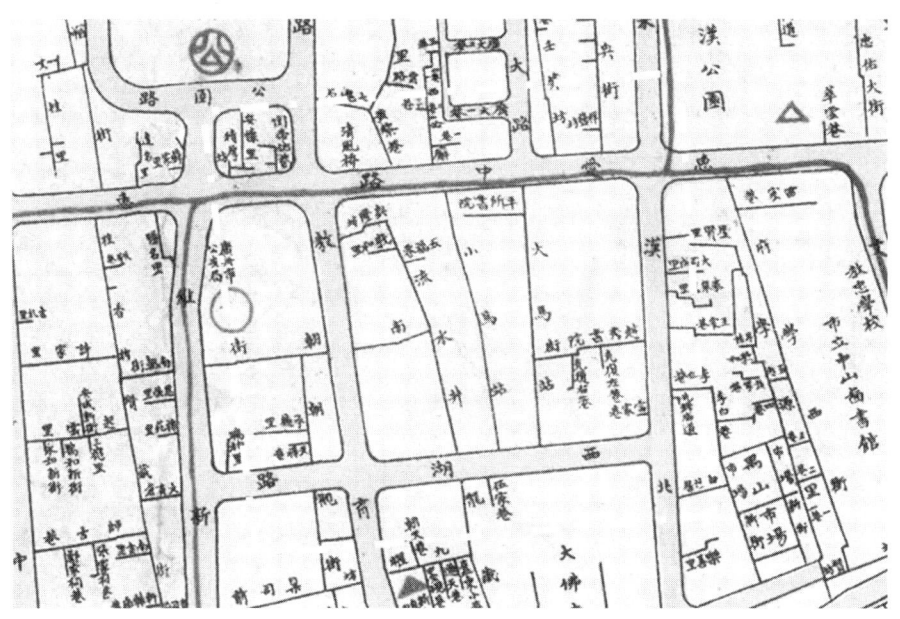

图1　1937年广州市最新马路全图——大小马站街区示意

资料来源：http://blog.sina.com.cn/s/blog-406290f50102wl.html。

2. 历史文化价值

（1）书院文化和古代科举制度的物质载体。研究区域内的清代合族祠古书院群，是广州历史城区内目前发现的唯一成片古书院群，它是清代书院教

---

① 曾昭璇、潘国璠：《宋代以前广州城历史地理》，《岭南文史》1984年第1期，第57~71页。

育文化发展的重要见证,对研究清代中后期合族祠书院文化具有十分重要的意义,也反映了广府历史文化的发展演变,是广府文化研究的重要物质载体。

(2)广府祠堂格局和后期社会发展的见证。研究区域内的庐江书院整个祠堂为三进式,正祠坐北朝南,祠堂后面为居住,非常具有广府特色①。但在新中国成立之后,因社会发展而把庐江书院改为民居,因此被不适当地进行了多次改造,导致历史文化遗产受到严重破坏。

3. 历史文化要素

大小马站书院群历史保护街区保护范围内共有3处文物保护单位,其中药洲遗址为省级文保单位;另外2处市级文物保护单位分别是叶剑英商议讨逆旧址和庐江书院。另有11栋历史建筑,包括4栋书院、1处民国民居以及6栋已拆封存的书院,及遗存的三叠古城墙遗址。除保留原规划确定的保护对象外,此次《广州市大小马站书院群保护与更新规划》还新增了若干保护对象:包括南方剧院、1栋民国民居、1处祠堂附属建筑在内的3处历史建筑、"六脉渠左脉一正渠"的地下文物埋葬、4棵古树、1处古井(见表1)。

表1 规划范围内不可移动文物和历史建筑现状基本情况一览

要素	序号	名称或地址	建造时代	建筑结构	建筑层数(层)	使用功能	建筑面积(m²)	用地面积(m²)	现存规模
不可移动文物	1	药洲遗址(省级)	南汉	砖木	1	纪念	240	1281	明代之后,湖渐淤塞缩小
	2	庐江书院(何家祠)(市级)	清	砖木	2	文化站	2305	1986	门楼,主体三进,周边书房有前院,天井
	3	叶剑英商议讨逆旧址(曾家祠)(市级)	清	砖木	2	纪念	500	235	一进改二进

---

① 张奇锋:《庐江书院:月影追灯影,书声夺市声》,《广东科技报》2011年8月6日。

续表

要素	序号	名称或地址	建造时代	建筑结构	建筑层数（层）	使用功能	建筑面积（m²）	用地面积（m²）	现存规模
保留的历史建筑	4	考亭书院	清	砖木	1	居住	2315	1600	门楼奎阁,临街书偏房,西偏房
	5	冠英书院	清	砖木	1	民居	795	426	门楼,主体一进,二进基础
	6	濂溪书院旧址（周家祠）	清	砖木	1	民居	1564	601	只剩部分基础和墙界
	7	见大书院	清	砖木	1	民居	743	68	门楼部分、东偏山墙
	8	南方剧院	民国	砖混	2	影剧院	7267	1766	多次改造,保留完整
	9	南朝街1号	民国	砖混	2	民居	286	168	2层建筑,前院
	10	茂陵新街1-11号	民国	砖木	2	民居	593	352	2层5间
	11	祠堂附属建筑		砖木	2	民居	320	160	2层2栋

资料来源：《广州市大小马站书院群保护与更新规划》。

二 大小马站街区更新改造的动因与复建历史

（一）大小马站改造动因

1. 大小马站书院群具有较高的历史价值和商业价值

（1）历史价值。大小马站书院群历史上的兴盛,展示着广州在以往文化教育上的荣光。首先,如上文所述,大小马站书院群是由当时清代的官方和民间共同施展努力形成的,广州大小马站周边曾云集了上百家书院。数百家古书院建筑群的规模,在全中国范围内都是罕见的。其次,历史上书院是发展教育、培养人才的场所,它是广州作为岭南文化中心及清朝科举（考）制度的物质见证。古书院集中、成片地存在,充分证明了广州在历史上就具有浓厚的文化教育氛围,并说明民间对文化兴族、教育兴国的重视以及当时文化普及程度。从这些意义上讲,大小马站书院群是广州重要的历史文化资源。因而10多年来,社会各界不断呼吁保护大小马站书院群①。

(2) 商业价值。由于大小马站书院群正好位于广州的商业旺地北京路附近,邻近广州市政府、公园前地铁枢纽,2012年,大小马站书院群保护与更新项目被纳入广州市2012~2017年重点发展项目。按照相关规划,越秀区拟推动大小马站书院群及周边地区的升级改造,广东省非物质遗产博物馆将与大小马站书院街的复建工作相互融合,它们将被一体化改造,成为北京路广府文化商贸旅游区的文化地标建筑群,成为广府文化重要文化地标和重要的体验空间。

2. 大小马站书院群多年来缺乏维护,亟须保护更新

当下,大小马站书院群存在年久失修,环境较差的问题。现存书院建于清代中晚期,为砖木结构,历经了一百多年的风雨,现存书院除何家祠外,其他基本无完好原状。几十年来,这些书院被随意地加建、改造,原始建(构)筑件大部分被破坏,若干3~4层的新型民居夹杂建在周边乃至书院内部,书院及周边地区成为人口密集的大杂院。部分书院的通道、天井内污水积存,存在加建违建现象,环境极其脏乱。这导致危破房建筑日益增多,通风采光条件差,"72房客"现象突出,生活环境恶劣。大小马站书院群亟待更新改造。

1999年,广州市人大代表联名提出了《关于落实保护大小马站、流水井古书院群议案》②,呼吁各方加大保护力度,极力保护大小马站书院群这一物质文化遗产。但在2001年,北京路被规划改建为步行街,为配合此改造,将大马站地区拓宽为马路,多个祠堂书院被拆除,余留古书院仅6间,且与其他建筑一样,大部分被利用为居民住宅。书院群的历史建筑格局因此发生了较大改变,部分书院的墙体已被严重破坏,而濂溪书院更是只在小马站留存了一块界石。不过部分承载历史记忆的构建仍然存在。

---

① 卢鸿福:《方案"落地"还需制度支撑》,《人大研究》2014年第11期,第45~45页。
② 《关于办理大小马站、流水井古书院群保护方案问题的会议纪要》,《广州政报》2000年第7期,第69~70页。

（二）大小马站书院群复建历史

大小马站书院群的复建计划始于1999年的广州市第十一届人大二次会议，因为种种原因经历了十多年的沉寂，直至2011年《广州市大小马站书院群保护与更新规划》出炉，复建工作才又被重启①。

1. 第一阶段——复建计划启动

在1999年的广州市十一届人大二次会议上，越秀区人大代表团提出"保护大小马站书院群"议案。当年9月，市政府向广州市人大常委会报告了议案的办理意见，确定在原址拆除并保留全部构建，登记建册，在流水井附近复建、保护。办理意见附有相应的规划图。广州市人大常委会审议并通过了市政府的办理意见。当年的议案办理报告也得到大会的通过，说明了复建、保护大小马站为广州市最高权力机构——广州市人大所高度重视和支持。

2. 第二阶段——复建计划搁置十年

2001年，北京路改为步行街，为配合此改造，大马站地区拓宽了马路，部分祠堂书院被拆除，遗留古书院仅6间。之后十多年，因为复建实施主体不明确、拆迁难度较高、成本巨大、产权关系错乱复杂等众多原因，大小马站书院群的复建推进非常缓慢，原址一直被空置。

3. 第三阶段——复建计划重启

2011年，市政府明确大小马站书院群的复建工作由越秀区政府负责后，越秀区政府提交《广州市大小马站书院群保护与更新规划》给广州市规划委员会审议。其中提出以广东省非物质文化遗产馆暨大小马站书院街项目作为"月亮工程"，成片塑造北京路广府文化商贸旅游区，复建工作得以再次启动②。

---

① 范乔莘：《十年复建，路茫茫——广州大小马站书院群保护》，《中华建设》2014年第7期，第34~35页。
② 李玲玲、庞招伟：《面向实施的历史街区规划设计——以广州市大小马站书院群保护与更新规划为例》，《规划师》2014年第S5期，第153~157页。

4. 第四阶段——复建计划进展缓慢

从2011年到2015年，书院修复以及房屋征收等工作在推动中；2014年庐江书院修复工程竣工验收，2015年8月，已收回项目范围内3宗历史审批用地土地使用权。2015年下半年，有关部门确定的任务是力争完成一期二阶段的房屋征收工作并加快启动建设，但仍无确定的启动时间。

三 大小马站最新复建动态

（一）大小马站书院群保护现状

2000年，广州开展了文物普查工作，当时大小马站和流水井附近还尚存多所宗族书院。其中大马站西侧有5间、小马站两侧4间、流水井两侧3间，共有12间。2001年，大马站为配合北京路改为步行街，拓宽为马路，令大量祠堂书院被拆除，小马站和流水井的部分书院也遭到破坏，最后仅余6间——庐江书院、考亭书院、冠英家塾、曾家祠、周家祠（濂溪书院）、见大书院[①]。

1. 庐江书院

位于流水井29号的庐江书院（又名何家祠道），是现存6间古书院中唯一保存较为完好的书院。2014年，广州市有关部门开始对庐江书院进行保护修缮，由于历史原因，原有门楼二层已经被废，该次修复了二层并重建了连接二层的楼梯。外立面及屋顶等，整体以青砖黑瓦为主，原来破旧的门楼已被修缮并改用大理石门框。目前庐江书院门前设有介绍书院历史的标志牌，但书院尚未对外开放（见图3、图4）。

---

① 刘云、汤铭明：《北京路大小书院星罗棋布，传承活化教育圆心》，《羊城晚报》2015年1月20日。

大小马站书院群保育与活化利用研究

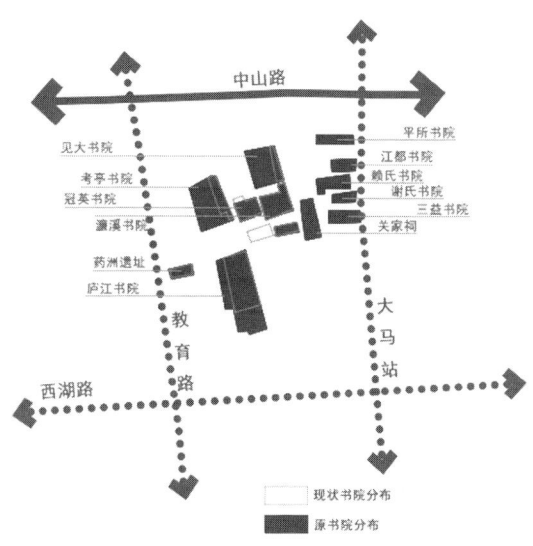

图 2　书院分布现状

图片来源：作者自绘。

图 3　庐江书院鸟瞰

图 4　庐江书院现状

图片来源：作者收集。

2. 考亭书院（朱家祠）

目前，考亭书院内有多户人家居住，是朱氏后人的聚居地。尽管由于居民生活需要有多处违章搭建，院落内堆放杂物，但是门楼与建筑主体均保存较好（见图5）。

图5　考亭书院现状

图片来源：作者拍摄。

在2017年2月，考亭书院的朱氏后人在院中树立朱熹祭坛并举行新春祭祀大典（见图6、图7）。

图6　朱熹祭坛（一）　　　　**图7　朱熹祭坛（二）**

图片来源：作者拍摄。

3. 冠英家塾

冠英家塾为两层高的砖木结构平房，曾多次被改建、加建和部分拆毁，门楼与巷道保持原有格局，石板青砖与水井保存完好。但建筑内部有一定损坏，堆放回收的废品，已无人居住，但其刻有"冠英家塾"的门楼仍然被保留（见图8、图9）。

图8　冠英家塾现状（一）　　　　图9　冠英家塾现状（二）

来源：作者拍摄。

4. 曾家祠

亦为叶剑英商议讨逆旧址，目前多户人家居住，保存状况一般，属于大小马站书院群保护项目一、二期居民动迁范围（见图10、图11）。

5. 周家祠（濂溪书院）

周家祠主体建筑已被拆除，仅留入口和墙脚柱子，其余全部改建为2层混凝土住宅。住房质量及内部环境也较为一般，院内杂草随意生长无人管理（见图12）。

图10　叶剑英商议讨逆旧址　　　　图11　曾家祠现状

图片来源：作者拍摄。

图12　周家祠现状

图片来源：作者拍摄。

6. 见大书院

目前书院内建筑加建严重，且建筑主体损坏严重。作为历史保护建筑，入口处竟有钟表店铺广告随意涂抹。院内大部分空间内部已废弃，建筑垃圾成堆摆放，杂草丛生，仅少数人居住，整体感觉极其破败（见图13）。

图 13 见大书院现状

图片来源：作者拍摄。

（二）广州传统中轴线提升2017行动计划

2017年，越秀区制定了《广州传统中轴线提升2017行动计划》方案①，方案的主要内容为提升传统中轴线，包含启动实施景观改造、街区活化及宣传推广三大类共17个项目，其中大小马站书院街项目占地2万平方米，预计投资金额为50亿元。

（三）拆迁进程

大小马站书院群征收工作一期工程于2012年12月立项，2013年1月公

---

① 王卫国：《关于落实〈关于推动商旅文融合发展，复兴传统中轴线风貌的议案〉实施方案的情况报告》，http：//www.rd.yuexiu.gov.cn/index.php/detail/yianjianyibanli/343，2017 - 12 - 13。

示征收补偿方案，涉及约70户。2014年，又出台了新的征收方案。但此后征收工作一直搁置，直到2016年7月5日最新的补偿方案公示后，才开始正式启动大小马站书院群保护项目第一期第一、二阶段房屋征收工作。第一、二阶段用地范围约0.3万平方米，涉及现状建筑约1万平方米，约200户人家，预计2017年底完成。该征收工作将会腾空文物建筑和历史建筑，以为此后的保护修缮工作做铺垫。2017年4月，一期工程第三阶段的征收工作也逐渐开展，补偿方案公开征求意见。此时项目一期工程第一、二阶段的房屋征收工作已顺利进展，涉及被征收房屋约4425平方米，被征收户数为88户，目前已与45家签订协议。

四 各方利益态度及愿景

（一）地方政府

广州市政府主导着大小马站保护与复建工作。其凭借着自身强盛的行政威权、雄厚的经济实力及强大的资源动员能力，启动了复建保护项目，并掌控着整体方向。但在推进工作中，由于相关制度不完善、规划方案不成熟，最初提出议案时没有切实解决与开发商的利益问题，导致实施过程中经常面临与开发商博弈的问题，需要保护的地块已经出售与审批给开发商建设，建设后部分地块与历史街区风貌有较大差异，破坏了街区空间的整体性。这一过程体现了政府保护意识的变化，导致规划工作前后矛盾，保护工作难以开展。从本质来看，亦折射了大多数旧城区背后土地价值与文物价值的取向矛盾。这一问题是历史街区在保育过程中广泛面临的关键问题，需要政府带领各方不断探寻良好的保育机制对街区进行活化，提高经济活力，而非简单的保护。

（二）市民大众

市民在此次大小马站书院群保护与复建工作中未显现出强大的公民力

量。从网络热度与相关报道观察到，一般市民的关注度不高、兴趣不大。部分市民了解大小马站的历史但并不深入。部分对于大小马站历史较为了解并有相关研究的民众发声与关注亦不足，尽管有民间组织组织过相关宣传，例如"羊城读书会"，组织过文化导赏等相关活动，但相对来说缺乏向大众传播的文章、影像、展览、讲座和其他相关活动等，导致市民对其文化价值和保护的重要性认识不足。再加上书院群保育和活化利用工作延续时间较长，部分市民对工作持观望态度。大小马站书院群保护范围内受拆迁安置的民众也较少发声，居民最关切的是与自身相关的利益问题——拆迁安置的方案。其中，主要集中在拆迁改造后的金钱补偿、居住置换和邻里关系改变上。大部分居民在达成动迁赔偿与安置协议之后便签订手续，接受动迁安排，作为利益的牵涉方，较少对复建保护工作提出具体建议。

（三）合族祠后人

大小马站书院群落中除了官办书院，还有许多民间书院（合族祠）。这些民间书院主要是作为本乡（族）学子赶考时候的补习、食宿场所，兼有教育功能与祭祖功能。由于书院特殊的宗族特性，大小马书院建筑所涉及的利益方还应包括合族祠的后人。然而，在大小马站复建项目过程中，鲜少有合族祠后人参与其中。其中考亭书院中还居住着部分朱熹的后人，但也并没有形成族群力量来推动保育与活化利用进程。近年来情况发生了变化，2017年2月，朱氏后人在院落中修建了朱氏祭坛，数十名后人返乡拜祭，2017年9月纪念朱熹诞辰887年诞辰暨传统诗书大赛启动仪式在朱熹纪念祠前隆重举行。这些事件显示出历史人物纪念、传统文化的振兴书院群保育和活化利用的有机契合，是古书院群保护的潜在动力。

（四）专家学者

在大小马站保护与复建工作中，城市规划、建筑、文化等相关领域的专家学者曾多次接受访谈，表达对大小马站书院群落历史文化价值的肯定，围绕工作搁置原因进行了分析以及对已进行的工作做出评价和建议。

早期受广州市名城办委托，广州大学建筑与城市规划学院汤国华教授对大小马站书院群落进行了测绘，留下了珍贵的资料①。但遗憾的是尚未测绘完就已开始拆迁，而拆迁过程中没有注重物件登记，导致保育与活化利用在操作与用料等方面存在难度。

又如有专家亦评价到，对于规划建成近100米高层的景豪坊项目②，虽然景豪坊东区项目并未进入《规划》的范围内，但其紧邻大小马站书院群保护区；邻近南越国水闸、大佛寺等历史建筑；其仍位于划定的历史保护区范围内，近百米的高度大大突破了保护规划的要求，将导致大小马站变为"天井状"。

专家学者的声音具有一定的权威性和说服力，也易于通过各类型的新闻媒体表达。大部分专家学者对于保护复建工作与自身专长相关，注重保护的技术与理念、真实性、历史街区整体风貌等，较少考虑到相关利益、资金等问题。仅从保护角度来提的建议，考虑问题的角度较为单一，会导致大小马站书院群保育与活化利用的难度相应增加。

（五）新闻媒体

在大小马站的保护与复建工作中，媒体作为信息传播的媒介主要发挥了解并发布工作进程、采访各方态度的作用。

在这一过程中，媒体主要依据政府相关政策和议案的新动态进行报道，并根据新动态采访有关部门和专家学者。但根据已有的报道来看，媒体目前对于民众的态度采访较少，一方面是因为民众本身关注度较低，另一方面是因为媒体在此次事件中对提升公众意识的重视不够。在互联网快速发展下，

---

① VOLARE：《走进流水井考亭书院（旧址）朱熹纪念祠》，新浪博客，http://blog.sina.com.cn/s/blog_3cab64860102x2lf.html，2017－11－08。

② 吕楠芳：《大小马站书院群有望重现》，《羊城晚报》2011年9月9日。

自媒体在推进大小马站保护与复建工作中发挥的作用也不明显,没有持续且强有力的报道。另外,有部分报道将大小马站的宣传与北京路历史文化区捆绑推出[①],介绍内容深度与广度不够,专题性不足,没有起到良好的宣传作用。

总体来说,目前新闻媒体的报道停留在简单的历史介绍与动态跟进中,直白转述评论,缺乏自身观点与深度分析,没有营造出公众参与的氛围,对于工作推动影响不大。

五 案例对比——广州恩宁路

恩宁路在广州旧城更新中堪称典范,特别是其在公众参与与探讨自下而上式旧城更新的角度,具有重大的借鉴意义[②]。研究发现恩宁路与大小马站书院存在例如地理位置、规划定位等诸多相似之处,故可以恩宁路为案例做对比参照,探讨大小马站书院群的更新发展模式,以期打破大小马站书院群目前更新改造的困境与僵局。

(一)改造时间

恩宁路更新改造规划最早开始于2006年,规划方案历经多次修改。历时多年后,终于在2011年6月规划方案得以全票通过。

而大小马站书院群的保护项目自1999年被市政府提上日程后,中间因多方原因项目进展缓慢,甚至一度停滞,于2011年确定由越秀区政府负责复建工作后,才将复建工作重新推动,但至今仍未完成。

从时间跨度来说,大小马站书院群与恩宁路的项目时间跨度都比较长,且过程坎坷反复,旧城更新项目因复杂的处境,大抵如此。但相较而言大小马站书院群的更新项目开始时间更早,战线拉得较长,落到实处的效果与可见的成果却不如恩宁路。

---

① 杜娟:《大小马站旁,建22层酒店》,《广州日报》2016年10月27日。
② 陶达嫔:《省非遗馆落户北京路大小马站区》,《南方日报》2012年8月21日。

恩宁路的粤剧艺术博物馆已建好，荔枝湾涌二期已截污通江且在继续精雕细刻未完成的两岸景观，荔枝湾畔开始花团锦簇，绿荫披垂，街区环境得到显著提升，成为广州重要的旅游景区；万科集团在恩宁路进行的永庆坊社区的微改造也得到了相当的肯定，虽然在拆迁后如何重建这一问题上也曾陷入困境，但进度始终在推进。而大小马站书院群这十年来主要的拆迁工作推进缓慢，在新建及改造上的成果甚微。

（二）历史价值

恩宁路改造范围内拥有许多文物保护单位和历史建筑。其中较有价值的历史文化遗产如下。①粤剧文化遗产。粤剧是世界非物质文化遗产，也是我国戏剧的一大种类。而恩宁路拥有深厚的粤剧文化底蕴，有着"粤剧名伶一条街"的称号，薛觉先、红线女等粤剧界著名艺人都曾于此居住。恩宁路的八和会馆，更是号称全球粤剧曲艺的"祖屋"，而金声电影院、和平大戏院等，在过往都是粤剧名人荟萃之地。②传统民间工艺文化。恩宁路街区拥有若干历史悠久的老字号，如以"苏伯铜器"为代表的打铜文化、以牛仔"伯父鞋"为代表的唐鞋文化，以及传统手工印章雕刻、剪纸、广彩、广绣、牙雕等。这些手工艺，很好展现了老广州的传统文化，它们承载着无数人的历史记忆。③建筑遗产。恩宁路片区内的建筑遗产主要有骑楼和西关大屋。恩宁路被称为广州保存最完整、最长的骑楼街；且恩宁路片区还具有大量的西关大屋，一种极具老广州特色的传统民居。除此之外，片区内还有李小龙故居、詹天佑故居等历史古迹。④老广州风情。有着悠久历史的恩宁路街区，还保存着广州传统的市井风情：如以短街、曲径、窄巷为主的街区形态；以"老广州人"为主的社会结构；极其丰富的岭南特色美食；及浓郁的传统文化气息等，从而形成了与广州现代城区迥然不同的城市风貌。

大小马站书院群所历经的历史，代表了广州在文化上曾经的荣光。大小马站书院群是由当时的官方和民间共同努力形成的，是广州重要的历史文化资源。书院群的历史价值并不逊于恩宁路。书院群主要活跃于明清时期，但书院群与驿站的功能并未延续下来,现存的书院中也有人于其中居住,但更多的是不相干的租客。

恩宁路从民国时期活跃至今,商业与居住功能得以延续。另外,恩宁路片区的历史价值更容易激发民众对其的认同感和依赖感,"书院"与"驿站"因其功能的消弭而逐渐远离人们的视野生活,民众对其的认同感较低。

从商业价值而言,两者具有高度的相似性。恩宁路依托上下九路商业步行街,书院群依托北京路商业步行街。由于它们有非常优良的区位条件和破败的环境,其实际地租远远低于潜在地租,更新改造的潜力很大。因此,相关规划都提出依托其周边商圈,推动其连片升级改造,打造成为广府商贸旅游区的文化地标。从区位和定位比较,两者具有高度相似。

研究发现,就商业价值,大小马站书院群其实远甚于恩宁路。因为北京路商业步行街的市场价值要强于上下九路商业步行街,与步行街的距离,大小马站书院群也更近,且大小马站书院群街区的用地规模较之恩宁路要小很多,土地资源更为珍稀。

(三)驱动因素

恩宁路更新改造的重要驱动因素是当时要配合亚运会举办,推动传统西关风情街区的改造,市政府将其确定为广州市旧城改造的第一个试点项目。而大小马站书院群其年久失修,环境较差,严重影响市中心的景观风貌。故早在1999年,广州市人大便提出议案《关于落实保护大小马站、流水井古书院群议案》,呼吁保护大小马站书院群。

经济动因上,恩宁路、大小马站书院群街区均处于城市中心、商业旺地,存在明显的"租隙"(RentGap),从投资产出来说,它们均具有很高的商业价值。由于恩宁路的更新改造,带有明显的政治任务性质,因而较之大小马站书院群的更新改造更加有力和急迫。

(四)阻碍因素

恩宁路在更新过程中面临的最大阻力是居民的反对意见,居民的社区感与依赖感较强，居民不愿外迁，在规划过程中也因忽视了市民的意见、忽视了历史价值、盲目拆迁而导致市民的强烈抗议。

大小马站书院群有别于恩宁路的是，其并未受到来自社区居民的强烈反对，居民对书院没有较深的感情，缺乏社区感。书院群在复兴过程中面临的主要问题如下。一是地处黄金地块，拆迁补偿成本高，动迁难度大。大小马站书院群既邻近广州的行政中心——广州市政府，又邻近广州的商业中心——北京路商业步行街，交通非常便利，因而使得其地理位置非常优越。由于近年房价持续不断攀升，拆迁补偿成本也应声急剧提高，按2014年的房价进行估算，仅一期拆迁费用高达17亿元，整个地块拆迁下来将要达到50亿元，而当下按照2017年房价计算，则可能要在上述数字基础上翻一番，加上地块的再开发，有着严格的容积率控制和文化遗产保护要求，从而导致几乎无开发商愿意介入此项工程，越秀区政府也缺乏足够的财政能力，资金的短缺是导致保育和活化利用工程迟缓的最根本原因。二是面临文化遗产保护与经济发展的压力。一方面，大小马站书院群作为法定的历史文化保护区，需要以文化保育、文化遗产保护为首要目标，该地区的保育活化利用备受各方面关注；另一方面，大小马站书院群又地处商业旺地，经济发展潜力巨大。因此，相关部门一直在决策方面摇摆不定，既怕担上"破坏文化遗产"的罪名，也怕"经济上不堪重负"，这也是导致项目推进迟缓的重要原因。三是产权复杂，涉及面广。大小马站书院群内的产权关系非常多样，涉及省、区、市相关单位，侨房、公房、私房、违建房、危房等，省级、市级文物保护单位等，也涉及大量居住条件恶劣的低收入居民。由于涉及面广，平衡各方的利益非常困难。

（五）各方态度

1. 地方政府

在恩宁路的更新改造进程中，恰逢亚运会在广州举行，政府期望借着举办亚运会的契机，展示广州老城区的传统风貌形象及其深厚的文化底蕴。为此，政府展开了一系列的"穿衣戴帽"、河涌治理和城市更新工程，以期美化城市，凸显老城风貌。恩宁路街区由于地处最具老广州风情的西关地区，且临近旅游热点目的地之一的上下九路商业步行街，因而政府高度重视恩宁路街区的更新改造项目。政府在改造进程中投入了巨资。在中后期，由于社会组织、民间学者、媒体等各方力量的介入，政府所扮演的角色有所弱化。

而在大小马站保护与复建工作中，政府凭借自身强盛的行政权威、雄厚的经济实力和及强大的资源动员能力，启动了复建保护项目，并掌控着整体方向。但在推进工作中，由于相关方案不成熟，最初提出议案时没有切实解决与开发商的利益问题，实施过程中经常面临与开发商的博弈。改造过程中庞大的拆迁费用在得不到资本市场支持的情况下只能由区政府一方承担，巨大的财政负担使得更新改造工作一度难以为继。

2. 规划部门

恩宁路街区本身是个社区感较强的区域，最初和中期的规划较为缺乏历史文化保护意识和人文关怀意识，对公众参与重视不够。具体表现为在规划过程中，没有全面细致征集公众的意见，也没有与当地居民进行深入的沟通交流，了解他们的想法，这导致市民与政府部门、施工部门矛盾不断。在市民反对中，有关方面不得不被动回应居民要求，不断修改规划。

具体分为四个阶段。

（1）第一阶段：在第一版规划中，提出规划范围内实施大拆大建，居民则全部原地回迁。该规划方案提出后，马上遭到强烈反对，被批评不重视对历史地段、历史文物的保护。

（2）第二阶段：再次制定新规划方案，将恩宁路的小部分历史文化建筑纳入保护范围，不对其拆迁；只保留文物保护单位，对于非文物保护单位但同样具有历史价值的历史建筑，仍将拆除。同时，规划拆除大量民居，重建为商业建筑。这遭到原住民的激烈反对。

（3）第三阶段：规划提出将恩宁路打造成旅游文化区。该规划中仍拆除大量民居，对历史文化遗产的保护考虑依然不足。在这版规划中，更多地视恩宁路更新改造项目为商业开发而非历史保护，这引起外界质疑且依然遭到居民的强烈反对。

（4）第四阶段：最终提出的规划，并不追求在改造过程中、在经济上实现就地的投入产出平衡。恩宁路改造中相关规划部门与原住居民展开了充分协商，相关规划不断完善，最终为各方所接受认可。

大小马站书院群保育与活化利用进展缓慢则主要是政府与开发商的博弈，双方在容积率存在明显分歧以及越秀区政府无力提供更新改造所需要的资金，数次逼停项目。

3. 居民

恩宁路更新项目中，居民主要采取了以下行动。

（1）向上级部门反映相关情况（当地居民联名上书全国人民代表大会）。

（2）寻找新闻媒体协助，接受新闻媒体的采访；同时向法院提出诉讼，拒绝配合有关部门的拆迁行动。

（3）协同街坊组织联合抗议（拉横幅、贴标语、画涂鸦等）。

大小马站书院群的居民在更新进程中一直保持中立甚至略显冷漠的态度，很少发声。访谈发现，大多数居民表示如果政府给的搬迁费用合理，是愿意搬迁的。区别于恩宁路居民积极主动表达诉求的姿态，书院群居民始终处于被动的状态，一直在等待政府的拆迁进程，然而拆迁进程因为各种原因进展非常缓慢。近年来，大小马站书院群中出现了考亭书院朱熹祭坛的民间自发兴建，这次行动的参与人除了少量过去曾在这里居住过但已经搬离的居民，基本是朱熹后人，有些专程从外地赶回此处认亲。这部分仍旧生活在此处的居民对书院群的认同感和归属感较强，具有较大的公众参与潜力，但同时，他们也有可能成为拆迁过程中的阻碍力量。

研究认为，居民是城市更新中必须要充分考量的博弈方。随着我国经济社会发展方式的转变，尊重居民的权利，满足居民的合理要求，是当然之道。在城市更新中，居民的态度能产生较大的乘数效应，特别是吸引社会组织与民间学者以及媒体的关注，使项目本身受到广泛的关注，一定程度上也能迫使规划部门、政府等做出回应。

4. 社会组织

针对恩宁路的改造，广州部分大学生成立了"恩宁路学术组"，他们细致地调查统计恩宁路的相关历史文化遗产资源、居民情况，对原有规划提出自己的修改建议，为专业内高校师生或者其他学者的持续研究提供了有价值的资料。

而关注大小马站书院群的社会组织很少，没有像"恩宁路学术组"这样的社会组织持续关注书院群的保育和活化利用。

5. 民间学者

对于恩宁路的更新，民间学者们多次在媒体上呼吁，规划要最大限度保护好恩宁路片区内的历史文化遗产，延续整个恩宁路街区的历史脉络，保障社会公平正义。城市规划、建筑、历史文化等相关领域的专家学者，一方面曾多次接受媒体访谈，另一方面也积极参与政府组织的专家顾问团，主要就历史建筑、空间肌理的保护、商业开发的程度等方面，提出自己的建设性意见。

而对于大小马站书院群，先后有专家或高校老师（广州大学）对其进行过一些研究和规划，也曾进行过较为系统的测绘，很遗憾，测绘还未结束拆迁便已开始。

就民间学者的研究热度而言，大小马站书院群明显弱于恩宁路，这一点从有关两者的相关文献数量也可侧面反映。

5. 媒体

媒体对于恩宁路的更新一直都保持了较高的关注度，且主要做出了下列贡献：如关注骑楼去留，吁请规划先行；调查读者投诉，影响安置方式；强调规划公开，重提历史保护；力促高层视察，强调文保优先。

这些举措在一定程度上推动了更新项目进程，特别是将"公众参与"这一规划理念引入大众视线。而对于大小马站书院群，新闻媒体的报道目前还停留在简单的历史介绍与动态跟进中，直白转述评论，没有营造出公众参与的氛围，对于更新改造工作推动影响不大。

（六）小结

本研究通过选取恩宁路作为案例与大小马站书院群做对比，试图探讨大小马站书院群更新项目难以推进的原因。通过案例分析，可以看出，随着民众维权意识的提高、对历史文化遗产保育的高度重视，地方政府难以像过往一样自上而下做决策，快刀斩乱麻地推动历史街区的城市更新改造。在这种情况下，政府必须更充分地考察、接纳民意，更好地与市民大众沟通，在城市更新全过程中以透明、开放的姿态，以柔性的身段、感性的方式将经济利益与社会利益、短期利益与长远利益有机结合起来。

通过对比可见，在旧城更新改造项目中，各方群体在此过程中发挥着各自的作用，相互间也存在博弈。而其中"居民"这一角色至关重要，他们的愿景与怨情、认同感与归属感、态度和反馈影响着其他角色，在公众参与中形成"乘数效应"。

六　结语

当下，存量规划为大趋势，城市更新越来越受到重视，旧城中历史文化遗产的保育与活化利用是其中予以强调的重要内容。本研究分析了大小马站书院群的整个复建过程，并与恩宁路的更新案例在历史价值、驱动因素、各方态度方面进行了对比，从而试图寻求大小马站书院群复建进程缓慢、历史文化建筑保护不到位等问题的原因，得出相应策略，从而为我国历史文化遗产，尤其是对与大小马站书院群区位类似的，或者是与大小马站书院群类型相近的历史文化遗产的保护与活化利用提供借鉴启发。在以上研究分析的基础上，本文提出以下保育与活化利用的对策建议。

一是应从全市规划角度看待大小马站书院群的保育与活化利用工作。此项工作不仅关涉广州传统历史文化的保护，也关系到广州的城市形象、中心城区的更新建设，其所产生的积极效应将覆盖影响到全市。因此，大小马站书院群的保育与活化利用工作，不能单纯依靠越秀区，也不能单纯从经济方面去考量，不能片面地强调街区更新改造的"收支平衡"。市政府应站在全局的高度、综合社会效益的角度去统筹组织，全力支持该项目的加快推进实施。

二是做好更新改造方案，集成构筑文化景观带。由于大小马站书院群为历史文化保护区，有着众多文物古迹，因此，挖掘其文化内涵、展现其文化特色，应是最中心的工作。且其所在的北京路片区较为缺乏公共空间，因此，应结合项目的更新改造，建设一处低容积率、低建筑密度的公共文化场所。为此，建议将其打造成为主要面向市民大众的公共文化项目，项目可以包括博物馆、文化广场、文化剧院、文化展览馆、文化遗产园等，也可以包括少量以文化为主题特色的商业、餐饮、住宿设施等。

三是要依法有序地推动大小马站书院群的更新改造。虽然大小马站书院群地更新改造已经拖延了多年，但是，仍不能一味求快。日本东京六本木新城历经近二十年才打造出全球城市更新的典范。城市更新关涉市民的切身利益、关涉社会稳定，也关涉历史文化传承，因此，虽然大小马站书院群急需更新改造，但仍然要在尽可能达成社会各方共识的基础上推进项目工作。

四是要鼓励和支持公众参与到大小马站书院群的更新保护当中。从恩宁路更新改造的经验来看，地方居民对于城市更新正发挥着日益重要的影响。居民对更新改造的积极参与、民间组织与专家学者的加入、多方媒体的关注，有利于促使相关部门能更全面合理地考虑各利益群体的诉求，有利于各方深刻了解到项目更新改造的困难，从而凝聚社会共识，缓和社会矛盾，促进社会和谐稳定。为此，可以通过"工作坊""听证会""规划方案展示"等形式，广泛征求广大市民对于大小马站书院群更新改造的意见和建议，努力编制出各方都能接受的更新改造方案。

（审稿：戴伟华）

B.13
广州市武术非遗项目的保护现状、问题及建议

关文明 朱家勇 骆璨*

摘　要： 广州市武术非遗项目保护工作取得了可喜的成绩，对广州世界文化名城和国际体育名城的培育有一定的促进意义。在分析广州市武术非遗项目的保护现状的基础上，文章提出了非遗保护中存在的主要问题，如起步晚，入选非遗名录级别较低；代表传承人人数偏少、年龄偏大，级别偏低；补助经费不足等；并提出了改进的对策建议，如做好发掘和指导工作，着力扶持中青年传承人，加大补助经费力度等。

关键词： 广州　武术　非物质文化遗产

党的十八大以来，党和国家领导人高度重视传统文化建设，特别是要传承和保护好历史文化遗产。2014年2月，国家主席习近平明确指出："历史文化是城市的灵魂，要像爱惜自己的生命一样保护好城市历史文化遗产。"非物质文化遗产（以下简称"非遗"）是中国传统文化中极具特色、极为重要的组成部分，从2005年下半年广州正式启动非遗工作，至2017年4月广州已先后评选出六批非遗代表性项目，在非遗保护工作上取得了可喜的成绩。

---

* 关文明，华南师范大学体育研究所原副所长、教授、硕士生导师；朱家勇，广东警官学院警察体育训练部主任，副教授；骆璨，广州市体育局编志办编辑。

武术在广州，以至全中国的地位越来越高，越来越受到社会的肯定和欢迎。近年来评选中国十大国粹时，武术排在第二位。2017年教育部列出七项国家重点扶持体育项目，同时也是大学校园体育运动项目，武术被列其中，也是名列第二（足球、武术、田径、游泳、篮球、排球和体操）。从这七项运动项目中我们发现，能够入围都是世界范围内受关注度较高的运动，而武术的入围也正说明国家对本土"自主"项目的重视。

一 广州武术非遗项目的保护现状

（一）武术在广州非遗代表性项目中占有一定的地位

从2017年4月18日《广州市文化广电新闻出版局关于广州市第六批非遗代表性项目推荐名单的公示》中获悉，在16项推荐列入广州市非遗代表性项目名录中，武术（传统体育、杂技与游艺类）占了2项：螳螂拳（广州）、洪拳（黄飞鸿派），占此批名录总数的12.5%，连同2013年第四批非遗的莫家拳、米机王咏春拳和2015年第五批非遗的洪拳、太虚拳、黄啸侠拳，以及早在2012年第四批省级非遗的广州北胜蔡李佛拳（省级项目自动作为市级项目），共有8项列入广州市非遗代表性项目。房胜棠（广州北胜蔡李佛拳）、邹强（太极拳）、黄念怡（米机王咏春拳）、冯亦慧（洪拳）、陈昌棉（黄啸侠拳）5人为广州市非遗名录项目代表性传承人（前3人还是省级非遗传承人）。因此，可以说武术在广州市非遗项目中占有一定的地位。

（二）武术越来越受到社会的肯定和欢迎

广州市8项武术非遗项目都不同程度进入大中小学课堂或课外活动，有些项目，如太虚拳传承人邹强受市非遗保护中心非遗学堂的邀请，先后开设了"太虚八卦养生功""太虚拳（南派太极）推手"等公益性非遗传承班，出现"供不应求"的现象，在225人报名中录取名额只有15人，录取率为6.7%，在6个传承班招生的欢迎程度中排第二位（见表1）。

表1　广州市非物质文化遗产2015年春季学堂招生情况

单位：人，%

传承班	报名人数	录取人数	录取率
榄雕班	81	8	9.9
广绣班	287	10	3.5
广彩班	146	15	10.3
太虚拳（南派太极）推手初级班	225	15	6.7
岭南盆景初级班	88	30	34.1
青少年醒狮队	9	12	133.3

广州米机王咏春拳传人黄冬薇应邀2016年广州市周末非遗学堂开办"强身健体齐学拳——咏春拳亲子体验课"，也出现争相报名的情况，规定招收20个亲子家庭竟有100多个亲子家庭报名。广州北胜蔡李佛拳传承人房胜棠，从2016年开始，先后受聘为广州体育学院、仲恺农业工程学院、广东司法警官职业学院等高校客座教授，并通过多种形式的"武术进校园"活动，促进武术在大众健身中发挥其积极作用。莫家拳传承人张国琛，近年来先后举办了十多次武术文化讲座，宣讲武术是中国魂，有着巨大的文化价值和实用价值。米机王咏春拳近年来多次被市地方志馆和天河区文化馆等单位邀请，参加了各种非遗文化表演活动。米机王咏春拳传承人黄念怡于1998年在闹市天河区体育西横街创办了"米机王咏春馆"和"米机王咏春文化传播公司"，并在天河区、从化区、番禺区、花都区和芦包镇开设了米机王咏春拳分馆和培训基地，他还受邀参加了在保加利亚举行的首届欧洲咏春拳锦标赛活动，荣获欧洲武术协会颁发的"武术走向世界贡献奖"。这些事例，都说明武术类非遗项目受到市内外社会的肯定和欢迎。

（三）广州市武术非遗项目申报区域或单位分布均衡

至2017年4月止，列入广州市武术非遗名录代表性项目有8项，其申报区域或申报单位或保护单位的所属区域为：天河区2项，花都区、越秀区、白云区、番禺区、荔湾区、海珠区各1项，分布情况还是比较分散、均衡的。这从一个侧面阐明了广州市武术运动开展比较普遍，但黄埔区、南沙区、从化区、增城区还是空白，相比历史悠久，多种拳种、多位武术名师比较集中的荔湾区更有待继续发掘、整理和申报（见表2）。

表2　广州市武术非遗项目申报区域或单位情况

拳种序号	项目类别	项目名称	申报区域或单位	备注
1	传统体育、游艺与杂技	蔡李佛拳（广州北胜蔡李佛拳）	广东省武术协会	所属保护单位在花都区
2		咏春拳（米机王咏春拳）	天河区	
3		莫家拳	天河区	
4		太虚拳	越秀区	
5		洪拳	白云区	
6		黄啸侠拳	番禺区	
7		螳螂拳（广州）	广州市武术协会	螳螂拳协会在荔湾区芳村郭村。其有9个教学点，其中有4个在荔湾区
8		洪拳（黄飞鸿派）	海珠区	

（四）个别项目在产业化等方面有较大的发展

在广州市8项武术非遗项目中，有个别项目在产业化方面有了较大的发展，例如，广州北胜蔡李佛拳和米机王咏春拳。前者在省级传承人房胜棠的带领下，2015年率先把蔡李佛拳引入广州体育学院武术非遗基地，并开办蔡李佛拳培训班和出版蔡李佛拳专著。2016年在广州花都区花东镇创办了蔡李佛拳训练基地，占地面积50亩，已建成建筑面积达1250平方米的二层半训练馆和1000平方米的大草地，当年暑假举办了蔡李佛拳培训班。2017年2月24日，被正式命名为"国家级非遗保护项目蔡李佛拳训练基地"。后者通过多年的研究和教学实践，省级传承人黄念怡逐渐摸索出一条"年轻化、规范化、产业化、国际化"的发展路子：注意从娃娃抓起，培养和发展幼儿园的学生；编印不同年龄段的挂图和教材，将传统咏春拳规范化、科学化、清晰化；在黄念怡的家乡芦包镇大村建立武术培训基地,承包附近的鱼塘和农场,举办咏春拳冬令营、夏令营等武术培训班,逐步走向武术产业化;1984年,黄念怡的妹妹黄倩怡、妹夫邓厚绵率先在比利时布鲁塞尔开设米机王咏春馆。从1999年开始,黄念怡也先后在比利时、捷克、丹麦、法国、意大利、瑞典、德国成立多家分馆。广州米机王咏春馆成立二十年来,先后有欧美十几个国家的咏春拳爱好者慕名前来学习。

二 广州武术非遗项目保护存在的主要问题

广州市武术非遗保护工作虽然取得一些成绩,但是依然存在以下几个问题。

(一)广州市武术非遗保护工作起步较晚,入选非遗名录级别较低

广州市和广东省非遗工作分别从2005年和2006年就开始启动,广州市武术协会下设18个拳种二级拳会,但广州武术类非遗项目在2012年和2013年才开始分别入选广东省和广州市的第四批非遗名录,而且至今尚没有入选国家级,入选省级的也只有广州北胜蔡李佛拳、广州天河咏春拳(米机王咏春拳)和太虚拳3个项目(见表3)。

表3 广州市武术类项目入选非遗名录情况

拳种序号	项目类别	项目名称	入选国家级批次	入选省级批次	入选市级批次
1	传统体育、游艺与杂技	蔡李佛拳(广州北胜蔡李佛拳)	—	4	—
2		咏春拳(米机王咏春拳)	—	6	4
3		莫家拳	—	—	4
4		太虚拳	—	6	5
5		洪拳	—	—	5
6		黄啸侠拳	—	—	5
7		螳螂拳(广州)	—	—	6
8		洪拳(黄飞鸿派)	—	—	6

（二）入选非遗名录项目代表性传承人人数偏少、年龄偏大、级别偏低

至2017年5月统计，广州市武术类8个非遗项目入选非遗名录项目代表性传承人：国家级没有，省级3人、市级5人、区级1人。对比其他类项目显得人数偏少、级别偏低，而且年龄偏大，如莫家拳传承人林仲伟于2013年评上区级传承人时已97岁。又如黄啸侠拳传承人陈昌棉现年89岁，洪拳（黄飞鸿派）传承人黄达生现年78岁。年龄最小的洪拳传承人冯亦慧也现年40岁。8位传承人的平均年龄为68岁（见表4）。

表4 广州市武术入选非遗名录项目代表性传承人情况

拳种序号	项目类别	项目名称	代表性传承人	出生年月	入选级别（批次）
1	传统体育、游艺与杂技	蔡李佛拳（广州北胜蔡李佛拳）	房胜棠	1958年8月	省级（第三批）
2		咏春拳（米机王咏春拳）	黄念怡	1963年10月	市级（第四批）省级（第五批）
3		莫家拳	林仲伟	1916年8月	区级（2015年9月逝世）
4		太虚拳	邹 强	1945年5月	市级（第五批）省级（第五批）
5		洪拳	冯亦慧	1977年11月	市级（第五批）
6		黄啸侠拳	陈昌棉	1928年12月	市级（第五批）
7		螳螂拳（广州）	梁上燕	1961年4月	
8		洪拳（黄飞鸿派）	黄达生	1939年9月	

注：1. 本表含广东省公布的省级代表性传承人名单。另外，省级代表性传承人自动作为市级传承人。

2. 梁上燕和黄达生目前尚未入选级别代表性传承人，但他们是当今该项目的第一代表性传承人。

（三）广州武术类非遗保护专项资金补助经费不足

据悉从2012年开始，市文新局设立广州市非遗项目扶持经费，每年安排150万元左右的经费，对市级项目进行扶持。但至今为止，评上省、市级

非遗名录的广州市武术类8个项目中,只有米机王咏春拳和莫家拳在2014年分别获得过5万元和3万元和在2017年分别获得15万元和10万元的市非遗保护专项资金经费补助,还有,螳螂拳(广州)在2017年获得8万元的市非遗保护专项资金经费补助,而其他项目则尚未获得任何政府资助。原本经济基础薄弱,且又难有其他渠道资助的武术非遗项目,更应得到政府经费的扶持。

(四)存在重申报,轻保护和保护工作不健全的不良倾向

在调查研究中,我们发现一些获得各级非遗项目存在两种不良倾向。一是重申报,轻保护。把申报工作作为形式或政绩工程,而不注重实际情况,甚至无中生有,违背了非物质文化遗产保护工作要"保护为主,抢救第一,合理利用,传承发展"的工作方针。二是保护工作不健全,抓不住"活态传承,生态保护"的要点,忽视特点,忽略了传承人承上启下的重要作用和传承人法律保障。

(五)定性评价较多而定量评价不足

当前广州武术非遗项目的申报和评选工作中尚存在申报项目认识度较低、资源价值认识不清、定性评价较多而定量评价不足、分层保护利用与品牌开发程度不高等问题。

三 广州市武术类非遗保护工作的建议

(一)基层管理部门要做好发掘和指导工作

岭南咏春拳于2015年和2017年两次申报市级非遗名录项目均未果。据说,第一次因为申报资料不全,第二次则因为特色不够。据了解,第二次申报资料早就提前好几个月给主管部门——荔湾区文化局非遗中心,却没有提出需要修改的指导性意见。作为基层的管理部门有着"上传下

达"的责任，要提高业务水平，做好与市非遗中心、专家组及市武协的沟通工作，要改进工作作风，加强对申报非遗项目的保护单位的发掘和指导等工作。

（二）倡导生产性保护，要将"遗"转化为"产"

要强调非物质文化遗产的原生态传承不能以忽视社会文化生态变迁的历史规律为代价，活性化传承就是要将"原生态"文化遗产改良为既保留基本真性又适应时代发展的"次生态"文化；活性化传承倡导的是生产性保护，要将"遗"转化为"产"，通过"自身造血"实现"非遗"项目的生存和发展。要花大力气抓文化创新，只有让"非遗"融合新社会，满足人们的需求，才能实现真正的活化传承。活化传承既是广州市武术类非遗项目保护工作的必然选择，也是其今后持续发展的现实需要。

（三）着力扶持中青年传承人

如前所述，广州市武术类非遗项目代表性传承人年龄偏大，不利于今后广州市非遗项目保护工作的持续、健康发展。因此，从区级传承人开始，要着力培养、扶持造诣有待提高但更具有潜力的中青年传承人。

（四）加大武术类非遗项目补助经费力度

广州武术非遗项目已达8项，除对米机王咏春拳、莫家拳和螳螂拳继续予以资助外，其他的5个项目特别是濒危项目也要惠及非遗补助。

（五）构建广州市武术非遗保护效果与开放价值评价体系

研究构建广州市非遗保护效果与开发价值评价体系，对广州市现有的8项武术非遗项目进行保护效果和开放价值评价，根据评价结果划分保护等级和价值潜力等级。建立该评价体系旨在对广州市武术非遗的保护效果和开发价值做出评价，同时了解武术非遗的开发价值与保护效果之间的关系，为进一步探索市场开发与保护促进二者之间的平衡机制做好铺垫，并为制定保护与开发策略提供依据。市场开发应以开发价值大小为依据，保护效果的好坏也应该以量化评价的结果为判断标准。

（六）把荔湾区西关一带建成一个标志性武术非遗文化生态保护区

荔湾区西关有着丰富的武术非遗资源，道光年间，蔡李佛拳会广州分会在龙津路徐家祠创办。1870~1890年，洪拳宗师黄飞鸿主要在西关活动，在十三行仁安街开设武医馆。以武术为主要活动项目的广东精武体育会，对南北拳术交流、中华武术走向世界有着重大影响，其会址初设在桨栏路宁波会馆，长达十年。还有众多武术名师都荟萃在西关，如晚清广东武坛"十虎"之一王隐林，民国时期在黄沙兼善大街开设武馆、黄啸侠拳创始人黄啸侠故居在文昌路、精武老人李佩弦的武医馆在龙津西路、武术家霍耀池的武医馆在长寿路、广州咏春拳奠基人岑能故居在多宝路、国际武术巨星李小龙故居在恩宁路。政府有关部门应梳理、整合这些武术非遗资源，做好规划，建成一个标志性武术非遗文化生态保护区，对广州建设世界文化名城和国际体育名城有着一定意义。

（审稿：丁旭光）

B.14 关于广州申报"世界记忆工程"的几点建议[*]

广州大学广州发展研究院课题组　执笔：饶原生　黄　旭[**]

摘　要： 本文考察了"世界记忆工程"的由来以及发表现状，通过借鉴澳门申请"世界记忆工程"的经验和做法，认为广州可以以申报"世界记忆工程"为突破口，推动海上丝绸之路世界申遗工作的开展，并提出了广州申报"世界记忆工程"的对策建议。如尽快建立一级的申报架构，确立多层面的运作机制；着手以十三行记忆为重点内容的海上丝绸之路"世界记忆工程"申报工作；全面梳理2000多年广州建城史中的人文资源；整合粤港澳三地文化资源，提升三地文化合作水平。

关键词： 世界遗产　世界记忆工程　海上丝绸之路　广州

世界遗产是全人类公认的具有突出意义和普遍价值的文化财富，广东由

---

[*] 本课题系广东省高校人文社科重点研究基地广州大学广州发展研究院、广东省教育厅"广州学"协同创新发展中心、广东省高校"城市综合发展决策咨询研究创新团队"研究成果。

[**] 课题组组长：涂成林，广州大学广州发展研究院院长，二级研究员、博士生导师。课题组成员：饶原生，广州大学广州发展研究院特聘研究员、广州民俗文化研究所所长；谭苑芳，广州大学广州发展研究院副院长，教授、博士；黄旭，广州大学广州发展研究院所长，副教授、博士；彭晓刚，广州大学广东发展研究院特聘研究员；魏高强，广州城市学研究会副秘书长；曾永辉，广州大学博士研究生。执笔：饶原生、黄旭。

于"开平碉楼与古村落"申请世界文化遗产项目并于2007年6月28日获得通过而正式列入《世界遗产名录》,取得了世界遗产的"零的突破"。之后,又有"粤剧""中国丹霞""侨批档案-海外华侨银信"等(均为联合申报)成为在广东的世界遗产。

广州作为广府文化的源地和中心地,在谋建世界文化名城的同时,不妨着力推动以"世界记忆工程"为新路径的世界遗产项目申报。在此之前,广州不是没有世界遗产的申报项目,只是仍卡在时间不算短的"等待"环节里。借力于"世界记忆工程",广州有可能会率先取得世界遗产申报中的"零的突破"。

一 关于"世界记忆工程"的来历

"世界记忆工程"作为世界遗产的重要组成部分之一,关注的是文献遗产,具体讲就是手稿、图书馆和档案馆保存的任何介质的珍贵文件,以及口述历史的记录等。成立于1992年的世界记忆工程国际咨询委员会,负责世界记忆名录的认定、入选事宜。由广东、福建两省联合申报的"侨批档案-海外华侨银信",便是2013年入选该名录的一项世界遗产。

目前,世界记忆、世界文化遗产与自然遗产、世界非物质文化遗产,是联合国教科文组织对于世界遗产保护传承的三大重要举措。自1972年至今,联合国教科文组织发起了多项世界性的历史文化保护工程并设立相关的名录,一是1972年的《世界遗产名录》(包含文化遗产、自然遗产以及文化与自然双重遗产),二是1992年启动的以关注文献为主的《世界记忆名录》,三是2001年推出《人类口头和非物质文化遗产》名录。

众所周知,一座城市所拥有的历史文化资源,是托起世界遗产的坚实基础。作为国家第一批历史文化名城,广州这些年在保护传承文化遗产和非物质文化遗产方面推行了不少有效举措,但世界记忆这一项基础性工作还是被疏忽了。广州要谋建世界文化名城,毫无疑问要盘点自己的文化家底,其中最具价值的一个重要构成就是世界遗产。

关于广州申报"世界记忆工程"的几点建议

据了解,广州早就谋求在海上丝绸之路项目的世界遗产申报中能有建树,而十三行作为1757年清政府实行"一口通商"政策后的清对外专属外贸特区,记载了中国与世界贸易历程中业绩最为辉煌的一页,故也曾考虑重点申报。但由于国家海丝申遗项目组对海上丝绸之路时间范围定义为"自公元前2世纪至19世纪中后期蒸汽动力取代风帆动力的时段",国家文物局最终未将十三行纳入海丝申遗名录,所给出的主要原因是其遗存实物较少,包括缺乏相应的不可移动文物。2016年7月,广州有南越国宫署遗址、南越文王墓、光孝寺、怀圣寺光塔、清真先贤古墓、南海神庙及码头遗址等6处史迹点被列入"海上丝绸之路·中国史迹"首批申遗遗产点名单。2017年4月20日,国家文物局在广州召开海上丝绸之路保护和申遗工作会议,全体与会代表一致推举广州为申遗牵头城市。目前广州以海上丝绸之路项目为突破口的世界遗产申报工作,正在国家文物局的指导下,处于稳步推进阶段。

广州过去疏忽了"世界记忆工程"项目申报。其他城市走在了前面,如澳门,其申报可以给广州提供一点启发。在澳门特区政府的高度关注以及澳门基金会的具体支持下,澳门文献信息学会21世纪启动了UNESCO亚太区《世界记忆名录》的申报工作。先是2010年,天主教澳门教区档案文献(16~19世纪)率先获得《世界记忆名录》的入选;到2016年,功德林寺院及文献(1645~1980)、汉文文书档案汇集(清代澳门地方衙门档案,1693~1886)等两项文化遗产成功入选。

汉文文书档案汇集的入选特别值得提一提。其珍贵价值在于:提供了当年在葡萄牙租居澳门的特殊情况下,清葡双方的公务往来文书,其中包括了体现中国对澳门拥有领土和统治主权、对澳葡当局管治范围的规定和限制;还包括了有关澳门地方行政、华洋交涉、海难救援,更有反映当时澳门的社会状况的各种账目、契约、合同等很珍贵的第一手资料。文献原件均收藏于葡萄牙东坡塔档案馆,澳门存的是影印本,但并不影响整个申报的最终结果呈现。这个着眼于世界范围的文献证据,对广州很有启发。

那么,澳门的《世界记忆名录》申报何以在短短几年内就有三个项目入选？据项目申报负责人、澳门文献信息学会理事长杨开荆介绍，"世界记忆工程"其实又分为三个级别，并设相关的世界级、地区级（如亚太区）、国家级（如世界记忆工程中国委员会所设立的《中国档案文献遗产名录》）。澳门申报的是亚太区（UNESCO）的名录。

事实上，早在2005年，澳门就以"澳门历史城区"的整体概念，入选了《世界遗产名录》。澳门人明白，身处这样一个城市文化框架中，更应唤醒每一个文化细节中关联世界的澳门记忆，通过"世界记忆工程"拉动整个"澳门记忆工程"，在申报过程的同时已盘活了整个澳门的文化记忆。

据介绍，澳门基金会主导下正做的一项工作，是"澳门记忆"网站的年内上线，既着眼于已入世界遗产的每一个亮点展示，又完善整理诸如"澳门神像雕刻""澳门鱼行醉龙节""澳门道教科仪音乐""南音说唱""妈祖信俗""哪吒信俗""土生葡人美食烹饪技艺""土生土语话剧"等或国家非遗或澳门非遗的具体事宜，并强调收录更多的"已知"与"未知"。

"澳门记忆工程"借此梳理整合全澳门的整个文化家底，用记忆作主线去串起世界遗产在澳门的基础性人文资源。而这一点，也正是广州申报"世界记忆工程"的延伸意义：可以借机整理城市的历史文化资源，从而焕发"广府文化新活力"。

二 海上丝绸之路申报世界遗产的"广州亮点"

广州申办世界记忆工程有其必要性。一方面，构建世界文化名城的根本基础，是积淀厚实的传统文化，是仍在福荫今人的文化遗产。在世界遗产的三个重要组成中，广州最有可能也最有理由在世界记忆这一块取得"零的突破"。

另一方面，借力世界记忆工程所全面唤醒的，应该也是"广州记忆"，因这个绵延不断的文化记忆，顺便可以对广府文化有个关联性、条理性的梳理。

关于广州申报"世界记忆工程"的几点建议

广州申报世界遗产有其得天独厚的条件。首先是海上丝绸之路。广州从秦汉时就开始了海上贸易，唐代就辟有"广州通海夷道"，是历久不衰的对外通商口岸和世界最著名的港口城市，最辉煌的一页更是发生在清代"十三行"阶段——全世界的白银在近两百年间有一半都借此流入了中国。偏偏"十三行"没有留下任何有重要价值的遗存实物，这就影响到今天正在进行的世界申遗之路。

如果转换思路，让广州自己去做海上丝绸之路申遗工作，并且就锁定在"世界记忆"——因为文献遗产的逐一呈现，会不会峰回路转呢？举个文献例子：1784年8月28日驶达广州的美国商船"中国皇后号"，其船长格林、大班山茂召当年写有航海日记，这就与今天广州要申遗的方向很贴切。该航海日记详细记载了中美首次交往所走过的一段海上丝绸之路，诸如船上载来了西洋参、毛皮、胡椒、松脂等货物，在广州十三行全部完成交易，然后采购了茶叶、瓷器、丝织品、棉布等运返美国的全过程。这些珍贵的手稿资料，现珍藏于美国费城海事博物馆，是坐实十三行历史在世界范围内的文献遗产，这是海上丝绸之路申报世界遗产的"广州亮点"。

广州申报世界遗产应聚焦广府民系的生成记忆。广府民系，是以广州为核心、以珠江三角洲为主要生活范围、以粤语为母语的族群。根据以母语为民系文化认同的原则，分布在全世界的广府人现今多达7000万以上。文献资料同样是民系生成的有力佐证，例如馆藏于中山大学图书馆的《九江关树德堂家谱》，记录着关氏一脉源自汉朝山西运城，至宋代落户广东南雄珠玑巷，之后再到南海九江开枝散叶的情况。又例如广州黄埔古村研究会、海珠区档案局等单位编纂的《广州黄埔村梁氏家谱》，载有"始祖讳文珩，世居南雄"，上溯至东周时梁氏则源自今陕西韩城南。研究家谱是个认识民系的好办法，事实上，广州图书馆人文馆一直进行着各姓氏家谱的收集工作。

三 广州申报"世界记忆工程"的几点建议

借力"世界记忆工程"，催生"广州文化活力"，广州完全可以在"一带一路"的战略节点和粤港澳大湾区的新机遇中对文化发展做全新谋划。结合上述调查和分析，试从操作层面提几条建议。

第一，尽快建立市一级的申报架构，确立多层面的运作机制。申报架构是前提，可由广州市档案局、广州市文广新局、广州市地方志办、广州市外事办再加上广州大学广州发展研究院等单位组成，负责有关操作事宜。此排列其实不分先后，之所以将广州市档案局排于首位，是因为按照《世界记忆名录》的申报程序，中国各地的申报均须通过国家档案局提出申报议案，即档案局是个技术层面上的世界接点。这里只是就机构组成提出方向，如何便于运作而组合哪些单位功能，以盘活整个运作，仍需细酌。

第二，立即着手以十三行记忆为重点内容的海上丝绸之路"世界记忆工程"申报工作。如前所述，我们国家的海上丝绸之路世界申遗之路一直在运作中，但至今没等来结果。目前广州参与泉州、宁波、南京等市的"联合申遗"，走的应该不是《世界记忆名录》路径。没错，广州也拥有南越国宫署遗址、南越文王墓、光孝寺、怀圣寺与光塔、海幢寺、粤海关博物馆、黄埔古港遗址、南海神庙及古码头遗址等缘系海上丝绸之路不同历史时期的证物，但偏偏是最能体现偌大交易额的十三行历史，耽误在重要实物的全毁上。如果重整思路，从收集文献遗产入手，整个申报说不准就会有柳暗花明甚至是石破天惊的收效。

第三，以世界记忆申报为抓手，全面梳理两千多年广州建城史中的基础性人文资源。《世界记忆名录》的申报可以是由头，借此可以发掘、记录、归类、整理各种主题性的"广州记忆"，充分集聚有价值的历史文献、口述实录、音像资料等。广州市地方志新馆建立的"口述广州"数据中心，于此可谓大有用武之地。事情如果不赶紧去做，宝贵的遗产就会看着很近其实很远，比如说，"疍家记忆"——称作"疍家"的这一群人，其存在历史甚至可以上溯至秦汉时期，其以水为家的生活自20世纪60年代初画上了句号后，如今大概只靠艇仔粥、咸水歌以及"棹忌"等粤语常用语去缅怀其长年活跃的痕迹。当年上岸定居于党恩新街、陆居路、滨江中路的"最后一群疍家"，应还有人在，口述实录还来得及去做。

第四，以申报"世界记忆工程"为诱发点，整合粤港澳三地的文化资源，提升以广府文化为纽带的三地文化合作水平。同宗同源的文化纽带，完全可以让明天的国际一流湾区和世界级城市群串联得更加紧密。粤港澳三地在文化上的同宗同源，是粤港澳大湾区建设得以共同发力推进的最有力基础，"世界记忆工程"因此也可以有更多的合作机会，更多以"共同记忆"为激发点的合作研究和交流活动也可逐项开展起来。

必须注意到，广州建城两千多年来，一方面根系中华优秀传统文化，因源源不断的新移民而随时充实着文化新活力；另一方面一直活在世界的版图里、活在世界海洋文明的先进体系中。以广州为中心地所展现的广府文化先进性，体现在海洋文明的长期融入，体现在全球经济一体化因为海上丝绸之路所助力的成功演练。现如今，活在"一带一路"国家战略正稳步推进的当下，广州理应有更卓著的表现，这个卓著表现不妨发力于文化。

（审稿：黄旭）

文化传承篇

Cultural Inheritance

B.15
广州水上居民文化保护与传承的调研报告

谢棣英 郑少霞*

摘　要： 新中国成立以来，广州水上居民的生存环境和生活方式都发生了巨大变迁，水上居民文化也逐渐被该群体所抛弃，因此保护和传承广州水上居民文化迫在眉睫。本文结合实际调查研究，建议广州水上居民文化保护、传承和开发应当从两个方面展开：一是建设水上居民文化生态保护区，打造咸水歌民俗艺术之乡，研发咸水歌文化与教育相结合，以及打造珠江航道旅游规划等；二是开发水上居民文化旅游资源。在充分利用传承基地比邻珠江河优越地理位置以及结合民俗节庆的基础上，打造广州咸水歌珠江旅游路线和开发水上居民旅游文化产品。

---

* 谢棣英，广东省非物质文化遗产项目咸水歌的代表性传承人，研究方向为广州咸水歌；郑少霞，暨南大学硕士研究生，研究方向为民俗文化。

广州水上居民文化保护与传承的调研报告

关键词： 水上居民　广州咸水歌　旅游文化产品

水上居民作为一个较为特殊的水上群体，有着丰富的民俗文化，包括家居、服饰、节庆、婚俗、歌谣、信仰等。其中广州咸水歌是广州水上居民的特质文化。然而随着广州水上居民于20世纪60年代开始进行从"水上小艇"到"陆地"的地理位置迁移以来，水上居民的生活习惯、文化习俗等方面受到陆地居民的影响，逐渐淡化对自身文化的认同感。再加上广州咸水歌、婚庆习俗、歌谣等水上居民文化受到"文化大革命"的抨击和打压，越来越少的水上居民传承文化习俗，这使广州水上居民文化的传承和保护变得岌岌可危。[①] 目前，广州水上居民主要分布在番禺区的东涌镇、南沙区的横沥镇和万顷沙镇、海珠区滨江街一带、荔湾区的黄沙和芳村东塱一带、黄埔区的渔珠新村和白云区流溪河沿岸的江高镇等地，其他地方的水上居民或是流动、搬迁、或是融入岸上群体生活，其水上居民文化身份认同感已经日渐式微。

一　广州水上居民文化的保护与传承现状

广州水上居民文化是岭南水乡民俗文化的活化石。由于受到外来行政力量的干涉以及其他文化的影响，水上居民文化的内容和结构以及原本依存的生存环境已经发生了巨大的变化。目前针对广州水上居民文化生存环境所发生的变迁，政府部门、民间协会团体组织、文化工作者等相继开展保护措施。

（一）建设咸水歌传承保护机制

20世纪90年代开始，广州市海珠区滨江街及番禺区榄核镇、万顷沙

---

① 何薇：《珠江三角洲咸水歌的起源与发展》，《广州大学学报》（社会科学版）2007年第1期，第3~7页。

（后属南沙区）、广州市非物质文化遗产保护中心、民间协会组织等地区和单位开始着手系统收集和整理水上居民文化资料，建立保护研究机构和文化传承制度机制。

在咸水歌保护方面，1986年广州市各区成立"民间文学三套集成编辑委员会"，开展了对民歌民谣的搜集整理工作，辑录了相当数量的广州咸水歌，如汇编在《海珠文史》、《番禺县民间歌谣集》（第一辑）、《广州民间歌谣》中；2006年成立海珠区滨江地区咸水歌研究会；2007年广州市海珠区滨江街道文化站申报的广州咸水歌入选广州市首批、广东省第二批非物质文化遗产名录；2009年，广州市南沙区申报的广州咸水歌被列为广州市第二批非物质文化遗产项目。在传承人建设方面，2008年海珠区谢棣英被评定为广州市咸水歌代表性传承人，后于2012年12月被评为广东省咸水歌代表性传承人；2010年1月，南沙区彭艳好被评为广州市咸水歌代表性传承人；2015年5月海珠区刘学东被评为广州市咸水歌代表性传承人。在文化传承基地建设方面，2004年广州市海珠区滨江街被广东省命名为第四批民族民间（咸水歌）艺术之乡；2010年至2015年，海珠区长安东街小学、大元帅府小学、滨江水上居民民俗博物馆和后乐园街小学被评定为广州市咸水歌传承和保护的教育基地。

（二）出版专辑书籍系统介绍

针对广州水上居民文化保护工作，广州市抓紧出版发行相关书籍资料，目前主要有4本书籍较为全面介绍广州水上居民文化：2017年谢棣英编著《广州咸水歌》，立足于广州地区，对广州水上居民的历史、人文与习俗、价值与忧思以及广州咸水歌的艺术和特色等方面全方位系统地介绍广州水上居民咸水歌文化；2016年谢棣英编著《广州水上居民上岸历史回顾》，展示水上居民从上岸前到上岸后生活变化的一系列图文资料和照片，翔实地呈现了水上居民上岸的历程；2012年广州南沙区横沥镇出版《渔声——横沥咸水歌》一书对横沥镇咸水歌的历史起源、文化价值、歌词内容和音乐特色等方面进行较为详细的解读；1999年广州市海珠区政协社会法制文史委员会和原珠江区老同志联络组合编的《十年珠江区》详细讲解珠江区从1949年至1959年十年珠江区的水上居民上岸定居的历程，内容囊括水上人的文化教育、生活起居、文化活动等方面。其他方面，涉及广州水上居民文化内容的重要文献资料有：中山大学《民俗》第七十六期的《疍民专号》、钟敬文的民歌集《疍歌》、陈序经的《疍民的研究》、伍锐麟的《人力车夫和村落：伍锐麟社会学调查报告集》和林有能、吴志良、胡波《疍民文化研究——疍民文化学术研讨会论文集》以及林有能、吴志良、龙家玘《疍民文化研究（二）——第二届疍民文化学术研讨会论文集》等。在上述的文献资料中，有关水上居民文化活动如广州咸水歌、婚庆习俗等只是作为一项文化活动被涉及和记录。另外有重大参考价值的论文主要有：钟敬文《中国疍民文学一脔》、何薇《珠江三角洲咸水歌的起源与发展》、陈希《广州咸水歌艺术形态及保护初探》、蔡德全《番禺咸水歌》、罗苑《广州南沙歌谣研究》、陈玉英、谢棣英《简述非物质文化遗产之民间咸水歌文化的传承保护》等。

（三）组织咸水歌项目走进校园

近年来，广州市组织"非物质文化遗产进校园"活动。广州部分学校设立了长期性的非遗项目传承基地，并且将广州咸水歌课程作为岭南特色教育的一部分。这些学校不仅聘请传承人进行教学，还鼓励老师和学生对咸水歌进行编写歌词、演唱及演奏。截至2017年12月，广州市已建立21所大学、小学、幼儿园或体育中心咸水歌传承基地：①海珠区长安东街小学（原珠江区水上第九小学）、②海珠区后乐园街小学（原珠江区水上第七小学）、③海珠区大元帅府小学（广州市水上居民聚居地）、④海珠区江南大道中小学、⑤海珠区滨江东路小学、⑥广州市第26中学、⑦广州市第78中学（现五中滨江学校）、⑧海珠区滨江街名都幼儿园、⑨海珠区第三实验小学、⑩海珠区南洲小学、⑪广州市轻工技师学院、⑫番禺区海鸥学校、⑬南沙区北斗小学、⑭南沙区东涌镇第一小学、⑮南沙区东涌镇万洲小学、⑯南沙区大稳小学、⑰南沙区鱼窝头中学、⑱南沙区东涌中学、⑲天河区车陂小学、⑳越秀区大南路小学、㉑广州市老干部大学，主要分布在海珠区、南沙区、番禺区、越秀区、天河区等地。在传承工作中，省、市级非物质文化遗产咸水歌项目代表性传承人以及广州文化爱好工作者，如谢棣英、彭艳好、刘学东、张健仔、谢芷薇等人和传承基地的老师们保持着密切联系，定期到传承基地学校向学生们教学咸水歌以及讲解水上居民悠久的历史，取得一定的成绩。学校积极承办民俗文化传承活动，并进行创新性传承，如后乐园街小学于2017年自主编写"咸水歌"校本教材进行应用实施，并于2018年1月18日通过专家组评定，《"咸水歌"校本教材开发实施的研究》被评为"优秀"。

（四）建立相对完善的歌赛体系

为了扩大广州水上居民的特色文化——咸水歌的传播地域空间以及激发民间歌手传唱咸水歌的热情，文化政府部门、电视媒体以及咸水歌文化工作者们建立了相对完善的舞台歌赛传承体系。一方面，精心打造咸水歌文化品牌活动。目前广州咸水歌的文化品牌活动主要有三个，分别是广东珠三角咸水歌歌会、广东珠三角咸水歌（渔歌）歌会和广州水乡文化旅游节。其中分别于2007年7月6日、2010年5月21日、2012年11月28日、2014年7月5日、2016年11月26日举办了五届广东珠三角咸水歌歌会；截至2017年连续十届举办广东珠三角咸水歌（渔歌）歌会；2007年至2016年连续8届参与广州水乡文化旅游节之咸水歌演唱活动。另一方面，不定期举办各类咸水歌传承活动。比如举办咸水歌展览、舞蹈、器乐比赛、讲座和研讨会等，以"寓教于乐"为主题，把形式多样的咸水歌文化活动带到老百姓的身边，如海珠区滨江街道连年举办滨江地区"羊城之夏"青少年暑期咸水歌专场活动以及和其他团体组织积极参与广州民俗文化节暨黄埔"波罗诞"千年庙会之"咸水歌专场"；每年以咸水歌展演的形式参与广州"文化遗产日"汇演活动；积极参加"广东省民间歌会（水上民歌专场）"活动、广州民俗文化节暨黄埔"波罗诞"千年庙会之"咸水歌专场"活动等。

（五）建设水上居民民俗博物馆

为了能够给广大民众提供水上居民文化基地，广州建立两间充满珠江记忆的水上居民博物馆——广州市海珠区滨江水上居民民俗博物馆和南沙区东涌吉祥围民俗风情馆，它们担当起传承水上居民文化的重担。滨江水上居民民俗博物馆于2008年11月28日建成，她位于风景秀丽的海珠区滨江街中海社区内，与远近闻名的孙中山大元帅府、廖仲恺何香凝纪念馆相邻，是以文字、照片、实物的形式反映广州新中国成立前至现在这一时期的水上居民历史和生活的博物馆，也是广州市第一间街道级博物馆。200平方米大小的博物馆，展示着水上人家的生活原貌和日常用品，其中珍藏实物达70多件、照片200多张，充分展示了水上居民文化和风情。另外吉祥围民俗风情馆于2012年建成，坐落于番禺区东涌镇。吉祥围民俗风情馆有两层，第一层楼主要是展示沙田水上居民的水乡婚庆文化，实景展示艇上迎亲、搭棚摆酒、席地而坐喝喜酒、酒席菜式及新房摆设等场景。第二层是民俗文化展区，用图文以及实物介绍东涌人家生育习俗、生活习俗、岁时习俗、民间工艺和东涌美食，并且还通过视频播放介绍水上居民相关的习俗，让人们充分地领略东涌独特的沙田水乡风情和浓浓的水上居民文化。

二 广州水上居民文化当前保护和传承面临的主要问题和困难

在经济全球化及多元文化的影响下，非遗工作者为广州水上居民文化的保护与传承工作尽心竭力，但仍然面临着较多的问题和困难。

（一）原有生态环境的变迁

新中国成立之前，广州水上居民广泛地汇集和活动在珠江口和广州沙田地带。《晋书》卷五十七"陶璜传"中道：又广州南岸，周旋六千余里，不宾属者乃五万余户。① 这五万余户，据明末清初顾炎武解释为"皆蛮疍杂

---

① 黄金铸：《六朝岭南民族地区开发史两题》，《中南民族大学学报》（人文社会科学版）2006年第4期，第41页。

居"。为了让疍民从政治上解放和独立，叶剑英于1950年11月9日在广州市第三届各界人民代表会议上提议并宣布取消"疍家"称号，一律称珠江区的疍民为水上人民。同时广州设立珠江区，于1949年至1958年承担起逐步将水上居民搬迁上岸、文化教育、就业等工作。于20世纪90年代初，广州水上居民的搬迁工作逐步进入尾声，水上居民基本完成从"小艇"到"陆地"的地理位置转移，原珠江周旋六千余里的疍艇的情况转变成干净整洁流畅的珠江江面。原有的水上人家船艇、茅寮的水环境已经发生巨大的变迁，生活环境由江海变成陆地，使孕育水上居民文化的生态环境被完全破坏损毁。

（二）自我身份认同感薄弱

水上居民，原被称为"疍民"，岸上人对疍民鄙视之极，"少女名之曰疍家妹，男童或少妇名之曰疍家仔，妇人名之曰疍家婆，男人名之曰疍家佬"，水上居民视"疍"字为赤裸裸歧视。虽然他们已经上岸定居，但是他们很惧怕被外人知道自己的身份，担心继续受到岸上人的歧视，甚至有的家庭根本不会跟自己的子女说起自己是水上居民的身份，更不用说是传承相关的文化和习俗活动。在水上居民身份认同上，广州海珠区、荔湾区、黄埔区等广州老城区的水上居民不认同自己身份的现象比较严重，而在广州番禺区、南沙区这两个地方的水上人家却不太介意别人谈起他们是"疍民"的身份，这与他们的地域性差异有着极大的关系。

（三）传承活动缺乏自主性

广州咸水歌、婚庆习俗作为广州水上居民文化的象征性文化，其所有大型活动基本是公益性、非营利的，主要由政府相关文化部门来主导，因而导致水上居民文化活动的表现形式和演出类型较为单一和乏味，广大市民只能是被动地接受。然而对文化的保护仅依靠政府是行不通的，必须由政府、个人、学者、商家、学校都参与其中，各自发挥职能，形成各界踊跃、全民参与的合力，才能够使广州水上居民文化的传承更加有活力。

（四）复合型高级人才欠缺

在实际操作中，广州水上居民文化的传承任务艰巨、繁重。首先，旧时水上居民大多处于文盲、半文盲状态，对该群体的文化习俗主要传承方式依靠口传心授，这导致遗存下来的文字资料严重匮乏，这无疑加大了文化工作者的搜集工作量。再者，广州水上居民文化习俗活动涉及范围广阔，囊括该群体的服饰、节庆、婚俗、歌谣、信仰、饮食、船艇建筑等方面，需要懂得民俗学、历史学、古文学、音乐、建筑等方面的复合型高级人才；此外，广州水上居民文化的保护与传承工作主要是由政府及公益性组织来承办，文化研究工作人员主要是按照上级政策执行，文化活动缺乏自主创新性，并且水上居民文化遗产的最有效收集、保护、传承和开发利用，仍需要懂得产品开发、管理经营的市场营销人才。

（五）传承基地普及范围有限

广州咸水歌传承基地有民俗博物馆和校园传承培训基地。在民俗博物馆建设方面，广州市建立了海珠区滨江街的水上居民民俗博物馆和南沙区东涌镇的吉祥围民俗风情馆两个传承基地。两馆以展示水上居民的生活用品为主：一是严重缺乏了对广州咸水歌历史和音乐简谱的介绍；二是，缺乏专业的音乐工作者对外传播博物馆的咸水歌文化；三是管理较为松散，自主创新能力不足，管理部门仅把博物馆当作文化事业，忽视其可以产业化的特点。在学校传承建设方面，目前广州咸水歌校园传承基地有 21 所，主要分布在海珠区、南沙区、番禺区、越秀区和天河区这五区，其传播范围并没有辐射广州十二个区。此外，学校没有统一的咸水歌教科书或是音像等资料，只有少部分学校如后乐园街小学、大元帅府小学各自编纂出用于教学的咸水歌材料，这必然会导致广州咸水歌的宣传口径不一。

三 广州水上居民文化的保护、传承和开发的建议

广州水上居民文化是广府文化体系中不可或缺的重要组成部分，是构成

广府文化璀璨的一颗重要明珠。对其进行必要的保护和开发，显得尤为重要。具体而言，当从以下几方面着手。

（一）建设水上居民文化生态保护区

1. 搜罗遗落在民间的文史资料

充分调动资源搜寻遗落在广州民间的文史资料，建立水上居民文化资源库。文化保护工作是一项系统的社会工程，单凭一两个文化部门是难以统筹兼顾全广州市的水上居民文化保护研究工作，建议由市级政府部门主导，建立区、街道之间，文化部门与文化部门之间，协会与协会之间的协调机制，充分调动和发挥民间力量的积极性。首先，可充分利用广州拥有众多优质高效的资源，以政府部门带组织单位、民俗文艺工作带学者、老师带学生等方式对广州仍留存水上居民文化活动的地区展开调研。通过文字、图片、光碟和视频记录等方式，研究咸水歌歌曲和相关的疍家风俗文化。此外，各类民俗书籍、地方文史、影碟等资料中也零星地掺杂不少关于广州水上居民咸水歌、民俗活动等方面的内容，这也需要文化工作者们对其进行收集、整理、分析和归纳。

2. 建设活态博物馆传承基地

博物馆是自然遗产和文化遗产保护的人为场所，见证了人类社会和人类环境整个发展过程。从某种角度上来讲，了解一个地方文化变迁的古往今来可从博物馆开始。我们应该充分发挥海珠区滨江街的水上居民民俗博物馆和南沙区东涌镇的吉祥围风俗民情展这两个博物馆的宣传作用。建议在博物馆原有建设的基础上，通过增加歌舞、电影、光、电多种手段，为博物馆建立图片区、影视区和体验区，增加咸水歌体验内容，将其打造成展示咸水歌文化的体验式博物馆。而且，博物馆还应该增加专业人员对咸水歌文化进行详细的讲解和宣传。

3. 扩大文化传承基地辐射范围

传统文化需要一代代地传承下去，而传承注定需要把教育作为生命的载体。只有教育才能为水上居民文化不停地注入新的泉源，让其吐故纳新，不断地成长发展。建设校园传承咸水歌文化基地是传承广州水上居民文化的最有利的契合点。一是建议学校通过与咸水歌传承人、相关文化工作者以及学者们合作，以点画线、以线画面的途径，建立起规范完善的传承基地系统，除了加强对小学或是幼儿园传承培训基地的规范管理和扩大影响辐射范围之余，更要充分地利用广州拥有众多名牌高校资源，联合高校教师学生队伍，建立高校研究培训基地，鼓励老师和学生对广州水上居民文化进行延续性地深入挖掘；二是建议由广州市非物质文化遗产保护中心等市级文化机构牵头成立广州咸水歌教科书编辑委员会，组织有关传承人、专家学者按照幼儿园、小学、中学、高中和大学的学习研究需求，按照高标准、高起点的要求编撰成广州市统一的广州咸水歌教科书材料，扩大影响范围。

4. 打造广州咸水歌民间艺术之乡

近年来，广州咸水歌经过不断挖掘整理，已经成为广州市海珠区滨江街社区文化一大特色。2004年，滨江街获得"广东省民族民间艺术之乡（咸水歌）"称号。在滨江街咸水歌文化浓厚的环境下，我们更加应该大力推动咸水歌文化的发展。在海珠区文化馆的指导下，我们以滨江街文化站为基点开展一切咸水歌工作，组建专门的咸水歌合唱团和歌舞团。此外，增强广东珠三角咸水歌歌会、珠三角咸水歌（渔歌）歌会、疍民文化研究会等文化品牌活动的影响力，充分利用媒体的力量，邀请《广州日报》、《羊城日报》、南方报社、广东电视台等媒体来扩大咸水歌的宣传范围。

5. 打造广州珠江航道文化景观带

如今广州珠江航道的两岸历史遗迹大部分不复存在，只有珠江后航道沿岸基本保存完好，有部分洋行仓库码头仍作为某些工厂仓库使用，而珠江文化中的水上居民文化、船艇文化、水神信仰文化等随着航道的整顿、规划后，文化意识处于"模糊状态"，年轻一代几乎不了解珠江航道深厚的历史内涵。建议广州珠江航道应该挖掘、整理、组合、产业化发展珠江航道水文化，将新文化意识形态与旧空间形态、古老工业结构之美与创新文化艺术之美融合，以建筑有机体为主体景观，延续场地文脉的新城市景观形态。其中广州水上居民文化在广州珠江航道的文化保护、传承和开发中占据举足轻重的地位，更应该着重将广州水上居民文化、相关的码头遗址等设定为重点规划项目，进行景观规划与设计，对广州水上居民的日常生活状态和文化活动进行纪实或还原，如水上居民的节庆过程、咸水歌比赛、日常捕鱼打捞等。这不仅能够切实地保护珠江航道两岸的文化、工业遗产，又以艺术的手段创造了新的城市景观，同时引导当代的审美价值观，为广州珠江航道的文化规划发展带来新的文化发展前景。

（二）水上居民文化与旅游相结合

1. 开展文化民俗节庆活动

节庆活动作为展示民间风俗文化的重要组成内容，其丰富多样的文化形态日益成为一个地区或城市文化旅游的焦点。广州咸水歌在水上居民的婚嫁节日、中秋节、龙舟节等民俗节日中扮演着重要的角色。如在婚嫁中，屈大均在《广东新语·诗歌·粤歌》中描述到"疍人亦喜唱歌，婚夕两舟相合，男歌胜，则牵女衣过舟也"；[1] 在民俗节日，如中秋节，清代何梦瑶《珠江竹枝词》描绘了一幅在珠江水上疍家人载着小艇赏月唱咸水歌的场景："看月人谁得月多，湾船争唱浪花歌。"[2] 其中的"浪花歌"就是"咸水歌"。我们可以充分利用咸水歌在民俗节庆活动中的多样形式，举办各类咸水歌民俗活动，吸引游客前来参加和体验。在选择民俗节庆模式开发咸水歌旅游文化时，必须要注意三个原则。

一是真实性。在尊重水上居民节庆风俗的基础上，摈弃为迎合游客需要而将民俗节庆活动随时随地举行的错误做法。

二是独特性原则。只有民族的旅游资源，才是世界的旅游吸引物。广州咸水歌的开发要充分展示广州咸水歌与其他地区，如中山、珠海、佛山等地不同之处，表现出广州咸水歌的与众不同。

三是参与性原则。在广州咸水歌文化旅游开发过程中，必须要加入一些

---

[1] 杨艳：《疍民的精神支柱——咸水歌》，《大舞台》2010年第8期，第139页。
[2] 王发志：《明清时期〈广州竹枝词〉初探》，《广东省社会主义学院学报》2009年第2期，第48页。

与游客互动的活动,让游客在亲身体验中激发出对咸水歌浓厚的兴趣和爱好。

2. 开发文化旅游游览路线

珠江是广州水上居民文化的起源之地。没有珠江,也不会有水上居民的存在。回归珠江,方能展示水上居民文化真实的风貌。被珠江河所围绕的滨江街地区是水上居民文化的发源地之一,其辖内有自古流传的咸水歌、婚庆等传统水上居民文化习俗,以及邻近孙中山大元帅府、廖仲恺何香凝纪念馆和大元帅府小学等著名景点。开发文化旅游路线可以滨江街为基点,打造一水一府一馆的旅游路线。其中"一水"是打造珠江水上咸水歌夜游活动。可在珠江夜游的游艇上增加观赏咸水歌舞蹈表演、水上婚礼演练以及提供艇仔粥等,让游客们充分感受到广州独特的水上文化。另外"一府"为孙中山大元帅府,"一馆"为廖仲恺何香凝纪念馆。在水上居民水乡文化浓郁的南沙区和番禺区,建议文化旅游路线突出休闲观光特色,打造精品农家乐、农业观光园、水上乐园,展示生态旅游和文化旅游功能以及重点打造特色文化体验、乡村度假、农业观光和精品农家乐等旅游产品。逐步推进南沙区和番禺区成为一批集乡村高端民宿、乡土美食品鉴、农村生活研修、农村节庆体验、户外山地运动等为一体的休闲乡村文化旅游示范基地。

3. 纳入"一带一路"文化交流项目

水上居民文化是已经具有2000多年深厚底蕴并且接广州地气的文化,与广州珠江航道特有的"船艇文化""商贾文化""珠江水文化""近代工业发展文化"等相辅相成,它可以作为珠江航道水文化的典型代表之一,通过各种传播等渠道宣扬"一带一路"核心文化理念,吸引国内外人民的浓厚兴趣,起到"文化先行"的作用;对外而言,由于广州珠江航道链接国内外的多民族、多宗教,聚集着佛教、基督教、伊斯兰教、犹太教等,是多元文化的聚集地之一,其中水上居民文化长期参与和融合了各类不同元素的文化,对推动广州与沿线城市、国家的宗教和思想文化传播交流起到良好媒介作用,促进民间交流合作,实现共赢。

4. 实现投资主体的多元化格局

广州水上居民文化的保护与开发需要引导社会资金的投入，从而实现投资主体的多元化的融资格局。建议由政府主导，通过鼓励一些有实力的旅游公司打造一系列珠江航道旅游产品，开拓珠江旅游市场以及开拓合作城市或是国家区域的特色旅游市场；设立文化产业发展基金或者文化企业发展支持基金，鼓励扶持的中小型企业共同开发珠江航道文化环保型的旅游策划活动；充分利用居民储蓄和企业闲置资金，鼓励其对珠江航道文化进行投资；通过拍卖、转让景点开发权、经营权等方式促进珠江航道的旅游开发等。

参考文献

陈玉英、谢棣英：《简述非物质文化遗产之民间咸水歌文化的传承保护》，《神州民俗》（学术版）2012年第5期。

苑利、顾军：《非物质文化遗产保护的十项基本原则》，《学习与实践》2006年第11期。

姚伟民：《十年珠江区》，海珠区粤交印刷厂，1999。

肖曾艳：《非物质文化遗产保护与旅游开发的互动研究》，湖南师范大学，2006。

何薇：《珠江三角洲咸水歌的起源与发展》，《广州大学学报》（社会科学版）2007年第1期。

钟敬文：《钟敬文民间文学论集：下集》，上海文艺出版社，1985。

陈希、陶一权：《广州咸水歌艺术形态及保护初探》，《文化遗产》2014年第5期。

林有能、吴志良、胡波：《疍民文化研究》，香港出版社，2012。

（审稿：丁艳华）

B.16
关于新政策背景下广州牙雕保护的调研报告

阮成玉*

摘　要： 根据国家政策要求，2017年底前，我国全面停止商业性的加工销售象牙及制品活动。在这一背景下，广州牙雕行业不但面临人员安置、人才流失问题，技艺也面临失传的危险。为保护牙雕技艺，政府当前一方面应尽快组织抢救性记录工作，保存影音资料；另一方面还应出台政策，让传承人可以继续从事公益性的创作生产和带徒传艺活动，让牙雕技艺得以继续传承。

关键词： 广州牙雕　非物质文化遗产　公益性

牙雕是以象牙为原料进行雕刻的传统民间手工技艺，是一项国家级非物质文化遗产。广州牙雕，又称为南派牙雕，一直被认为是广州传统工艺美术类非遗"三雕（牙雕、玉雕、木雕）、一彩（广彩）、一绣（广绣）"中的龙头行业。为保护大象，打击象牙非法贸易，国务院办公厅出台《关于有序停止商业性加工销售象牙及制品活动的通知》（国办发〔2016〕103号），要求2017年12月31日前在我国境内全面停止商业性的加工销售象牙及制品。该文件的出台，将会直接导致广州牙雕项目陷入濒危境地。为此，近期

* 阮成玉，历史学硕士，广州市非物质文化遗产保护中心职员。

广州市非物质文化遗产保护中心调研了广州市加工销售象牙制品的企业和传承人,了解企业的经营情况、应对措施,及对政府的诉求。

一 广州牙雕的基本情况

(一)历史沿革

广州牙雕历史悠久,根据考古发掘,广州地区在4000年前就有以象牙为材质的雕刻饰物。此后,广州牙雕不断发展,以广州为中心的岭南地区一直是我国象牙制品的集中产地,产品不但供国内权贵阶层消费,还大量用于海外贸易和对外文化交流。清朝是广州牙雕发展的重要时期,借全球贸易大发展和广州一口通商的便利,无论是象牙原材料的获得还是贸易的便利性,广州牙雕都有着国内其他地区同行无法比拟的优越条件。这一时期,广州涌现了一大批牙雕能工巧匠,成立了众多象牙贸易商号,并出现了国内第一个象牙雕刻业的行会组织。民国时期,广州牙雕继续发展,技艺水平不断提高,1915年在巴拿马万国博览会上,广州选送的25层象牙球获得金奖,成为这一时期的标志性事件。中华人民共和国成立后,广州牙雕行业进行了重组整合,成立了以大新象牙厂为龙头的国营象牙雕刻生产企业,迅速恢复生产,除"文革"期间短暂受影响外,直到20世纪80年代末,牙雕一直是广州市重要的外贸产品,在最顶峰的1981年,广州牙雕有从业人员600余人,产值695.94万元。但随着保护野生动物逐渐成为国际社会共识,牙雕产业的发展日益艰难。1989年,象牙被禁止国际贸易,广州牙雕急转直下,生产停滞、人员流失。2005年,国际社会逐步放开合法的象牙贸易,广州牙雕又有了一线生机,技艺得以继续传承。本次新政策的出台,对牙雕项目的传承来说又将是一个重大挑战。2006年,广州市象牙雕刻被列入国务院公布的第一批国家级非遗代表性项目名录,至目前,该项目已拥有国家级代表性传承人1名、省级代表性传承人3名、市级代表性传承人5名。

（二）主要产品

广州牙雕品类丰富，尤其擅长象牙球、象牙人物、象牙舫、撒网船、象牙微刻等品类，作品纵深透彻，精巧玲珑，代表了岭南匠人的高超技艺和审美情趣。

1. 象牙球

象牙球又称鬼工球，是广州牙雕最具特色的产品之一。它是用一块完整的象牙料镂空成层层相套，且能转动自如的球体，精巧剔透，设计精巧，堪称鬼斧神工。象牙球最难也最令人拍案叫绝的技艺是分层，如何将一个完整的象牙料，从外部将其分成薄薄的多层而不断裂，是非常考验人的技艺。新中国成立前，广州象牙球最多是28层。1957年艺人翁荣标不断钻研，突破了30层。1962年至1978年，经过技术革新，使原制作26层规格的牙料能多雕出14~16层，成功雕镂出40层和42层的牙球。现在，大新象牙厂等单位技术人员已将象牙球雕镂层次提高到50多层。

2. 象牙人物

人物是广州牙雕的传统品类，广州牙雕多以我国传统人物题材为内容，男相有佛公、罗汉、福禄寿、渔樵耕读、四大天王、五虎将等，女相有仕女、观音、麻姑等。20世纪七八十年代以来，广州牙雕改变了以单件人物为主的造型传统，创作了一批将人物与景观结合的大型座件作品，如《群仙福寿》《普天同庆》等作品，使人物雕刻成为广州象牙雕刻产销量最大的品类。

3. 象牙舫

以象牙雕成的船舫清代已盛行。这其中既有清皇室的贡品，也有普通商品。现收藏于广州博物馆的《群仙祝寿龙舟》是清朝广东进贡皇室的稀有珍品。作为商品生产的牙舫，规格小的有10厘米长，大的有1米多长。牙舫综合运用圆雕、浮雕、通雕、微雕等技艺，船舱可雕至17层之多。每层造型花色富有变化，船舱上的通花门窗可随意启闭。舱内外分布的微缩人物千姿百态，加上飘展的旗帜和各式挂灯，场面热闹。在精品的牙舫上，还藏缀小灯泡，亮灯时呈现灯火辉煌的夜景，让人叹为观止。

4. 撒网渔船

撒网渔船由 20 世纪李定宁大师首创，作品因材施艺，取象牙天然独特造型，借此展现出船舶的形态，船似弯弯眉月，头小、中间大，渔网雕刻剔透玲珑。通过雕刻巧妙的构建组合成渔夫收网捕鱼的瞬间动态，人物形态各异，有男有女，有老有少，他们有划船的，有拉网的，有抓鱼的，神态逼真，运用镂雕的雕刻技法再现了渔家的劳动乐章，具有浓厚的生活气息。"撒网渔船"系列投产后成为广州牙雕具有代表性的品种，作品长盛不衰销售畅旺。

（三）工艺特点

广州象牙雕刻多是以群众喜闻乐见的吉祥文化为内容的题材雕刻，主要分人物、花鸟、兽口几类；制作工艺流程复杂，立体座件类、牙球类、器皿类等大类流程均有所不同；构图讲究丰富饱满，重雕工，技艺上以镂空雕、拼镶、微刻最具代表性，纹饰纤细精美，玲珑剔透，尤以镂空多层精雕的象牙球最具特色；产品善于保留象牙的本色质感，讲究材料的有效利用。

二 广州市牙雕代表性企业及其现状

（一）广州市大新象牙工艺厂

广州市大新象牙工艺厂（以下简称大新象牙厂）是一家国有老厂，现隶属于广州轻工工贸集团，其前身为广州市第一象牙雕刻生产合作社，成立于1955年。成立之初，该厂集中了全行业优秀的人才，产品门类齐全，花色品种繁多，作品获奖不计其数，是广州牙雕的代表性企业，也是广州工艺美术界的一个窗口。2006年，被文化部认定为国家级非遗代表性项目象牙雕刻的保护单位。

具体生产方面，当前大新象牙厂有生产技术人员48人，包括正式工39人，退休返聘人员9人，从事象牙制品的设计、分层、雕刻、打磨、抛光等，生产象牙球、象牙船、通雕蟹笼、石山风景、微刻书画、古今人物、花草树木、仿古器皿等牙雕产品。拥有3个销售点，分别设在陈家祠、广州传统工艺美术中心、大新象牙厂。大新象牙厂以生产非洲象牙制品为主，现库存象牙原料约4吨，作品约10万件，其中精品作品约3000余件。2016年销售额约300万元。

针对国家出台的象牙制品政策，大新象牙厂主要有以下应对措施。一是利用年底前这段时间，加大销售力度，增加象牙制品的流通，尽量减少库存。二是集中本厂技术力量，尽量多生产创作精品留存于世。三是对南派牙雕的历史、技艺和代表性作品实施抢救性记录。四是谋划企业经营方向的转型。目前广州市轻工集团计划以大新象牙厂的场地为依托，立足该厂的象牙雕刻，整合集团旗下多类产品资源，意欲打造"广州市三雕一彩一绣研究传承基地"，建立牙雕技艺保护性研究工作室。通过与博物馆、牙雕大师、研究学者等合作建立牙雕技艺保护性研究工作室，对牙雕技艺的传承和发展进行保护性研究，同时带动玉雕、木雕、广彩、广绣的传承与发展，积极配合支持政府、非遗保护机构的公益性活动，以及与各类单位合作开展传统技艺传承展演活动。

（二）广州市宝象工艺品有限公司

该公司创办于2005年，由中国工艺美术大师李定宁与其子李斌成创办，李定宁任技术总监。父子共同研制象牙雕刻新产品和带徒传艺，作品传承象牙雕刻的传统工艺技法，生产牙球、牙船和各种题材的人物、花鸟等摆件、首饰，多次在全国及省市展览中获得大奖。

宝象工艺品有限公司现有生产技术工人10人，销售点位于越秀区新河浦路。公司以生产非洲象牙制品为主，还有少量的猛犸象牙、骨雕及木雕作品，现库存象牙原料约1吨，作品3000余件，其中精品500余件。2016年销售额约300万元。

针对国家出台的象牙制品政策，企业一方面计划利用政策生效前这段时间，扩大销售，清理库存；另一方面，也在谋划进行产品转型，从目前以象牙制品为主转向生产猛犸象牙、木雕、骨雕等产品，同时计划成立非营利性的工作室，利用现有象牙库存进行创作，保存象牙雕刻制作技艺。

（三）广州市荔湾区花城博雅工艺厂

该厂于1991年由从大新象牙厂下海的张民辉创建，目前有技术工人26人，有两个销售点，分别设在荔湾区花鸟鱼虫市场和荔湾区西朗。不同于上面两家企业，该厂从创立之初就大量使用其他材料进行创作生产，目前产品以骨雕、猛犸牙以及各类石雕为主，非洲象牙制品占20%～30%。企业现库存象牙约100公斤，象牙制品约3000件。2016年企业的销售额约100万元。

由于花城博雅工艺厂的产品重心长期以来并不以非洲象牙制品为主，所以新政策对该厂经营方面的影响不是太大。企业负责人——广州牙雕国家级传承人张民辉忧心的是如何在当今的形势下传承象牙雕刻技艺。

三 广州牙雕行业面临的主要问题

（一）项目濒危，技艺有可能失传

作为非遗保护工作者，牙雕的技艺传承是我们的首要关注点。为保护野生大象，1989年，CITES（濒危野生动植物种国际贸易公约）就禁止象牙贸易，这次禁令给广州牙雕行业带来很大冲击，大新象牙厂1990年还有300多位职工，到2002年已经降到不足40人。而这次由我国政府出台的新政策，将彻底断绝牙雕行业的原料来源和销售市场，将使牙雕传承人和企业普遍面临无象牙可做、有象牙不能做的境况。虽然有替代材料如猛犸牙、动物骨、木等，但由于材质差异，象牙雕刻技艺并不能很好地表现，无法用来传承技艺。以令广州牙雕界引以为傲的象牙球为例，据传承人介绍，即便用猛犸象牙也很难做出普通牙球的效果。所以如果不采取措施，流传几千年的广州牙雕技艺极有可能会逐渐失传。

（二）从业人员需重新安置，高技能人才有流失风险

随着象牙贸易的停止，牙雕行业的从业者必然首先受到冲击。调研的三家企业都有相应的转型计划，部分从业人员可以跟随企业转型，但必然也会有一部分人面临失业风险。不少象牙雕刻的从业人员已经在该领域从业很多年，一旦失业，生活将会面临很大困难。另外，人才流失也是不容忽视的问题。广州牙雕在全国乃至世界的牙雕领域占有重要地位，技艺领先，不少国家都觊觎广州牙雕行业里掌握高超技艺的人才。这次禁止象牙及制品行动是我国响应国际社会呼吁，为保护大象做出的重要举措。但中国并不是唯一生产牙雕的国家，在没有类似禁令的国家，象牙及制品依然可以合法买卖。在调研中我们了解到，邻国日本已经悄悄地与广州的部分牙雕艺人接触，希望将这些人请到日本继续从事牙雕创作。日本虽以"工匠精神"闻名于世，论牙雕技艺，广州艺人却更胜一筹，1915年巴拿马万国博览会上，广州选送的25层象牙球并没有日本的牙球层数多，但后来证明日本牙球并非一块材料雕成，其使用胶水进行了黏合，技术含量远低于广州牙雕。作为"三雕一彩一绣"的内容之一，牙雕是广州引以为傲的文化资源，一旦牙雕艺人流落他国，将是广州重要的文化损失。

（三）企业转型发展面临资金短缺

转变发展方向是几家牙雕企业共同的和唯一的选择，但转型需要资金投入，像大新象牙厂计划打造的"广州市三雕一彩一绣研究传承基地"就需要大量的资金投入。目前各牙雕企业普遍都积压不少象牙原材料和制品，这些库存占用了大量企业资金，一旦被禁止用于生产、销售，对企业来说损失巨大。尤其对宝象工艺品厂这样的民营企业，大量资金沉积在库存上，成为企业转型发展的最大难题。

四 对广州牙雕保护传承的几点建议

（一）加紧开展对牙雕技艺的抢救性记录

目前广州市有一批技艺高超的牙雕艺人，他们身上承载着几千年积淀而成的牙雕技艺，是宝贵的文化遗产资源。一旦商业性的牙雕制作被禁止，这项宝贵的文化遗产，很可能会在这一代艺人的手里消失终结，所以利用现代技术对他们的技艺进行抢救性记录，为后人认识象牙雕刻保留珍贵的历史档案，就是当前最紧迫的工作之一。目前，市非遗保护中心已经调整年度预算经费40万元，对个别牙雕传承人开展了拍摄记录工作，但这还远远不够，建议由文化部门继续加大力量开展这项工作。

（二）引导行业成立牙雕工作室

牙雕技艺传承的重点在于让传承人及其徒弟不断保持作品创作，新政策虽然禁止了商业性的象牙贸易，但依然允许以象牙雕刻技艺研究和传承为目的的非商业性象牙生产创作活动。因此建议由行业主管部门引导象牙行业向民政部门申请成立公益性的象牙雕刻工作室，依托各工作室建立行业协调机制。第一是协调掌握在各企业手中的象牙材料互通有无。第二是协调行业技术力量为全行业转型服务，让传承人带领徒弟进行公益性的创作生产和研究工作，着力研究用替代材料延续技艺。第三是协调作品的定制收藏，工作室的作品可由非遗保护中心、博物馆、美术馆等公益机构定制收藏。这样不仅可以保护牙雕技艺得以传承，也可以让牙雕大师的技艺有用武之地，避免人才流失，促进社会的和谐稳定。

（三）由政府规划成立广州象牙雕刻展览馆

牙雕是广作技艺最具代表性的项目之一，也是广州作为海上丝绸之路的历史见证。鉴于象牙雕刻的历史文化价值，且各厂家库存有大量优秀的象牙作品,建议由政府征购优秀的象牙作品,成立专题广州牙雕展馆,附属成立象牙雕刻研究室。这样既有利于解决目前各企业库存象牙制品问题,以及从业人员安置问题,也有利于象牙历史文化价值的展示,有利于加强公众生态文明理念,自觉抵制象牙及制品非法交易行为。

(四)予以资金、政策扶持,帮助企业转型发展

从近几年的经营情况看,广州市几家牙雕企业的经济效益都比较一般,三家企业2016年的营业额均未超过500万元,大多只能勉强维持收支。此外,由于各企业的库存还占用大量资金和场地资源,因此企业转型面临的资金压力普遍比较大,建议政府及有关部门予以扶持,为困难企业提供贴息贷款,或者在税收方面给予一定的减免优惠,帮助这些企业渡过难关,实现转型发展。

参考文献

国务院办公厅:《国务院办公厅关于有序停止商业性加工销售象牙及制品活动的通知》2016年12月30日,http://www.gov.cn/zhengce/content/2016-12/30/content_5155017.htm。

贡儿珍主编《广州非物质文化遗产志》,方志出版社,2015。

曾应枫、陆穗岗:《剔透神工:广州牙雕》,广东教育出版社,2008。

(审稿:黄旭)

B.17
广州推进岭南文化现代传承的思路与对策研究

联合专题调研课题组*

摘　要： 作为岭南文化中心地，广州推进岭南文化现代传承是弘扬中华优秀传统文化的战略举措，也是建设世界文化名城的客观要求。本课题对广州推进岭南文化现代传承进行了专题研究，分析了广州推进岭南文化现代传承的现状和问题，提出了广州推进岭南文化现代传承的思路和对策，如加快制定文化人才扶持政策、建立健全文化投资新机制、打造具有岭南特色的文化遗产径与岭南文化地图等，为广州探索新时代岭南文化的现代传承新思路、新路径提供决策参考。

关键词： 岭南文化　现代传承　广州

文化是一个国家、一个民族的灵魂，文化兴则国运兴，文化强则民族强。党的十八大以来，以习近平同志为核心的党中央高度重视中华优秀传统文化的传承发展。2016年5月，习近平总书记在哲学社会科学工作座谈会上强调，要加强对中华优秀传统文化的挖掘和阐发，使中华民族最基本的文化基因与当代文化相适应、与现代社会相协调，把跨越时空、超越国界、富有永恒魅力、具有当代价值的文化精神弘扬起来。2017年1月，中共中央

---

* 课题组组长：李穗梅，民革广州市委员会专职副主委，研究馆员，研究方向为广州历史和广州博物馆建设；课题组成员：魏跃容、李旭伟、李启华、赵崇煦、刘聪、程正炜、胡观景。

办公厅、国务院办公厅发布了《关于实施中华优秀传统文化传承发展工程的意见》，首次以中央文件形式专题阐述中华优秀传统文化的传承发展工作。党的十九大明确提出，要深入挖掘中华优秀传统文化蕴含的思想观念、人文精神、道德规范，结合时代要求继承创新，让中华文化展现出永久魅力和时代风采。这为今后发展新时代中国特色社会主义文化指明了方向。

广州作为岭南文化中心地，推进岭南文化现代传承责无旁贷，既是弘扬中华优秀传统文化的战略举措，也是建设世界文化名城的客观要求。鉴此，《广州推进岭南文化现代传承的思路与对策研究》联合专题调研课题组通过调查和研究为广州探索新时代岭南文化的现代传承新思路、新路径提供决策参考。

一 广州推进岭南文化现代传承的现状和问题

近年来，广州在推进岭南文化现代传承方面做出了诸多富有成效的实践，取得较为突出的成绩，但也遇到一些问题亟待解决。

（一）主要实践

一是确立打造世界文化名城战略目标。党的十八大以来，广州市确立了培育世界文化名城和岭南文化中心的战略目标，加大岭南文化的保护和传承力度，制定出台了《中共广州市委　广州市人民政府关于培育世界文化名城的实施意见》等系列政策文件，通过实施"四大工程"、打造"三大平台"、实现"三大提升"，全面提升城市文化品位。

二是推动文化产业成为支柱性产业。"十二五"期间，广州市文化产业增加值年均增速达到12.2%，高于同期GDP增速，产业规模不断壮大。2016年文化产业实现增加值1043亿元，占全市GDP比重达5.28%，成为广州又一个超千亿产业和国民经济重要的支柱性产业。羊城创意产业园、信义会馆、T.I.T创意园等一批文化产业集聚区加快建设。截至2017年8月，广州市已有24家文化企业成功在深沪、新三板及海外挂牌上市，上市公司市值超过3400亿元。

三是城市文脉更新加速推进。近年来,广州市以城市中轴线东移为发展契机,着力打造北京路文化核心区,推动城市文脉更新。2014年北京路文化核心区被确认为全市战略性重大发展平台,2016年8月正式挂牌成为国家4A级旅游景区,同年12月获得首批"广东省文化旅游融合发展示范区"称号,2017年9月被授予广东首个世界优秀旅游目的地,已经成为广州对外文化传播的鲜活名片。

四是"广交会"海丝贸易文化名片日益璀璨。创办于1957年的广交会在新时期不断拓展新功能,已经发展成为以出口成交为核心,兼具结识客户、展示洽谈、行业交流、信息发布、产品推介、品牌推广等多重功能的综合服务平台。2017年第121届广交会采购商与会者达到19.65万人次,同比增长5.87%;累计出口成交达2063.57亿元人民币,同比增长6.9%,其中"一带一路"沿线国家成交态势良好,成交90.1亿美元,同比增长4.8%。

五是公共文化服务体系日趋完善。市、区、街道(镇)、社区(村)四级公共文化服务网络已基本建立,城市"10分钟文化圈"、农村"10里文化圈"的目标基本实现。各区基本形成文化馆、图书馆、博物馆三馆齐全的格局。广州图书馆新馆、广州少年儿童图书馆新馆、广州国际媒体港、南越王宫博物馆、辛亥革命纪念馆、农民工博物馆、粤剧艺术博物馆、十三行博物馆等一批重大文化基础设施建设项目如期完成并投入使用。

(二)存在问题

1. 岭南文化与城市转型升级结合尚待加强

一是岭南文化产业发展方向与广州城市发展定位结合不够紧密,文化产业发展水平不高,城市文化软实力支撑不足。近年来,尽管广州文化产业保持平稳快速发展,但总体规模仍相对较小,2016年文化产业增加值占全市GDP比重仅5.27%,与北京(8.5%,在全国占比最高)、上海(6.5%)等城市差距较大,这与广州市作为全国第三大经济城市的地位不相符,岭南文化影响力和支撑力与广州建设国家中心城市和世界文化名城的要求还有较大差距。

二是岭南文化发展与广州产业转型升级结合不够紧密,催生新业态效能薄弱。文化产业具有高附加值和带动相关产业的强辐射力,文化产业与传统产业跨界融合是促进传统产业转型升级的重要途径之一。广州拥有坚实的制造业基础和深厚的文化底蕴,但两者跨界融合还不充分,一方面导致广州产业转型升级效能不足,文化创意、工业设计、消费品工业等新业态催生缓慢;另一方面也不利于岭南文化现代内涵的挖掘与时代活力的提升。

三是文化生产能力与文化消费能力不相匹配。2017 年,广州城市居民家庭人均教育文化娱乐消费支出 5404 元,占家庭人均消费支出比重为 13.30%,位列全国第一(见图1)。虽然广州的文化消费保持强劲势头,但文化生产能力却与其不相匹配,不仅表现在文化产业增加值较低上,也表现在文化产业固定资产投资相对较弱上,2017 年广州文化产业固定资产投资额只有 37.18 亿元,不及北京、上海的一半。

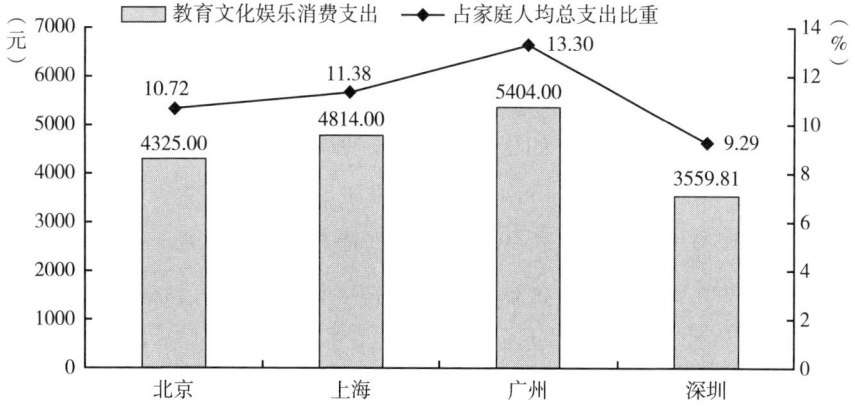

图 1　2017 年北上广深城市居民家庭人均教育文化娱乐消费支出情况

资料来源:北京、上海、广州、深圳各市统计局统计公报(2017年)。

2. 岭南文化的历史价值和时代内涵挖掘不充分

一是对岭南文化的文化自信尚待提升。由于长期处于中华文化圈的边缘区域,近代又率先受到西方文化冲击,尽管一度引领国内文化潮流,但普通群众多数对岭南文化自信不足,"文化沙漠"等错误认识在一定程度上掩盖了岭南文化千年沉淀的光华。

二是岭南文化的时代内涵表现方式有待创新。传承、弘扬岭南文化,需要创新其时代内涵表现方式,增加其影响力和感召力,要以广大人民群众喜闻乐见的方式并借助各种新媒体手段,运用广州文化语言阐述国家理念和时代内涵。目前,岭南文化在动漫、音乐、新媒体等领域已经开展了表现方式创新,但在其他领域亟须进一步探索。

三是在"一带一路"倡议背景下,岭南文化中的海丝文化内涵挖掘不充分。目前,广州南海神庙、黄埔古港、怀圣寺、南越王遗址等海丝文化遗产尚停留在以保护为主的阶段,相关海丝文化资源与华侨文化资源还缺乏系统性和统筹性开发,"一江两岸三带"的打造尚未与21世纪海上丝绸之路重要枢纽的建设有机衔接,江海文化联动不足,世界文化名城的海丝文化内涵尚未全面彰显。

3. 岭南文化的保护与利用发展机制尚不健全

一是传统优秀文化保护不到位。部分政府部门及市场主体对岭南文化的综合价值认识不充分,片面认为推进岭南文化现代传承是财政负担,文化产业开发周期长、成效慢,不如房地产等产业见效快;市场化的冲击导致以广彩、广绣、广雕等为代表的岭南手工艺及非遗文化人才流失,传承困难;城市化进程加快及大量外来人口流入,社会结构急剧变动,本土民俗节庆活动氛围日趋淡薄;大力推广普通话背景下年轻一代使用粤语的频率正在降低,不利于粤剧粤语文化传承,也制约了与港澳地区及海外粤语文化圈的文化交流。

二是文化保护开发的统筹协调机制缺乏。广州在推进岭南文化保护与传承的规划引导和扶持力度上相对不足,缺乏符合广州实际的优秀传统文化保护和开发利用的全面规划及统筹协调机制。目前,广州文化产业管理分别归口市委宣传部(市文资办)、市文广新局、市发改委、市工信委、市科创委、市旅游局等多个职能部门管理,缺乏统筹协调。相比广州文化产业的分散化管理,北京市专门成立高规格的北京市国有文化资产监督管理办公室

（简称"文资办",正局级单位),主管、统筹文化产业发展工作;上海市政府主导了全市国有文化企业的重组,推动国有骨干文化企业加快资本市场布局;深圳市在每个区都设立专门的文化产业办,协调区域文化产业发展。在资金投入方面,北京每年安排100亿元财政资金扶持产业发展,上海文化创意产业及非物质文化遗产保护专项资金达15亿元,深圳文化创意产业发展资金规模达5亿元,而广州拟落实的文化产业专项资金额度仅为2亿元,明显捉襟见肘。(见图2)

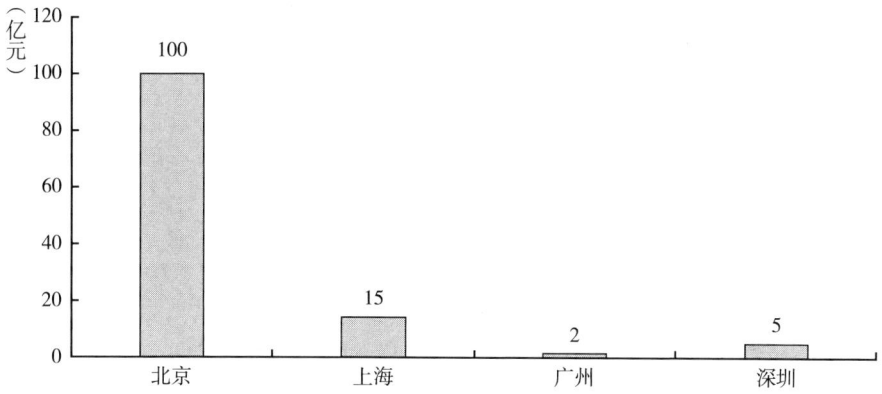

图2 北上广深四市文化产业财政扶持资金情况

资料来源：广州市文化广电新闻出版局。

4. 岭南文化资源的整合模式尚不成熟

一是文化设施重建设、轻运营。近年来,广州谋划建设了多个重大文化设施建设项目,如海心沙亚运公园、粤剧艺术博物馆、十三行博物馆、辛亥革命纪念馆等,这些统领全市文化发展的重大文化设施关系着普通市民的日常文化生活,需要加强配套设施建设及开展常态化文化惠民服务。然而,目前广州市比较重视文化设施的硬件建设,相对轻视建设后的软件配套和运营维护,导致部分重大文化设施运转效率低、运营成本高、利用效益差,文化惠民效果不理想,也难以实现可持续发展。

二是文化资源整合难度较大。由于文化管理部门存在条块分割、多头管理、职能不清、缺乏协调等问题，文化资源开发碎片化、文化设施建设分散化，不利于文化资源整合与文化生产经营活力激发。比如目前广州动漫产业归口市文广新局，创意产业归口市发改委，设计产业归口市工信委，网络游戏产业归口市科创委，文化旅游产业归口市旅游局。分散化的文化市场管理体制，导致文化产业无序竞争、重复投入和资源浪费等问题较为严重。

二 广州推进岭南文化现代传承的思路和目标

（一）总体思路

全面贯彻落实党的十九大精神，按照习近平总书记在中国文联十大、中国作协九大开幕式上的讲话等系列重要要求，坚定文化自信，围绕培育和弘扬社会主义核心价值观，全面实施中华优秀传统文化传承发展工程，以"坚定文化自信，强化文化担当，提升文化软实力"为核心，以培育世界文化名城为战略目标，按照国家重要中心城市和枢纽型网络城市发展要求，及时把握粤港澳大湾区、"一带一路"倡议、广东自贸区等重大战略机遇，充分发挥广州作为岭南文化中心地和对外文化交流门户的作用，推动岭南文化创造性转化和创新性发展，深入推进文化产业供给侧结构性改革，确保人民共享文化发展成果，使之与现实文化相融相通，共同服务以文化人、以文育人的时代任务，不断扩大岭南文化的影响力和辐射力，为广州率先全面建成小康社会和基本实现社会主义现代化提供重要支撑。

（二）定位目标

1. 培育世界文化名城

以世界眼光和全球视野发掘岭南文化的优势和潜能，通过打造一批具有岭南特色文化精品，塑造岭南文化品牌，创新文化传播路径，对海上丝路、千年商都、体育赛事之都、会展之都、美食之都、四季花城等城市名片赋予新的时代内涵，打造成为具有广州特色的文化符号，增强广州的文化自信和文化竞争力,提升广州在世界上的文化影响力和国际知名度,把广州培育建设成为有文化底蕴、有岭南特色、有开放魅力的世界文化名城。

2. 打造中国海丝文化门户枢纽

充分利用广州作为21世纪海上丝绸之路重要节点城市和岭南文化中心地的优势,以岭南文化传承引领海丝文化交流合作,深化与21世纪海上丝绸之路沿线国家和地区间的人文交流合作,推动具有岭南特色的文化产品走向国际市场,全方位向21世纪海上丝绸之路沿线地区展现广州作为岭南地区的政治、经济、文化中心的文化成果,扩大岭南文化的影响力和辐射力,把广州打造成为中国海丝文化门户枢纽。

3. 建设粤港澳大湾区文化中心

立足广州作为岭南文化中心的战略地位,抢抓粤港澳大湾区建设重大机遇,以包容、开放、乐观、务实的岭南文化精神为核心,围绕岭南文化这一粤港澳大湾区共赢发展的最大公约数,加强粤港澳地区文化交流合作,促进粤港澳大湾区经济社会融合发展,进一步提升广州文化软实力,提升城市发展的活力和后劲,强化和彰显广州作为国家重要中心城市的地位和功能,将广州打造成为粤港澳大湾区文化中心。

三 广州推进岭南文化现代传承的措施和建议

(一)加快制定文化人才扶持政策,构筑文化大师、文化名人集聚地

建议出台《广州市文化产业高层次人才引进办法》,加快高端文化产业人才引进步伐,重点引进扶持文化创意、文化旅游、文化会展、影视传媒、文化装备、文化外贸等领域的复合型产业领军人才,在住房补贴、户口、配偶工作、子女教育、医疗保障、薪酬待遇等方面给予适当倾斜,引领高素质文化人才在广州有效集聚,形成一流的文化高地、人才高地、创新高地。可将文化产业高层次人才纳入"广州市产业领军人才"范围,经认定后享受

广州市高层次人才政策的相关待遇。市财政每年安排全市文化人才队伍建设专项资金,用于对全市相关文化人才引进补贴、培训培养、承担重大课题以及人才奖励等工作的专项投入。加强对文化产业人才的培育,政府与知名高校、文化类培训中心进行战略合作,设立文化产业人才培养基地,搭建文化领域的专业化人力资源服务平台,为培养高层次、复合型文化产业人才服务。

(二)建立健全文化投融资新机制,组建广州文投,打造全文化生态产业链

一是加快组建广州文化投资发展有限公司(以下简称"广州文投")。加快顶层设计与体制机制创新,打破行业与体制所带来的发展瓶颈,借鉴北京市成立文化投资发展集团及广州市组建铁投、水投、交投等集团经验,组建广州文投,注入整合现有全市优质文化资源及资产。倡导政府与社会资本合作,今后对市财政出资建设的文化类重大项目,建议由广州文投履行市政府出资代表职责,避免文化建设的重复投入、碎片化投入及非效率投入。开创具有岭南特色的新文化产业模式,致力将广州文投打造成为岭南文化产业航母,条件成熟时升格成为广州市文化产业投资发展集团,主要参与岭南文化及相关领域企业的重组、改制、上市及并购,构建以文化旅游为龙头,集会展、演艺、影视、动漫、出版传媒、文化商业、文化金融、文化科技、文化项目建设运营于一体的全文化生态产业链。

二是探索文化与金融深度融合发展新模式。建议广州文化产业投资基金(由广州市城发投资基金管理有限公司牵头发起)设立文化产业专项子基金,如文化旅游基金、广电基金、影视基金、新媒体基金、岭南艺术品基金等,主要投向岭南文化新业态、媒体融合、广播影视、出版发行和版权服务业、文化旅游服务业、文化创意产业园区、文化金融综合服务以及非物质文化遗产等项目,完善岭南文化"投、融、担、贷、孵、易"服务体系,推动广州成为全国文化创意创新中心城市。

三是开展岭南文化资源重点领域改革试点。借鉴上海经验,加快推进广州塔、广州歌剧院、海心沙等地标性文化设施的经营体制市场化改革,理顺

产权关系，明确运营主体，完善监管机制，在保持准公共性的基础上，引入竞争机制，丰富设施服务功能，探索重大文化设施与重大文化活动相结合的开发运用模式，策划打造一批依托地标性文化设施的大型国际化文化活动，如盘活海心沙亚运场馆资源，建设海心沙国际时尚港；将已建成的粤剧艺术博物馆与永庆坊连片整体开发，通过 PPP 模式引入有实力的社会资本进行运营管理。

（三）打造具有岭南特色的文化遗产径与岭南文化地图，提升广州文化影响力

借鉴波士顿、汉诺威和香港等国际大都市的经验，通过在原有道路上增加一些指示牌，连接一系列古物古迹、非遗工作室、老字号供游客游览的路径，方便游客按照路牌寻找，形成整体的遗产集群，并为公众参观并进行维护、管制古物古迹提供一种便利性空间，打造具有岭南特色的"文化遗产径"。

及时制定《广州市文化遗产径指引规划》，可考虑委托广州文投或广州文化产业投资基金负责日常的运营、保护和推广。建议设置古代中轴线、近代革命史迹、宗教史迹、海上丝路、西关风情、岭南建筑等具有代表性的文化遗产径，将这些与"广州塔""海心沙""琶洲会展""长隆系列"等一系列改革开放以来现代发展成果结合在一起，勾勒出广州"新岭南文化地图"，打造成为新一代城市名片与文化地标，彰显广州的文化影响力。

（四）实施岭南文化现代化工程，推动文化与科技创新融合发展

一是加快推动"互联网+"非遗文化融合发展。借助"互联网+"的东风，重点推进非遗网站、非遗数据库、非遗影视、非遗结合科技建设，提升广州市非遗保护中心官网、官方微信公众号"广州非遗"的传播交流功能。充分发挥广州国家级动漫产业基地的作用，通过动漫渠道向海内外传播优秀岭南文化，把广州建设成为"国际动漫之都"。

二是打造国家级互联网新媒体示范区。积极把握互联网技术的日益进步

和跨行业渗透发展趋势，启动岭南文化"互联网+"工程，以微博及微信等社交新媒体为主攻方向，与世界潮流接轨同步，在虚拟世界里无限延伸扩展，传播岭南文化，打造岭南文化电子资源库和网络资源库。充分发挥微信、酷狗、久邦数码等互联网企业在全球化经营的先行者优势，开展中华优秀文化"走出去"示范区建设试点，打造成为岭南文化乃至中国文化出海全球化经营的门户枢纽。

三是实施重大文化地标"活化"工程。利用现代信息技术、绿色节能技术，提升各类博物馆、文化馆、图书馆、文化广场等重大文化设施的硬件支撑能力，支持文化设施"微改造"，发挥好珠江钢琴、长隆集团、毅昌科技、励丰文化等本土文化设施运营商先行者优势，积极推进数字化集成应用创新、业态创新和商业模式创新。结合各类全国性和国际性大型文化活动的举办，采取户外与户内相结合、专业与大众相结合、文化与旅游会展相结合等模式，将广州建设成为中国最具影响力的文化会展产业集聚区。

（五）分类打造岭南文化集聚区，支撑岭南文化中心地建设

一是提升改造岭南历史文化街区。立足越秀、荔湾、海珠、黄埔等老城区丰富历史文化资源，以珠江"水文化"为纽带，结合城市更新，以保护为主，创新历史文化资源开发模式，打造集中体现城市文化特色和文化品位的城市公共文化空间，提升改造以北京路文化核心区、西关文化风情区、长洲岛海丝文化区等为重点的岭南历史文化街区，构建西部（荔枝湾涌）、中部（北京路）、东部（黄埔古村、长洲岛）三大文化集聚区节点。

二是规划打造岭南现代文化集聚区。立足天河、海珠、越秀等区的雄厚产业资源，以"文商旅结合"及"文化+科技""文化+金融"等跨界融合为导向，创新文化产业价值园区（Value Park）理念，规划打造以天河商务文化区（以文化要素市场为特色）、越秀黄花岗创意文化区（以文化产品与金融服务创新为特色）、海珠琶洲互联网文化区（以互联网文化金融为特色）等为重点的岭南现代产业文化集聚区。

（六）整合提升岭南餐饮文化资源，打造"食在广州"国际名片

一是建立岭南餐饮文化地图。全面梳理全市岭南餐饮文化资源，将各类美食街区、特色酒家、风味名店、非遗工艺等信息汇总，利用网络技术和大数据技术，与知名地图服务商合作，建立广州市岭南餐饮文化产业地图，通过网站、微博、微信、App等形式，动态展示并为市民游客提供权威性、特色化、便捷化的餐饮文化服务。

二是扶持龙头餐饮企业做大做强。以"广州酒家"成功在A股上市为契机，整合餐饮老字号企业资源，提高餐饮企业的管理水平，推动龙头餐饮企业开展并购、重组，带动一批本地大型餐饮企业做大做强，条件成熟时设立广州市餐饮文化产业投资集团。

（审稿：王培林）

B.18 关于广州白云山文化生态保护与开发的调查研究

——以郑仙诞民俗文化为例

曾应枫*

摘　要： 白云山是岭南名山，是广州市第一家5A级旅游景区。千百年来，郑仙诞成为广州人上白云山"礼郑仙"的一个节俗。本文结合实际调查研究，分析了千年郑仙诞民俗文化的兴衰与演变过程，总结了广州在挖掘和传播郑仙诞的文化内涵的做法经验，并提出拓宽其发展空间，扩大影响力；挖掘其现代环境保护的价值；彰显"游郑仙，夺鳌头"的鲜明特色等对策建议。

关键词： 白云山　郑仙诞　民俗文化　生态保护

广州有"云山珠水"，云山指的是位于广州北部的白云山，作为南粤名山之一的白云山，自古就有"羊城第一秀"之称，主峰摩星岭号称"天南第一峰"。这里峰峦重叠，由30多座山峰组成，溪涧纵横，登高可俯瞰广州城，遥望珠江。每当雨后天晴或暮春时节，山间白云缭绕，蔚为奇观。从宋代起，"羊城八景"中的白云山就有"蒲涧濂泉"。广州人对白云山可谓相当熟悉，逢年过节总要上白云山一游，外地游客到广州，也要到广州的地

---

* 曾应枫，广州文学艺术创作研究院一级作家，广州市人民政府文史研究馆馆员。

标白云山去走一走。至于附近的居民和对白云山情有独钟的"发烧友",白云山更是成为他们的精神寄托,天天上山。白云山说得上是广州人的"神山",是广州传统文化的地标。近几年,笔者对白云山的人文地理及蕴藏丰富的历史文化进行调研,并以白云山千年郑仙诞民俗文化为例,提出白云山文化生态的发展与构建的一些设想。

一 白云山承载着深厚的历史文化及丰富的生态资源

白云山位于广州市的东北部,由30多座山峰组成,为广东最高峰九连山的支脉。全境面积为28平方公里。白云山有着悠久的历史文化与自然美景,山北有黄婆洞新石器时代的史前文化遗址。晋代人葛洪曾在此山炼丹,并著有《抱朴子》。南梁时景泰禅师来此建寺,是白云山最早的寺庙,"景泰僧归"一景,是羊城旧八景之一。唐宋以后,有杜审言、李群玉、苏轼、韩愈、刘克庄等文人登山吟诗,他们留下的诗文成为岭南宝贵的精神财富。最为扬名的是秦末方士郑安期的传说,他从山东蓬莱南下,隐居在白云山采药济世,因采集九节菖蒲,不慎失足崖下,有白鹤把郑安期托起,飘然而去。后人便把郑安期坠崖的地方称郑仙岩,把他飞升之日七月二十四日定为郑仙诞。

白云山风景优美,自宋代起评选的"羊城八景",白云山景区都榜上有名。宋代有"蒲涧濂泉";元代与清代评出的,在原有"蒲涧濂泉"上,增加了"白云晚望""景泰僧归";新中国成立后,20世纪60年代初评选出来的羊城八景有"云山锦绣、景泰僧归、白云晚望"入榜;20世纪90年代评选的"羊城八景"中"白云松涛、云山锦绣、云山叠翠"榜上有名。

党和国家领导人朱德、董必武、郭沫若等都来过白云山,并留下题词,周恩来总理、陈毅副总理等曾在当时被誉为"南国钓鱼台"的白云山山庄旅舍进行过国事活动。

白云山有丰富的自然资源,这里树木茂盛,最有名的草本植物是生于蒲涧边的菖蒲,还有含笑花、杜鹃花等各式花卉。山上还有多种鸟、160多种蝴蝶等分散在山上数个风景区。这里植被种类相当丰富，拥有植物876种，其中有5种国家保护的珍稀濒危植物：鹅掌楸、土沉香、降香黄檀、油杉、大叶竹柏等。野生的657种植物中，许多种类具有潜在的经济价值，如用材树种86种、药用植物343种、野生观赏植物97种。

白云山交通环境便利，离广州市中心不远，每年登白云山的人数递增，近年保持每年有2000万进山人次，还不包括相当部分有老人免费证的登山者。节日假期这里更是游人如鲫。2014年国庆黄金周假期游人数为88.1万人，2015年国庆假期有49.59万人。

2011年1月21日，国家旅游局正式批准广州市白云山风景名胜区为国家5A级旅游景区。白云山不仅是登高远望、追思怀古的景区，而且还有对未来展望的文化空间，是释放对广州这座城市的热爱和向往的最佳选择地之一。

二 千年郑仙诞民俗文化的兴衰与演变

"诞"是广府节俗文化的一个特别词语，围绕着一个特定神仙的诞日进行祈福，展开丰富而又各具特色的民俗活动，在北方称为"庙会"。广州人熟悉的有城隍诞、南海神诞（又称波罗诞）、北帝诞、金花诞、关帝诞、华光诞、天后诞、土地诞、何仙姑诞等，与此相比，郑仙诞是广州地区年代最为久远的一个节诞。用岭南文化学者饶原生之说，郑仙诞还是"建城第一诞"。"诞"，一般意义上的理解就是生日。不过，郑仙诞之诞，却是郑安期的忌日，他成仙后就将此作为其诞日，加以庆贺。郑仙诞的具体日期之前曾有七月二十四、七月二十五两种说法，按《羊城古钞》和屈大均著《广东新语》所记："以七月二十五日仙去。"七月二十四日的误记，主要是由于那时上白云山行诞，人们要抢在子时行"打地气"，七月二十四便要上山。

至于郑仙安期生的来历，民间流传多种版本。一说相传在秦时，山东琅琊郡有一名方士郑安期（也称安期生，据说有千岁）一路云游，行医济世，来至广州白云山脚下，就此隐居。某年，瘟疫盛行，为拯救民众，安期生以其精湛医术寻药医病，经常上山采集草药，在一次采集九节菖蒲中，不慎失足坠崖。千钧一发之际，忽闻仙鹤鸣叫，只见有白鹤在崖间载着安期生腾空而起，绕着白云山一周，然后向东方飞去。另一传说版本是秦始皇东游至东海，召见安期生，欲求长生不老，与之谈了三天三夜，还赐大量金银财宝，安期生不受，云游到岭南白云山，隐居于白云山蒲涧旁，每天采药，为附近四乡六里施医赐药。直到被朝廷发现，派人找他，要他为皇帝寻九节菖蒲，做长生不老药。安期生不从，七月二十四日那天，安期生坐在崖间松树下，白云中飞来一只白鹤，载之仙去。

后来，西汉的大史学家司马迁在《史记》中把安期生的一些"其人其事"做了记述，西汉刘向在《列仙传》中也有记载。而民间，是这样的：

> 郑安期，山东琅琊人，年轻时在海边以卖药为生，传说他的年纪已超过千岁，人称他为千岁翁，秦始皇东游，闻说他的名字，召他相见，求长生不老之法，安期说，如果寻得仙草灵叶九节菖蒲，便可以长生不老。秦始皇与安期谈了三天三夜，临走，秦始皇赠他黄金绿玉，拒受，还赠秦皇赤玉履一双，留言道：二十年后，寻我蓬莱岛。及后，秦皇派徐福、卢生二人，带童男童女数十人，乘船前往找他，二人却一去一回，传闻徐卢等人，漂到日本去了。后来，秦始皇听闻安期来到白云山，又派使者到了白云山蒲涧寻访。那天是七月二十四日，安期生坐在蒲涧水岩边，使者向他索取菖蒲仙草，他对使者说：皇帝已仙去，还取仙草做什么？使者要他去见皇帝，他突然跳下悬崖，使者正惊讶，忽地飞来一只白鹤，把安期背起来，升上半空，绕白云山一回，向东方飞去了。

郑安期采药济世、悬崖升仙的故事传说流传千年，演变成民间节俗"郑仙诞""鳌头会"。东晋时期（约公元345～365年），广州刺史罗友提出"安期飞升"日，即七月二十四日（又称七月二十五日）为"郑仙诞"，要上山礼拜安期仙，并躬行示范，引至百姓倾城而出。从此诞日期间，白云山热闹了，人们把菖蒲涧叫作郑仙岩，郑安期飞升处修建了"郑仙祠"，郑仙诞盛行起来，至今有1600多年。

到了宋代，白云山郑仙诞更兴旺了，广州的官员、绅士、文人在此际都会到白云山游览，吟诗作文，沐蒲涧清泉，采菖蒲，祈夙愿，谓之"鳌头会"。平民百姓也喜用蒲涧水洗身，强体去疫。南宋诗人刘克庄有词为证："风露驱炎毒。记仙翁，飘然谪坠，吹笙骑鹄。历历汉初秦季事，山下瓜犹未熟。过眼见，群雄逐鹿，想得拂衣游漫，试回头，刘项俱蛮触。斫鲸脍，脯麟肉。粤人好事因成俗，拥鳌头，如云士女，山南山北。问讯先生无恙否？齐鲁干戈满目。且游戏，扶胥黄木。不是世无瓜样枣，便有来，肯饱痴儿腹。聊举酒，笑相属。"

"粤人好事因成俗，拥鳌头，如云士女，山南山北……"南宋刘克庄的词印证了白云山千年郑仙诞鳌头会的盛况。

明末屈大均在《广东新语》，清人崔弼、陈际清在《二山合志》等文献中，都记录了当年广州人倾城参与、官民同乐的郑仙诞活动盛况。据《二山全志》记载："是日，游人千百为群，茶亭酒馆隘堵塞山中"，"香烟载道，裙屐满山。而萧冈、塘下诸乡，画龙虎之旗，载犀兕之鼓，千百人香案在前，乘马在后，扮彩色以相随，异仙舆而疾走。丝竹之声与溪声竞作浓。沉檀之烟与云烟并凑"。清晰地记载了清代郑仙诞之日，乡民组织舞仪仗、奏八音，成群结队上山朝拜。山路旁，摆满卖风车、香烛、花卉、饼食的档口，游人如织。七月二十四晚，有不少人上山"打地气"露宿，以期沾些仙气，可以祛病消灾，连女性也加入诞日上山之列。

一直到民国，郑仙诞的活动都很繁盛。中山大学民俗学会于1927年出版的《民俗》周刊第四十期"广州神诞"表亦记录七月二十四日为郑仙诞，很多人在山上露宿，以寻九节菖蒲，也有的在郑仙祠内卧地而睡。每年七月十五中元节开始就有人登山拜祭，一直延续到20世纪50年代初，还有广州市民来白云山庆贺郑仙诞。新中国成立后从"大跃进""四清"运动，到"文化大革命"时期，此信仰被认为是封建迷信，要破除，从此郑仙祠被毁坏，白云山的部分古迹年久失修，郑仙诞逐渐湮灭甚至遗忘。今天普通百姓民众对郑仙诞已知之不多。笔者曾向登山路人做过调查,知道白云山深厚的历史文化和民俗文化、听过流传久远的郑仙诞及九节菖蒲故事的人数不多。

白云山多年来积攒了相当的人气和知名度,是拥有深厚的历史文化与丰富的自然文化双遗产的胜地,但作为一个本土文化品牌,对广州市的影响力和号召力有限,久远的传说故事及郑仙诞已处于濒临消亡的边缘,广州市民大多以为来白云山就是为登山,外地游客更不会把这座海拔不过388米的山放在眼里。如果白云山没有把其深厚的历史与文化内涵充分展示出来,不让广州市民充分认识它、了解它,更加热爱它,其知名度充其量也不过是岭南一座山,不能承担起广州享有云山珠水之优势的文化自豪感。近年来白云山管理者也充分意识到,要打造好白云山这座文化品牌,就应该挖掘、整理其具有双遗产的文化内涵,让湮没了近半个世纪的"郑仙诞"重新出现在民众的视野,让每年两千万游客在游览白云山的同时,了解和认识白云山蕴藏的深厚文化底蕴。

三 恢复郑仙诞,发展民俗文化的经验启示

2012年开始,白云山的管理者在广州市政府提倡的培育世界文化名城的大背景下,提出"弘扬民俗文化,促进广州白云山文化景区建设"的系列规划,重视挖掘、保护、开发这座广州名山的文化内涵,重点抓复兴郑仙诞和民间故事的传播工作。

进入21世纪,在各方的努力下,濒临式微的郑仙诞活动于民间再度兴起,礼拜郑仙之人渐增。白云山方面在大力挖掘整理郑仙文化,在着手恢复郑仙诞的同时尝试将其与现代社会有机对接,自2012年起,六届郑仙诞活动涵盖郑仙祭拜、郑仙出游、郑仙文化论坛、云山讲古、养生讲座、药膳美食展、菖蒲文化展、主题晚会等,民俗活动逐渐丰富,经过实践证明这些活动对弘扬和传播郑仙精神、推广传统文化起到了很大的作用。2015年白云山郑仙诞项目被列入白云区第四批区级非物质文化遗产名录;2017年"郑仙故事传说"成为广州市级非物质文化遗产保护项目。

一是整体规划，环境整治。从2012年开始，完善郑仙文化相关基础配套设施，为宣传推广郑仙文化做了规划。首先做好环境设施的文化建设，2012年底至2014年上半年，白云山鸣春谷管理处等有关部门投入200多万元，对白云山郑仙岩一带环境进行升级改造，设立"郑仙民俗文化景区"，建造"郑仙岩"石牌坊、游览地图，建成"郑仙广场"，整修改造了郑安期崖边驾鹤升天的地方，将崖壁的"郑仙像"及"郑仙祠"重新修缮，增设郑仙的"悬壶济世"雕塑群、"郑安期传说"浮雕墙等。建造后的"郑仙民俗文化景区"风景优美、文化氛围浓厚，为传播郑仙文化提供了良好平台。

同时，大手笔地在半山悬崖处郑安期曾经采药之山崖旁修建"郑仙栈道"。2014年底至2015年上半年，白云山管理局投入250余万元，在白云山郑仙采药的云岩处，修建一条生态仿木栈道，这条依半山腰而建，长约220米、宽2米的生态仿木栈道，最惹人注目的是中部位置那段6米长、7米高的悬空玻璃桥，站上去让人感受到当年郑仙在白云山悬崖旁采药的境况。栈道玻璃桥旁的铁艺栏杆的图案构思也与郑仙文化有关，缘于"药壶"和"云"的形态，寓意行栈道，祈安康。郑仙栈道的建成及对外开放，构建了统一完整的郑仙岩游园线路。许多游客都说，白云山所做的一切变化，从修建郑仙栈道，到恢复郑仙诞，不仅仅是多了一座玻璃桥，多了些设施，而且让广州民众与旅游者看到，白云山的郑仙文化回来了。

二是尊重专家指导，努力对郑仙文化申遗保护。白云山主管部门从2006年就开始请文化学者挖掘、整理白云山的历史文化和民俗文化，2008年公开出版了《白云追古》一书，为白云山的文化研究和开发奠定了基础。2014年，广州市政协委员韩志鹏在广州市人大与政协代表会上，发表了题为《做大郑仙诞，重塑广州民俗节庆品牌》的提案，建议市财政拨付专项资金支持郑仙诞，对郑仙文化遗迹进行保护性开发，进一步推动郑仙文化项目的保护与发展，把郑仙诞申报为非物质文化遗产保护项目等。此提案经传媒一传播，影响很大，郑仙文化得到市林业和园林部门的大力支持，在文化建设上的投入不断加大。

在对郑仙文化遗迹进行保护性开发时,白云山主管部门注意听取广州市有关民俗文化的专家与学者的意见。在 2014 年、2015 年举办的郑仙文化论坛上,来自广州地区文化界、社科界、教育界及文史馆的专家学者各抒己见,共同研讨白云山民俗文化与生态文化的发展,其理论和学术成果收集在《白云山第二届郑仙文化论坛专家论文汇编》。2016 年和 2017 年的郑仙诞文化论坛,将论坛摆到白云山景区,让专家与公众共同参与研讨,广东广播网进行论坛直播。

经过多年实践与理论的结合,为白云山文化建构了一支专家学者团队,专家们也视白云山为常来常往及为之关注的地方,他们为郑仙诞活动及申遗工作的开展、为建构白云山文化品牌提出了许多指导意见和建议。

三是媒介联合,共创品牌。白云山管理部门连续六年,举办六届郑仙诞旅游文化节,以复活郑仙文化活动为契机,围绕郑仙的故事传说、郑仙的人文精神、郑仙诞的复兴、郑仙养生理念等主题活动,运用报纸媒体、网络媒体及微博和微信社交媒体对郑仙文化做多角度、立体式的宣传。特别是 2016 年与 2017 年,白云山方面与媒体联合,在白云山山顶公园、羊城八景之一的"白云晚望"建立了一个"云山珠江讲古台",让更多市民与游客了解白云山的人物传说、植物传说、风物传说。白云山风景名胜区管理局与广东广播电视台珠江经济台联合发起策划"首届羊城讲古鳌头赛",培育"粤语讲古新人王"。"云山珠江讲古台",成为媒体与白云山联手打造的广州新文化标志。2016 年、2017 年、2018 年立春之日,由白云山风景区管理局与广东广播电视台珠江经济台携手打造的"珠江鸣春第一声"活动都在白云山山顶广场隆重举行,广东广播电视台主持人及广东讲古界名人与民众欢聚一堂,开启"云山讲古鳌头赛",为广州市民送上立春第一声祝福。这种以广播讲古+旅游资源的方式传播岭南文化,宣传云山郑仙文化的构建可以说是双赢,既让粤语讲古这种古老的文化范式得以延续,为广大讲古爱好者和群众提供一个听古学古、切磋技艺的平台,又丰富了登山民众的娱乐活动,让游客了解白云山郑仙文化。

每年农历七月二十四日"白云山郑仙诞旅游文化周"期间,郑仙文化的活动传播进入高潮，系列活动精彩纷呈，广东广播"名嘴"云集，旗下珠江经济台及广播新闻中心、新闻广播、音乐之声、羊城交通台、城市之声、股市广播、南方生活广播、文体广播等八大广播电台以演出、展板、定制电台、多媒体等方式推出"广东广播·情系岭南"系列活动。用声音艺术演绎传播岭南文化；云山广播多媒体及智能生活体验区还为游客带来新鲜有趣的体验，宣传媒体将通过白云山导览图、LED大屏幕、缆车、电瓶车等公共广播系统，播出为郑仙诞专门定制的节目，大大地提升了白云山郑仙文化品牌的知名度和美誉度，吸引不少游客参与其中。据白云山方面统计，近三年的三届郑仙诞活动举办期间，进山人数与上年同期相比，都有百分之二十的增长。知晓郑仙诞文化的民众从上了年纪的长者扩大至中青年群体，郑仙诞日渐从"陌生"走向"熟悉"。

四 郑仙诞民俗文化保护、传承与创新的建议

白云山是岭南名山。白云山的郑仙诞民俗文化是广府文化体系中的重要组成部分，展现了中华民族"厚德载物""君子诚信为民"的精神价值。郑仙诞这个民俗节日有着丰富深刻的精神价值内涵，世代相传、生生不息。如何盘活底蕴深厚的民俗文化，既对郑仙文化进行保护、传承与创新，又能带动旅游、健身、中草药等产业的发展。

（一）拓宽郑仙民俗文化发展空间，扩大郑仙文化的影响力

进一步调动社会资源，挖掘郑仙文化内涵，在保护周边自然环境、人文环境的许可下，在山上醒目之处塑造一个大的郑仙像，在保存完好的蒲涧及菖蒲生态环境区分别立碑说明，可将明末清初岭南三大家之屈大均在《广东新语》中"白云山"一节中云："又七里为蒲涧水，安期旧居此。始皇遣人访之。太白诗所云，秦帝如我求，苍苍向烟雾是也。记称，安期将李少君南之罗浮，至此涧，采菖蒲一寸十二节者服之。以七月二十五仙去。今郡人多以是日采菖蒲，沐浴灵泉，以祈霞举。而宋时郡守，尝醵士大夫往游，谓之鳌

头会云"。屈大均这段百字文，非常简练地将郑安期、蒲涧、菖蒲，并由此在宋代衍生的鳌头会，都说清楚了。可将此古文献刻出来让大家赏识，游客在游山的过程中留下了"郑仙"系列文化符号，扩大郑仙文化在国内外的影响力。

（二）挖掘郑仙诞的现代环境保护的价值

宣传白云山郑仙文化可宣扬它的现代价值，结合广州城市现代化的主题来宣传。如郑仙文化可以同环境教育相结合。以前白云山植被茂盛，水源充足，白云山的溪水流注广州河涌，六脉通海，郑仙采集后羽化成仙的九节菖蒲就是沿着白云山的溪水直流出海。广州的河涌原本很清澈，两岸野花飘香，水中游鱼可数，随着珠江潮涨潮落，"问渠那得清如许，为有源头活水来"。近年来，广州市整治东濠涌等河涌，与白云山整治环境绝对有关系，要恢复广州"六脉皆通海，青山半入城"，就要保护好白云山自然生态。

（三）建立郑仙养生堂和南药园

郑仙诞中"祈安康"是个重要的文化特色。郑安期注重养生，据说秦始皇跟他就长生不老谈了三天三夜。挖掘郑仙文化内涵，可以延伸到中医养生方面，可建设一座郑仙养生堂。近年来白云山开设"养生讲坛"，请了好多广州地区名中医讲课，大受欢迎。可以进一步将郑仙文化与本土中医文化结合，好好打造白云山的南药园，将山上中草药的药材名称进行展示，重点展示本土中草药，甚至还可以在百草园中种出安期茶等。

（四）彰显"游郑仙，夺鳌头"的鲜明特色

自宋代郑仙诞起就有"鳌头会"，可以在每年白云山郑仙诞搞赛歌、赛诗、赛艺等"鳌头会"，好好打造"今年游郑仙，明年夺鳌头"的文化特色，大力宣传传统文化，让游客们亲历当年"鳌头聚会祈安康"的情景。

总之，要让郑仙文化扎根民众，变成民众自发的活动，让郑仙文化造福广州市民。大家始终围绕"绿色、开放、共享"的理念，切实将文化建设、

景区建设和生态文明的保护与建设结合起来，使历史文化遗产"活起来"，这才是白云山郑仙文化持续发展与创新的关键所在。

参考文献

广州市白云山风景名胜区管理局主编《白云山追古》，羊城晚报出版社，2008。

李仁武：《广州市白云山文化发展的目标定位与战略考虑》，载《2016中国广州文化发展报告》，社会科学文献出版社，2016。

广州地方志办公室主编《广州山水》，广州出版社，2004。

广州市白云山鸣春谷游览区管理处局主编《白云山第二届郑仙文化论坛专家论文汇编》，2016。

屈大均：《广东新语》（清代史料笔记），中华书局，1985。

（审稿：丁艳华）

专题研究篇

Topic Research

B.19
关于广州申报世界"美食之都"的几点建议[*]

广州大学广州发展研究院课题组 执笔：谭苑芳 钟洁玲[**]

摘 要： 广州市作为粤菜的代表性城市、发源地和大本营，应参与世界"美食之都"的申创工作。一方面，以城市身份参与国际非政府组织的文化多样性保护活动，积极发扬中华优秀的餐饮文化，在全球范围内交流和展示美食文化，推动粤菜走向世界；另一方面，也可通过申报世界"美食之都"，围绕美

---

[*] 本报告系广东省高校人文社科重点研究基地广州大学广州发展研究院、广东省教育厅"广州学"协同创新发展中心、广州市教育局"文化安全与文化软实力创新团队"研究成果。

[**] 课题组组长：涂成林，广州大学广州发展研究院院长，二级研究员、博士生导师。课题组成员：谭苑芳，广州大学广州发展研究院副院长，教授、博士；钟洁玲，广州大学广州发展研究院特约研究员，广东科技出版社编审；黄旭，广州大学广州发展研究院所长，副教授、博士；彭晓刚，广州大学广东发展研究院特聘研究员；魏高强，广州城市学研究会副秘书长；曾恒皋，广州大学广州发展研究院所长，副研究员；李佳曦，广州大学广州发展研究院科研助理。执笔：谭苑芳、钟洁玲。

食品牌打造创意城市网络,促进广州创意产业的发展,优化广州的城市品牌形象,提高城市创新能力和文化软实力,为广州创建枢纽型网络城市提供一个新的抓手。

关键词: 世界"美食之都" 餐饮文化 创意产业

2017年9月以来,青岛市举全市之力,申创联合国教科文组织创意城市网络"电影之都"。此前,武汉市专门成立了申报世界"设计之都"工作领导小组办公室,并组织多个"民间使团"助推这一"申都计划";云南省商务厅则全力支持昆明市申报联合国教科文组织创意城市网络"美食之都",并与昆明市领导一同组团拜访联合国教科文组织,争取该组织对昆明申报"美食之都"的支持。这一系列与城市发展相关的消息受到了社会和媒体的普遍关注。

作为世界创意产业领域最高级别的非政府组织,联合国教科文组织于2004年执行局第170届大会上发起成立的"创意城市网络",是该组织的三大旗舰品牌之一。它通过在全球范围内,对不同国家的不同城市进行"美食之都""电影之都""文学之都""音乐之都""设计之都""媒体艺术之都""民间艺术之都"这七种荣誉称号的授予,链接不同区域的城市与文化,以提升一个城市的社会、经济和文化影响力,提高世界城市的互联互通意义。从2010年至今,我国已有成都(2010年)、顺德(2014年)两座城市先后获得了世界"美食之都"称号,而澳门、重庆、扬州等城市正在积极申报中。一旦获得认定,这些城市便可加入联合国创意城市网络平台,面对全球成员城市进行展示、交流,实现技术、信息、经验以及资本、客源的广泛流通,创造商机。

广州市作为粤菜的代表性城市、发源地和大本营,理应参与世界"美食之都"的申创工作。一方面,是以城市身份参与国际非政府组织的文化多样性保护活动,积极发扬中华优秀的餐饮文化,在全球范围内交流和展示美食文化，推动粤菜走向世界；另一方面，也可以通过申报世界"美食之都"，围绕美食品牌打造创意城市网络，促进广州创意产业的发展，优化广州的城市品牌形象，提高城市创新能力和文化软实力，为广州创建枢纽型网络城市提供一个新的抓手。

一 申创世界"美食之都"的现状与地方经验

从体量来看，截至 2017 年 9 月，联合国教科文组织创意城市网络共有成员城市 116 个，其中，世界"美食之都"共有 18 个，我国只有成都和顺德两个城市入选。这一状况说明联合国教科文组织创意城市网络对于接纳新成员的标准较为严苛，世界"美食之都"称号具有较高的国际认知和"含金量"。

从时间上看，从 2004 年至 2014 年，世界"美食之都"仅有 8 个，到 2016 年初，这一数量增至 18 个。这也证明世界各城市已把"申都"作为推进城市发展的一个重要途径。而这一数字至今没有再增加，也可以反证其申创之难、价值之高。

以 2014 年第二次世界"美食之都"的评选为例，全球有 50 个城市参与竞逐，只有中国顺德、巴西弗洛里亚诺波利斯和日本鹤岗脱颖而出，成功率约 6%。就我国而言，目前至少有 4 座城市正在筹备申报下一轮世界"美食之都"：分别是澳门、重庆、昆明、扬州，其申报理由与优势不一，对广州有一定借鉴意义。

比如，澳门以城市餐饮的国际化为其申报优势。在地理位置上，澳门是海上丝绸之路"十字门开向两洋"的重要枢纽；在历史渊源上，澳门历史城区作为世界文化遗产集中地，获政府和居民妥善保护，曾受到联合国教科文组织好评；在美食特色上，澳门饮食荟萃了东西方文化，特别是近年来在中央政府的支持下，通过打造世界旅游休闲中心及中国与葡语国家商贸服务平台，推动餐饮业成为澳门的文化表征之一。

又如，重庆将具有较高世界认知度的中餐"火锅"作为其特色，围绕

"麻、辣、鲜、香",来体现地方文化气质。特别是2007年举办的第三届中国重庆"火锅美食文化节"上,"万人火锅宴"以其巨大的规模、宏大的场面、丰富的层次创造了吉尼斯世界纪录,为重庆申创世界"美食之都"提供了较好的前期基础。

再如,昆明以较为符合世界健康饮食发展趋势作为其申创世界"美食之都"的特色,着力突出"花""菌""虫""茶""药"等饮食内容,宣传其餐饮食材"植物原料选用比重大,具有贴近自然的绿色、保健、营养、时尚等特征";同时着力于其餐饮文化的历史传承性,大力宣传吉庆祥、冠生园、桂美轩、建新园、德和罐头等17个餐饮及食品老字号,也很有竞争力。

至于扬州,则围绕我国的江南文化来打造特色餐饮,深入挖掘地方历史文化资源,通过美食来讲述中国故事,将红楼宴、春江花月宴和扬州炒饭、狮子头、蟹粉狮子头、大煮干丝等地方名宴、名菜与"扬州八怪"、《红楼梦》,以及康熙、乾隆下江南等历史故事相联系,着力突出扬州餐饮文化的特色与内涵。

显然,上述城市申创世界"美食之都"如国际化、地方化、现代性、文化性等,都可以在广州"美食"中找到足够的因素加以挖掘。对于粤菜来说,已于2014年申报成功世界"美食之都"的顺德,其成功经验更可为广州申报世界"美食之都"提供有效的参考与借鉴。特别是顺德在成功申报世界"美食之都"后对于城市形象的塑造与推广,对广州也具有借鉴意义。

2010年,成都成功申报了世界"美食之都"。这一年,顺德正式启动申报程序。通过将近5年时间的努力,顺德也获得了成功。在申报世界"美食之都"获得成功后,顺德将重点放在如何对世界"美食之都"品牌进行有效的传播上。2015年,顺德将当时具有巨大社会影响力的系列电视纪录片《舌尖上的中国》原创团队请到顺德,由政府提供资金支持,扶持央视团队打造《寻味顺德》大型纪录片,并于2016年"五一"期间在CCTV-1及CCTV-9等平台上播放,平均收视率超过同时段平时收视率的180%,约有1.2亿人次收看,腾讯视频三天突破了千万人次观看,一周突破两千万人次观看，3个月内收看人次突破5亿。同一年，德国有3家电视台，用全德语播出《寻味顺德》，赢得了喜人的收视率，播出周期长达5个月，覆盖2400万人群。

广州是粤菜的大本营，是中国重要的美食之城。由于近年来着力于经济的发展，在一定程度上忽略了广州城市生活品质本已具有的高标意义。2009年8月，《福布斯》杂志评选"全世界十大最受欢迎的美食城市"，中国仅有香港、北京、上海入围，而拥有"吃在广州"之誉的广州则"名落孙山"；2010年，成都申报世界"美食之都"取得成功，就有政协委员向当年"两会"提交提案，认为"广州应申请加入联合国创意城市网络，通过认定成为世界'美食之都'"，可惜这一提议未能得到及时回应。

事实上，申报世界"美食之都"是利用地方经济文化资源拉动城市相关产业链完善和发展的一种路径，即通过凸显餐饮业的特色和国际知名度，带动旅游业、服务业、创意产业的创新发展；但也应看到，申报世界"美食之都"乃是一个系统工程，专业性强，不仅需要政府的政策引导，也需要社会各种资源的合作，需要国际传播的推动及外界专家的广泛支持。

二 广州已符合申报世界"美食之都"的八条标准

根据联合国教科文组织创意城市网络评选世界"美食之都"的相关标准，要求申报单位：（1）城市中心地区有高度发达的美食行业；（2）拥有活动积极的美食机构、大量传统餐厅和厨师；（3）拥有本国特有的传统烹饪配料；（4）拥有在工业时代科技进步情况下依然留存的当地烹饪诀窍、方式和方法；（5）拥有传统食品市场和食品产业；（6）举办过美食节、烹饪比赛、相关奖项等活动；（7）尊重当地传统产品的生产氛围，注重促进其可持续发展；（8）注重提高公众对传统美食的关注程度，在烹饪学校推广关于传统烹饪和保护烹饪方式多样性的课程。

这"八条标准"具体说明了联合国教科文组织创建"创意城市网络"，开展世界"美食之都"评选的宗旨：保护全球文化多样性，推动城市文化产业发展，搭建展示城市特色文化与美食的世界平台。对照这"八条标准"，我们认为，广州已基本符合申报世界"美食之都"的条件。

第一，广州城市中心地区，即中轴线上，汇聚了高度发达的美食行业。广州城市中心的旧轴线是中山纪念堂、市政府到中央公园一线，其传统美食业发达，而天河体育中心、天环广场到花城广场和小蛮腰的新中轴线上，各式美食也极为繁荣，构成了广州申报世界"美食之都"的物理条件。无论新城中心区的天河，还是旧城西关、越秀、海珠，美食都是重要的在地资源。

值得指出的是，2015年广州商业综合体业态分布的相关研究表明，其购物、餐饮、娱乐三项的比重已由传统的7:2:1调整为5:3:2，尤其在新开的商业综合体中，餐饮业态比重都超过40%，显然广州的美食行业与城市发展是同步并进的。

第二，广州美食机构、传统餐厅不但数量众多，而且生命力强，富有市场创新能力。据2016年数据，广州各类餐厅超过14万家，每万人餐厅数量达107.6家，每万人餐饮产值达6500万，稳居广东省第一；2015年，广州市住宿餐饮业的零售额突破了千亿元大关，同比增长9.8%，占全市社会消费品零售总额的12.65%，同比增速高出2个百分点，高出北京、上海，为全国城市第一。

值得指出的是，广州餐饮业拥有大量老字号，如陶陶居、莲香楼、广州酒家、北园、南园、泮溪酒家、大同酒家、太平馆，及凉茶铺黄振龙、酱料坊致美斋等，小食还有顺记、南信、银记、欧成记、伍湛记、陈添记等，这说明其传统餐饮业的文化留存、技艺传承体系已经很成熟与完善；同时广州还有一批活跃的美食企业、院校和行业协会，这也是申报世界"美食之都"的优势。

第三，广州拥有大量地方特有的传统烹饪配料。"粤菜"作为中国四大菜系之一，其典型特征就是配料酱料均产自本地，包括蚝油、老抽、生抽、鱼露、果皮、酸梅酱、柱候酱、沙茶酱、豉汁、豆酱、糖醋、煎封汁及众多中药材。而这也孕育了不少地方餐饮食材的老字号企业，如百年酱园致美斋等。

第四，广州餐饮业的经营模式是个性化的，对当地烹饪诀窍、方式和方法的留存具有重要的文化意义。与新兴城市的主流餐饮多为标准化、连锁经营不同,具有百余年现代对外文化交流史的广州,其餐馆更注重历史传承,注重独特性,注重对厨师个人品牌的塑造和传播。因此,广州当地的烹饪诀窍、方式和方法流传至今者已十分丰富,更遑论创新,蔚为大观。

第五,广州传统食品市场和食品产业分布广泛且活跃。同样与新兴城市的食品市场主要依赖自选超市不同,广州的每一个街区都有方便市民的传统食品市场,包括蔬果、农产品、水产批发市场经营状况良好;广州食品产业制造的传统广式腊味、广式月饼、鸡仔饼、咸肉粽等,至今深受市民喜爱,传遍海内外。

第六,广州的美食节、烹饪比赛和相关奖项等活动频繁。与正在"申都"的昆明、澳门等地的美食活动历史短、类型少不同,自1987年起,广州每年秋冬都开设"广州国际美食节",迄今已有30年。此外,还有自2011年起隔年举办的市民高度参与的"平靓正广州名菜大PK"评选活动、自2013年起每年都举办"世界(粤菜)厨皇精英赛",2014年举办"中国餐饮展暨中国餐饮金钻奖",以及2017年举办的广东餐饮产业发展大会等多种类型的相关美食活动。

第七,广州不少餐饮老字号有以尊重当地传统产品的生产氛围,注重促进其可持续发展并与时俱进。以创办四百余年的"中华老字号企业"致美斋为例,其坚持以传统工艺生产传统风味产品,尤以酱油为主打,天顶头抽作为"镇店之宝"为全国行业领先,"广式调味品制作技艺"先后被认定为市、省级非物质文化遗产。而这一百年酱园又十分注重可持续的国际标准化生产,早在1997年就已率先在同行业中获得ISO9002国际质量体系认证,2003年又通过了ISO2000版质量体系认证,并获得HACCP食品安全控制体系的认证。

第八,广州市历来注重提高公众对传统美食的关注程度,在烹饪学校就开设了关于传统烹饪的课程。除"平靓正广州名菜大PK"评选活动之外,2011年起恢复的广府庙会也以美食为其特色。广府庙会设立在元宵节,每天从10点到21点,历时一周,吸引数百万人次参观,是提高公众对广州传统美食认知与关切的重要平台。此外,广州各类烹饪学校和旅游学校,都设有传统粤菜烹饪和其他烹饪方式的课程。如广州新东方烹饪学校,除粤菜专业外,尚开设有广式茶点、鲍参翅肚、食品雕刻,以及日韩料理、川湘菜、烧烤、烤鱼、干锅、麻辣烫等多种专业,较好地体现了烹饪方式的多样性。

三 广州具有申创"世界美食之都"的独特优势

如果说上述"八条标准"只是"申都"底线,体现其导向,即注重城市在餐饮产业规模、技艺传承、人才培养、产品支撑、对外交流、大众参与、传统文化等方面的保护和发展创新的话,那么以"食在广州"民谚为社会共识,更可说明广州在申报世界"美食之都"方面具有独特优势。这主要表现在以下三个方面。

一是广州美食历史悠久,特色鲜明。广州是古代南越国首都,有2200多年的历史,地处西江、北江、东江三江汇合处,濒临南海。这一独特的地理人文环境为广州美食的诞生与演变创造了极佳的条件。就其人文性看,南越国建立在秦朝南海郡、桂林郡、象郡的基础之上,鼎盛时疆域北至岭南,南至越南,囊括今天广东、广西两省及越南中北部。这一相对辽阔的疆域为广州美食自诞生之日起就提供了多元文化融合的基因。西汉南越王墓出土的精致食器,如铜烤炉、姜礤等,可以证明广州美食的历史渊源,而其城市两千多年来始终保持繁荣昌盛,不但是人类城市史上的奇迹,也是其城市美食具有清晰文化传承的证明。

就其自然地理环境看,广州地处亚热带沿海,属海洋性亚热带季风气候,以温暖多雨、光热充足、夏季长、霜期短为特征。因为天气湿热和临海,广州美食具有相当独特却又极为合理的特点。例如讲求食材新"鲜",就是因为广州天气炎热,食材容易变质而不得不具备的品质,所以广州酒楼常备水族箱、鸡笼、蛇笼等,现宰现吃;再如注重煲汤,并在汤中常放入药材,强调清热解毒,就是为了抵抗地方湿热毒气,而汤中药材应和时序而产生的变化，又增添了广州美食的传统多样性。王老吉、加多宝的畅销，则是这一特征的创新与可持续发展。可以说，广州美食"萌芽于秦汉，孕育于唐宋，成型于明代，兴盛于清中，鼎盛于民初，辉煌于当下"，历史绵延不绝，文化传承清晰有序，名家辈出，影响深远。

二是广州美食内外交融，商业繁荣。广州是中国对外文化交流的起点，南越王墓的出土文物中就有原支的非洲象牙和西亚银盒，说明早在2000年前，广州已通过东南亚、南亚的海路，与西亚、非洲等地有了交通贸易往来。此后，南梁时期的印度高僧达摩借道海上贸易之路，航海来到广州；唐代"广州通海夷道"更是直抵地中海沿岸，途经90多个国家和地区，是当时世界上最长的航线。而今具有世界影响力的广州进出口商品交易会（广交会），不但将广州贸易之城的传统发扬光大，更显出中外文化交融，商业繁荣之于广州城市文化的影响。

商业繁荣，意味着人口流动性大，而这必定带动饮食业的繁荣。以唐代为例，广州在此时崛起为世界性贸易大港、国际化大都市，在全国均实行都城夜禁制度的情况下，唯有广州例外，设有夜市，多营酒铺，助推广州美食的国际化和在地性。旧时风俗，龙虱、桂花蝉沿街叫卖，珠江水上人家划小艇入西关河涌卖夜宵，都体现出广州城市国际化与商业性的重要特征。据记载，唐代广州筵席上菜的顺序就以汤为第一，这个习惯一直保留到今天，是广州美食独特性的历史体现。

三是广州美食体现了市民生活的价值观与幸福感。"食在广州"是广州市民引以为傲的民谚，也是在我国具有社会基础的民间共识。一方面，广州美食随着商贸往来，"漂洋过海"，成为世界各地中餐馆的典型，是维持华人华侨乡愁的关键性符号；另一方面，相当一部分广州市民、新广州人之所以眷恋本地，产生城市身份认同，其重要来源也是美食。根据2017年6月媒体调查，"广州美食"成为外来人员留在广州的第一影响因素。而粤语民谚"辛苦揾来自在食"更是体现了广州人的生活理想与幸福感来源，"自在食"体现了广州美食的文化性与价值观。

申报世界"美食之都"与"申遗"同为联合国教科文组织的重要评选，其导向上具有明显的文化传承意味。据学者研究，"韩国泡菜申遗"打败"中餐申遗"的原因在于，其报告材料中有意淡化制作技术，而突出了泡菜的文化意涵，讲究制作过程与邻里交往，注重表达食品之后的价值、风俗与文化多样性。而这一取向正是广州美食的丰富之处。以广式茶点为例，早在1956年，广州"名菜美点展览会"上介绍的广式点心就有815种，而其发展至今不下二三千种，当为世界城市之冠。而其作为广州市民社交的必备元素，对于维系邻里情感，促进市民交往具有重要且极为多样的意涵，可以在"申都"过程中加以重点体现、深入展示。

四 关于广州申报世界"美食之都"的若干建议

广州申报世界"美食之都"的条件已趋成熟，这不仅可以彰显广州美食的历史文化内涵，更重要的是可以融入联合国创意城市网络联盟之中，与世界其他以创意和文化作为经济发展主要元素的各个城市联结成为同一网络——而这一点，对于广州建设枢纽型网络城市无疑具有重要意义。通过与联合国教科文组织创意城市网络和其他创意城市的交流与合作，吸引更多世界美食机构、创意机构落户广州，同广州本地美食相结合，形成扎根广州与融通中外相结合的广州现代城市生活风尚，是申报世界"美食之都"可能给广州未来发展带来的成效。为此，特就广州推进申报世界"美食之都"提出如下建议。

一是尽快建立由主管文化、旅游部门的副市长担纲的广州申报世界"美食之都"领导小组。当前各地申报世界"美食之都"竞争激烈，需要政府的高度重视和必要的投入，将这一工作列为优先的议事日程。以深圳市申创世界"创意之都"为例，先后出台了《关于促进创意设计业发展的若干意见》《深圳文化创意产业振兴发展规划》等相关意见，提出要以打造"设计之都"为主线，营造创意设计环境，增加市级财政投入，鼓励设立独立的创意设计企业的政策。云南省为了配合昆明市申创世界"美食之都"，也制定了《"舌尖上的云南"行动计划》。以"美食"为核心,其着眼点不在于产业,而在于市民生活,以及与市民生活密切相关的创意人才集聚和市民幸福感、获得感、尊严感等价值指标。这既是申报世界"美食之都"的重要指向,也是广州实现"两个走在前列"的内在要求。

二是组织学者专家深入挖掘广州美食的人文历史内涵,并规划广州"美食之都"的若干集聚区域。由政府有关部门牵头,组织高校、媒体及行业协会等联合组建申报世界"美食之都"行动小组,拨出专门经费,抽调专职人员,聘请专家学者,组成日常工作团队及顾问团队,制订计划,整顿西关、惠福、沙面、粤垦、宝业等城市美食街区,形成相对统一又各有特色的"美食之都"视觉氛围和形象;整合从化区莲麻小镇、锦洞村桃花小镇等以美食为主打产业的特色小镇建设,将吕田美食节等特色小镇活动纳入"申都"工作范围;另外,要深入挖掘广州美食的人文历史内涵,讲好"广州美食故事",特别是要大力挖掘广州美食与中医药、全球化、商业文明等相关联的元素,通过舞台、影视、文学创作等艺术表现手法进行现代传播。

三是在继续办好各种美食活动的同时,多渠道探索美食人才培养、吸引与集聚措施。参照申报世界"美食之都"的"八条标准",持续办好"广州国际美食节",积极筹措2018年博古斯烹饪大赛亚太区选拔赛,大力提升"西关美食节"等各类地方性美食活动;另外,由于广州目前的烹饪专业学校多为民营,建议鼓励公立职业学校(院)烹饪专业、民营烹饪学校合作培养一批国家级烹饪大师,推动"美食进社区""美食进校园",加强传统饮馔类非物质文化遗产传承人的培养与宣传工作(如出版传统烹饪技艺、美食记忆、食品内容的丛书,拍摄相关纪录片,制作话题综艺节目等),引导社会力量开办美食烹饪大师工作坊、进修班、厨艺大赛等公益或半公益性的活动,在外国留学生、常住外国人等特定人群中展开宣传。

四是与香港、澳门等共同探索"美食之都"的互通互联效应,推动粤港澳大湾区美食产业发展。在建设枢纽型网络城市的基础上,可依托毗邻港澳优势,注重引入港澳美食资源,通过签署协议、备忘录等方式,加强大湾区美食产业联合互动作用。以美食文化为核心,创新广州旅游产品,推动粤港澳全域旅游战略,通过在港、澳等地举办广州美食节,粤港澳三地联合举办烹饪大赛、名菜名小吃评选、大师培训等活动,形成以广州为龙头的美食界大湾区合作圈,掌握和引领粤港澳美食产业的话语权,带动珠三角地区饮食业的良性发展。还可以考虑三地合力建设粤菜博物馆、传习馆、研究院,以自媒体、融媒体等人民群众喜闻乐见的方式,加强对"粤菜在广州""食在广州"的宣传氛围建设。

五是积极与联合国教科文组织沟通,按照程序提交合乎规范、具有创新性的申报世界"美食之都"报告。建议广州市委、市政府领导及有关部门主动与广东省商务厅、国家商务部等主管部门积极对接,争取他们对广州申报世界"美食之都"工作的支持。建议广州市在适当时机组团拜访联合国教科文组织,了解申报程序,观摩其他城市的申报样本,通过广泛学习其他城市的经验,推进广州申报世界"美食之都"取得成功。

(审稿:丁艳华)

B.20
关于推动广州"三雕一彩一绣""走出去"的思考*

广州大学广州发展研究院课题组　执笔：谭苑芳　林娟**

摘　要： "一带一路"倡议是我国全方位对外开放的一大创新。在历史的长河中，生活在岭南大地上的先民们创造和传承大量的非物质文化遗产，其中最具有浓郁岭南文化特色的工艺品"三雕一彩一绣"（牙雕、玉雕、木雕、广彩、广绣）在国内外享有盛誉。本报告着重探讨实施"一带一路"倡议背景下，广州"三雕一彩一绣"如何借助这个巨大的国际平台，主动"走出去"的对策建议。

关键词：　"一带一路"　"三雕一彩一绣"　"走出去"

随着"一带一路"倡议的实施，推动中华文化"走出去"已经成为"一带一路"倡议的重点内容之一。在"一带一路"的建设过程中，文化交流及合作日渐具有更为重要的地位。文化交流及合作既是推进中国与"一

---

* 本报告系广东省高校人文社科重点研究基地广州大学广州发展研究院、广东省教育厅"广州学"协同创新发展中心、广州市教育局"文化安全与文化软实力创新团队"的研究成果。
** 课题组组长：涂成林，广州大学广州发展研究院院长，二级研究员、博士生导师。课题组成员：谭苑芳，广州大学广州发展研究院副院长、教授、博士；林娟，广州大学广州发展研究院特聘研究员；黄旭，广州大学广州发展研究院所长、副教授、博士；曾恒皋，广州大学广州发展研究院所长、副研究员；魏高强，广州城市学研究会副秘书长；李佳曦，广州大学广州发展研究院科研助理。执笔：谭苑芳、林娟。

带一路"沿线各国民心相通的重要途径，又是促进中国与沿线各国政治互信的重要基础，更是深化中国与沿线各国经贸合作的重要保障。据媒体报道，截至2017年底，已经有60余个"一带一路"沿线国家与中国签订了政府间文化交流合作协定。近年来，学界对"一带一路"的文化意蕴和价值进行了深入探讨，"一带一路"建设必须"文化先行"已达成了广泛共识。

广州是有着2200多年历史的古老名城，广州市政府高度重视对岭南优秀传统文化的发掘、保护和利用。作为中国的南大门，广州在推进"一带一路"国家倡议中扮演着重要角色，有着特殊的地位，是21世纪海上丝绸之路的重要门户。因此，广州应如何抢抓机遇、积极作为，将厚重的广州非遗文化融入"一带一路"中，特别是推动已被列入国家级非物质文化遗产名录的"三雕一彩一绣"（骨雕、玉雕、木雕，广彩，广绣）"走出去"进行文化交流，增强广州的影响力，重拾文化使命，担当新的历史责任，这是我们必须要认真思考的问题。

一 广州非物质文化遗产保护的基本情况

从2005年起，在国务院的《关于加强文化遗产保护的通知》（国发〔2005〕42号）和《关于加强我国非物质文化遗产保护工作的意见》（国办发〔2005〕18号）的指导下，各级政府明确了非物质文化遗产保护各项工作的工作目标等内容，并开始针对非物质文化遗产的保护工作发力。广州市委、市政府高度重视非遗文化建设，2005年3月，成立了非物质文化遗产保护办公室，正式启动了广州市非物质文化遗产保护工作。2006年，广州市建立了非物质文化遗产保护工作联席会议制度。同年，成立了非物质文化遗产保护工程专家委员会。2007年2月，广州市非物质文化遗产保护中心成立，开始对全市非物质文化遗产的普查、认定、申报、保护和交流传播等各项工作进行组织管理。十年间，广州市不断摸索，逐渐形成了"政府主导、体系完备、机制健全、全民参与，具有广州特色"的非遗保护机制①。据《广州市非物质文化遗产保护发展报告（2016）》：广州现有国家级非遗名录共17项、省级非遗名录68项、市级非遗名录共125项。另据广州市非物质文化遗产保护中心工作人员介绍：广州有国家级代表性传承人8名，省级代表性传承人59名，市级代表性传承人151名②。广州市对传统美术、传统技艺采取抢救性保护政策。《广州市非物质文化遗产保护发展报告（2016）》剖析了2006~2015年十年间的广州市非遗保护工作，十年间共举行了两次全市非遗普查活动，编纂出版了长达193万字的全国首部非遗志《广州非物质文化遗产志》，为非遗工作建立如广州市非物质文化遗产保护中心的非遗保护机构制定市级非遗工作指导文件，如《广州市保护非物质文化遗产，弘扬岭南文化工作方案》《广州市培养非物质文化遗产保护人才工作方案》等，支持推动广州市非物质文化遗产的传承③。可以说，广州市在非遗保护立法方面已经走在全国的前列，尤其是近年来，广州市在非物质文化遗产传承保护工作中，打造了一批具有广州文化特色的"非遗"品牌，进一步提升了广州非物质文化遗产的品位和文化形象，延续了两千年广州历史文脉，增强了广州非物质文化遗产的魅力。特别是以"三雕一彩一绣"为代表的广州传统手工技艺，是广州市非物质文化遗产的重要内容，它在技艺方面的登峰造极与在人文方面的深刻内涵，都是中华民族数千年来积累沉淀的智慧结晶、美学修养的外化表现，更是饱含珍贵的、无法被取代的文化价值。

二 "三雕一彩一绣""走出去"的机遇

广州是国务院颁布的全国第一批历史文化名城之一，广州文化又是

---

① 广州市新闻中心：《广州市非物质文化遗产保护情况》，中国广州政府网，2010年12月15日。
② 李丹、宾红霞：《广州107个"非遗"项目展现魅力羊城底蕴》，《南方日报》2017年6月13日。
③ 广州市文广新局发布的《广州市非物质文化遗产保护发展报告（2016）》，2016年12月27日。

岭南文化的主体部分。"三雕一彩一绣"凝聚着历代广州能工巧匠心血，数百年前就已作为代表当时顶尖技艺的贡品，随着与海外的交流而享誉海内外；同时，"三雕一彩一绣"在对外交流中，经由海上丝绸之路远销海外，在西方文明对东方的文化想象构建之中添上了浓墨重彩的一笔。广州十三行开办时，就已设专营广彩出口的瓷庄和洋行。广州十三行博物馆的统计数据显示，明清时期，广彩外销瓷占据了近七成的中国古代外销瓷器市场，因此现今国外博物馆收藏中国瓷器数量最多的品种是广彩。

千百年来，广州一直是中国海上丝绸之路的发祥地和经久不衰的贸易大港，从秦汉时期的与各国的贸易往来，到唐朝时期的第一大港，从明清时期的一口通商到改革开放的前沿阵地，可以看到广州经济的发展脉络，更可感受到广州作为一座"千年商都"，一直保持对外开放和坚持创新发展的城市特质。目前，广州市"三雕一彩一绣"发展的形势较好：一是加大了对"三雕一彩一绣"的人才培养力度，培养了一批高素质、高技能的传承接班人；二是在"三雕一彩一绣"传承人的培养中突出了鲜明的岭南特色，建立了传承基地和成立了基地"大师工作室"；三是通过平台构建、展览巡回、媒体宣传等多种方式，对"三雕一彩一绣"进行广泛宣传，使其在不经意间又回到了民众的日常生活。据了解，"三雕一彩一绣"已成投资新宠并受到海内外收藏界和收藏家的青睐，其销售呈现良好的态势。2010年广州举办的亚运会、2017年6月在大连举行达沃斯论坛的"广州之夜"等重大活动，都展示了具有岭南文化特色的广州非遗精品"三雕一彩一绣"，向世界各国人们展示了广州的文化底蕴和"千年商都"的独特魅力。因此，在国家战略新的历史节点上，"三雕一彩一绣""走出去"，可以发挥其跨语言、跨国界、跨种族和深度沟通人类思想感情的特殊优势，在探索"一带一路"下中国与沿线国家的文化融合、密切与沿线国家经济贸易关系、深化区域交流合作、搭建友谊桥梁、承担新的使命上具有重大意义。广州作为中国"一带一路"建设的领头羊，其"三雕一彩一绣""走出去"正面临千载难逢的大好机遇。

三 "三雕一彩一绣""走出去"的困境与思索

作为广州传统工艺美术的重要代表,"三雕一彩一绣"是中外文化交流的重要见证。可以说,广州经过十年探索、建设,在"三雕一彩一绣"保护和传承方面,逐渐找到了一条既有自己特色,又有实际效果的新路子,取得了显著效果。但是,"三雕一彩一绣"要在"一带一路"倡议背景下,作为基本元素融入并借势再发力"走出去",让其重现繁盛风貌,还存在不少的困难。一是国内外市场需求不断减少;二是生产规模小,小型企业和个体作坊占整个行业的70%以上;三是专业人才缺乏,面临青黄不接的困境;四是行业市场不够规范,没有形成产业集聚,没有足够的消费市场等[1]。因此,推动"三雕一彩一绣""走出去"不能仅靠情怀,要深度挖掘其文化价值,要在文化创意、品牌、标识、包装、销售模式等方面寻求突破,用现代的设计手法,让其产品时尚化、生活化、艺术化、市场化,以国际视野和高端的眼光整合资源,加快其产品创新和产业升级。

非物质文化遗产,承载着一个民族的文化记忆,彰显着一个地区人民的智慧和魅力,是人类独具特色的文化瑰宝。广州市政府在2015年11月9日于政府常务会议通过了《广州市保护非物质文化遗产,弘扬岭南文化工作方案》(简称《方案》),对非遗工作给予大力支持。据悉,该《方案》对广州市非物质文化遗产联席会议制度的规格进行升级,并推举市领导为联席会议的召集人;对非遗相关专业进行政策扶持,并鼓励有条件的院校采取措施推进非遗相关专业的招生、学生补贴等工作,以减免学费或给予学生助学金、奖学金等方式来资助学生,使其更好地进行传统工艺的学习;为非遗设立专项经费,并提高传承人的补助额度,将每年对广州市非遗项目的代表性传承人的人均资金补贴提升7000元,达到每人10000元/年的水平;同

---

[1] 广州轻工工贸集团有限公司网站:《传统技艺要打破门户之见重构影响力》,《信息时报》记者:冯钰,2016年3月19日。

时还鼓励广州市各区设立专项资金来完善非物质文化遗产的保护工作;在新落成的广州市文化馆中为非遗项目留下一定空间,用以建立非遗展示馆,对全市的优秀非遗项目进行集中展示。2017年6月,穗府办下发的〔2017〕25号《广州市文化广电新闻出版事业发展第十三个五年规划(2016~2020年)》,提出强化历史文化遗产的保护与传承,加强非遗的保护与利用,加大对"三雕一彩一绣"等传统工艺美术项目的扶持、保护力度。广州是海上丝绸之路的重要发祥地、改革开放的先行地,是中国第一侨乡。广州文化和广州人一样,有着大规模"走出去"传统,大英博物馆至今藏有19世纪巨幅广州外销画。广州与"一带一路"沿线国家的交流合作源远流长,经贸和人员往来十分密切,在参与建设21世纪海上丝绸之路上拥有得天独厚的地缘和区位优势。因此,"一带一路"提供了让"三雕一彩一绣""走出去"在国际市场发展的新契机。但是,我们也必须看到机遇与挑战并存的局面。

四 "三雕一彩一绣""走出去"的建议

实施"一带一路"倡议构想,推进文化先行,是进一步深化与沿线国家文化交流与合作的重要途径。各民族对文化交流、文化交融的憧憬与参与,无论是对古丝绸之路,还是海上丝绸之路的形成都有着非常深刻的影响力。广州自古就是海上丝绸之路的重要节点,也是中西方贸易、文化交流的重要枢纽。"三雕一彩一绣"既是有生命的文化传承载体,又是国家级的非物质文化遗产项目,是文化消费需求的来源之一。据媒体的初步估算:"一带一路"沿线总人口约44亿,约占全球人口的63%,经济总量约21万亿美元,约占全球经济总量的29%。截至目前,已有60多个"一带一路"沿线国家与中国签订了政府间文化交流合作协定。因此,广州如何依据自身特色积极融入"海上丝绸之路",主动"走出去"与沿线国家的相关城市结为友好城市,打造重要平台,再造"三雕一彩一绣""走出去"的新辉煌,责无旁贷。笔者希望政府在策划活动的时,以"站在广州看世界,用世界的眼光看广州"的胸怀,搭建国际化的展示平台,增强"三雕一彩一绣"的对外吸引力,不断深化国际交流交往,推动其迈向国际舞台。

(一)利用高端平台"走出去"

在欧洲,"手工制作"基本上就是奢侈的代名词。如广彩虽在国内市场很小,但在海外颇受好评,在海外许多的博物馆、宫廷、大型家族都能见到广彩的身影。明清时期的广彩外销瓷大约占了中国古代外销瓷器的70%,现今国外博物馆收藏中国瓷器数量最多的品种是广彩。目前,"三雕一彩一绣"的从业人员和收藏群体呈年轻化的趋势,年轻人事业开阔、想法独特,他们在设计作品时往往会将生活意趣、地域风情、人文精神在作品中融会贯通,营造简洁、悠远的意境,与现代审美相适应,在艺术创作过程中能更好地表现自己的想法和体现个人的特点。因此,广州可以充分利用2017年12月举办《财富》全球论坛、2018年世界航线大会、2019年世界港口大会、2020年世界大都市协会世界大会等的机遇,一方面更好地"走出去"和"引进来",不断吸引世界的目光;另一方面更要利用这些国际性高端展示平台,把"三雕一彩一绣"作为中国传统文化的载体,推动其利用高端平台走国际化路线,重新焕发其"走出去"的活力。

1. 融入"一带一路"元素,打造"国礼"

"三雕一彩一绣"是国家级非物质文化遗产,从清代起就远销欧、美、亚等100多个国家和地区,曾是贵族生活中的欣赏品,被各国皇家宫殿、博物馆和爱好者收藏。其材料金贵,每一件正宗产品都来自匠人的双手,他们技艺精湛、技能高超,尤其是工艺大师的作品更是精益求精。如今年5月下旬,由广东民间工艺博物馆(陈家祠)、广州市工艺美术总公司等单位联合主办的"传承、创新、融合——广州工艺美术发展论坛"暨"匠心、匠韵——'三雕一彩一绣'精品展",展示了200件玉雕、牙雕、木雕、广彩、广绣精品。其中,30多位"三雕一彩一绣"大师的100余件精品,代表了广州工艺美术创作人员的最高水平,呈现了广州工艺美术众家之彩,展示了广州工艺美术源远流长、博大精深的文化底蕴。同时,这些经典作品的展示，让我们感受到了"三雕一彩一绣"大师们不断追求卓越的努力。他们为打破传统工艺美术行业自身的惯性模式，借助跨界合作的力量，寻找新常态下传统工艺美术的传承创新之路。因此，政府在国事活动和国际性交流活动、高端商务活动中，可以请玉雕大师、广彩大师按中国皇家藏品要求，将中国传统文化与现代艺术设计、传统工艺与现代创意完美结合，创作有文化内涵，具时尚性，养眼养心，高雅、高贵、贵重，彰显我大国礼仪之邦和展示中华文化精粹的作品作为"国礼"。

2. 在"盛世重收藏"的热潮中，走"以质养量"的精品路线

"三雕一彩一绣"要走向国际舞台，其文化内涵、人文精神、核心技艺、文化创意、艺术附加值等因素非常重要。我们知道，广州牙雕坚实而细腻，以巧夺天工的"镂雕"技艺名扬四海；广州玉雕造型独特、精致轻灵，以"留色"特技饱受好评；广东木雕径路通畅，拥有浮雕、立体通雕等多种独特表现形式；广彩是广州特有的低温釉上彩瓷工艺品，构图紧致，基调浓艳；广绣更是以别致的构图、纹理、色泽与针法名列中国四大名绣，享誉宇内。本人认为，"三雕一彩一绣"是经济潜在价值较好、市场化可行性较高、拥有高贵艺术品位和非凡收藏价值的文化产品，其不应靠数量、规模化取胜，应该小批量生产，应该走高、精、尖的精品路线，用高品质的原料、精湛的手工艺，融入精神内涵，增加其文化附加值。因此，在坚持文化生态整体性保护的原则下，"三雕一彩一绣"要积极寻求"走出去"的生存发展空间。如可以通过"东方文德艺术品交易中心"等文化艺术交易平台，瞄准"一带一路"沿线国家文化产品消费的主流人群，通过代为销售等商业运作传递到世界各地，推动其进入国际高端文化市场。

（二）借公共外交平台"走出去"

在国办发〔2017〕25号《国务院办公厅关于转发文化部等部门中国传统工艺振兴计划的通知》的"主要任务"中，要求传统工艺对外开展国际交流、合作，要求各地通过双边、多边等渠道，组织传统工艺各类主体进行国际之间的交流学习，并在技术层面进行研究、合作，以此开拓自身视野，

借鉴国外优秀经验。《广州市文化广电新闻出版事业发展第十三个五年规划（2016~2020年）》提出，加强广州市与"一带一路"沿线城市及南太平洋各国间的文化交流、合作，提升广州市海上丝绸之路历史文化遗产的宣传推广的力度。积极推动以"海上丝绸之路"为主题的优秀剧目制作及"广州文化周"活动的开展，让广州文化更加积极主动地"走出去"，为广州打造海上丝绸之路的"文化名片"。支持鼓励各类文化行业主体与"21世纪海上丝绸之路"沿线城市的文化行业主体之间进行文化交流，促进各方文化的进一步发展。广州与"一带一路"沿线各国人文相通，历史交往密切，经贸合作较多，人文交流也很密切。目前，我们看到广州在践行中央外事工作会议和中央周边外交工作会议精神过程中，已经将"亲诚惠容"的周边外交理念融入广州对外文化工作中。如广州市文化品牌活动"广州文化周——许鸿飞雕塑世界巡展"等系列活动，就是文化借助公共外交"走出去"打造交流品牌的典型案例。

1. 举办"2018年广州文化周——'三雕一彩一绣'工艺大师作品世界巡展"

任何一种文化，都是在碰撞、交流中得以创新和壮大发展的，人们的消费需求必然随着物质条件的丰富而趋向多样化，人们的消费内涵也将逐步从"物质"层面提升至"精神"层面。如今消费文化的主流也逐渐转变，人们不满足于大众化产品，寻求个性化、与众不同的商品。因此，可以通过组织"三雕一彩一绣"工艺大师们"走出去"作为友谊使者参与世界巡展活动，不断与其他文化进行交流，让更多的广州本土文化艺术通过展览向外辐射，让更多"一带一路"沿线国家的民众了解工艺大师们手工技艺的精致高雅，宣传、介绍博大精深的广府文化和高超技艺，在跨时空、跨地域的艺术交流中增强广州的文化自信，提升广州在国际上的知名度和美誉度，打造对外文化交流品牌，为国家公共外交大局服务。如广彩，可以通过"文化+"的新模式，针对"一带一路"沿线国家民众的文化消费特点，使其不仅仅是展示品和收藏品，还要让其走进寻常百姓家。

2. 做公共外交的参与者和中外交流的友好使者

在全球化时代的背景之下，作为国家整体外交组成部分的公共外交也在发生一定的变化。目前，外交工作正从以政府外交为主的传统外交，向以政府外交和公共外交双管齐下的方向发展。公共外交的灵魂是文化，非遗是千百年来中华民族世代相传的文化传统。近几年，广州借助友城渠道、各类论坛、研讨会、广交会、博览会、文博会等国际文化交流和贸易平台，大力宣介"共商、共建、共享"理念，培育国际市场。但是，在"一带一路"倡议背景下，政府要健全外事交流长效机制，密切人文交流合作。可以通过让"三雕一彩一绣"作为载体参与广州的各类公共外交活动，并将其纳入外宣工作计划中，使其从业人员在文化交流与合作、文明互鉴中，成为广州公共外交的参与者和对外交流的友好使者，在推动文化交流、文化传播、文化贸易创新发展，增进国与国之间、民众与民众之间的了解，扩大中华文化的国际影响力中发挥特殊作用。

3. 以交流塑造亲和、友善的中国国家形象

作为政府外交的重要补充，公共外交将随着中国逐渐深入世界舞台的中心，而发挥越发重要的作用。当前，在"一带一路"倡议背景下"三雕一彩一绣""走出去"，就是要秉承中国传统思想文化中的"和"思想，将真实的中国展示给世界，让海外民众了解、信任中国，为中国的和平发展道路创造良好的国际舆论环境。如广绣，是广州引以为傲的手工艺术品，曾经在大量出口海外的过程中，与西方文化艺术相交融。如今，为适应市场需求，通过设计师与传承人共同跨界合作的方式整合与融合，以共创、共享、共赢的理念，让其转变为一种符合当代社会审美的时尚手工艺品。其跨界作品涉及服装、配饰、鞋帽、家居、当代艺术等。其中，广绣在这方面已经有了新尝试。如与当下年轻人的思维喜好相结合，用广绣的方法，融合动漫等元素，打开年轻人的市场；将广绣与生活用品相融合，制作实用类的广绣作品；广绣作为时装的部分设计材质和元素，根据它的技艺特征邀请设计师与传承人牵手创作，注入其独特的非遗文化符号，将传统的广绣与当今时尚元素有机结合，推出时尚服饰，在国际T台走向世界，一定能引起非常大的反响。这种资源的整合与跨界的融合，一方面可以体现广绣的核心技艺和核心意蕴，让各国民众感受到其所承载的中国传统文化信息；另一方面

通过这种形式的交流还可以塑造其亲和、友善的中国国家形象,让各国民众看到一个追求现代文明的、开放而自信的中国,对公共外交起到独特的作用。

(三)以专项资金资助"走出去"

"一带一路"背景下文化如何"走出去"的问题,在现阶段不仅是战略重点,更是战略难点,不仅要强调方式、方法,更强调内容与路径,而资金则是"走出去"的最基本保障。目前,"三雕一彩一绣"要"走出去"面临资金严重缺乏的问题。据《广州市非物质文化遗产保护发展报告(2016)》发布的信息,财政投入方面,广州市级非遗专项资金仅有300万元左右,只占全市一般公共预算支出的0.00289%,比例极其微小。报告建议,增加对非遗的经费投入。因此,"三雕一彩一绣""走出去"不能只依靠政府用体制性的保障资金投入,必须借助国家优惠政策和文化类基金组织的专项资助,为"走出去"争取资金支持。

1. 脱虚向实,服务于文化产业实体经济发展

政府要多关注社会金融资助信息,指导"三雕一彩一绣"这类体量小、自我发展能力较薄弱的非遗文化项目寻找金融支持,为其提供"走出去"的机会。如作为国家级的"文化+金融"平台的深圳文化产权交易所,为响应国家"一带一路"的政策号召,在第十三届文博会期间与中国华夏文化遗产基金会及中证南山并购投资基金联合起来,发起成立了百亿规模的"一带一路"中国文化"走出去"基金[①]。其传递的信息是文化发展基金可以以多种方式,促成非遗文化的"扬弃",并对资金、资源进行多方面的优化配置,如对非遗文化进行产业化改造,对民众进行非遗文化的教育及宣传,深化非遗文化的合作交流等,从而引领中国非遗文化项目以更加优秀的姿态"走出去",以优秀的领导力引领"一带一路"沿线各国,聚集文化向

---

① 台海网(厦门):《深圳文交所联合发起"一带一路"中国文化走出去基金》,2017年5月15日。

心力，用心向全世界讲好"中国故事"，让世界了解博大精深的古老中国文化，聆听当下中国的时代发展强音。

2. 成立"广州文化公益基金会"

2015年5月，"潮州文化公益基金会"正式成立，当天接受认捐款人民币3960万元、港币442万元，其中到账2900万元。与此同时，基金会还收到非物质文化遗产作品、工艺美术作品、书画名家作品、陶瓷作品共500余件[1]。经过两年的运作，证明这是筹措文化发展资金资助公益文化，推动文化创新，扶植文化人才，促进文化交流，致力于广州文化事业繁荣发展的一条新途径。广州可以借鉴潮州的做法，成立"广州文化公益基金会"。在此基础上，下设"三雕一彩一绣""走出去"子基金，建立符合国际惯例、规范的资助模式和运作机制，探索一条以政府为主导、社会广泛参与、规范化运作的基金资助模式。

3. 制定"专项基金资助管理办法"

"三雕一彩一绣""走出去"子基金成立后，要制定"专项基金资助管理办法"，对具有原创性、创新性的项目"走出去"给予经费资助；对在国内外有影响的"三雕一彩一绣"传承人"走出去"进行文化交流给予经费资助，从而推动"三雕一彩一绣"走向世界，参与国际竞争和交流，与"一带一路"沿线国家的优秀文化成果共存共赢。

"一带一路"是以人类命运为己任的当代中国责任体现和价值追求，是支持我国经贸与文化发展的双重中心战略，它包含以经济合作为基点，以文化沟通为支点，以包容开放为要点的重要含义。国之交在于民互亲，民互亲在于心意通，而对于民心互通的实现，最为关键而有用的方法就是文化交流。在文化引领、经贸合作、互联互通、互惠互利的主线下，通过"三雕一彩一绣""走出去"的载体，一定能够弘扬、传播中华民族的核心价值观念；一定能够促进"一带一路"沿线各国之间的文化交流合作，推动民间交往，拉近心与心的距离，成为海上丝绸之路互联互通的经贸合作前沿平

---

[1] 《南方日报》：《潮州文化公益基金会正式成立 认捐金额超4千万》，2015年5月23日。

台，人文交流的重要纽带；一定能够发挥中国传统文化在当今社会的价值，为经贸合作共赢提供"软"动力，在"一带一路"沿线国家彰显中国传统文化的影响力；一定能够在沿线国家宣传推介广州"千年商都"的独特魅力，让世界更了解有历史文化底蕴的广州，成为广州城市对外形象宣传的新名片。

（审稿：韩玲玲）

B.21
广州促进科技与文化融合创新发展研究

中共广州市委党校课题组*

摘 要: 本文立足广州科技与文化融合发展现状,梳理广州科技与文化融合创新发展的做法、成效与存在的问题,分析国内相关城市科技与文化融合创新发展的做法经验及其启示,探索广州以科技创新促进文化产业发展的重点领域,提出通过创新科技与文化融合发展体制机制、完善科技与文化融合创新发展的产业体系、打造科技与文化融合人才队伍、畅通科技与文化融合发展投融资渠道、推动科技与文化融合的载体建设等对策建议,以推动广州科技与文化进一步融合创新发展。

关键词: 广州 科技 文化 融合发展

党的十九大报告提出,"健全现代文化产业体系和市场体系,创新生产经营机制,完善文化经济政策,培育新型文化业态"。大力推动科技与文化融合,借助科技创新手段,提升文化产业发展水平,科技与文化有机结合、深度融合,既是继承传统广府文化、发展现代文化产业的重要内容,也是提高广州科技创新水平、建设国家创新中心城市的必然要求。促进广州科技与

---

* 课题组成员:丁旭光,中共广州市委党校副校长,研究员,研究方向为决策科学;王云峰,中共广州市委党校经济学教研部副教授,研究方向为区域经济学;周权雄,中共广州市委党校校刊部副教授,研究方向为产业经济学;杨姝琴,中共广州市委党校市情研究所副教授,研究方向为产业经济学。

文化融合创新发展，必将有力推进国际科技创新枢纽建设，提升广州文化软实力和国际竞争力、影响力。

一 广州科技与文化融合创新发展的基础条件

通过推动科技与文化融合创新发展，提升传统文化内涵和表达方式、打造新兴文化业态，充分激发文化产业发展活力，提高文化产业发展水平，广州具备充分的基础条件。

（一）文化产业方面发展基础良好

广州文化产业发展具有一定的传统优势，近几年高新技术产业异军突起，成效斐然。通过两者嫁接，科技与文化融合取得可喜成绩，科技与文化融合技术不断进步。

2017年，广州首次打造综合性文化产业交易平台——广州文交会，推进11项子活动举办，吸引100多个国家和地区的近1000家机构、1000台舞台剧目、5000多部影视作品、2万件艺术精品、1.2万部动漫图书和衍生品参展参映和交易交流，促成21项重大项目签约，成交逾20亿元，协议和意向成交约80亿元，取得了丰硕成果。传统优势文化产业依旧表现强势，出版传媒、会展、文化用品等在全国具有显著影响力，继续在全国保持领先地位，新兴文化产业势头不减，网络游戏、设计、动漫等文化创意产业如雨后春笋涌现[①]。

（二）高新技术产业发展迅猛

2017年，广州全年净增高新技术企业4000家以上，增量仅次于北京，总数超过8700家，连续两年呈爆发式增长。同年，广州高新技术产品产值占全市规模以上工业总产值的47.0%。高新技术企业科技管理日益规范，

---

① 数据来源：《广州市文化广电新闻出版局2017年工作总结和2018年工作计划》。

科技成果转化成绩斐然。根据高新技术企业认定管理办法，高新技术企业产品研究开发和产学研成果转化进一步规范，人才引进和管理进一步制度化，企业管理进入现代化的快车道，市场开拓也取得了丰硕的成果。高新技术企业发展进入良性循环，涵养税基作用日益显现。高新技术企业在综合素质提升、市场竞争力增加的同时，还可以通过企业所得税减免优惠政策获得高新技术产品开发的后续资金，产品开发成本大大降低，减轻了高新技术企业创新压力，企业发展步入"企业研发投入—产品市场获利—政府税收减免—企业研发投入"的良性发展轨道。

（三）广州科技与文化融合发展成效初显

总体看来，近年来广州发挥科技支撑作用，通过政府引导、市场驱动的办法，以"文化+"为先导推进产业融合，以"互联网+"为重点，不断推出体现时代精神、产业特色和区域资源的文化产业新兴业态，在新媒体、数字出版、游戏动漫、创意设计、文化装备等产业领域形成独有优势。广州也出台了推动科技与文化融合创新发展的有关文件，其效用将日渐显现。

1. 科技文化融合产业集群初步形成

结合文化和高新技术产业发展情况，通过科技与文化融合，广州当前已初步形成以内容创作、新闻出版和下游的文化衍生产品销售为主的文化产业上游集群，典型代表企业如奥飞娱乐、广州日报集团等；以服装设计、艺术设计、广告设计为核心的文化创意产业集群园区，典型代表如TIT创意园、杨协成电子创意园等；以网游、网络服务、新媒体等为主的文化产业新业态集群，典型代表企业如UC优视和欢聚时代等；从文化产品的开发、设计到生产销售的产业集群园区，如星力动漫游戏产业园、华创动漫产业园等。

2. 科技文化融合新业态不断涌现

新兴文化业态是文化内容数字化、科技化的产物，通过资本支持，采用新技术实现内容和传播价值模式的调整或创新以满足受众不断升级和变化的需要。和传统文化业态一样，新文化业态主要表现方式有文字、视频、图片和录音等内容，但是通过软硬件一体化的平台和终端，内容被重新整合成数字化的形式，大大方便了文化内容的生产、编辑和传播，并形成各种类型和层次的产品内容推向市场。文化与科技融合的新型业态如动漫、网游、新媒体等产业方兴未艾。

3. 科技文化融合技术不断进步

互联网技术颠覆了传统文化的商业模式，传统文化产品生产属于规模化、批量化的模式，新兴文化产品虽然同是规模化生产，但更多地体现为个性化，特别是大数据、云计算等信息技术的应用，使生产者的产品可以定向投放、消费者的定制需求可以得到满足。目前在广州互联网产业版图上，已初步形成了一批龙头领军企业，引领国内乃至国际即时通信和移动娱乐潮流，典型企业如腾讯微信、优视、酷狗音乐等互联网企业。

二 广州科技与文化融合创新发展的基本类型

广州在推进科技与文化融合方面具有得天独厚的软硬件优势，初步形成了政府搭台企业唱戏、产学研一体化的融合发展模式，并构成了媒体、体育、文商旅等各种类型的新业态。

（一）科技与文化融合打造媒体新业态

1. 大力发展"互联网+文化"

广州是国内互联网文化的发源地之一，2000年前后已经在科韵路一带集聚了一大批互联网企业。随着近年来互联网移动化趋势的增强，传统互联网产业借助移动化的东风，与广府文化创新、包容的特质有机融合，移动互联网产业异军突起，成为广州发展新一代信息技术产业的中坚力量，发展潜力大，联动效应明显。UC、欢聚时代、酷狗音乐等一批互联网"明星"企业扎堆广州，微信也在广州孕育并发展壮大，广州"互联网+文化"发展势头向好。

2. 着力发展文化创意产业

文化创意产业通过知识产权的开发和价值增值的交易产生巨大的经济效

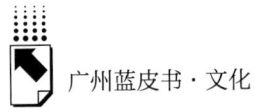

益，随着经济、社会的发展，其内涵和外延不断丰富，具有创新、融合、开放的产业特征。推动文化创意产业发展，是提升城市软实力的内在要求，在转变经济发展方式、优化产业结构、增强国际竞争力方面，具有涵盖面广、产业链长、启动快、扩张强、品位高、智能化、高知识化等突出优势。当前，奥飞娱乐、励丰文化、浩洋电子等一批传统制造业企业通过转型升级，大力发展文化创意产业，成为广州科技与文化融合的佼佼者。

3. 充分发挥数字出版产业优势

借助计算机技术、网络技术、传播技术和数据储存传播技术，传统出版业可以通过数字化改造，降低出版成本，提高文化传播效率。数字出版产业在内容生产过程中，传统内容以数字化形式呈现在消费者面前。随着移动互联网的普及和技术的提升，移动互联网用户规模迅速壮大，在线阅读、移动阅读成为新潮流。广州传统出版产业实力雄厚，优势突出，不仅有《南方周末》《南方都市报》《广州日报》《羊城晚报》等口碑好、传播力强的省、市重要传媒，还有南方出版传媒集团、广州出版社等一批实力强劲、经验丰富的出版社，广州数字出版产业基础好、潜力大。

（二）科技与文化融合打造体育新体验

1. 推动虚拟现实技术与体育竞赛表演融合

虚拟现实技术本质上是一种计算机仿真系统，可以给用户提供感同身受的虚拟世界体验。利用计算机技术，通过产生多源信息融合的交互式三维动态视景和实体行为的系统仿真，模拟生成一种环境，使用户沉浸该环境中。广州目前举办多项国内外赛事，其中，中超恒大淘宝队、国际马拉松比赛等俱乐部或赛事在全国具有强大号召力。虚拟现实技术与体育竞赛表演的融合，不仅打破赛事空间限制，还可以为场外观众提供身临其境的真实体验，产业发展空间广阔。

2. 着力发展"互联网+体育"

互联网出现前，体育产业信息资源还是一个孤岛，体育用品的生产者和消费者、体育场所的经营者和使用者，彼此的信息鸿沟导致信息不对称，不仅限制了体育资源的使用效率，而且极大地降低了人民群众参与体育活动的体验效果。发展"互联网+体育"，可以通过互联网传播快、交互性强的优点，对传统体育产业加以互联网改造。不管是赛事演艺活动的运营管理，还是赛事在线直播；不管是体育社交营销，还是体育场馆的场次预定，或者体育用品高端定制等，体育产业的一系列中间环节，都可以借助互联网进行流程再造。广州是我国体育大市，也是体育强市，足球、马拉松、网球等赛事已经形成品牌效应，体育基础设施完善，体育人口规模大，"互联网+体育"具有广阔空间。

（三）科技与文化融合打造文商旅新业态

1. 加快发展电子商务

电子商务和传统地理概念"商圈"有根本性的区别，市场空间不受地理空间制约。电子商务大大简化市场交易过程，企业与消费者可以直接"面对面"交易，交易成本大为降低，商品流通速度更快，竞争环境更趋公平，有利于降低交易成本、开拓国内外市场。广州电子商务的发展起步较早，交易额全国领先，文化产品网上交易、网上拍卖等也较有特色。目前，广州电子商务已形成了以唯品会、梦芭莎为代表的B2C，以环球市场为代表的B2B等新兴业态。

2. 积极推动传统商圈转型升级

广州作为国际贸易中心，历来是货物集散周转之地，遍布全市的批发市场，奠定了广州商贸基础，也孕育出天河商圈、环市东商圈、流花商圈、北京路商圈等主要集聚地。随着近年来人力和土地成本上涨，传统商圈发展面临内忧外患，一方面商贸体验不佳，购物环境不尽友好；另一方面电子商务来势汹汹，分流了大部分客流。为推动商圈转型升级，天河商圈、流花商圈结合互联网发展，根据客户对象差异，分别针对个人和商户提出不同发展思路，前者把重心放在创新消费者商贸体验上，后者则把重心放在电子商务流程再造上。北京路商圈则主打文化旅游牌，把商贸和广府文化体验结合起来。

3. 推进特色文化"智慧旅游"

以广府文化等特色文化为重点，围绕游客旅行全行程，开发三维地理信息系统与视频图像的联动技术、基于位置感知的主动推送式信息服务技术、基于3D角色控制系统的高复杂场景建模与高精度角色控制等文化旅游服务系列实用化技术，建立特色文化基础地理和旅游专题数据库，构筑以"数字化""可视化""网络化""智能化"为特征的文化内容综合服务平台，利用手机App推送，形成集信息综合查询与推介、远程智能感知、360°全景展示、移动位置服务、电子商务等旅游综合服务于一体的"智慧旅游"典型示范，推动文化旅游休闲服务。

（四）科技与文化融合打造制造业新业态

1. 推动制造业向文化产业转型

制造业服务化，是先进制造业发展趋势之一。向文化产业转型，推动制造业与文化产业融合，是制造业服务化的主要内容。广州制造业有辉煌的历史，但是从目前的产业结构看，尤其和兄弟城市相比，也存在较为明显的短板。广州在制造业向文化产业转型过程中，涌现出珠江钢琴、励丰文化、锐丰音响、TIT创意园等典型代表。珠江钢琴是传统钢琴制造商，近年来通过音乐赛事、教育培训等方式积极向服务业转型；励丰文化、锐丰音响是国内灯光音响产业的佼佼者，近年来通过灯光节、大型文艺汇演等向文化产业靠拢；TIT创意园原为纺织机械制造旧址，现在成为服务设计、产品发布、时尚潮流前沿地。

2. 加快发展工业设计

一个地区或城市制造业的强大，离不开工业设计的强大。工业设计水平高低，制约着制造业发展空间，是制造业价值链上的重要一环。发展工业设计，是时尚创意产业发展的重要内容，是企业打造自主品牌、提升竞争力的重要途径。近年来，广州工业设计企业逐步发展壮大，在国内外影响力与日俱增。尤其是在德国红点奖、IF奖等国际设计大奖中，不乏广州本土企业的身影，涌现出一批优秀设计成果，成为支撑广州先进制造业发展的强大后援。

三 广州科技与文化融合创新发展存在问题和不足

推动科技与文化融合发展,广州优势突出,并取得了一系列的成绩。然而,同时还有一些问题亟待解决,主要是以下几方面。

一是科技与文化融合服务管理体制缺乏统筹。从现状上看,文化科技融合工作还存在"两张皮"的情况,多头管理,但是各部门间协调机制还未建立,需要在制度设计上予以统筹考虑。总体上,党委部门如宣传部(文化资产管理)和政府部门如文广新局、科创委等机构职能或多或少都有所涉及科技与文化融合发展方面的管理工作,但是因为缺少市一级层面的统筹协调,工作难以形成合力。推动文化科技融合,还需要进一步明确好各部门的工作定位、职责分工,从而形成文化科技融合的强大推动力。

二是科技与文化融合政策环境还有进一步改善的空间。为鼓励文化产业发展,目前国家已有的税收政策优惠不同程度上对文化产业有所覆盖,但是大多有时间限定,并非长期性的支持政策,并且优惠幅度一般。科技产业发展的优惠政策与文化产业的优惠政策各自为政,缺少专门针对科技与文化融合的优惠措施。并且文化和科技的优惠政策分别针对各自领域,也设定有针对性的门槛,导致文化科技企业参照文化优惠政策,难免享受不了科技优惠政策的好处;参照科技优惠政策的话,又不一定达到高新技术企业的标准。

三是文化科技复合型创新人才存在短板。科技与文化融合型企业不少,但是缺乏独角兽企业,科技与文化深度融合的产品和服务种类也不多。归根结底,在于人才短板。基于广州文化产业和科技产业多年的发展积累,既不缺文化产业从业人员,也不缺科技产业从业人员,但是科技与文化复合型人才少之又少,特别是高层次人才,导致科技与文化融合发展缺少智力支持。

四是科技与文化融合方向与时代需求还需进一步贴合。随着我国社会主要矛盾的变化,人民对美好生活的需要不断增强,不断升级。对应于科技与文化融合发展的新业态,通过把传统文化内容包装上现代科技的外衣,满足消费者的娱乐休闲需要,特别是参与式体验,是人民美好生活需要的重要组成部分。而不少文化企业在消费体验层面保留了传统的体验方式，对当前青少年文化消费习惯和潮流把握不甚到位。

五是科技与文化融合的多元投融资体系还不健全。科技与文化融合创新发展，既是科技产业发展的新形式，又是文化产业发展的新业态，在发展初级阶段，产品开发、市场推广以及相关硬件建设，需要大量的资金投入。从目前广州科技与文化融合的投融资现状看，资金还存在较大的缺口，科技文化企业大多缺少高价值实物抵押品，向银行融资难度大。同时，融资渠道过于单一也是制约文化科技企业融资的一道难题，除了商业银行之外，缺少天使投资、风险投资、股权投资等体系齐全的投融资手段，制约了科技与文化产业融合的深度发展。

四 进一步推动广州科技与文化融合创新发展的对策建议

通过创新科技与文化融合发展的管理体制，健全科技与文化融合创新发展的产业体系，打造科技与文化融合人才队伍，完善科技与文化融合发展投融资渠道，推动科技与文化融合的载体建设，切实推动广州科技与文化融合发展。

（一）创新科技与文化融合发展的管理体制

一是搭建文化部门和科技部门的体制桥梁。加快整合与优化广州市委宣传部、市科创委、市文广新局等部门关于科技与文化融合工作的管理权限，解决多头管理问题。大力推进行政审批制度改革，涉及科技与文化融合的审批事项，把其中的事务性工作和管理服务事项委托或外包给社会组织承担，进一步探索权力下放，在提高行政部门工作效率的同时，降低行政审批的权力寻租空间。

二是建立科技与文化融合创新发展联席会议机制。探索建立科技与文化融合推进机构或联席会议机制，由广州市文广新局和市科创委共同负责、相关部门协同参与,通过跨部门协作,创新工作机制,形成对科技与文化融合的工作合力。统筹指导科技与文化融合工作,研究制定科技与文化融合发展规划和相关政策措施,促进广州文化产业与科技的良好融合,营造宽松的政策环境。

三是加强科技与文化融合知识产权保护。依托广州知识产权法院,通过体制机制创新,加大对科技与文化融合的知识产权保护力度,鼓励并支持文化科技企业用知识产权的武器保护自己。对于科技与文化融合的最新产品和服务,帮助企业在第一时间及时申请、注册和登记知识产权,保护好企业利益。加大损害企业知识产权案件的查处力度,开展科技与文化融合知识产权违法侵权专项打击行动,提高文化科技领域侵权违法成本。

(二)健全科技与文化融合创新发展的产业体系

一是加快促进传统文化业态的转型升级。重点围绕出版发行、影视、传媒、娱乐、会展等传统文化产业,充分发挥各类科技资源的作用,促进文化企业技术改造。支持和推进《广州日报》、广州广播电视台、广州出版发行集团等市属国有企业技术改造和设备更新,提升企业技术水平。重点支持新兴数字显示技术、绿色低碳印刷与数字印刷、图文设计制作技术、版权作品数字环境下保护技术、计算机辅助设计和制造技术等在文化领域各相关行业的市场应用,推进文化产业转型升级。

二是培育和发展新兴文化产业。发挥龙头文化科技企业对"IAB"产业的带动作用,以数字技术、信息网络技术、人工智能等高新技术为主要支撑,大力发展文化创意产业。通过引进文化科技与相关产业融合发展的集成技术,以电子阅读、手机游戏、音乐视频为重点,开拓移动互联网市场,打造数字内容产业集群。

三是加大科技与文化融合企业培育力度。在科技与文化融合领域积极培育高新技术企业,强化孵化器对文化科技企业的孵化培育作用。加强科技与文化融合的协同创新,鼓励高校和科研院所积极对接市场,与企业联合成立科技与文化融合协同创新联盟,完善科技与文化融合的产学研合作体系。鼓励文化科技企业联合高校建设科技与文化融合的相关实验室和研究中心，完善科技与文化融合服务平台。

（三）打造科技与文化融合的人才队伍

一是打造高层次领军人才队伍。利用广州现代产业人才政策，在"千人计划""万人计划"等高端人才引进项目中重点支持科技与文化融合人才引进。继续实施文化引领人才行动计划，加大对羊城文化名家资助项目的支持力度，借助"中国海外人才交流大会"平台，加大对文化创意产业领军人才和科技创新领军人才的引进力度。

二是加强对文化科技复合型人才的培训。发挥广州地区高校集聚优势，引导和支持高等院校设立相关课程，以文化与信息、商贸、体育、工业设计等行业研发技术人才和经营管理人才为重点，为科技与文化融合培养专门人才。加大对高职高专教育的支持力度，按需培养文化科技复合型技术人才。

三是完善科技与文化融合人才激励保障机制。对紧缺的高层次人才和高技能人才，尤其是既对传统文化产业有深刻理解，又掌握信息技术并熟悉市场的高端复合型人才，探索实行一事一议的收入分配方式。健全人才医疗、购房购车、子女入托入学等保障机制，解除科技与文化融合的高层次人才的后顾之忧，在广州落地生根。

（四）完善科技与文化融合创新发展投融资渠道

一是加大对科技与文化融合创新发展的财政支持力度。加大政府财政资金对科技与文化融合的投入，提高财政资金投入的使用效率。创新投入方式，充分发挥财政资金对科技与文化融合的引导作用，撬动社会资本投入，为科技与文化融合创新提供资金保障。简化对财政资金投入的评估机制，既保证好钢用在刀刃上，又切实降低企业的制度成本。

二是设立科技与文化融合发展专项资金。整合原来源于广州市委宣传部门的千万级文化产业发展资金，参照北京、上海等地5亿~10亿元的标准，设立科技与文化融合创新发展专项资金并增加至5亿元，扩大使用范围，容许企业灵活调剂经费支出预算，用于对科技与文化融合投入，推动科技与文化融合创新，推动科技产业和文化产业共同发展。

三是拓展科技与文化融合创新发展项目融资渠道。引导金融机构加大对科技与文化融合项目的信贷支持力度，推动银企对接，充分利用金融工具创新，积极开发相匹配的信贷产品。发挥政府"风险资金池"的作用，鼓励银行对科技与文化融合项目贷款抵押采取多样化手段，针对科技与文化融合企业，定向推出小额信贷、商标权质押、应收账款质押等新型信贷产品。

（五）推动科技与文化融合的载体建设

一是健全科技与文化融合创新发展服务体系。以珠三角国家自主创新示范区为依托，以国家级文化与科技创新融合发展基地为支撑，促进科技与文化资源对接、区域对接、市场对接。集中全市科技资源和广府文化、红色文化资源，探索建立科技与文化融合公共服务平台建设，以市场行情发布、产业最新发展动向、政府相关政策解读为主要职能，为企业提供科技与文化融合的行业咨询服务，帮助科技与文化融合企业尤其是中小企业解决发展难题，支持企业做大做强。

二是完善科技与文化融合创新发展中介服务。按照"市场化运作、社会化服务"的思路，发展和完善经纪、代理、评估、鉴定等文化中介机构，提高中介机构服务水平。根据科技与文化融合需要，建立科技与文化融合行业协会，发挥协会自我管理作用，推动科技与文化融合。

三是打造科技与文化融合的国际交流平台。一方面，把国际科技与文化融合的好做法、好经验引进来；另一方面，把广州科技与文化融合的新探索、新实践送出去，参与国际竞争。以广东自贸区南沙片区为基础，建设科技与文化融合产品出口园区，以具有自主知识产权，尤其是广府文化与科技相结合的产品和服务出口为重点，拓展海外市场，提高国际竞争力。吸引科技与文化融合领域的跨国公司在穗设立国内总部或分支机构，发展科技与文化融合总部经济。

（审稿：贺忠）

Abstract

The *Annual Report on Culture Development of Guangzhou in China* (2018) is jointly compiled by Guangzhou University, Guangzhou Blue Books Research Institute and Guangzhou Municipal Advertising Department and Guangzhou Culture, Radio and Television, News and Publication Bureau. As one of Guangzhou's bluebook series, *Annual Report on Culture Development of Guangzhou in China* (2018) has been listed into the "National Authoritative Research Reports Series" and published nationwide. This report consists of six parts, namely Overview, Culture Industries, Culture Undertakings, Culture Inheritance, Culture Tourism Development, and Topic Research. The latest research findings of cultural issue experts, scholars and workers from Guangzhou scientific research groups, institutions of higher learning and government departments. It is an important reference for analysis and prediction of Guangzhou's cultural operation and research topics.

This report points out that remarkable achievements have been made by Guangzhou in 2017 in improving the public culture service system, creating a new pattern for culture industries, improving culture governance ability and level, promoting culture protection inheritance, combining culture and tourism technology, and improving culture qualities of teenagers.

Looking into 2018, Guangzhou will adhere to the guideline of "putting people in the first place", building a more equal and complete public culture service system. In response to the national institutional reform task deployment, the Guangzhou culture management system reform has been unveiled. The Guangzhou Municipal Government will strengthen its support for culture content generation for the purpose of speeding up the socialist literature and culture undertakings.

In 2018 Guangzhou will intensify its efforts in the following aspects, including promoting development of culture tourism undertaking and industries, emphasizing development of revolutionary tourism products, and popularizing education of revolutionary traditions among citizens; increasing the efficacy of public culture services, precisely inputting public culture products, and narrowing down urban-rural difference; picking up speed in culture legislation, and providing more complete legal support for culture development; increasing input in producing culture boutiques and creating culture highlights for Guangzhou.

Keywords: Guangzhou; Culture Industry; Culture Tourism Development; Culture Heritage

Contents

I General Report

B. 1 Analysis of the Culture Development Status of Guangzhou in
2017 and Prospects of 2018
Guangzhou Development Research Academy Research Group,
Guangzhou University / 001

    1. Overview of Guangzhou's culture development in 2017   / 002
    2. Major problems and challenges facing Guangzhou's
       culture development   / 014
    3. Status of Guangzhou's culture development status
       and countermeasures in 2018   / 018

Abstract: Guangzhou has made remarkable achievements in improving the public culture service system, creating a new development pattern for culture industries, building network culture, promoting culture communication and publicity, strengthening traditional culture construction and teenagers' culture qualities. In 2018, efforts should be made by the Guangzhou Municipal Government to strengthen ideological and political education, speed up culture legislation, enhance and improve efficacy of public culture service, etc. Only in this will the positive energy of Guangzhou's culture be carried forward, will Guangzhou's culture development have law to abide law, and will the people-oriented public culture services achieve rapid development.

Keywords: Guangzhou; Museum Town; Public Culture Services; Culture Industry

Ⅱ Culture Industry

B. 2 Analysis of Guangzhou's Cultural Consumption Status and
Countermeasures for Further Development
Guangzhou Development Research Academy Research Group,
Guangzhou University / 024

Abstract: In 2017, Guangzhou's municipal culture consumption has made remarkable achievements in improving per capita consumption, narrowing the urban-rural wealth gap, optimizing the supply-front structural reform, and seeking new integrations with culture. On the other hand, a series of problems has emerged, including a low percentage of culture consumption, imbalance between supply and demand, regional difference, and low intention of culture consumption caused by population aging. To cope with these problems, this report suggests that Guangzhou should boost its supply-front structural reform, strengthen support for backward areas, improve the social security system and relevant policies and measures, and promote culture consumption via the supply-front structural reform.

Keywords: Culture Consumption; Cultural Products and Services; Guangzhou

B. 3 Development Status, Problems and Countermeasures of
Guangzhou's Competitive E-sports Industry
Han Lingling, Tao Haibing / 037

Abstract: Guangzhou's competitive e-sports industry has a favorable development basis and advantages. However, its development level is inconsistent with its city positioning, which is mainly reflected as lack of relevant policy guidance, inadequate social recognition, low development degree, etc. On the basis of in-depth investigation and reference to advanced experience both at home and abroad, this report puts forward the idea that Guangzhou should strengthen guidance for development of its competitive e-sports industry through improvement of policy guidance, strengthening and optimizing of the competitive e-sports industrial carriers, enhancing comprehensive supporting service, standard and sound development, etc.

Keywords: Competitive e-sports; Competitive e-sports Industrial; Guangzhou

B. 4 Suggestions for Accelerated Transformation and Upgrade of Guangzhou's Entertainment Equipment Industry

Yang Jing, Tao Haibing / 045

Abstract: In recent years, Guangzhou's entertainment equipment enterprises have increasingly realized the importance of service and cultural creativity. More attention has been paid to technological innovation and active exploration of "Internet Plus". With increasing strength of Guangzhou's entertainment equipment enterprises, they have played a high-profile role in serving and guaranteeing successful holding of various grand meetings. However, there are still many problems and difficulties facing Guangzhou's promoting of the entertainment equipment industrial upgrade, including shortage of professionals, difficulty in financing, and inadequate supporting policies. In response to these problems, Guangzhou should intensify its efforts to innovate business models, speed up financial innovation, expand financing and investment channels, and accelerating talent development and introduction for the entertainment equipment industry, and so on to promote transformation and upgrade of the entertainment equipment industry.

Keywords: Entertainment Equipment Industry; Transformation and Upgrade; Guangzhou

B. 5 Report on Guangzhou's Artwork Market Status and Management Strategies

Guangzhou Culture, Radio and Television,
News and Publication Bureau / 052

Abstract: This report mainly investigates the status of Guangzhou's artwork market, thinking that Guangzhou's artwork market, though demonstrating positive signals recently, is still in a slump and shows striking local characteristics and diverse forms of industries. By pointing out problems existing in Guangzhou's artwork market, this report puts forward strategies from the perspective of government administration at an attempt to promote prosperity and stability of Guangzhou's artwork market.

Keywords: Artwork Market; Art Education; Guangzhou

B. 6 The Present situations and Suggestions of Cultural and Creative Industries in Guangzhou

Li Jun, Fu Wei / 076

Abstract: This paper analyzes the basic conditions, gaps and development space for the development of cultural and creative industries in Guangzhou. It then suggests that Guangzhou should fully grasp the opportunities for the development of national key cities and the development opportunities of the Guangdong, Hong Kong and Macau Bay Area, make good use of the advantages of hub cities and talents, enlarge and strengthen creative industry clusters, leverage the effects of

Internet agglomeration and new media communications, distinguish the development of cultural service industries and cultural product manufacturing industries by zoning, and strengthen the support system for cultural and creative industries.

Keywords: Cultural Creative Idustry; Idustrial Cluster; Guangzhou

Ⅲ Culture Tourism Development

B.7 On the Communication of Aesthetic Culture of Lingnan architecture: the Investigation Report of Historical Architecture Tourism in Guangzhou

Yuan Zhong / 090

Abstract: Tourism of historical architecture is a kind of trend of expanding sightseeing resource in contemporary China. The tourism of lingnan architecture currently has just been unfolding. As a icon of Cantonese architecture and lingnan architecture, historical architectures in Guangzhou and its tourism are significant to the economy, culture and brand of Guangzhou. Nevertheless some problems such as lack of plan and communication consciousness of architectures tourist exists in the tourism of Guangzhou historical architectures. This report provides a series of suggestions, for instance, combining cultural relics protection and tourist development, shaping the brand of historical architectures, designing the theism tourism of historical architectures. In the end, this report designs five one-day tourist routes of historical architectures in Guangzhou.

Keywords: Lingnan Culture; Historical Architecture; Tourism; Guangzhou

B. 8　Xijin Ferry Historical and Cultural Blocks Protection and Construction Experience and Enlightenment to Guangzhou

Yu Shui / 113

Abstract: This report reviews the process and main experience of Xijin ferry historical and cultural blocks' protection and construction. It then analyzes the gaps and deficiencies in Guangzhou, and put forward some policy suggestions from the culture development, planning, quality, and activation.

Keywords: Xijin Ferry; Historical and Cultural Blocks; Tourism Idustry

B. 9　Survey Report of Promoting Business, Tourism and Culture Integrated Development in Huadu, Guangzhou Based on Experience of Wudang Mountain Scenic Area

CPC Guangzhou Huadu District Committee Publicity Department Research Group / 121

Abstract: To start with, basic situations of Wudang Mountain Scenic Area are summarized. The basic experience of Wudang Mountain Scenic Area's experience in deeply integrating development of business, tourism and culture is examined. Next, the practical situations of Huadu District in Guangzhou are introduced, and the feasibility of applying experience of Wudang Mountain Scenic Area's experience to Huadu District is examined. Based on the analysis results, suggestions for accelerated development of in-depth integration among business, tourism and culture in Huadu District are proposed.

Keywords: Culture Industries; Integrated Development; New Types of Industry

B.10 Survey Report of Utilization of Historical and Cultural Resources in Guangzhou's Old City Area since China's Adoption of the Reform and Opening-up Policy

Cheng Cunjie, Fu Jingfang / 140

Abstract: Since China's adoption of the reform and opening-up policy, Guangzhou has made encouraging achievements and rich experience in protecting and utilizing historical and cultural resources in Old City Area. However, due to limitation of the historical background and knowledge, there are still many problems and defects in Guangzhou's utilization and protection of historical and cultural resources in Old City Area. For example, Guangzhou's Old City Area lacks a scientific and comprehensive protection plan; damage or excessive development of historical and cultural resources is common to find in Old City Area's transformation and economic construction process. Concerning these problems, this report puts forward a new thinking perspective for better utilization and protection of historical and cultural resources in Guangzhou's Old City Area in the new era.

Keywords: Guangzhou; Old City Area; Historical and Cultural Resources; New Thinking Perspective

Ⅳ Cultural Heritage

B.11 Status of Guangzhou's Intangible Cultural Heritage Protection and Countermeasures Therefor

Guangzhou Development Research Academy Research Group, Guangzhou University / 151

Abstract: In 2017, Guangzhou promoted "going global" of its intangible cultural heritage by implementing the spirit of the Central Committee's "Suggestions for Implementing Projects for Inheritance and Development of Fine Traditional Chinese Culture" and launching "Fortune Forum", "Guangzhou

Culture Week" and airport publicity. All these were highlights of Guangzhou's protection and promotion of its intangible heritage in 2017. Other routine work of intangible heritage protection and inheritance also progressed steadily in 2017. To be specific, Cantonese opera activities demonstrated the internationalization atmosphere of Guangzhou; lion dance activities were increasingly diversified, creative and revitalized for the sake of the intangible cultural heritage well preserved; intangible heritage tourism started to take shape; the youth-oriented "Fei Yi Jun" innovatively promoted intangible heritage. However, there were still some problems with intangible heritage protection in terms of the law and regulation system, external exchange and intangible heritage tourism. Based on the above discussion and analysis, the Research Group puts forward the following suggestions: 1) hastening formulation of the "Methods for Protection of Intangible Cultural Heritage of Guangzhou"; 2) making full use of "Guangzhou Culture Week" to enhance external exchange; 3) speeding up launch of "Guangzhou intangible heritage one-day trip"; and 4) focusing on promoting delicacy-related intangible heritage projects in 2018.

Keywords: Intangible Heritage; External Communication; Revitalization

B.12 Research on Conservation and Utilization of Daxiao Mazhan Schools Group

Xie Dixiang, Tan Junjie / 169

Abstract: Academy of "da xiao ma zhan" has long been listed as the historical and cultural block in Guangzhou. However, the progress of its conservation and activation has been rather twists and turns over the past decade. This paper first analyzes its historical and cultural values, sorts out its activation and conservation work process, and then explores the attitude and vision of various interest groups such as local government, citizens, ancestral hall descendants, experts and scholars, the news media in its utilization and activation. Attempts have been made to explore the process from the perspective of material space, economic development, Policy system, functional structure and many other aspects of the factors that impede its activation and conservation. Finally, by comparing with the successful cases of conservation and conservation in the historical and cultural blocks of Enning Road, this paper puts forward some strategies to optimize the utilization and activation of academy of "da xiao ma zhan".

Keywords: Academy of "Da Xiao Ma Zhan"; Historical and Cultural District; Activation and Conservation; City Renewal; Public Participation

B. 13 Protection Status, Problems and Countermeasures of Guangzhou's Martial Arts Intangible Heritage Project

Guan Wenming, Zhu Jiayong and Luo Can / 194

Abstract: Guangzhou's martial arts intangible heritage project has achieved satisfactory progress in protection, which can, to some extent, promote cultivation of Guangzhou into a world-renowned culture city and internal sports city. After analyzing the protection status of Guangzhou's martial arts intangible heritage project, this report points out prominent problems existing in Guangzhou's intangible heritage protection and puts forward countermeasures for improvement.

Keywords: Guangzhou; Martial Arts; Intangible Heritage

B. 14 Several Suggestions for Guangzhou's Application for "Memory of the World Programme"

Guangzhou Development Research Academy Research Group,
Guangzhou University / 203

Abstract: This report investigates the origin of "Memory of the World

Programme" and its publication status. By referring to experience of Macao's application for "Memory of the World Programme", this report thinks that Guangzhou can take its application for "Memory of the World Program" as an opportunity to promote its application for world heritage of "Maritime Silk Road". Meanwhile, suggestions for Guangzhou's application for "Memory of the World Programme" are provided in this report.

Keywords: World Heritage; "Memory of the World Programme"; "Maritime Silk Road"; Guangzhou

V Cultural Inheritance

B. 15 The Research on the Protection and Inheritance of the Water-dweller's Culture in Guangzhou

Xie Diying, Zheng Shaoxia / 210

Abstract: The living environments and lifestyles of the water-dweller have changed dramatically since the founding of the People's Republic of China. At the same time, the water-dwellers have gradually abandoned their own culture and customs, which make the culture preservation and inheritance become imminent. In order to make the continuation of the project, the paper has followed two perspectives. Firstly, we could construct the cultural and ecological reserve of the water-dweller. It could start from preserving the hometown of Guangzhou Salt Water Song, studying the model that combine the culture of the Guangzhou Salt Water Song with education and making tourism planning of Zhujiang river. Secondly, we could develop the cultural tourism resources of the water-dwellers. We can make the itinerary of the Zhujiang river and build the tourism products making full use of the excellent location and folk festivals.

Keywords: the Water-Dweller; Guangzhou Salty Water Song; Cutural Tourism Products

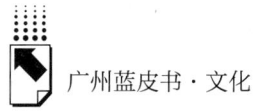

广州蓝皮书·文化

B.16 Research Report on the Protection of Guangzhou Ivory Carving under the New Policy

Ruan Chengyu / 223

Abstract: According to the requirements of national policies, China will prohibit the commercial processing and sales of ivory and ivory products by the end of 2017. In this context, Guangzhou ivory carving industry not only faces the problem of Personnel placement and brain drain, but also faces the risk of losing the ancient skills. In order to protect ivory carving skills, the government should, on the one hand, organize rescue records as soon as possible to preserve the audiovisual materials; on the other hand, policies should be made to allow the inheritors to keep creating and teaching sutdents, for keep the skills continue to pass on.

Keywords: Guangzhou Ivory Carving; Intangible Cultural Heritage Protection; Public Weltare

B.17 Research into Guangzhou's Promotion of Inheritance of Lingnan Culture in the Modern Times and Strategies

Joint Topic Survey Research Group / 232

Abstract: Guangzhou is long regarded at the center of Lingnan culture, also known as Cantonese culture. Guangzhou's promotion of inheritance of Lingnan culture in the modern times is a strategic measure to carry forward the fine traditional Chinese culture and an objective requirement of building Guangzhou into a world-renowned cultural city. This report conducts a specific research of modern inheritance of Lingnan culture, analyzes the status and problems of Guangzhou's promotion of modern inheritance of Lingnan culture, and puts forward strategies therefor. It is hoped that this report can provide decision-making reference for Guangzhou's exploration of a new thinking and path for modern inheritance of Lingnan culture in the new era.

Keywords: Lingnan Culture; Modern Inheritance; Guangzhou

B. 18 Survey Research of Culture Eclogical Protection and Development in Baiyun Mountain, Guangzhou
—*Taking "Zheng Xian Birthday" Folk Culture as a Case Study*
Zeng Yingfeng / 244

Abstract: Baiyun Mountain is a famous mountain in Lingnan, which is also celebrated as the first 5A national scenic area of Guangzhou. For thousands of years, "Zheng Xian Birthday" remains a traditional festive folk custom of "Zheng Xian Ritual" in Baiyun Mountain. Based on field survey, this report expounds on the rise, decline and evolution of the "Zheng Xian Birthday" folk custom culture; summarizes the experience of Guangzhou in digging and spreading the cultural connotation of "Zheng Xian Birthday"; and proposes countermeasures for promotion of its cultural value and realization of culture ecological protection.

Keywords: Baiyun Mountain; "Zheng Xian Birthday"; Folk Custom Culture; Ecological Protection

Ⅵ Topic Research

B. 19 Several Suggestions for Guangzhou's Application for the World "City of Gastronomy"
Guangzhou Development Research Academy Research Group,
Guangzhou University / 255

Abstract: Guangzhou is a representative city, cradle and big camp of the

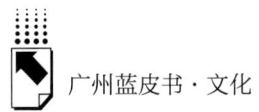

Cantonese Cuisine. Therefore, it is quite natural for Guangzhou to apply for the World "City of Gastronomy". On the one hand, Guangzhou has participated in culture diversity protection activities held by international NGOs, actively carried forward the fine food culture of the Chinese nation, demonstrated the food culture worldwide, and displayed the Cantonese Cuisine in the international arena. On the other hand, Guangzhou can apply for the World "City of Gastronomy" by creating a creative city network revolving around delicacy brands to promote development of Guangzhou's creative industries, optimize Guangzhou's city brand image, and improve Guangzhou's innovation and culture soft power. To sum up, all this can create a new opportunity for Guangzhou's building of a hub-type network city.

Keywords: World "City of Gastronomy"; Food Culture; Creative Industries

B.20 Reflections on Promotion of "Going Global" of "Three Carvings, One Decorative Porcelain and One Embroidery"

Guangzhou Development Research Academy Research Group,

Guangzhou University / 267

Abstract: The "Belt & Road" Initiative is a huge innovation of China's all-around opening-up to the outside world. In the long course of history, a series of intangible cultural heritage created by ancestors living in Lingnan have been passed down. Among them, "Three Carvings, One Decorative Porcelain and One Embroidery" (namely teeth carving, jade carving and wood carving; decorative porcelain with woven gold thread; and embroidery), crafts with the densest characteristics of Lingnan culture, once enjoyed a high reputation both at home and abroad. This report mainly explores strategies about how Guangzhou's "Three Carvings, One Decorative Porcelain and One Embroidery" can make use of the huge international platform provided by the "Belt & Road" Initiative to "go global".

Keywords: "Belt & Road"; "Three Carvings, One Decorative Porcelain and One Embroidery"; "Go Global"

B. 21　Research into Guangzhou's Promotion of Technology and
　　　　Culture Integration for Innovation-Driven Development
　　　　　CPC Guangzhou Municipal Committee Party School Research Group / 280

Abstract: Based on Guangzhou's technology and culture integration status, this report summarizes the experience, effect and existing problems of Guangzhou's technology and culture integration. By referring to the experience and implications of other Chinese cities in integrating technology and culture for innovation-driven development, this report explores the key areas and development path for Guangzhou's promotion of culture industry development via technological innovation. Based on the above analysis and discussion, suggestions, including innovating the management mechanism for technology and culture integrated development, improving the industrial system for technology and culture integrated and innovational development, creating a technology and culture integration talent team, perfecting financing and investment channels for technology and culture integrated development, and boosting carrier construction for technology and culture integration. It is hoped that these suggestions can help Guangzhou's technology and culture to be further integrated for innovation-driven development.

Keywords: Guangzhou; Technology; Culture; Integrated Development

权威报告·一手数据·特色资源

皮书数据库
ANNUAL REPORT(YEARBOOK) DATABASE

当代中国经济与社会发展高端智库平台

所获荣誉

- 2016年，入选"'十三五'国家重点电子出版物出版规划骨干工程"
- 2015年，荣获"搜索中国正能量 点赞2015""创新中国科技创新奖"
- 2013年，荣获"中国出版政府奖·网络出版物奖"提名奖
- 连续多年荣获中国数字出版博览会"数字出版·优秀品牌"奖

成为会员

通过网址www.pishu.com.cn访问皮书数据库网站或下载皮书数据库APP，进行手机号码验证或邮箱验证即可成为皮书数据库会员。

会员福利

- 使用手机号码首次注册的会员，账号自动充值100元体验金，可直接购买和查看数据库内容（仅限PC端）。
- 已注册用户购书后可免费获赠100元皮书数据库充值卡。刮开充值卡涂层获取充值密码，登录并进入"会员中心"—"在线充值"—"充值卡充值"，充值成功后即可购买和查看数据库内容（仅限PC端）。
- 会员福利最终解释权归社会科学文献出版社所有。

卡号：756527162741
密码：

数据库服务热线：400-008-6695
数据库服务QQ：2475522410
数据库服务邮箱：database@ssap.cn
图书销售热线：010-59367070/7028
图书服务QQ：1265056568
图书服务邮箱：duzhe@ssap.cn

中国社会发展数据库（下设12个子库）

全面整合国内外中国社会发展研究成果，汇聚独家统计数据、深度分析报告，涉及社会、人口、政治、教育、法律等12个领域，为了解中国社会发展动态、跟踪社会核心热点、分析社会发展趋势提供一站式资源搜索和数据分析与挖掘服务。

中国经济发展数据库（下设12个子库）

基于"皮书系列"中涉及中国经济发展的研究资料构建，内容涵盖宏观经济、农业经济、工业经济、产业经济等12个重点经济领域，为实时掌控经济运行态势、把握经济发展规律、洞察经济形势、进行经济决策提供参考和依据。

中国行业发展数据库（下设17个子库）

以中国国民经济行业分类为依据，覆盖金融业、旅游、医疗卫生、交通运输、能源矿产等100多个行业，跟踪分析国民经济相关行业市场运行状况和政策导向，汇集行业发展前沿资讯，为投资、从业及各种经济决策提供理论基础和实践指导。

中国区域发展数据库（下设6个子库）

对中国特定区域内的经济、社会、文化等领域现状与发展情况进行深度分析和预测，研究层级至县及县以下行政区，涉及地区、区域经济体、城市、农村等不同维度。为地方经济社会宏观态势研究、发展经验研究、案例分析提供数据服务。

中国文化传媒数据库（下设18个子库）

汇聚文化传媒领域专家观点、热点资讯，梳理国内外中国文化发展相关学术研究成果、一手统计数据，涵盖文化产业、新闻传播、电影娱乐、文学艺术、群众文化等18个重点研究领域。为文化传媒研究提供相关数据、研究报告和综合分析服务。

世界经济与国际关系数据库（下设6个子库）

立足"皮书系列"世界经济、国际关系相关学术资源，整合世界经济、国际政治、世界文化与科技、全球性问题、国际组织与国际法、区域研究6大领域研究成果，为世界经济与国际关系研究提供全方位数据分析，为决策和形势研判提供参考。

法律声明

"皮书系列"(含蓝皮书、绿皮书、黄皮书)之品牌由社会科学文献出版社最早使用并持续至今,现已被中国图书市场所熟知。"皮书系列"的相关商标已在中华人民共和国国家工商行政管理总局商标局注册,如LOGO( )、皮书、Pishu、经济蓝皮书、社会蓝皮书等。"皮书系列"图书的注册商标专用权及封面设计、版式设计的著作权均为社会科学文献出版社所有。未经社会科学文献出版社书面授权许可,任何使用与"皮书系列"图书注册商标、封面设计、版式设计相同或者近似的文字、图形或其组合的行为均系侵权行为。

经作者授权,本书的专有出版权及信息网络传播权等为社会科学文献出版社享有。未经社会科学文献出版社书面授权许可,任何就本书内容的复制、发行或以数字形式进行网络传播的行为均系侵权行为。

社会科学文献出版社将通过法律途径追究上述侵权行为的法律责任,维护自身合法权益。

欢迎社会各界人士对侵犯社会科学文献出版社上述权利的侵权行为进行举报。电话:010-59367121,电子邮箱:fawubu@ssap.cn。

社会科学文献出版社